三联·哈佛燕京学术丛书
学术委员会：

季羡林　李学勤
（主任）

李慎之　苏国勋

厉以宁　陈　来

刘世德　赵一凡
　　　　　（常务）

王　蒙

———————

责任编辑：孙晓林
　　　　　曾　诚

高 波 著

追寻新共和

张东荪早期思想与活动研究

(1886 — 1932)

The Search
for a New Republic

A Study
on
Thoughts and Activities
of Zhang Dongsun at His Early Age
(1886-1932)

生活·讀書·新知 三联书店

This Academic Book
is subsidized by
the Harvard-Yenching Institute,
and we hereby express
our special thanks.

Copyright © 2018 by SDX Joint Publishing Company.
All Rights Reserved.
本作品版权由生活·读书·新知三联书店所有。
未经许可，不得翻印。

图书在版编目（CIP）数据

追寻新共和：张东荪早期思想与活动研究：1886-1932 ／高波著. —北京：生活·读书·新知三联书店，2018.5
（三联·哈佛燕京学术丛书）
ISBN 978 – 7 – 108 – 06216 – 1

Ⅰ.①追… Ⅱ.①高… Ⅲ.①张东荪（1886-1973）－人物研究 Ⅳ.①K825.4

中国版本图书馆 CIP 数据核字（2018）第 022449 号

特邀编辑	孙晓林
责任编辑	曾　诚
装帧设计	蔡立国
责任印制	宋　家
出版发行	生活·讀書·新知 三联书店
	（北京市东城区美术馆东街 22 号 100010）
网　　址	www.sdxjpc.com
经　　销	新华书店
制　　作	北京金舵手世纪图文设计有限公司
印　　刷	北京市松源印刷有限公司
版　　次	2018 年 5 月北京第 1 版
	2018 年 5 月北京第 1 次印刷
开　　本	880 毫米×1230 毫米　1/32　印张 13
字　　数	312 千字
印　　数	0,001 – 5,000 册
定　　价	45.00 元

（印装查询：01064002715；邮购查询：01084010542）

本丛书系人文与社会科学研究丛书，
面向海内外学界，
专诚征集中国中青年学人的
优秀学术专著（含海外留学生）。

·

本丛书意在推动中华人文科学与
社会科学的发展进步，
奖掖新进人才，鼓励刻苦治学，
倡导基础扎实而又适合国情的
学术创新精神，
以弘扬光大我民族知识传统，
迎接中华文明新的腾飞。

·

本丛书由哈佛大学哈佛－燕京学社
（Harvard-Yenching Institute）
和生活·读书·新知三联书店共同负担出版资金，
保障作者版权权益。

·

本丛书邀请国内资深教授和研究员
在北京组成丛书学术委员会，
并依照严格的专业标准
按年度评审遴选，
决出每辑书目，保证学术品质，
力求建立有益的学术规范与评奖制度。

目 录

导论 "未知"的20世纪 …………………………………… *001*

第1章 早年岁月 …………………………………………… *021*
第一节 家世与教育 ……………………………………… *021*
第二节 留学生涯 ………………………………………… *028*

第2章 "尝试共和"的挫败 ……………………………… *040*
第一节 在辛亥革命前后 ………………………………… *040*
第二节 对民二国会的批评 ……………………………… *047*
第三节 反对"二次革命" ………………………………… *060*
第四节 余论：中立者的限度 …………………………… *071*

第3章 再造共和的努力 …………………………………… *078*
第一节 反思：公德与私德 ……………………………… *078*
第二节 反思：政治与社会 ……………………………… *089*
第三节 "干政治" ………………………………………… *100*
第四节 "理性所不能决者，决之以剑" ………………… *110*

第4章 贤人政治 …………………………………………… *120*
第一节 国体之争 ………………………………………… *121*
第二节 "人民之秀者"与共和政治 ……………………… *128*

第三节　余论:"平民政治之弊,唯有更广之平民政治以救济之?" ………………………………………… *138*

第5章　转向新文化运动 ………………………… *143*
第一节　创办《学灯》副刊 ……………………… *143*
第二节　世界主义与中国问题 …………………… *148*
第三节　"不骂不破坏" …………………………… *156*
第四节　对传统的态度 …………………………… *166*

第6章　改造的事业 ………………………………… *173*
第一节　遭遇五四运动 …………………………… *173*
第二节　"青年导师" ……………………………… *178*
第三节　社会改造的试验 ………………………… *183*
第四节　中国知识阶级的"解放与改造" ………… *188*

第7章　分裂的开始 ………………………………… *199*
第一节　与梁启超等人的关系 …………………… *199*
第二节　组党与"谈政治" ………………………… *207*
第三节　"中国之前途:德国乎?俄国乎?" ……… *217*

第8章　中国内地与西方新潮 …………………… *226*
第一节　"大转弯之过门"? ……………………… *228*
第二节　湖南之行 ………………………………… *236*
第三节　对罗素的期望与失望 …………………… *243*

第9章　社会主义大论战 ………………………… *254*
第一节　对"资本主义阶段"的争论 ……………… *255*

第二节　"俄国道路"诸问题 …………………… *271*
　　第三节　基尔特社会主义 …………………………… *287*
　　第四节　儒家传统与知识分子 ……………………… *294*

第10章　走向"政治解决" ……………………………… *303*
　　第一节　对"赛先生"的重估 ……………………… *303*
　　第二节　唯物史观与社会改造 ……………………… *310*
　　第三节　面对国民大革命 …………………………… *317*

第11章　30年代后的抉择 ……………………………… *328*
　　第一节　《再生》与"再生" ……………………… *328*
　　第二节　走向社会主义 ……………………………… *345*

结语：在民主的"天命"下 …………………………… *362*

参考文献 …………………………………………………… *372*

后记与致谢 ………………………………………………… *385*

出版后记 …………………………………………………… *401*

The Search for a New Republic:
A Study on Thoughts and Activities of Zhang Dongsun at His Early Age(1886-1932)

Contents

Introduction: The "Unknown" 20th Century

Chapter 1   Zhang Dongsun's Early Years
     1 Family and Education
     2 Years of Studing Abroad

Chapter 2   Defeat of "the Republic Trial"
     1 Around the 1911 Revolution
     2 Zhang's Criticisms on the First Parliament
     3 Opposing the 1913 Revolution
     4 Epilogue: Limits of a Neutral Critic

Chapter 3   Efforts on Remaking the Republic
     1 Zhang's Reflection: Public Ethics and Private Ethics
     2 Zhang's Reflection: Politics and Society
     3 "Engaging in Politics"
     4 "Deciding to Adjudge on Sword When Reason Cannot Do"

Chapter 4   Ruled by Wise Men
     1 Disputes on the State System
     2 "Elites Among the People" and the Republic Politics

　　　　3　Epilogue: "Democracy for More as the Only Cure for the Failure of Democratic Politics"?

Chapter 5　Turning to the New Culture Movement
　　　　1　Launching "the Light of Education Supplement"
　　　　2　Cosmopolitism and Chinese Problems
　　　　3　"No Abusing or Destroying"
　　　　4　The Attitude toward Chinese Tradition

Chapter 6　Enterprise of the Reformation
　　　　1　Encountering the May Fourth Movement
　　　　2　"A Mentor of the Youth"
　　　　3　Trials of the Social Reformation
　　　　4　"The Liberation and Reformation" of Chinese Intellectuals

Chapter 7　The Beginning of Divisions
　　　　1　The Relation between Zhang Dongsun and Liang Qichao
　　　　2　Organizing a Political Party and "Talking on Politics"
　　　　3　"The Future of China: to Become Germany or Russia"?

Chapter 8　Inland China and New Trends in the West
　　　　1　"The Prelude of a Significant Turning"?
　　　　2　Zhang's Trip to Hunan in 1920
　　　　3　The Anticipations and Disappointments on B. Russell

Chapter 9　The Debate on Socialism
　　　　1　The Debate on "the Stage of Capitalism"

            2 Questions Concerning "the Russian Road"

            3 Guild Socialism

            4 The Confucian Tradition and New Intellectuals

Chapter 10   Heading for "Solving by Politics"

            1 Revaluing "Mr. Science"

            2 The Historical Materialism and Social Reconstructions

            3 Facing the Great National Revolution

Chapter 11   Decisions since 1930s

            1 "The National Renaissance": a Magazine and a Movement

            2 Approaching Socialism

    Conclusion: Under the "Providence" of Democracy

    Bibliography

    Epilog and Acknowledgements

    Afterwords

导 论

"未知"的 20 世纪

每个人都联系于历史,又都以不止一种方式联系于历史。传主的人生不是一个已经完成仅仅等待显现的作品,而是一个在其独特的人生历史中始终保持着多种解释可能的未完成的作品。因此,若要加以讲述,就不能将它仅仅当作他/她说与做的简单总和,必须找到隐藏在这一堆杂乱材料后的某个"一"。而不管是将人生描摹为一本摊开在时间中的书,还是一幅"一下"就全入眼中的画,都必须承认,存在着不止一种的写法与画法——在作者试图将传主的人生收拢为一个整体时,后者又会溢出这些有限的说与做,流散向另一种理解。而且,没有什么能保证这种收拢一定是可能的。

研究张东荪大概是实践这种历史观的一个尝试性的办法。他出生于 1886 年,逝世于 1973 年,跨越帝制到人民共和国,正好经历了中国近代史上最动荡的一段时期。如同那一代的其他精英读书人,对当时发生的那些改变中国的事件,他并不是作为默不作声的旁观者,而是作为积极的评论者甚至是参与者促成或阻碍着这些变革;同时,在这段动荡而混乱的岁月中,他求学、工作、结婚并养育子女,顺利地展开着人生,并以一个崇尚理性的人的精神将其安排得充满了秩序感。他的相对高寿,使我们似乎可以按通常意义说他的人生是完成了的——早夭者的人生无法收拢为一个整体,因为它尚未展开,张东荪显然不存在这个问题。

但我们仍很容易设想将他的人生理解为另一种样貌的可能性。他在1912年拒绝参加国民党,后来被国民党以"学阀"的名义通缉;他在1949年选择与共产党合作,却又在1952年因一起内情复杂的"叛国案"被打倒并最终下狱。这使得他在海峡两岸的历史记忆中消失了大约三十年,并在重新被研究者与公众记起后仍继续影响着对他的理解。我们很难设想一个1949年之前的张东荪研究者的视野与态度,但是,可以合理设想的是,如果张东荪在那之前就去世的话,现在他的形象将大不相同。吊诡的是,对他自己来说,这是同一个人生,并且在同样的意义上是完成了或未完成的。

有一次,张东荪自己谈到历史理解的问题,承认"一切历史都是'现代史'"这句话"有一部分真理",不过他立刻补充说:"但却绝不是把以往的事实都变为现代正在当今的事实。不过我们必须把现代当作眼镜,而把'古代'当作由眼镜而透过去的视野。"❶ 或正因如此,他在1948年亦曾想立足于自己的"现代",写一本叫作《我与政治》的回忆录。❷ 而他自然会想到,自己也会被后人透过他

---

❶ 张东荪:《理性与民主》,商务印书馆,1946年,第158页。
❷ 见张东荪:《民主主义与社会主义》自序,观察社,1948年,第2页。在1952年被打倒后,他确曾着手写作此书,并写出相当一部分;但在"文化大革命"爆发后,因为惧怕给家人带来灾祸而将其烧毁。

们的"现代"加以研究。❶

埃里克森在对青年路德的著名研究中,讲过一段关于人物研究

---

❶ 就作者所知,对张东荪最早具有研究性质的著述来自郭湛波。他在 1936 年出版的《近五十年中国思想史》中专辟一节(第 3 篇第 7 节),介绍张东荪的思想(侧重于哲学方面)。从 20 世纪 50 年代到 90 年代,张东荪研究领域唯一有分量的著述来自纪文勋(Chi Wen-shun)。1986 年,他出版 Ideological Conflicts in Modern China: Democracy and Authoritarianism 一书,以一章的篇幅分析张东荪的政治思想(尤其民主与社会主义的关系),这也成为之后每位张东荪政治思想研究者都必须面对的主题。张东荪研究真正意义上的展开,要从 20 世纪 90 年代算起,贡献最大的是左玉河。他以自己从硕士到博士后期间的研究为基础,在大量相关史料(包括从张家后人处获得的口述史料以及部分未刊诗稿等)的基础上,历时十年,完成了三本专著,分别从政治、文化与学术三个侧面介绍张东荪的一生(分别是《张东荪传》,山东人民出版社,1998 年;《张东荪文化思想研究》,中国社会科学出版社,1998 年;《张东荪学术思想评传》,北京图书馆出版社,1999 年)。也许可以质疑这种三分法是否是理解张东荪的合适方式,但必须承认,正是左玉河初步奠定了张东荪研究的史料基础。在这一时期,另有两位研究者的努力也不可忽视,分别是台湾学者叶其忠(Yap Key-chong)与大陆学者张耀南。前者在 1991 年以"Western Wisdom in the Mind's Eye of a Westernized Chinese Lay Buddhist: The Thought of Chang Tung-sun (1886-1962)"为题在牛津大学完成博士论文;后者则在 1994 年以"张东荪知识论研究"为题在北京大学完成博士论文,并以此为基础出版了两本有关张东荪的专著(分别是《张东荪知识论研究》,台北:洪叶文化事业公司,1995 年;《张东荪》,台北:东大图书公司,1998 年)。其后的推进来自戴晴。她在史料方面搜集甚勤,主要关注的是张东荪与共产党超过半个世纪的纠葛,尤其着力考证他晚年那起轰动一时的"叛国案"。2009 年,她出版《在如来佛掌中——张东荪和他的时代》(香港中文大学出版社,2009 年)一书,全面重建了张东荪在 1949 年后的活动与遭遇。值得一提的是,借助包括张氏族谱在内的一些新史料,她还增进了我们对张东荪早年生活的了解。最新的研究则是杨奎松的《忍不住的"关怀"——1949 年前后的书生与政治》(广西师范大学出版社,2013 年),该书考察了三位有代表性的知识分子(张东荪是其中一位)在 1949 年前后的遭遇,关注的时段和问题与前述戴著有一定的相通性,通过对相关史料的全面搜集与整理,杨奎松更为语境化地展现出张东荪"叛国案"的内在脉络与多方面意涵,对戴著有很大推进。另外,以下几种研究也触及到了张东荪思想的不同方面(尤其是其哲学与政治理论):马秋丽:《张东荪哲学思想研究》,现代教育出版社,2008 年;张永超:《经验与先验——张东荪多元认识论问题研究》,中央编译出版社,2012 年;森川裕貫:《政論家の矜持——中華民国時期における章士釗と張東ソンの政治思想》,勁草書房,2015 年(中译见袁广泉译:《政论家的矜持——章士钊、张东荪政治思想研究》,社会科学文献出版社,2017 年)。

的精彩之语,他说:"那些试图描绘这整个人(指路德——引者注)的研究者似乎只有三个选择。他们或不断后退,直到看到这伟人的全身,但却无法看得清楚;或不断前进,逐渐专注于这伟人一生的某些方面,但又难免将部分看成全体一般大,或将全体看成部分一般小。假如这两种选择都不行,则还有一个办法,那就是论战。他们可以将伟人据为己有,并将其他想这样做的人排除出去。这时,伟人的历史形象往往取决于哪一段传奇故事能取得暂时性的主导地位。"虽然埃里克森随后就说:"就捕捉历史事件的意态而言,这三种观察伟人生活的方法可能都是不可缺少的",❶ 但本研究仍将倾向于更多采用第三种研究方法。之所以这样做,不仅因为张东荪自己也承认"一切历史都是'现代史'""有一部分真理",也因为作者虽然与张东荪相距将近一百年,但仍处身于他亲历的清末以来大变局之中,当时令他们争辩得舌敝唇焦的共和与社会主义等问题,百年间几经反复,今天不仅不能说尘埃落定,反而有甚嚣尘上之势。面对如此切身的争论,要"不断后退"以看清张东荪的全貌,除非拔除作者自己的问题与关怀,这不啻是要拔着头发离开地面;反过来,这几乎可说是中国有史以来变革最剧烈的一百年造成了从政治到文化的全方位断裂,若作者不能首先明了与张东荪从个人生命史到代际历史事件的深刻差异,则纵然靠近观察,得到的也更可能是似是而非的误解而非理解。换言之,对作者来说,张东荪一方面太熟悉,另一方面却又太陌生。因此,既不可相距过近,复不能离开过远。

简言之,作者并不是兰克意义上的历史客观主义者,不认为研

---

❶ 引者译。原文见 Erikson Erik., *Young Man Luther: A Study in Psychoanalysis and History*, W.W.Norton & Company Inc., 1958, p.36。

究者必须通过不断地清除自我，将自己变成一面只反映史实的客观之镜，才能达到对历史的"真理解"。在作者看来，研究者的自我并不是理解的障碍，倒是它真正可能的前提。在相通的问题与关怀语境下，作者将张东荪的一生收拢为一个整体，也就是将自己的生活与经历收拢为一个整体，这种双向收拢会在作者与张东荪间建立起一种真正意义上的对话关系——毕竟，二者的趋同或歧异，本都可以提供理解对方的机会，问题在于，能否确定自己相对于研究对象的位置与距离——这不仅不是将研究对象"据为己有"的障碍，倒恰是保证这种研究方式能生出"了解之同情"而非强人就我的误解的前提。

另外，本研究将侧重于张东荪生命史中那些更多属于"公共领域"的部分。这当然一方面是由于既存材料的限制（缺乏日记、书信等能够反映其日常生活的史料）；但另一方面，作为在士大夫传统下成长起来的最后一代读书人，奉行"宇宙内事乃己分内事"的他应该也会赞同这种研究设定。毕竟，即使不论传统中国士大夫以"三不朽"作为人生目标，在反传统气息大盛的五四时期，这些精英读书人所奉行的也是胡适式的"社会不朽论"。❶ 因此，对本研究而言，侧重于讨论他们这一代人认为人真正可能不朽的部分——在社会中所言所行之事，倒也多少可以算是向张东荪自身的士大夫传统致敬。而这也意味着，对张东荪个人的理解必须与对他所处时代的理解打成一片。❷

---

❶ 张东荪将计划中的自传命名为《我与政治》，表明他同样准备多叙述自己在治国、平天下领域中的活动。

❷ 不过，正如史华慈所说："不可能在一个人的社会活动和私人生活之间，或者在他的学术活动（广义上的学术活动）和他作为一个人的其他活动之间，立起一堵铜墙铁壁。"（史华慈：《寻求富强：严复与西方》，叶凤美译，江苏人民出版社，2005年，第3页）这一研究趋向在任何意义上都不意味着忽视张东荪个人生命历程中那些对他的思想与行动有关键影响的事件与经历。

身处今天的时代，我们多少已不能理解由 20 世纪上半叶两次世界大战以及世界范围内剧烈的共和革命与社会主义革命所奠定的格局之前的人们所处身的世界。从辛亥革命向前追溯至张东荪出生，正值同光中兴中期，在陈寅恪看来，这一段稳定岁月（之后是超过半个世纪的大乱）"犹是开元全盛年"；❶ 而在西方，虽然代议制已在不少国家获得了初步的胜利，但除拉丁美洲外，此时仍是个君主制的世界（拉丁美洲之外较著名的共和国只有美国、法国与瑞士）。同时，这也是欧洲自普法战争后近半个世纪和平的初期，各国虽均出现了选举权扩大与社会主义运动兴起的局面，但在西方各强国中，除法国与美国外，共和派都仍处于弱势；除德国外，社会主义运动也都算不上一支值得重视的政治力量。

但这表面的平静之下，则是西方内部政教的空前大变。从马克思到波兰尼，都将以世界市场为基础的资本主义的诞生视作在某种程度上专属于 19 世纪的巨变；而作为 19 世纪的同代人，托克维尔则看到了另一种似乎不可抗拒的趋势：民主正在成为时代的主导精神——不仅将成为最主要的政治形式，也将成为塑造社会与文化的基本力量。

在西方向全世界扩张的大背景下，以上巨变也就成了东西方共同面对的"莫知其所由然"的"运会"。❷ 同光时期不少朝臣、士人均视此时为中国几千年来一大转折，最具代表性的观察来自李鸿章，他直言，此时中国处身于"三千余年一大变局"。"三千余年"这个限定，直接指向殷周革命所奠定的传统中国政教，而这则意味着，西方东来所带来的"新天命"已超过了中国自上古以来的最大变局——战国秦汉之际废封建立郡县。而这种以"运会"的名义认

---

❶ 陈寅恪：《王观堂先生挽词并序》（1927 年），《陈寅恪集·诗集》，生活·读书·新知三联书店，2001 年，第 13 页。
❷ 严复：《论世变之亟》（1895 年），《严复集》第 1 册，中华书局，1986 年，第 1 页。

为历史已不可逆转地进入了一个全新阶段的主张，不仅意味着对秦汉以来君主政治的挑战，也蕴含着从根本上挑战自西周以来的夷夏秩序，甚至进而质疑中国作为一个文明体的资格的可能性。

王尔敏敏锐地注意到晚清间于儒道法之间的"贵因"说的兴起❶——不止一位当时的士人将富强与代议制当作是即使"圣人复起"也将不得不讲的事物，而这种假设性修辞的理由，则是如严复所说，西方正以"上下交征利"作为新政治的基础，对此"虽圣人无所为力，盖圣人亦运会中之一物。既为其中之一物，谓能取运会而转移之，无是理也"。❷ 如史华慈所论，正统的儒家政治、经济哲学虽在现实中从未真正实现，却至少"在阻止把'合理地'和'有组织地'追求'富强'作为国家的目标方面""起了相当的作用"，❸ 而同光以来以"寻求富强"的名义对这一政治传统的突破，在对西方表现出"贵因"态度的同时，却正实践着对自身政治传统不折不扣的"革"。

但这并不是仅属于中国的转折。作为以英国为代表的19世纪精神与制度的忠实诠释者，斯宾塞将政治与经济进化视为如同中国人所见的"运会"般不可改变的趋势，并将自由市场与资本主义看作此类进化的表征，从而将自由放任原则不仅当作自然之理，也当作个人行动的伦理准则。自相矛盾的是，不管是自由资本主义，还是以普选制为基础的现代民主制度，都更多的是依靠19世纪前后程度不一的"革命"式突变而非自然演化建立起来的。正如波兰尼所说："市场在各个国家内部经济中所扮演的角色，直到近代以前，都是不重要的；而翻身转向一个由市场模式所支配的经济，这一巨

---

❶ 见王尔敏：《十九世纪中国士大夫对中西关系之理解及衍生之新观念》，《中国近代思想史论》，社会科学文献出版社，2003年，第42页。
❷ 严复：《论世变之亟》（1895年），《严复集》第1册（诗文），第1页。
❸ 史华慈：《寻求富强：严复与西方》，第9页。

大变化的突兀性就更加清晰地显现出来。"❶ 同样，从柏拉图时代直到 19 世纪，绝大部分西方圣贤均将民主制视为负面典型，但也就是在 19 世纪，趋势改变了，在古希腊时代后，民主政体似乎第一次要成为西方的主要政体形式（与此相伴的则是雅典民主形象的正面化）。而这也就意味着，中国人在 19 世纪所遭遇的这个"西方"，不仅与中国，而且与之前的西方也存在着从政治到文化的断裂。因此，不管是托克维尔眼中正在成为"新天命"的民主精神，还是马克思眼中正在"按照自己的形象，为自己创造出一个世界"❷ 的资本主义，对西方也都是全新而陌生的事物。在这种意义上，它们也就变成了东西方必须共同面对的新"运会"。

同时，在 19 世纪，资本主义与民主的内在紧张也逐渐显现了出来。新诞生的资产阶级与无产阶级的经济关系被密尔看作是傅立叶所说的"工业封建制"，❸ 托克维尔更进一步认为，它在某种程度上比封建制更严酷——与封建贵族和其依附者的关系不同，资产阶级不再觉得"在法律上或自己认为在习俗上，对自己的下属负有救济和减轻他们的困苦的义务"，他们对无产阶级不是要"统治"而是要"使用"，因此是"世界上有史以来最严酷的贵族"。❹ 但问题是，19 世纪下半叶普选权运动与社会主义运动的联合，开始直接挑战法国大革命以后半个世纪民主运动与资产阶级利益的结合，用西

---

❶ 卡尔·波兰尼：《大转型：我们时代的政治与经济起源》，冯钢、刘阳译，浙江人民出版社，2007 年，第 38 页。
❷ 马克思、恩格斯：《共产党宣言》，中共中央马克思恩格斯列宁斯大林著作编译局编译：《马克思恩格斯全集》第 4 卷，人民出版社，1958 年，第 470 页。
❸ 密尔：《社会主义残章》，《密尔论民主与社会主义》，胡勇译，吉林出版集团有限责任公司，2008 年，第 320 页。
❹ 托克维尔：《论美国的民主》下卷，董果良译，商务印书馆，1996 年，第 697 页。不过，托克维尔又认为，这些厂商贵族"同时又是最受限制和危险性最小的贵族"（同页）。

德尼·韦伯略显夸张的话来说就是："工业方面的进化使得劳动者在自己的国家里成为一些没有土地的异乡人；可是政治方面的进化却迅速地使他们成为自己国家的统治者。"❶这一经济与政治分离的格局，显示出资本主义与民主的内在紧张已成为19世纪西方所面对的基本困境，而同时，作为东西方共有的"运会"的产物，它也构成了二者共同处身的根本问题情势。

当然，接着要讨论的就是西方冲击—中国回应模式。必须承认，虽然自15世纪以来，各层面的中西接触始终在进行（甚至在某些时候进展到相当深入的程度），但在19世纪之前，西方对中国政治与文化都是边缘性的。没有近代以来西方革命性变化所奠定的新格局，没有19世纪西方的世界性扩张将中国卷入其命运，资本主义与民主就不会成为中国也必须面对的"运会"。梁启超以著名的器物、制度与精神的三分概括中国人学习西方的三个阶段，而自18世纪末以来，西方在这三方面都在发生几百年来最剧烈的变动。重温史华慈的告诫无疑是有益的——西方冲击是变量而不是常量，西方思想内部存在着极为复杂的张力与冲突。因此，任何化约式的处理都不仅无助于我们理解它本身的复杂性，而且也将使我们无法把握中国近代的大部分重要变革的复杂脉络与内在困境（因为它们几乎都是在这一复杂的西方冲击的背景下展开的）。❷

---

❶ 西德尼·韦伯：《社会主义的历史基础》，萧伯纳主编：《费边论丛》，袁绩藩等译，生活·读书·新知三联书店，1958年，第94页。

❷ 见史华慈：《寻求富强：严复与西方》，第1—2页；以及《"传统—现代模式"的局限：中国知识分子的情形》，收入王中江编：《思想的跨度与张力——中国思想史论集》，中州古籍出版社，2009年，特别是第221—224页。需要说明的是，在他的严复研究中，史华慈重点考察的是严复眼中的西方思想，相对忽视其主张与中国思想传统的关系。可能也正因如此，余英时建议他"再写一部关于严复思想和中国古典文化的专书"，以便通过对比观察，彻底弄清"严复在中国现代思想史上的位置"（余英时：《严复与中国古典文化》，收入《现代危机与思想人物》，生活·读书·新知三联书店，2005年，第104页）。

与此相关的问题则是作为整体的西方与"在中国的西方"(The western presence in China)的不同——是商人、传教士与外交官这一小部分"西方"直接影响着中国。反过来,与这一小部分"西方"接触的同样仅是一小部分"中国"——在 19 世纪,对坚船利炮与商人之国的震撼性观感直接主导了一小群士人与新知识分子对西方的"问题视野",并以这种特定的方式把中国带入了 19 世纪的"运会"。针对这种历史演变中的路径依赖因素,罗志田老师强调:"中国中心观"并非与"冲击—回应说"完全对立,后者"只要更加凸显中国'反应'的一面,也能走向'在中国发现历史'。反之,如果不移位到具体时段里'在中国之人'的所思所虑,并将其落实到提问层面,则不论发现者是中国人还是外国人,那被'发现'的内容仍是受外在预设影响或制约的'历史',且非常可能就是带有异国眼光的'中国史'"。❶关键在于,要在二者间达成"中道","发现在中国的历史"。

需要说明的是,在这个对一位 20 世纪中国精英知识分子的研究中,作者并不准备探讨文明传播问题,或反过来为文化相对论增加一个中国例证。关键是要能回到直接面对 19 世纪巨变的当时人的视野。19 世纪文明论与进化论的结合,使得由工业革命、启蒙运动与法国大革命所奠定的西方文明被几代中国人当作是线性历史中的最新阶段,但这却忽视了对当时正在面对这一文明的人来说,它所开启的新局面前所未有,其问题与命运在很大程度上也仍属未知。同样不可忽视的是,那些 19 世纪西方的中国观察者仍普遍浸淫于自身伟大的政治与文化传统中,这一传统不仅构成了他们理解

---

❶ 罗志田:《发现在中国的历史——关于中国近代史研究的一点反思》,《北京大学学报(哲学社会科学版)》第 41 卷第 5 期(2004 年 9 月),第 110 页。

"西方冲击"的基本视野，也在很大程度上提供了反思与批判西方的思想与实践资源。而也只有结合这两方面，我们才能获得与他们相通的历史视野，也才能真正进入他们所面对的问题情势。

简言之，最初几代中国人对西方的观察不应被看作是对外在于中国的西方冲击的反应，而应被看作是对东西方共同问题情势的反应——作为一名敏锐的西方政教观察者与勤奋的西学输入者，张东荪大概也会同意这种看法。以下，作者将对那些显现于19世纪又直接与张东荪相关的问题情势加以考察，并同时略述他的前辈——同光时期的士人与知识分子因之而起的观察与思考。

今人言19世纪，多将其笼统当作一个自由贸易精神主导下的相对和平的阶段，甚至有"漫长的19世纪"（霍布斯鲍姆语）之说；不过，很大程度上是由于两次鸦片战争与历次中西交涉的经验，近代中国几乎无人相信当时颇为流行的贸易会促进普遍和平的主张。汪康年便将国际法意义上的两国通商视作无形的战争状态，认为"战之具有三：教以夺其民，兵以夺其地，商以夺其财，是故未通商之前，商与商自为战；既通商之后，则合一国之商以与他国之商相战"。❶ 而在郑观应看来，商战具有最根本的重要性："西人以商为战，士、农、工为商助也，公使为商遣也，领事为商立也，兵船为商置也。"❷ 换言之，商业是西方各国最基本的国家目的与行为准则，其国家行为与非国家行为间也并无任何明确的界限。大致说来，虽然通商意义上的形式平等与以攫取为目的的战争行为间有着看似清晰的区别，但晚清士人颇倾向于管子所论，那就是不可"见予之形，不见夺之理"，西人"所以为战者即所以为商。商之一道足以灭人之国

---

❶ 汪康年：《商战论》，《汪康年文集》上卷，浙江古籍出版社，2011年，第32—33页。
❷ 郑观应：《盛世危言》，华夏出版社，2002年，第344页。

于无形",❶商战就是隐蔽化与日常化的"无形之战"。❷

当然,正如可以追问旅华英商行为在何种意义上是英国整体国家行为的一部分,也可以追问这种商战视野在何种意义上是对西方的确当观察。毕竟,正是在19世纪上半叶,自由放任原则(以英国为代表)正在取代18世纪大行其道的重商主义,逐渐成为西方各国主导性的政治经济思想。在那些激进的自由贸易鼓吹者看来,自由贸易将实现政治与商业的分离,让经济摆脱国家干涉,自由发展;它还是世界主义的基石——将用和平的利益取代战争的利益,即使不能实现某种形式的世界政府,也将以普遍商贸往来在不同人群、阶级与文化间建立起经常性联系,使他们能互相视为更大整体的一部分,从而遏制分裂,削弱国家的好战性。那么,中国士人为何会将如此清晰的反重商主义理解为一种隐秘的重商主义,并把自由贸易当作是"无形之战"?

不止一个观察者看到,世界历史意义上的自由放任阶段十分短暂,19世纪下半叶,西方各国无一例外地重新出现了经济的垄断化与政府干预的加强。更进而言之,19世纪中叶的自由放任本就需要非常多形式的政府干预(从法律到直接的政治强制,不一而足),用波兰尼雄辩的话来说就是:"自由放任绝不是自然产生的;若仅凭事物自然发展,自由市场永远不会形成",而"要使亚当·斯密的'简单而自然的自由主义'与人类社会的需要相协调是一项最为复杂的事务",它"远远没有消除对控制、规制和干预的需要,反而大大扩张了它们的范围。行政官员必须总是保持警觉以确保这个

---

❶ 谭嗣同:《兴算学议》,蔡尚思、方行编:《谭嗣同全集》上册,中华书局,1981年,第160页。
❷ 郑观应:《盛世危言》,第344页。

系统的自由运转"。❶ 如果说在西方列强国内，政府尚可将这种对自由市场的政治干预掩藏在各种法律形式的背后，在中国这一贸易扩张的外围地区，其政治力量（甚或军事力量）与商业力量的直接结合，已足够使孙中山断定中西之别就在于"彼能保商，我不能保商"。❷ 事实上，由于战败所造成的协定关税局面，19世纪下半叶，中国竟与英国并立，成为各大国中仅见的两个轻税国。这种随军事与政治压迫而来的自由贸易局面，让士人们更倾向于将宣称实行自由贸易的英国也看作是隐蔽的重商之国。

当然，在当时，西方列强（尤其是被当作是"商人之国"代表的英国）令中国士人最感震动的，仍在于它们提供了一种与中国传统的士首商末的政治与社会格局完全不同的选择，西方"其律重商而轻士，喜富而恶贫"，❸ 甚至"以富者为贤"，❹ 却能以"上下交征利"这种中国政治理念中的亡国之道奠定国基、雄视世界，实令人倍感震惊。用薛福成的话来说就是："夫商为中国四民之殿，而西人则恃商为创国、造家、开物、成务之命脉，迭著〔着〕神奇之效……是握四民之纲者，商也。此其理为从前四海之内所未知，六经之内所未讲；而外洋创此规模，实有可操之券，不能执中国'崇本抑末'之旧说以难之。"❺ 另一方面，晚清之人多对西方"官民不隔"倍感羡慕，在很长时间内，这种"不隔"都被当作是"商人之国"的特性，因为它们

---

❶ 卡尔·波兰尼：《大转型：我们时代的政治与经济起源》，第119—120页。
❷ 孙中山：《上李鸿章书》（1894年6月），《孙中山全集》第1卷，中华书局，1981年，第14页。
❸ 王韬：《上徐中丞第二书》，《弢园文新编》，生活·读书·新知三联书店，1998年，第205页。
❹ 薛福成：《出使日记续刻》，朱维铮编：《郭嵩焘等使西记六种》，生活·读书·新知三联书店，1998年，第331页。
❺ 薛福成：《出使英法义比四国日记》，岳麓书社，1985年，第82—83页。

导论 "未知"的20世纪 *013*

"谓商务之盛衰关乎国运,故君民同心,利之所在,全力赴之"。❶古典圣王之治本就要求君主须无心,而以百姓之心为心,以此观之,则此时的西方君主倒多少实现了这一点,虽然这并不是因为他们达到了"无心"的境界,而是因为他们本也有一颗"求利之心"——治下的国家也如同一个依靠利益统合的逐利群体。这自然不是令人向往的政治形态,但对将商业竞争视为"无形之战"的19世纪中国士人,立刻能想到就是孙子的教诲——"上下同欲者胜"。

如果说商人主国让中国士人颇感格格不入,那么西方各国对"工"的重视则令他们感到亲切得多。在薛福成看来,西方是"以工商立国,大较恃工为体,恃商为用,则工实尚居商之先;士研其理,工致其功,则工又必兼士之事",❷这一重视制造的精神,多少激活了士人们对中国"观象制器"传统的记忆;当时欧洲大量学会的存在,更是让以学为政之根本的他们感到赞叹——在他们看来,这并非以纯粹科学为目标、独立于政治之外的组织,而是西方整体政教的关键一环,正是这些学会在文化上将士绅与商人阶级连为一体。也正是在这个意义上,曾纪泽会说自己"自履欧洲,目睹远人政教之有绪,富强之有本",❸而郭嵩焘甚至一度认为,西方在某种程度上实现了中国古代政治的至高理想——三代之治。❹

该如何看待这些赞扬?首先,虽然传统中国士首商末的格局使得士人与商人的政治与社会地位相差甚远,但在某些情况下,两者

---

❶《光绪四年四月十九日湖广道监察御史李璠奏折》,《中国近代史资料丛刊·洋务运动》第1册,上海人民出版社,1961年,第165页。

❷ 薛福成:《振百工说》(1893年),丁凤麟、王欣之编:《薛福成选集》,上海人民出版社,1987年,第482页。

❸ 曾纪泽:《伦敦致丁雨生中丞》,《曾纪泽遗集》,岳麓书社,1983年,第171页。

❹ 郭嵩焘"以为英吉利有程、朱之意,能追三代之治"。出自王闿运1880年的记录(见《湘绮楼日记》第2卷,岳麓书社,1997年,第881页)。

又可能在利益或理念方面合流。晚清商人的崛起与士绅的复兴多少可看作是同一个过程;而儒家不与民争利的训诫,在极富弹性的"民"概念之下,可不加区分地指代从"豪民"到"细民"的不同群体,因此既能被当作农民的护符,也可被作为商人的工具。❶

如果我们注意到无产阶级(工)与资产阶级(商)在20世纪中国政治中的关键地位,恐怕会多少诧异于这里对西方工商关系的理解。大致说来,这种理解仍出于中国传统的四民社会视角——强调的不是商对工的统治,而是二者以职业分工为基础的合作。更具象征意义的是,此时中国士人眼里的"工",并非仅指工业无产阶级,而是指所有与制造有关的人——在这个意义上,产业资本家倒是最有资格被称为"工"的群体。而在这样的"工"的观念下,无产阶级(象征的不是西方的力量,而是它的弱点)隐没不显,社会主义问题更不会浮现。

但是,又能在多大程度上认为他们是在误读西方?毕竟,两次鸦片战争时期中国遭遇的那个西方,与经过1848年革命后几十年变革的19世纪末西方有着深刻的不同。虽然正是在第一次鸦片战争前,英法两国的资产阶级在政治上获得了主导权,但其方式,仍是通过以普遍公民权的名义展开的选举权扩大运动(在英国,是通过1832年议会选举改革;在法国,则是通过菲利普王朝取消世袭贵族制,以及赋予资产阶级选举权)。换言之,此时的资本主义仍与民主运动处于互相促进的状态——在英国,通过1867年后新一轮的选举权扩大运动对工人阶级中上层的吸纳,这一状态甚至一直维持到了19世纪80年代之后。也因此,毫不奇怪,当郭嵩焘等人

---

❶ 在历史上几次官营经济大争论(如汉盐铁之议、宋青苗法之议,以及明中后期对政府直接开矿的争论)中,都是站在反对一方的儒生间接保护了商人的利益,理由大致不出"百姓足,君孰与不足? 百姓不足,君孰与足?",直接视商人为人民的代表。

于19世纪70年代来到英国时，他们会认为看到了官民不隔的新政治，毕竟，工人阶级下层（这个英国政体下的例外群体）此时仍面目模糊，甚至工人的抗议活动也会（因批判性与对抗性的薄弱）被视为表现的不是英国内部存在严重的政治社会问题，而是英国人民气健朴——不过是一种与议院类似的通民气的方式。

但郭嵩焘所看到的这个秩序井然的等级社会，在某种意义上，未尝不是正在走向尽头。英国下院权力的日益加强，在宋育仁看来，是"偏重之过，则废尊卑上下，君如守府，上院如赘旒，百官如傀儡"，❶而普选权作为资产阶级攻击贵族统治的利器，此时也终于开始转向资产阶级自身。在密尔看来，1867年改革法案确认了工人阶级在政治上的兴起，由此，危机正在来临，"根据不是由暴力冲突所引起的这些巨大的社会变革的一般速度，在我们前面还有一代人的时间间隔"。❷ 换言之，这个在郭嵩焘等人眼中蒸蒸日上的英国，在密尔看来却蕴藏着深刻的内部危机。又或许可以说，正是这种危机下的繁荣与兴盛造就了令郭嵩焘等人赞叹的西方强盛的民气——处身于西方经济社会生活外的他们，无从感觉这种生活的残酷与紧张，这种生气勃勃未尝不是在一个高速变动且严重撕裂的社会中努力求生时被挤压出来的精力。

比起这些趋新者，反而是那些后来被当作保守主义者的人更深地触及到了西方政教内部的问题，并接近了那些被忧患感所困扰的维多利亚时代西方知识分子的关怀与思考。随同郭嵩焘出使英国的刘锡鸿，面对印刷报社中用以替换人工的新式机器，第一反应就是询问对方为何不多雇人手来代替机器，以让更多人就业。❸ 虽然并

---

❶ 宋育仁：《泰西各国采风记》，朱维铮编：《郭嵩焘等使西记六种》，第340页。
❷ 密尔：《密尔论民主与社会主义》，第297页。
❸ 刘锡鸿：《英轺私记》，岳麓书社，1986年，第98—99页。

未直接看到商人之国的内部矛盾,但他这一士人的本能反应,却直接触到了西方的"细民"——工人阶级的问题,直指社会主义运动中关键的"生存权"问题。❶

大致说来,正是在普法战争后西方近半个世纪的和平时期,资本主义与民主的矛盾日益显现出来。此时各国选举权竞相扩大,经济层面的垄断却日益加剧,在政治民主化与经济寡头化的尖锐对照下,前景是暗淡的——用波兰尼的话说就是:"政府与商业、国家与工业分别成为它们各自的据点。政治和经济,作为社会的两个至关重要的功能,被作为争夺局部利益的武器而利用甚至滥用。"❷而用柯尔更具情绪化的表达则是:"自由政治制度和奴隶般的工业制度不可能共存下去。"❸

但是,虽然在19世纪下半叶,大众民主日益被视为是遏制资本主义的破坏倾向的最有力武器,但此种民主内部的危险性也日益显现了出来。托克维尔以其对大西洋两岸民主制的考察,明确强调必须警惕民主内在的专制倾向,因为民主制下的人们"热爱平等,哪怕是奴役中的平等"。❹ 不用提历史上第一次普选尝试(法兰西第二共和国时期)便选举出了拿破仑第三这样一个独裁者,❺ 即使是作为人民统治象征的主权议会,在托克维尔看来,相对于传统君

---

❶ 在这些相对保守的士人看来,必须区分"豪民"与"细民",豪民过度争利不仅会威胁到细民的生存,也会威胁到国家的统治。因此,政府必须要遏制豪民。这是儒家政治思想的要求——在士与商间敏感地保持距离。
❷ 卡尔·波兰尼:《大转型:我们时代的政治与经济起源》,第115页。
❸ 柯尔:《费边社会主义》,夏遇南、吴澜译,商务印书馆,1984年,第122页。
❹ 托克维尔:《旧制度与大革命》,冯棠译,商务印书馆,1997年,第194页。
❺ 施米特后来评论道:"拿破仑三世的成功和瑞士全民公决的结果,证明了蒲鲁东的预测:民主也可以是保守和反动的。"(卡尔·施米特:《当今议会制的思想史状况》,《政治的浪漫派》,冯克利、刘锋译,上海人民出版社,2004年,第177页)

主,其统治性格也已"从温厚而变为可怕",❶人民作为整体,专横与多变要超过最暴虐的君王。中国人将被普选权运动包裹着的民主政治看作是西方实现官民不隔、上下一体的关键,但这一民主本身却正将西方国家从内部撕裂为两部分。

这种国家的内战状态,正好体现了中国政治传统对商人之国的批评,"上下交征利"不可能带来普遍和平,倒更可能引发全面冲突。大致说来,虽然严复对斯宾塞社会政治哲学的介绍在中国引发了震撼性的回响,但正是在他将其介绍入中国时,这一学说在西方失去了时代适应性。经济上的普遍垄断似乎否定了自由竞争的进化适应性,巨大的进步伴随着普遍的贫困,这些都使得无产阶级问题日益从经济问题变为政治问题——不是社会的反常现象或必须忍耐的缺点,而是社会的要害与根本变革的动力。

也正是在此时,中国因为甲午战争创巨痛深的失败,开始了大规模的西化运动。不管是鼓励工商业,改革法律,还是尝试开放政权,都已半主动地把资本主义与民主的问题真正引入进来。相应地,中国最早的社会主义尝试,也正在发生。严复以对19世纪70年代英国的观察,主张中国必须以合群求富强,但约二十年后,孙中山面对同一个英国,看到的却已是严重的贫富悬隔与社会冲突,并因此认为"社会问题在欧美是积重难返",中国必须另辟新路,未来"不但要做国民的国家,而且要做社会的国家"。❷ 这一对

---

❶ 托克维尔:《旧制度与大革命》,第237页。

❷ 孙中山:《在东京〈民报〉创刊周年庆祝大会的演说》(1906年12月2日),《孙中山全集》第1卷,第326、328页。刘师培等人则视现代工业、法制与代议制为有利于"豪民"的统治形式,只会剥夺对此缺乏适应与运用能力的"细民"的自由,增加其生存负担与痛苦(见刘师培:《论新政为病民之根》〔1907年10月30日〕,《辛亥革命前十年间时论选集》第2卷〔下册〕,生活·读书·新知三联书店,1963年;以及章太炎:《代议然否论》〔1908年10月10日〕,汤志钧编:《章太炎政论选集》上册,中华书局,1977年)。

新兴资产阶级的反感,再次提示了中国古典政治传统的影响——虽然修齐治平格局中似乎没有"社会"这一层面,但是,部分是随着近代以来中国政教传统的负面化,不仅政治,连家庭都成了个人之"私"的产物,社会倒成了同时与家庭之私与政治之私相对的"公"的象征——这一方面是袭取西学中政治与社会的二分(为了将前者视为应予警惕的"必要的恶"),另一方面却也是承接中国传统内治国与平天下的区别。❶社会学一度被当成关乎"平天下"的学问,以及统摄一切的"万学之首",❷ 就体现了这一点。

但是,也就在此时,梁启超敏锐地发现了另一种威胁。多少是针对孙中山一派将中华民国解释为全民共和国,他如同托克维尔般强调,在国体—政体二元论下的三种政治形式——君主立宪、君主专制、民主立宪(共和)之外,必须考虑第四种政治形式——民主专制的可能性与现实威胁;❸ 陈焕章则以更含蓄的方式表达了类似的看法,他借助法国重农主义者之口,重新肯定中国传统政治,认为"英国的政治体制给了商人太多的权力。另一方面,民主政治给

---

❶ 如罗志田老师所说,今天研究者多袭取梁启超,认为晚清人经历了从天下到国家的观念转变,却忽视同时尚有一从天下到世界的转变。"世界"此语本就非单纯的地理概念,而包含世道人心之意,仍未脱去"平天下"的"公"的理想(见罗志田:《天下与世界:清末士人关于人类社会认知的转变——侧重梁启超的观念》,《中国社会科学》2007 年第 5 期)。事实上,五四时期,知识分子便一度视"世界"为将"公"的理想扩展到全人类的大"社会"。
❷ 西方思想传统中"社会"观念及其与现代社会学的关系,见李猛:《社会的"缺席"或者社会学的"危机"》,《二十一世纪》2001 年 8 月号,第 135—142 页。
❸ "民主专制"问题,见梁启超:《政治学大家伯伦知理之学说》(1903 年),以及《开明专制论》(1905 年)与《答某报第四号对于新民丛报之驳论》(1905 年)。梁启超与《民报》方面对中国未来政治体制选择的争论,见佐藤慎一:《近代中国的知识分子与文明》,刘岳兵译,江苏人民出版社,2006 年,第 245—259 页;以及王尔敏:《近代中国之开明专制论与强人领袖之理想》,《中国近代思想史论续集》,社会科学文献出版社,2005 年。

了下层民众太多的权力,贵族政治则给了上层阶级太多的权力。只有在中国,没有一个阶层会取得支配地位"。❶这种对新式的多数人统治的恐惧,与对社会主义的最初期待并存,其心态,是如同赫尔岑一般,"害怕压迫者,却也害怕解放者"。❷ 20 世纪此起彼伏的社会主义革命的两个方面——试图克服民主与资本主义的内在矛盾,却更加激化了这一矛盾——都已显现出最初的轮廓。由此,我们也与传主一起被带入了 20 世纪这一"未知"的大海。

---

❶ 陈焕章:《孔门理财学——孔子及其学派的经济思想》,翟玉忠译,中央编译出版社,2009 年,第 58—59 页。
❷ 以赛亚·伯林:《俄国思想家》,彭淮栋译,译林出版社,2006 年,第 234 页。

第 1 章

早年岁月

第一节 家世与教育

张东荪出生于 1886 年 12 月 29 日。❶张家祖居浙江省杭州府钱塘县（该县是杭州府府治所在）。对地理稍加留意就可以看到，当他出生时，这个富庶的地方已被半包围在几个重要的通商口岸间了；❷ 如果从上海与宁波开埠算起，钱塘县比邻通商口岸已近半个世纪，更为直接的是，杭州本身也在 1895 年因甲午战败而被迫开埠。自然，我们可以合理地设想，在这里感受到的西方冲击一定是格外强烈的。

不过张东荪要稍晚一些才能真正感受到这种冲击。他出生在与江南地理和人文都大相径庭的直隶内丘县（因为他的父亲张上龢当

---

❶ 据张家族谱，张东荪出生于光绪丙戌年十一月十四日酉时。转引自戴晴：《在如来佛掌中——张东荪和他的时代》，香港中文大学出版社，2009 年，第 112 页。

❷ 第一次鸦片战争后开放的五个港口中，上海在钱塘东北，宁波在东南；而第二次鸦片战争后开放的南京与镇江，则在钱塘西北。当张东荪出生时，几地都已开放超过二十年，更不用说上海是中国最大的通商口岸与外人在华的中心。

时正在该县知县任上）。由于清代官员须回避本籍，他幼年时可能一直随父亲在河北各个县间迁转。张家自张上龢上推，已至少五世在朝廷为官。出生在这样一个累代耕读仕宦之家，不用说，如果没有晚清废科举、兴学校的世变，他几乎肯定要延续父祖辈的人生轨迹，到科场中去博取功名。

张上龢虽然也以文名，但科途并不顺利，最后只能通过祖荫入仕。虽然在清末，正途与杂流之分已不像之前那么森严，但对张上龢来说，上升的空间仍然很小（他累官在直隶小县间迁转，始终不得升迁）。张东荪的大哥张尔田是以监生入仕，同样未能跻身正途。可以想见，对张家来说，这种挫败只会加强他们对于子弟中举的期待。

但就现有资料来看，张东荪似乎从未应举。事实上，在他长到能参加童试的时候，废科举、兴学校的呼声已经高涨起来了。不过，在他的早年教育中，我们并不能看到多少晚清新学的影子。张东荪七岁时母亲就去世了，他少年时期主要是由兄长张尔田以及其好友孙德谦训导开蒙的。❶张尔田在清季民初以文史卓然成家，其学虽主会通，但对道咸以来的新学多有批评，❷孙德谦虽较他更多涉猎诸子之学，但对晚清新学的态度也十分接近。可以设想，张东荪的早年教育，虽不至于是"非三代两汉之书不敢观，非圣人之志不敢存"（韩愈语），但也不太可能有多少跟晚清以来越来越受重视

---

❶ 1897年，张上龢延请孙德谦入幕，同时担任张东荪的老师。此后孙德谦随张上龢在元城与永年知县任上迁转，直到1900年南归故乡（见吴丕绩编：《孙隘堪年谱初稿》，1897—1900年条。《学海月刊》第1卷第6号，第94—96页；第2卷第2册，第54—55页。此条材料承尚小明老师提醒，谨表谢意）。

❷ 如对与他同属"海上三子"的王国维，就认为早岁太过趋新，辛亥年东渡日本之后才"一轨于正"（张尔田：《张孟劬复黄晦闻书》，陈平原、王枫编：《追忆王国维》，中国广播电视出版社，1997年，第90页）。

的"时务之学"相关的内容。唯一显得有些不那么符合儒家正统的是，因为兄长酷嗜佛学，张东荪也很早就开始接触佛经。不过，在安身立命的根本之处，他的父兄显然仍以儒者期望于他。

当张东荪最终以西学（尤其是法政之学）成名的时候，面对着这个比王国维不知趋新多少倍的幼弟，张尔田大概多少会有些南辕北辙的感慨。但有一点他是足资欣慰的，那就是张东荪虽然转向西方求取治平之学，但他一生立身行事，仍在儒家修身齐家的矩矱之内。张氏兄弟一生没有分家，❶如果我们联想到连志同道合的鲁迅与周作人都不免以兄弟失和收场，这一对表面看来志不同道不合的兄弟对传统的同居共财理想的终生践行无疑是意味深长的。

事实上，张东荪虽然在辛亥后四十年间一直被归入新派，但从未在任何文章与著作中攻击过传统道德。他虽然并未如傅斯年那样表白自己"在安身立命之处，我们仍旧是传统的中国人"，❷但却以表面上的第三者身份说过："中国的社会上真正好人，不必张口孔孟，闭口五经，而其一举一动之间，安身立命之所，在待人接物大体必暗合于儒家精神。西方人有真正可佩服的，亦无不是其心机行为皆自然而然具有基督精神。并且中国的好人，不一定必是儒家的信徒，这正和西人中之真正人物不限其为相信耶教者一样。但他既生长在这个文化环境内不必从正面直接受道统之影响，却可从侧面间接受其感化。因为在这个文化中，其在道德方面已有了传统的标准。凡合乎这个标准者当然在这个文化中居于维系此文化之地

---

❶ 张东荪：《第四次检讨》，燕京大学档案：YJ-52044-3，北京大学档案馆藏，第3页。
❷ 曹伯言整理：《胡适日记全编》第5卷，1929年4月27日条，安徽教育出版社，2001年，第404页。

位。"❶他虽不口说仁义礼智信而是身行之,并认为只有这样才是这个文化与道统的维持者,对一个辛亥后四十年如一日研究与介绍西学的人,这种定位实在是再合适不过了。如果说对傅斯年这样曾激烈攻击过传统道德的人来说,要能够打倒他正在恪守的东西,又仍能恪守他已经打倒的东西,无法不造成持久的内心紧张;那么,对张东荪来说却没有这样的冲突。

后来(1952年),在"叛国案"中,因为检讨的缘故,张东荪被迫直接点明了自己与儒家传统的关系。他以自污其面的方式承认,自己"错误思想"的总根源在于:"第一,我是在中国古老的腐朽的封建社会中长大的,即中国所谓士人大夫的家庭,所以我有浓厚的封建社会思想;第二,我又接受了欧美资本主义国家的资产阶级学术,所以我也有浓厚的资产阶级思想。这两点会合起来在我身上生了根,我的苦痛就在于这样的根在我身上生得太牢固,拔起来不但困难,并且大感难受。"❷ 本尼迪克特曾说:"如果深海鱼能说话,那它最后说出的一个词才会是'水'。"❸ 当张东荪说出他的"水"时,他也确实已是涸辙之鲋了。

对一个在十多岁时正好经历了甲午后中国剧烈的思想变动——尤其是西方思想权势的最终确立——的人,信守(甚至仅仅是试图信守)那些他少年时形成的价值与信念,很可能要用与前辈相当不同(甚至是极端冲突)的办法。不能立刻就说"以日新而全其旧"是对他的合适描述,毕竟,此时"日新"与"全其旧"之间正出现

---

❶ 张东荪:《思想与社会》,辽宁教育出版社,1998年,第174—175页。
❷ 张东荪:《第四次检讨》,燕京大学档案:YJ-52044-3,第2—3页。
❸ "Ruth Benedict says somewhere that if deep-sea fish could speak the last thing they would name is water." Marshall Sahlins: "The return of the Event, Again", Alletta Biersack, ed., *Clio in Oceania: Toward a Historical Anthropology*, Smithsonian Institution Press,1991, p.38. 这条材料承岳林代为查找,谨表谢意。

激烈的冲突。日新而弃其旧甚至是以弃旧而求日新，才是更常见的选择。而他在人生的某些阶段（尤其是五四前后），也确实趋向了这样的选择。

自晚清以来，不仅中国传统的治平之学已被整体视为无用，修齐之教也开始日益负面化了。从清末的政治革命进到五四前后的礼教革命，正体现了这一点。那么，这个把传统道德当作自己的"水"的人，怎么会赞同并参与这个要将它彻底打倒的激烈的反传统运动呢？反过来，如果我们考虑到晚清以来伴随着中国传统的负面整体化所形成的尊西崇新的思想语境，这样一个对既不西又不新的儒家道德不吝赞美的人，如何还能在辛亥后四十年一直被当作新派的代表之一，甚至在五四前后还能被陈独秀这样激烈反传统的人视为"同志"呢？

在此尚不能展开这个贯穿他一生的主题，只能澄清一点——他在检讨中所说的在自己身上生了根的，本来就是传统与西方的某种会合。在张东荪这里，胡适所表达的"中国的我"与"西洋廿世纪的我"❶的冲突并不是最主要的，正相反，他一开始就在传统与西方之间发现了某些应和之处——他将这些"封建思想"称为中国旧社会的"个人主义"思想，接着就说："至于欧美资产阶级思想上的自由主义，则颇有与此相通的地方"，而"这个没落的腐朽的思想是与中国封建思想可以配合，这种西方文化在我的教育上遂加强了我的个人主义，所以我说我的错误思想的总根源是双重的个人自由主义，就是中国古老封建的个人主义加上欧美资产阶级的自由主义"。❷

---

❶ 胡适：《致陶孟和》（1918 年 5 月 8 日），《胡适全集》第 23 卷，安徽教育出版社，2003 年，第 188 页。

❷ 张东荪：《第四次检讨》，燕京大学档案：YJ-52044-3，第 3 页。

这种会通中西的趋向在他一开始接触西学时便显现了出来。他后来回忆道,自己是因为读《楞严经》与《大乘起信论》而燃起了哲学的兴味。❶他在1904年考取官费留日名额后选择去东京帝国大学哲学系学习,也应与此相关。最初迈入西学的这个入口相当明确地提示了他一生理解西学的方式,他深信,从最根本的地方,中学与西学是必须而且可能会通的。

需要说明的是,对于那一代留学生来说,去读哲学是一个初看起来不太好理解的选择。正如史华慈所说,西方最吸引他们的,是"富强"的秘密。而按照梁启超"艺学""政学"和"教学"的三分法,这一秘密,也应在"艺学"与"政学"这里(在清末新政的语境下,又更具体地集中在经济、法政这样的"实学"这里)。就此而言,不管从报国还是自身前途考虑,学哲学都是一个不太能找出多少支持的选择。❷ 作者无意于说张东荪这时已在哲学这种西方迂远的"教学"里发现了它与"富强"的秘密关联,更可能的是,他是被哲学作为西学的根本这一特性所吸引了,当他在五四运动前后提出"德先生"与"赛先生"并不是西方的根本,必须引入更根本

---

❶ 张东荪:《思想与社会》,第3页。又《〈新哲学论丛〉自序》,《新哲学论丛》,商务印书馆,1928年,第1页。
❷ 胡适在美国想要从农学转学哲学,他二哥即告诉他将来可能要甘守寂寞(见罗志田:《再造文明的尝试——胡适传〔1891—1929〕》,中华书局,2006年,第68—69页),这体现了当时一般人对西学中哪一部分才是国内流行的看法。不过,也不能说学哲学就真么么边缘,毕竟,哲学象征西方的"教学",正因中国日益尊西崇新而变成强势话语。周作人曾回忆说,他在南京水师学堂时,有人考试时仅在文章中写了许多个"哲学"就被老师评为第一名(周作人:《知堂回想录》,香港:三育图书有限公司,1980年,第90—91页)。在这样一个明显教"艺学"的学校,仅靠"哲学"名字吓人就获得第一名,说明"哲学"本身并不边缘。胡适回国后"暴得大名",靠的也是远离"实学"的文学与哲学。当然,此时已是明显重精神而轻物质的五四时期,与清末又不同。

的"费先生"(philosophy)❶时,他要说的也不是哲学可以求致"富强",而是由此可以进窥西人安身立命之所在。

可以合理地猜想,如果不是清廷在庚子年的夷夏大变后颁布了多道鼓励留学的上谕,如果留学不是明显将要取代科举成为新的正途,那么即使是出于对张东荪前途的考虑,他的父兄恐怕也是不会同意他去日本学西学的。六年之前,张东荪的同省人鲁迅因父亲去世而被迫去江南水师学堂学西学,就要被视为"将灵魂卖给鬼子",❷遭人鄙视;而六年以后,已经是想仕宦与想救国都不得不学西学——这已经成了将个人前程与国家命运结合在一起的新的正途。❸同样是在 1904 年年初,日俄战争在中国东北爆发,清廷被迫对自己的国土"局外中立",亡国的危险以这种羞辱性的方式又一次呈现在敏感的读书人眼前。张尔田在赠给弟弟的送别词中,便一面抒发着大乱后不得不"师敌"的愤懑,一面表达着来日"黄龙东指"的期望。❹很自然,

---

❶ 记者:《本栏之提倡》,《时事新报》,1918 年 9 月 30 日,第 3 张第 1 版。此文阐明《学灯》栏的宗旨,最可能出自创办该副刊的张东荪之手,即使不是他亲自起草,也至少在很大程度上代表他的思想。另见张东荪:《通讯——复福谦》,《时事新报·学灯副刊》,1923 年 9 月 22 日,第 4 版。

❷ 鲁迅:《〈呐喊〉自序》,《鲁迅全集》第 1 卷,人民文学出版社,1973 年,第 270 页。鲁迅当时之所以被人看不起,不仅是因为学的是西学,也是因为江南水师学堂是个培养军官的学校,传统中国右文贱武,自然被鄙视。不过,这也说明军国民思想当时尚未影响到一般人,甚至绍兴这样很邻近通商口岸的地方,也仍看不起武人。

❸ 1904 年,科举末科一甲三名(状元刘春霖、榜眼朱汝珍、探花商衍鎏)随后竟然全部留学日本(这并不是他们的个人行为,1906 年,清廷主动颁布送进士出国留学的规定)。留洋取代了在士大夫传统中至高无上的翰林院的地位与功能,最清楚不过地反映了思想权势的转移。

❹ 见孟劬(张尔田):《金缕曲·送东荪弟之日本》,全诗如下:"回首销魂地。莽西风,雁声四塞,暮烟凝紫。乱后湖山秋笳贱,挽了三分变徵。问何日,黄龙东指。满目车尘凭阑望,飘征衫都是啼鹃泪。清夜舞,为君起。临岐斗酒须重醉。算连江,沉沉夜雨,故人有几。煮海孤灯神州梦,两地寸心而已。是男子,休教情死。一纸沧浪残画稿,待他年收拾扁舟里。三尺剑,向天际。"《民权素》第 5 集(1915 年 3 月),第 11—12 页(艺林)。

不管张东荪自己是如何被西人的内圣之学——哲学本身的力量所打动，作为在 20 世纪初严重的亡国危机下求学他国的精英读书人，他迟早要在哲学与富强间找出一条联系的途径来。❶

第二节　留学生涯

在张东荪到达东京的次年，日本在日俄战争中击败了俄国。他一定直接目睹了日本人为这场胜利举国欢呼的情景；作为十年前的战败国——"清国"的留学生，这一胜利想必也让他在日常生活中更不可能受到扬扬自得的日本人的好待遇。而在此前后，东京作为留日学生最集中的地方，已经隐然是中国革命的中心，《民报》与《新民丛报》关于革命与改良问题的论战正在激烈地展开。

但就现有的资料来看，张东荪似乎跟这些激烈的时代风潮都隔着一段距离。虽然他与后来被称为"梁启超门下三少年"的蓝公武和张君劢都是结识于这一时期，❷ 与蓝公武更是同住共学的密友，但他始终没有结识梁启超（他与梁启超相识于十年后的护国运动前夕），更谈不上参加这一派别的政治活动。他在日本时期留下的文字，对政治问题几乎毫无涉及。日后对日本生活的回忆，也多谈的是买书读书、访友问学的经历。❸ 总体而言，他此时在政治上几乎

---

❶ 左玉河认为，张东荪在 20 世纪 30 年代后转向知识社会学，主要就是为了打通哲学与政治（见氏著：《张东荪文化思想研究》，中国社会科学出版社，1998 年，第 347 页）。
❷ 第三位是黄远庸。张东荪与蓝公武是同乡，同年进入东京帝国大学哲学系，在东京时住在一起，归国后也一直交往密切；他与张君劢相识于 1907 年，是终生的密友，据说他甚至曾在遗嘱中写明，希望死后将著作与张君劢合署（出自纪文勋：《现代中国的思想冲突——民主主义与权威主义》，山西人民出版社，1989 年，第 165 页）。
❸ 张东荪：《一桩顶快乐的事情》，《时事新报》，1919 年 11 月 4 日，第 3 张第 3 版。

毫无表现，对于一个在辛亥后以"谈法之士"的形象而成名的人来说，这显得颇为不同寻常。

1906年10月，他参与组织了平生第一个学会——"爱智会"，但这绝不单单如名字提示的那样是要研究哲学，而是要研究所有门类的西学。学会的宣言明确说："中国近来学务虽似发达，至于学术尚在幼稚，此俗之所以不治而无由进于文明之域也"，因此要成立该会"专以提倡国人学问为务"。❶此时正是立宪风潮最盛的时候。在这时主张教育救国，或多或少显示出他对立宪救国这样重制度而不重文化的倾向的保留。这时的他，很可能抱持着张之洞式的见解，那就是："世运之明晦，人才之盛衰，其表在政，其里在学。"❷

虽然在该会会刊《教育》杂志的介绍与发刊词中，充斥着佛学词汇，但从张东荪在这份只出两期的刊物上发表的文章来看，他的兴趣已经由佛学转向了心理学（以20世纪初心理学与哲学的密切关系，作为一名哲学专业的学生，这种兴趣的转向倒也并不出人意料）。他发表的第一篇正式文章名为《真理篇》，基本就是在用詹姆士的思想来阐述真理问题。他在十多年之后自承，自从撰写了这篇文章之后，"即自命为一个唯用论者。我十余年来时时咀嚼，觉其滋味正是如橄榄一样，愈嚼愈有味了"。❸对他这样一个后来被有些人（如李达与金岳霖）认为喜变常变的人来说，在詹姆士这里到底有什么东西，能让他愈嚼愈有味地嚼这么久呢？

理解这一点仍需回到张东荪最初对佛教的信仰。他在20年代时曾回忆道，自己之所以在尚年少时即被佛教吸引，是因为佩服佛

---

❶ 《爱智会之成立》，《教育》第1号，第119页。
❷ 张之洞：《〈劝学篇〉序》，苑书义等主编：《张之洞全集》第12卷，河北人民出版社，1998年，第9704页。
❸ 张东荪：《新哲学论丛》，第188页。

教的修证功夫，在他看来，"不做功夫而谈佛理便不是真佛学"，这种功夫"有实验的精神——这种精神和科学的精神没有两样"。❶这里的"实验"，明显指的是以反求内证的方式验诸身心，由此我们自然可以理解他为何会从佛学转向心理学了，还有什么"科学"比当时创立不久的心理学更能与这种中国传统的"向内的功夫"生出应和呢？❷

但是，他难道没有看到以身心二元论为基础的心理学与中国身心一体的"修身养性"之间，存在着根本的差别吗？难道他没有看出，如果用佛家的修证标准，这种把心理现象当作客体来研究的心理学根本不是向内用力，而毋宁说是比物理之学更为彻底地向外用力吗？用他在约三十年后的话说："西方人所求的是知识，而东方人所求的是修养。换言之，即西方人把学问当作知识，而东方人把学问当作修养"，如此则"若以西方求知识的态度来治中国学问，必定对于中国学问觉得其中甚空虚，因而看得不值一钱"。❸那么，他转向心理学，是放弃了求中国式的向内的"修养"，而转向求西方式的向外的"知识"了吗？

并不是这样。这里可以看到詹姆士对理解张东荪早期思想的重要性。这绝不仅是因为张东荪主要是通过阅读詹姆士的《心理学原理》(The Principles of Psychology)来了解心理学的，关键在于，詹姆士将"知"视为一个使"真"得以成为"真"的行动的过程，换言

---

❶ 张东荪：《读〈东西文化及其哲学〉》，《时事新报·学灯副刊》，1922年3月19日，第2版。
❷ 20世纪初的心理学尚具有较为浓厚的人文倾向（内省法尚被接受，弗洛伊德式的精神分析学也正流行），与行为主义及认知科学盛行后不同。
❸ 出自熊十力：《答张东荪》，《熊十力全集》第4卷，湖北教育出版社，2001年，第106—107、111页；熊十力在文中征引了张东荪的这两段话，当然，他对这一主张是有异议的。

之，真理并非先在于知的东西，而是在"知"的过程中成形的。对于努力寻找中西学问的接掫点的张东荪来说，詹姆士这种消除笛卡儿式的主客二元对立的努力无疑是有高度吸引力的，因为他在这里看出一种会通的可能性——实用主义，或多或少被他理解为一种西方式的知行合一。❶

有一点加强了张东荪对这种会通的信心，那就是詹姆士本人对道德问题的关注。与杜威强调个人的社会功能不同，詹姆士式的个人，更像是以自由意志去实现幸福的行动者。对詹姆士而言，"真者不过善之形式耳"❷ 这句任何实用主义者都会同意的话，不仅意味着判断真理与谬误必须以它带来的效用作为标准，而且也意味着在一个始终处在形成中的不确定的世界里，个人通过将某些东西认定为真这一自由决断来追求道德圆满。虽然作为中式修身践履的最终目的的"善"并不是用这种功利的方式规定的，但在这种践履中，出于德性的自由决断也同样占据着至关重要的位置。

对于实用主义几乎必然导致的真理的相对主义，与詹姆士的美国信徒不同，张东荪接受起来也没有任何困难。事实上，这对于他，并非实用主义不得不容忍的缺陷，反而是它的力量所在。一个没有必然规定性的詹姆士的宇宙，是一个可以被许多独立的力量为了各自的善而不断改善的宇宙，它虽然使得任何行动者的努力都仅有相对的价值，但对于一个崇尚德性自由的人来说，却是成就他德性的最佳场所。

在这里，一个列文森式的解释几乎已触手可及了。张东荪对詹

---

❶ 他确实有一回就直接认为"孔教哲学为实用主义的"（张东荪：《余之孔教观》，《庸言》第 1 卷第 15 号，1913 年 7 月 1 日，第 10 页）。

❷ 詹姆士语。见张东荪：《余之孔教观》，《庸言》第 1 卷第 15 号（1913 年 7 月 1 日），第 10 页。

姆士思想的接受,是否也是在平衡历史与价值引发的情感与理智的冲突呢? ❶毕竟,詹姆士式的知行合一论似乎为重新肯定中国传统的修齐之道提供了可能,多元真理观更是直接为儒学或佛学与西学并立提供了支持。在通信中,詹姆士告诉他的这些东方追随者:"东西思想必须调合。调合之后,世界必大异于今日", ❷还有什么比西方人对中西对等的肯定更能缓解列文森式的紧张,这对于20世纪初的中国青年来说,难道不是个不可抗拒的诱惑吗?

这个解释需要严肃的回答。列文森模式的前提,是新康德主义对历史与价值的二元对立的阐释。通过将价值从历史中绝对地超拔出去,历史成了单纯的情感与习惯的产物。但是,詹姆士的真理是在不间断的知的过程中形成的,换言之,价值不能脱离历史,只能形成于历史之中。就此而言,对张东荪这样一个准实用主义者来说,历史与价值的对立是不存在的。

但是,这似乎仍然不能摆脱列文森解释。我们仍可以说正是由于历史与价值间二元紧张所带来的情感压力让张东荪转向了詹姆士的学说。毕竟,张东荪接受詹姆士的多元真理观,根本上是为了解决中西调和问题,但是既然"宇宙既是多方面的,真理便也当是多方面的", ❸那么,承认中西根本不同不就可以了吗?为什么终其一

---

❶ 参列文森:《梁启超与近代中国思想》,刘伟等译,四川人民出版社,1986年。作为费正清最出色的学生之一,列文森将冲击—回应模式成功应用到对近代中国思想演变的解释中,也将这一模式的潜在问题充分展现了出来。由于视西方为价值来源,列文森并不着意考察西方本身的历史变迁。换言之,在冲击—回应框架下,西方冲击是个几乎不变的常量——甚至不如说,这都算不上是力学意义上的冲击,而是静态的思想典范与价值标准;另一方面,为使中国回应变得可以被把握,中国传统被视为无变化的同质整体。问题是,在列文森研究的时段,西方与中国都变动极快,因此,这两个假定都颇有值得商榷之处。

❷ 张东荪:《余之孔教观》,《庸言》第1卷第15号(1913年7月1日),第9页。
❸ 张东荪:《对于误解的答辩》,《时事新报》,1919年12月13日,第2张第1版。

生，他都始终在十分努力地寻找中西思想的接榫点呢？这是一个十分棘手的问题，在这里我们暂时只能满足于提出它；不过，指出一点仍是必要的——虽然是民国后的新派翘楚，但是对张东荪来说，西学——不管是实用主义还是他后来服膺的民主社会主义——都不是减弱而是加强了他对中国传统道德的信心。❶

有一点是他不能赞成自己这位深具宗教情结的美国导师的，那就是詹姆士以实用主义为宗教辩护。他不止一次地说自己对一切宗教都不赞成，当蓝公武沉浸于佛法而体验到"万物唯心"时，他立刻怀疑"佛教所谓解脱或涅槃的境界是否一种心理的变态"。❷ 这个直接的反应离一个否认宗教的启蒙主义者只有一步之遥。他能如此怀疑的理由，则是"宗教不是解决人生之谜的东西，乃是人拿来自己安慰自己的一个手段"，并说这就是詹姆士自己的主张。❸ 但詹姆士将宗教视为人类道德与幸福生活的基础，在这个主张"真者不过善之形式耳"的哲人看来，一个没有宗教的世界显然不太可能是一个"真"的世界。人生之谜的不可解，在实用主义者看来，本就与宗教为"真"毫不矛盾。在这里，张东荪偏离了真正的实用主义者必须赞成的立场。

不管怎样，在西学的宫殿中，张东荪始终拒绝将宗教视为它的王座所在——这个位置他是一定要留给自己心爱的哲学的。后来，在对西学的深入了解中，他越来越发现了基督教的根本重要性，在不同的文章与著作中他也承认，构成现代道德哲学基础的意志自

---

❶ 当然，作为詹姆士的信徒，他同时主张，这些道德必在变化的世界中不断加以改善。具体到当下，必须引入西学作为改善的力量。

❷ 张东荪:《出世思想与西洋哲学》，《东方杂志》第22卷第18号（1925年9月25日），第63页。

❸ 张东荪:《宗教与救国》，《时事新报》，1920年3月27日，第2张第1版。

由，以及他认为是人类未来方向的社会主义，都出自基督教；西学的根本力量也正在于希腊与希伯来对立两极间的复杂张力。但在对基督教的关键地位做了这样礼貌而冷淡的承认后，他依然回到了自己的英雄——苏格拉底与孔子——这里。❶

不过，尽管他对宗教抱着敬而远之的态度，但与晚清的大多数读书人一样，他在宗教这里看重的并不是教理教仪而是实际效果，若宗教真能如章太炎所说"发起信心，增进国民的道德"，❷他也是绝不会反对的。用他的话说就是："利他心，寄托在宗教思想里。世界文明之所以日有进步，都靠着人类的利他心。"❸ 他甚至有一次把战争与道德问题联系起来，借詹姆士的口说："勇敢、牺牲、爱国、尚公之诸德，皆由战争相伴而生"，战争可以废除，但"战争相伴之诸德则必设法保存"。❹ 很明显，道德问题才是他的根本关注所在，如果宗教所伴随的道德可以用其他方式获得，他就会放弃宗教——他自己的道德基础是苏格拉底加孔子式的：一个认为"智及"后尚需"仁守"的人，虽然不会认为"道德就是知识"，但一个奉行"道德就是知识"❺ 的人，一定是一个在道德践履中努力

---

❶ 大概没有什么比面对死亡更能表现一个人内心的真正支撑了。1941年，张东荪被关入日本人的监狱，当时以为必死，他心中的榜样就是面对雅典死刑判决时的苏格拉底（他译为"苏格拉地"）与主张"存顺没宁"的张载（张东荪，《羁狱生活简记》，《民主主义与社会主义》，观察社，1948年，第88—89、92页）。

❷ 章太炎：《东京留学生欢迎会演说辞》，《民报》第6号（1906年7月25日），汤志钧编：《章太炎政论选集》上册，中华书局，1977年，第272页。

❸ 张东荪：《"新思想"与"新运动"》，《时事新报》，1919年9月2日，第3张第3版。

❹ 张东荪：《漫言（九）——战争与平和》，《时事新报》，1917年9月17日，第1张第2版。出于这种考虑，他对后来的非基督教运动有相当的保留（张东荪：《非宗教同盟》，《时事新报》，1922年4月1日，第1张第1版；以及《我对于基督教的感想》，《生命》，第2卷第7、8期）。

❺ 张东荪：《宇宙观与人生观——我所献议的一种》，《东方杂志》第25卷第8号（1928年4月25日），第70页。

"智及仁守"的人。

自然，与严复之后所有试图寻找西方富强的秘密的人一样，张东荪这种对希腊传统的偏爱不是纯智性的，他也并不将西学简单视为对自然或社会现象的客观研究，而是同时当作一种能够改变中国当下糟糕处境的变革性力量。纵然并不见得真喜欢西洋思想中的"奋进的力量"，但当梁漱溟在《东西文化及其哲学》中认为"西洋向前奋进主义"已走到尽头时，他明确表示反对。他确实赞赏过佛教的出世思想，认为其艰苦卓绝的精神令人感佩，但在以儒家三达德（智、仁、勇）向佛教的出世精神致敬后，他立刻转而强调有别的大智、大仁、大勇，那就是西洋的淑世思想，它"源于希腊，得近代科学而益彰"。对于迫切需要变革的中国而言，希腊哲学与近代科学才是今日所需。哲学—科学与佛教的相通，也在于均内蕴儒家式的道德力量。而其背后，则是作为实用主义者与挽救祖国危亡的读书人都必须具有的信仰，那就是："这个世界确是可以改善的。"❶

到此为止，我们大概勾勒了在青年张东荪身上已经显露并在日后将获得充分展开与修正的那些思想倾向，对这样一位在辛亥后以"谈法之士"的形象与国人相见的人，显然尚需对他在这一时期的社会政治思想做进一步的交代。不幸的是，如前所述，与同在日本的那些激烈的同学相比，他显得要书斋很多，能够直接说明他这一时期政治社会思想的材料非常少——不仅没有直接参与政治性活动的记录，也缺少直接或间接论及时政的文字。因此，他几年后一段回忆就显得弥足珍贵，他说："当清末造，不佞与三数友人，聚谈于东京，愤政治改革之无术，乃欲先从事于社会改良，即所谓

---

❶ 本段引文与观点见张东荪：《出世思想与西洋哲学》，《东方杂志》第22卷第18号（1925年9月25日），第78—81页。

Social Reform 者，以为预备焉。"❶从这里看出，他参与创办《教育》杂志，就是将其当作了这种"以为预备焉"的社会改良。

这里明显可见梁启超通过"新民"来"新政"的变革思路，不过，几年后，张东荪也与梁启超一样，转而认为新政必须先于新民。他在自己发表于国内的第一篇公开文章《论现今国民道德堕落之原因及其救治法》中明确说："自强之道，端在政治。是以政治不善，则外族侵略，生计困穷，教育不良，于是道德乃因之堕落。世之人有废然自反者，以为革政不足以救亡，非改正人心不可。呜呼，谬矣！夫人心之堕落，其由来者，政治有以司之，生计有以司之，教育有以司之，岂突然而成者耶？是故改革人心，必自政治、经济、教育始。而三者之中，尤推政治为先。"❷

答案也许改变了，但问题还是同一个。作为在越来越强的亡国压力下努力寻求解决办法的清季读书人，庚子之后新民与新政、辛亥前夕改良社会与刷新政治以及五四前后文化解决与政治解决孰先孰后之争，关注的始终是到底在哪里才能找到一个根本入手点，一举解决中国的所有问题。这一倾向长久地主导着他对中国问题的思考。

这篇政论文还显现出他的一个思考趋向，那就是试图将政治问题与道德问题紧密联系起来。毫不意外，这依然可以追溯到梁启超的"新民说"——如果"革政"最终不能造成具有西式民德的"新民"，中国的富强是不可想象的。但是，在张东荪这里，所要"兴"

---

❶ 张东荪：《中国之社会问题》，《庸言》第1卷第16号（1913年7月16日），第1页。
❷ 圣心（张东荪）：《论现今国民道德堕落之原因及其救治法》，《东方杂志》第8卷第3号（1911年5月23日），第19页。不过，在另一个意义上，这种转变也并不突兀。张东荪倾慕苏格拉底与孔子，明了这两人的另一项共通教诲，那就是政治是最关乎人心的事业（苏格拉底将政治与教育联系起来考虑；儒家更认为政教一体）。因此，《教育》杂志并不像表面看起来的那样远离政治。

的"民德"却与梁启超完全不同。他认为:"吾国德教之隆,实乏拟伦,岂泰西新进之国,所可比肩",这"德教"自然不能被划为梁启超式的不合"群道"的"私德"——事实上,他此时根本就不接受梁启超影响深远的公德—私德的二分:在他看来,各民族都有"固有之道德",西方并非公德的代表,反而是近代中国道德堕落的根本原因。他直言:"我国民道德之堕落,其由来固非一日,而特著于晚近数十年间"——"海通以来"中西以武力冲突为先声的全面交涉的新时代。他认为"异种交接,必少道德之念,此人类之通性,考之东西历史,莫不皆然"。近代以来中国在外交与军事上连番大败,"战败之余,民心必变",结果"自开埠以还,民之染习俗者,指不胜屈"。他进一步阐明了这一变化的文化含义——它象征着欧风传入导致"固有之教化失其威权",❶获胜的西方人挟其文化与道德而来,对中国既有的教化体系已构成根本性的大挑战。更严重问题在于"往往异类文明相接,其互相融化之初,必始自不良之点",结果"租界一开,风俗顿易","西洋文明之输入,吾人未受其益,而已先受其害矣"。❷

如果我们注意到刊登他这篇文章的《东方杂志》正是出版于"异种交接"得最厉害的上海,他自回国后十多年也一直居住在这里,则这番批判便显得意味深长了。上海是真正意义上的东西方的"接触地带",❸用费孝通的话来说:"这里没有传统和文化的地位。

---

❶ 张东荪:《中国之将来与近世文明国立国之原则》,《正谊》第1卷第7号(1915年2月15日),第5页。

❷ 本段引文均见圣心(张东荪):《论现今国民道德堕落之原因及其救治法》,《东方杂志》第8卷第3号(1911年5月23日),第11—14页。

❸ 阿里夫·德里克著、陈永国译:《中国历史与东方主义问题》,罗钢、刘象愚主编:《后殖民主义文化理论》,中国社会科学出版社,1999年,第89—96页。

不幸的是，东方和西方都得面临这种开端。"❶张东荪自回国始终居于沿海，直到 1920 年才第一次去内地旅行，且终其一生都没有在内地有过哪怕是短期的停留。很显然，不管按哪个标准，他都在西化的新世界中，并正在与旧世界失去联系。问题是，在这个新世界中，中国"固有之道德"的位置能在哪里？换言之，"固有之教化"与"西洋文明之输入"的关系到底是怎样的？对张东荪这样一位此后四十年中国最积极的西学译介者之一的人来说，这将是个一直必须面对与解决的问题。

1910 年 8 月 26 日，詹姆士在美国逝世。张东荪为诗悼念："西风噩信惊残梦，孤烛零篇系吊思。千载是非今日定，百年辛苦几人知。伤心江海苍茫处，刻意人天寂寞时。帝网重重生世泪，中原犹赋大哀诗。"❷他六年的留学生涯也到了尾声。同年 10 月 4 日（九月壬寅），他在北京与 449 名游学人员一起觐见五岁的小皇帝溥仪，被授予文科举人。同时获得功名的还有他终生的挚友张君劢。❸次年 6 月 7 日（五月戊申），他又与众多举人一起，被"着以七品小京官、按照所学科目分部补用"。❹虽然没有能如张君劢一般"点翰林"，但对仍忠于清朝的张东荪父兄而言，子弟的功名想必仍是令人高兴的。这因新学而获得的旧功名在不到一年后便随着清朝的灭

---

❶ 费孝通：《中国绅士》，惠海鸣译，中国社会科学出版社，2006 年，第 128 页。
❷ 张东荪：《吊美国乾母斯博士》，《民权素》第 4 集（1915 年 1 月），第 10 页（艺林）。张东荪后来回忆说，他在听闻詹姆士死讯后作了这首诗（《吊拉德博士》，《时事新报》，1921 年 10 月 24 日，第 1 张第 2 版），詹姆士逝世于 1910 年 8 月 26 日，则这首诗大致当作于 1910 年年底前。
❸ 张东荪这时用的是他的本名张万田。他被授予文科举人，张君劢（嘉森）被授予法政科进士。本次共有进士 59 人，举人 390 人。他的另一好友蓝公武则在次年被授予文科举人（参《清实录》第 60 册〔《宣统政纪》〕卷四十二，中华书局，1987 年，第 746、748 页；卷六十二，第 1144 页）。
❹ 《清实录》第 60 册（《宣统政纪》）卷五十四，第 976 页。

亡而失去了仕官价值，但"新学举人"的身份对张东荪却极具象征意义——在传统的学政一体格局因科举的废除而被打破后，在西式的社会与政治间的二元张力开始逐渐显现时，像他这样的"新士"的位置到底在哪里？更直白地说，在那个他们想望并努力造就的未来世界中，还会有他们存在的位置吗？这个根本的问题注定将纠缠他一生。

第 2 章

"尝试共和"的挫败

第一节　在辛亥革命前后

张东荪于 1910 年 10 月前后回国，此时国内局势已经到了一触即发的边缘。前后连续四次的国会请愿运动与 1911 年皇族内阁的成立，使清廷与以立宪为取向的士人最终决裂。张东荪自己此时也陷入了一场让他动自杀之念的精神危机。约十年之后，在开导同样为自杀问题所困扰的五四青年时，他自承："青年厌世诚为时代病症，鄙人初归国时，亦曾动自杀之念。后静思之，觉青年有一流弊，往往视自我有绝对的价值，则生于世界必求其绝对的自由。殊不知人生为天然所制，不但环境包围，且赋能亦出于自然。故人生只有相对的价值，对于未来之命运亦只能求其有相对的自由而已，因对于此种世界亦安之若素矣。" ❶

这种个人自由与人生价值平静的相对主义对一位五四时期的青年导师是相宜的，但一个人可以如此超然地对待自己，却不可能用

---

❶ 张东荪：《通讯：致王自口》，《时事新报》，1921 年 5 月 21 日，第 4 张第 2 版。

同样的态度对待他的祖国。对这位处身中国第一场大革命前夜的年轻精英读书人来说，中国危险而黯淡的未来无疑会占据他的整个身心，让他无法不焦虑与紧张。虽然在日本期间并没有直接参与反清活动，但这位新科举人对清朝的态度已越来越从淡漠变为反对。与之前对政治的疏离不同，他参加了立宪派与革命党人混杂的"辛亥俱乐部"，并开始与当时仍背着乱党头衔的同盟会员田桐等人接触。❶

这种行为明显表达的是对清廷的失望与不信任——这在庚子年后正日益成为趋向不同的士人的共通心态。事实上，清季十年各式各样的反清运动，就基础而言，就是一场前所未有的"士变"，❷即使是与清廷持相对合作态度的士人，也往往并不认可清廷统治的合道性，只是更恐惧革命的破坏力与引起外来干涉的可能性罢了，而到辛亥前夕，由于立宪运动的失败，即使对这些人来说，革命也已成了一个至少可以"两害相权取其轻"的现实选择。梁启超说对当时的中国，革命虽为毒药，但"毒药虽可杀人，有时亦可以治病，毅然投之，尚可以于万死中求一生"，依靠清廷，则只能"坐以待死期之至"，❸ 就相当生动地表达了这一点。

当辛亥革命爆发时，张东荪正在北京。在清廷与南方革命派尚胜负未分时，他就放弃了半年前刚刚获得的七品京官之职，离京南下了。不久，他接受田桐的邀请，赴南京担任民国临时政府的内务

---

❶ 张东荪：《第四次检讨》，燕京大学档案：YJ-52044-3，北京大学档案馆藏，第13页。
❷ 对近代中国士人与革命关系的全面梳理，见罗志田：《士变——二十世纪上半叶中国读书人的革命情怀》，《近代读书人的思想世界与治学取向》，北京大学出版社，2009年。
❸ 梁启超：《粤乱感言》（1911年5月19日），《辛亥革命前十年间时论选集》第3卷，生活·读书·新知三联书店，1977年，第797页。

部秘书。❶这种从朝廷命官到叛党的转变并不仅仅意味着与清廷的决裂,由于父兄仍忠于朝廷,他也就是部分地站在了家族的对立面。

几十年后,他回忆起这次革命时说:"我虽不敢居功说我是参加辛亥革命的一分子,但在革清朝的命的潮流里也曾厕身其中。当时不知道成功与失败的革命的条件是什么,就只知道要革清朝的命。"❷ 最后一句话相当形象地表现了这位"革命青年"当时对革命的模糊认识。1912年4月,身在南京的他目睹了革命表面上的圆满结束。历时半年的共和革命以南北议和的方式解决,避免了当时人最恐惧的国家分裂与列强瓜分的危险,❸ 这一成功,至少在最初阶段,满足了各方从甲午之后对大变革的期待。更重要的是,此时很多人都明确地意识到,自己正在经历的绝不是简单的王朝鼎革,而是中国政教体系数千年未有的大变。这种正在历史转折点上的自豪感,让他们除了期待改朝换代时常规性的"开国气象",还渴望着推陈出新式的"开新纪元"。事实上,虽然在主张种族革命的人(如章太炎)看来,这场革命只是光复,但共和取代君主却意味着革命的样板是美国——从无到有建立一个新国家。对于将天演视为不可抗拒的时代潮流的清末民初人来说,中国跃上西方诸国也多尚未达到的共和政治(此时西方列强只有美国与法国是共和国)的高台,至少在心理层面暗示了在中西竞争中,中国即使不能"后来居

---

❶ 见张东荪:《论真革命与假革命》,《展望》第2卷第24期,第2页;以及张东荪:《第四次检讨》,燕京大学档案:YJ-52044-3,第13页。

❷ 张东荪:《论真革命与假革命》,《展望》第2卷第24期,第2页。

❸ 至少在当时一部分人看来,这一和平解决弥足珍贵,因为"彼美利坚诸州之联合,迟以八年;法兰西革命之成功,几经波折。而吾人乃于极短之时间,造成共和统一之局,不可谓非人民之厚幸已"(《国事维持会宣言书》,《独立周报》第2年第7号,1913年2月23日,第3页)。

上",也至少开始"预流"了。在当时人普遍接受的以国竞胜败定文野之分的社会达尔文主义式的文明观下,这也意味着中国获得了从野蛮进入文明的机会。这种对共和政治的想象带来了所有问题都可能一举解决的乐观情绪,以及勃然而起的民气。如谭人凤在南北统一后就说:"数千年之专制国,一跃而为共和国,为东西各国所未有。若改革善后,一切办理得法,国基不愁不固稳,转弱为强,不过十余年可收效果。"❶ 甚至连素来不以乐观著称的鲁迅,对民国代清的最初观感,也是"觉得中国将来很有希望",❷ 而在当时尚不过十五六岁的傅斯年眼中,民元、民二年间的整体气氛是"像唐花一般的'怒发'",❸ 反映的则是更年轻一代类似的观感。更具有象征意义的是,这种对共和政治的巨大期待并不只限于趋新士人,当时已被视为旧派的梁济,虽然并不赞成共和政治,但同样视民国代清为"数千年一改革之好机会",❹ 并对其颇有期待。

但是,面对着这个"数千年一改革之好机会",张东荪的选择却是辞职。在南京临时政府任职是他一生中最后一次做官。❺ 南北议和后,新政府即将在北京组建。新的政权意味着新的机会,不少临时政府的同僚希望能以革命功臣的身份获得新政权的职位或留学

---

❶ 谭人凤:《在同盟会欢宴孙毓筠王天纵大会上的演说》(1912年6月22日),石芳勤编:《谭人凤集》,湖南人民出版社,2008年,第51—52页。

❷ 鲁迅:《鲁迅全集》第7卷,人民文学出版社,1973年,第47页。

❸ 傅斯年:《白话文学与心理的改革》,《新潮》第1卷第5期(1919年5月1日),欧阳哲生编:《傅斯年全集》第1卷,湖南教育出版社,2003年,第251页。

❹ 梁济:《桂林梁先生遗书》,台北:文海出版社,1969年,第113页。梁济对共和问题的态度及其政治与文化意涵,见罗志田:《对共和体制的失望——梁济之死》,《近代史研究》2006年第5期。

❺ 1916年国会恢复后,张东荪担任了半年多的参议院秘书长。不过,在当时人看来,议员并不是官,《进德会章程》分别"不做官"与"不做议员"为两条,就体现了这一点。

的资格，❶ 张东荪却既没有选择如密友张君劢或同乡鲁迅那样北上参加新政府，❷ 也没有如同事任鸿隽那样出洋深造，更没有如顾颉刚那样参与主张社会革命的激进政党。❸ 他后来回忆到，在南京时，他"感到命是革了，这个国家从别人的手里拿到了我们的手里，但是不知怎么办好，就像突然将清华大学校长让给我当而我当不了一样。我看了一下周围的人都不像是在做事情的，于是没有几个月我就走了，我认为自己贡献的道路不在这里，还有其他的地方"。❹

对这个已"拿到了我们的手里"的新生的共和国，他的选择是进入言论界"评政治"——他到上海担任《大共和日报》编辑，并从1913年开始为各种期刊撰写政论，成了一名标准的"谈法之士"。他没有直接解释自己为什么这么做，不过，这并不是个令人意外的选择。毕竟，鼓舞这位年轻政论家的那些西方政治学与法学导师多是将舆论作为民主制度的基础——事实上，若没有报纸与出版事业，任何现代意义上的民主政治与社会运动都是不可能的，在略显夸张的意义上，它确实是贵族、教会与平民之外的"第四种族"。❺（梁启超语）

后来有一次，正是在为梁启超辩护时，张东荪部分表达了自己

---

❶ 见吴玉章的回忆。收入中国社会科学院近代史研究所编：《五四运动回忆录》下册，中国社会科学出版社，1979年，第896页。

❷ 在后来研究系的主要成员中，张东荪可能是唯一一个这几年完全在实际政治外活动的人——张君劢与蓝公武都参与了第一届国会；丁文江在北洋政府工作（先后在工商部与农商部），并于1916年创立了著名的地质调查所；蒋百里先是担任保定陆军军官学校校长，后为袁世凯总统府参议；梁启超的政治活动则更多。

❸ 见顾颉刚：《〈古史辨〉自序》，《古史辨》第1册，上海古籍出版社，1981年，第17—18页。

❹ 张东荪：《论真革命与假革命》，《展望》第2卷第24期，第2页。他虽一直承认孙中山是真正的革命者，但很可能因为这几个月留下的不良印象，他从此远离了国民党。

❺ 梁启超：《清议报一百册祝辞并论报馆之责任及本馆之经历》（1901年），《饮冰室合集》第2册（文集之六），中华书局，1989年，第49页。

对"评政治"与"干政治"的看法。张荫麟为梁启超不能忘情于政治而惋惜，认为他的政论实在是"盖世雄文的浪掷"❶，张东荪则反驳说："我以为当把干政治与评政治分开。前者作政论是为了干政治的；后者却只对于政治发言而并不去干。中国人对于这一点向来分不清楚。每看见一个人发政论，总以为他是想登政治舞台。殊不知民主国家所需要的不尽是干政治的人才，即坐而论道的批评家在其本身上亦未尝不是国家一种需要。"❷

在这里，张东荪是作为梁启超的密友来回应张荫麟的，显然，他认为作为学生后辈，张荫麟对梁启超并没有真切的了解。不过，他将梁启超定位为"坐而论道的批评家"，可对梁启超这样在中国传统儒家教育下成长起来的士人，评政治不过是另一种形式的干政治，"坐而论道"的最终目的，仍在于起而"澄清天下"。❸事实上，张东荪自己也清楚地知道"梁任公本人对于干政治与评政治并没有下分别，他往往以评政治来干政治"，但他把这当作梁启超"因为时代的关系"的"美中不足之处"，❹则明显更多是将自己代入后的"夫子自道"。

当然，相较梁启超，这位民初新进报人心中的榜样，更可能是白芝浩这样的政论家。这个为维多利亚时代英国代议体制做过骄傲颂扬的人，无疑更切合他对"我们的共和国"——中华民国的感

---

❶ 张荫麟：《梁任公辛亥以前的政论与现在中国》（1936年4月3日），李洪岩编：《素痴集》，百花文艺出版社，2005年，第46页。

❷ 张东荪：《我亦谈谈梁任公辛亥以前的政论》，《自由评论》第19期（1936年4月10日），第8页。

❸ 见罗志田：《乱世潜流——民族主义与民国政治》，上海古籍出版社，2001年，第276—281页。

❹ 张东荪：《我亦谈谈梁任公辛亥以前的政论》，《自由评论》第19期（1936年4月10日），第8页。

情。张东荪深受白芝浩将代议政体视为"商谈政体"（government by discussion）的主张的影响，认为讨论才是"共和之真精神"，而"讨论时代之要素，即以一切政事付之群议。其最著者，莫如国会与新闻纸"。❶ 这种将新闻纸与国会并列为共和政治载体的主张，相当可见从晚清以来倡导代议政治的士人的根本关怀，那就是试图打通官民之隔（在清末民初，进一步西方化为打通政治与社会之隔）。正如郭嵩焘与严复这些维多利亚时代英国的中国观察者，张东荪同样在这种"不隔"中看到了西方强盛的秘密。但与这些更注重国会的作用的前辈不同，他更看重作为"群议"载体的新闻纸的关键作用。值得注意的是，在中国传统政教下，国会尚可被视为是"谋及卿士"，新闻纸则就是不折不扣的"处士横议"了。大致说来，张东荪已多少意识到西方式的"不隔"从根本上讲并不是中国传统式的政教一体，恰恰相反，正是政治与社会间的复杂张力使得一种真正的"不隔"成为可能。我们将在后面具体展开这一点对他个人及时代的意义。

但是，如果这位新进政论家想在民国元年看到任何类似于英国代议政治的模样，那无疑是失望了。整个政局的走势，越来越不像借革命一举奠定国基的英国与美国，而倒像是革命后陷入长期动荡的法国。颇具象征意义的是，直到1913年4月，也就是共和政治建立一年多以后，中华民国仍然是一个既没有正式国会，也没有正式总统，因此自然没有正式政府的国家；与此相应则是，世界上仍没有一个国家承认这个新生的共和国——在将列强承认视为立国基础的民初人看来，这无疑是非常危险的亡国之兆。

---

❶ 张东荪：《造民时代与讨论时代》，《大共和日报》，1913年4月24日，第1版。这是白芝浩在《物理与政治》（*Physics and Politics*）中的观点。

不管是作为共和政治的支持者，还是对中国危如累卵的处境感到万分焦虑的民族主义者，张东荪显然都不能接受民初尝试共和走向失败——共和政治一定会成功，因为共和政治必须成功。也因此，民元的暂时挫败并不是减弱而是加强了他评政治的热情。在1913年初春，北京正式国会开幕，爆发"二次革命"的危险却也日渐增高，对这位年轻的政论家来说，民初尝试共和显然已经到了最关键的隘口。毫不奇怪，他立刻便将自己的全部注意力都转到这件关乎中国未来命运的根本大事上来了。

第二节 对民二国会的批评

1913年4月8日，巴西政府宣布承认中华民国，此为各国承认之始。[1] 同日，民国第一届国会开幕，被梁启超称为"多数政治之试验"的民初尝试共和正式开始。在此之前即有人表示，"正式国会及政府成立在即，凡百政治，方将实行兴革"，"吾人"需"忍目前须臾之苦痛，以冀享将来无涯之幸福"。[2] 事实上，民元时临时参议院党争激烈，已经给时人留下了很不佳的观感，因此他们多期望正式国会能一反临时参议院的不良作为，成为中央政治上轨道之始。

---

[1] 这一承认对政府与一般舆论影响极大，4月9日，教育部通令全国学校放假一日，以兹庆贺。对这种非常规举措，康有为认为是"若以为中国非常之荣庆者，若以为中国之有人承认而得列为国者"；而就一般舆论而言，他观察到，"中国人士，多未知有巴西者也，半月以来，天上落下一巴西，地中突出一巴西，举国人士，口耳相属，纷纷言巴西矣"（康有为：《忘耻》，1913年5月上旬，《康有为全集》第10集，中国人民大学出版社，2007年，第108—109页）。这种讽刺性批评虽可能略显夸张，但也颇可显示时人对承认问题的关注，及其背后的"预流"心态。

[2] 《国事维持会宣言书》，《独立周报》第2年第7号（1913年2月23日），第45页。

但是，这也是一个充满了危险的开始。即使不谈中国当时内外交困的处境，仅就共和政治的历史来看，直到辛亥前夕，该体制在大国中成功的例子，也依然只有美国一个。事实上，美国建国被视为一次划时代的突破——民主制第一次证明可以在大国中稳定运行。然而，彼时美国人口不过300万，面积只相当于约四个法国；而要在人口超过四亿、面积几乎相当于二十个法国的中国创设共和政治，显然更是一个前所未有的危险试验。

议员们的作为很快就使得这一试验的危险性表现了出来。由于宋案的影响，国民党议员与政府对立情绪上扬，国会与行政部的冲突比临时参议院时期更为激烈；两院议员总数（859人）远远超过临时参议院，院内的派系斗争也更为复杂。结果，两院议长在开会二十多天后（5月1日）才得以举出，宪法起草委员会更是在两个多月后（6月30日）才最终成立。在此局面下，议事效率十分低下，张东荪发现："临时政府之参议院人数较少，成立以来尚有议决案数件；今两院人数众多，开会迄今七周有余矣，即院内议事细则尚未起草，遑论其他。"❶ 而其偶尔议决的议案，又往往为人诟病，尤其是所定议员公费数额巨大，更是令各方哗然，一时成为中央政局的焦点问题。

民国建立后中央财政极度紧张，基本上一直靠向外国借款维持，而参议院议定的议员岁俸高达六千元，虽然比起汤漪最初提案中的每月千元已削减一半，但对入不敷出的民国财政，此笔款项不

---

❶ 张东荪：《国会选举法商榷》，《庸言》第1卷第14号（1913年6月16日），第7页。张东荪指责国会做得太少，另有很多人却指责它做得太多，已到专制的程度。这初看起来颇为矛盾。事实上，在不少人眼中，第一届国会是制宪议会而非常任议会，不应插手制宪以外的政事。或可说，民二国会的最大问题在于，它做了太多各方并不期望它做的事，又没有做到制宪这件各方一致期望它做的事。

啻是天文数字。❶ 最具负面性的还不是这种薪俸的财政后果，而是这种要求本身直接动摇了议院的正当性基础。自晚清以来，在一般人心目中，"官"的含义已日益负面化。也因此，当时人对行政部的腐败颇有习以为常之感；反过来，对立法部却每以清廉相期。张东荪明确看到，当时议员"以行政官吏为比例，以为彼月拥数千金，我何吝于此。殊不知议员与官吏不可同日而语。议员之声价未尝不在清高，今则以与官吏角一日之雌雄，殆犹室女与妓家争上下者，言之丑也，其尚有廉耻乎"？❷ 事实上，当时大部分人往往只知道共和政治必须有国会，对其具体功能与运作方式都不甚了了，更多是把议员视为与腐败的"官僚"不同的另一群体，其心中所悬想的，倒颇类似传统的清流。议员自争俸禄，这种"室女与妓家争上下"的行为，无疑会严重地削弱国会在一般人心中的威信。

张东荪随后在反对允许议员兼任阁员时，更是将议员的自律与整个共和政治的成败联系在一起。他认为，此条文"在议会道德易于堕落之国"，"必使议会如传舍，议员为仕宦进身之阶，奔竞之途大开，廉耻荡然"，结果"政治不进，必致全国之人皆痛恨于代

---

❶ 依照北洋时代的《中央行政官官俸法》，各部总长月俸1000元，汤漪最初的提案是要使议员的待遇与他们持平。问题是，两院议员总数超过800人，远多于各部总长；而议定议员岁俸又正好在善后大借款（1913年4月26日）后不久——这笔以中国的关税、盐税为抵押借来的续命钱，也不过够给两院议员发不到20年的岁俸（善后大借款实收约1亿元，两院议员岁俸每年需超过500万元）。虽然议员要求高额俸禄（以及自定俸禄）在西方各代议国并不鲜见，也不缺少法理支持，但民国立国之初，财政十分困窘，国会又负担天下之望，在未有任何实际贡献前先议定自身的优厚俸禄，不免令各方失望，且动摇国会的道德基础。民初各部总长的月俸数额承薛刚兄提示，谨表谢意。

❷ 张东荪：《议员薪俸问题》，《庸言》第1卷第16号（1913年7月16日），第7—8页。张东荪主张给低俸（且按日而非按岁）。即以一定的薪俸使议员足以维持生活，避免议席为富者独占；又不给高俸，以免议席变成利薮；采取日俸而非岁俸，则是要将薪俸与议员出席国会会议挂钩，以免其尸位素餐。见同文。

议制度、内阁制度而后已也"。❶ 这并非故作夸大之词。帝制改为共和,实为中国数千年未有之大变,而正如梁启超所说:"凡国家非有一机关焉为国民信仰之中心,则决无从挽拨其民以维持其国","君主政治之有君主也,共和政治之有议会也,皆全国信仰中心之所攸集也。此信仰一破,则其政体遂不能以自存"。中国在君主制信仰破碎后,"群情散落,无所栖寄,相率以捧而献之于国会。国会之赓续此信仰,若垂裳以受禅代,辟帷以纳归客,乘势之顺,报功之易,旷代所未尝遇也"。❷ 由此可知,即使在对"多数政治"持保留态度的梁启超眼中,国会也已经成为民国政治的关键。在此背景下,代表民权的国会自然成了新的政治权势中心。但另一方面,梁启超也发现,国会的基础并不牢固,因为"我国会非能如欧洲中世之教会,如东西各专制国之君主,有历史上遗传之信仰,可以定民志勿使贰也;非如英国之国会,经数百年之蜕化,积小高大,而有以孚于其民也"。它不过是"以数千年未或睹闻之事,而仓卒〔促〕急就于期月之间",结果"与斯选者,什九皆新进之士,微论才器若何宏远,要之未尝有成绩往烈予国人以共见,国人视之泊如也。昔干令升痛晋德之衰,而谓其创基植本本异于三代,我国会实当之矣"。简言之,由于中国没有代议传统,因此新国会缺乏最为

---

❶ 张东荪:《中华民国宪法草案略评》,《庸言》第 1 卷第 20 号(1913 年 9 月 16 日),第 4 页。

❷ 梁启超:《国会之自杀》,《庸言》第 1 卷第 15 号(1913 年 7 月 1 日),第 1—2、4、6 页。第一届国会的开会词将这一点说得非常清楚:"帝制久敝,拂于民意。付托之重,乃及多士。众好众恶,多士赴之。众志众口,多士表之。张弛敛纵,为天下鞿。缓急疾徐,为天下枢。兴欤废欤,安欤危欤,祸福是共,功罪之尸,能无惧哉!"(转引自顾敦鍒:《中国议会史》,上海书店出版社影印本,1991 年,第 145 页)这虽未必能代表每个议员的想法,但确实表达了他们整体的自我期许以及时人对其的瞩望。具体言之,议员们自许为天下的"鞿枢",也就同时被视为天下的"功罪之尸",一旦共和政治出现问题,他们就会成为众矢之的。

重要的历史权威;虽然梁启超强调对此时的中国,"苟国会而不能保其为信仰中心之资格,则此中心者将永无道以发生",但以国会当时的表现,失望仍必迅速而来——事实上,"未及三月,而天下之望,殆已尽去"。❶

对国会根基不足的观察,提示了一个从晚清以来越来越突出的现象,那就是伴随着正统的衰落与各边缘群体的兴起,整个社会越来越失去了重心。具体说来,科举的废除打断了延续近1300年的政教体系,使上升性社会变动方式发生了决定性的改变。在传统的士人渐趋消亡之时,各新兴群体(如商人、军人、留学生等)虽然开始进入中心,却未能承担起士人原有的政治与文化功能,且由于世变的加速,往往进入中心后不久即落伍,被其他群体所取代。❷结果则如章太炎所说:"六七年来所见国中人物,皆暴起一时,小成即堕。"❸

张东荪对民二国会的另一大批评,是其"因人制法",开以法律为政争工具的恶例。最代表这一问题多方面意涵的是对总统任期长短与能否连任问题的争论。国会开幕于宋案发生后不久,南方国民党虽多主张法律解决,但集矢于袁世凯的局面已经形成。此时进

---

❶ 梁启超:《国会之自杀》,《庸言》第1卷第15号(1913年7月1日),第4、6页。胡汉民在民元时也认为:"中国国会本身基础,犹甚薄弱,一旦受压迫,将无由抵抗,恐蹈俄国1905年后国会之覆辙。"(《胡汉民自传》,台北:传记文学出版社,1982年,第73页)梁启超与胡汉民对袁世凯态度不同,但在国会基础不足这一点上则有共识。

❷ 见罗志田:《近代中国社会权势的转移——知识分子的边缘化与边缘知识分子的兴起》,《权势转移——近代中国的思想、社会与学术》,湖北人民出版社,1999年,第191—241页。这种边缘化并非全由外力压迫,有时甚至出于自觉,最典型即为近代以来知识分子的自我边缘化(见王汎森:《近代知识分子自我形象的转变》,收入许纪霖编:《二十世纪中国知识分子史论》,新星出版社,2005年,第107—126页)。

❸ 章太炎:《对重庆学界的演说》(1919年3月),马勇编:《章太炎讲演集》,河北人民出版社,2004年,第73页。

步党尚未成立,国民党在两院中均占多数,国会与袁世凯的紧张关系因此更加难以化解。宪法起草委员会成立(1913年6月30日)后不久,武力讨袁即在南方发动(1913年7月12日),这使制宪从一开始就在紧张的对立气氛中进行。宪法起草委员会起初规定总统任期六年,不得连任,就明显反映了他们不得不选袁世凯而又不愿其连任的心态。这种专为对待一人的立法,被张东荪直指为"因人制法"。❶

此种"因人制法"的现象在民初几年大为盛行,源头则在《临时约法》制定时期。《临时约法》将《临时政府组织大纲》规定的总统制改为内阁制,目的是在大总统不得不举袁世凯的情况下,以内阁制度约束其权力。❷ 此后的临时参议院秉承了这一"因人制法"

---

❶ 张东荪:《总统连任问题》,《庸言》第1卷第17号(1913年8月1日),第3页。同为报人的张慧剑后来评论道:"民国二年,大法未备,宪法起草委员会对于总统任期问题,屡有讼辩,后乃规定为任期六年,不得连任。此种规定,自含有相当之政治权术意义,当时,拥袁(世凯)之法家政客,多以袁氏之利害为利害而表反对,张东荪氏亦持此论,特氏本于法制学者之见地,党争之意味较少而已。张氏主张,不于宪法中规定'总统不得连任',而以习惯法限制之,如美国例:美国宪法虽无明文限制总统之连任,顾连任之例甚少,使国家当非常之时期,对于一担当大局之非常人物确有连任之要求时,亦不致因此而发生事实与法律之冲突,意至善也。"(张慧剑:《辰子说林》,南京:新民报社,1946年,第165页)此条材料承薛刚兄提示,谨表谢意。

❷ 《临时约法》规定,参议院对国务员任命有同意权,总统与参议院冲突时无解散国会权。这在很大程度上参考的是法国(第三共和国)宪法;但就法条而言,参议院及国会权力比法国更大。钱端升认为,这种安排"实使整个政治制度,失其调整之机能,而转增运用上之若干阻碍而已"(见钱端升等著:《民国政制史》,上海书店出版社影印本,1989年,第8页)。就事实而论,民国元年总统与临时参议院冲突激烈,焦点之一就是参议院对国务员任命的同意权。张东荪认为:"有欲以此同意权而养成责任内阁者,殊不知此同意权卒不能养成内阁之责任,促进内阁之实权;不过使国会与总统永永相轧轹而已。临时政府之试验,皆可指证也。"(张东荪:《中华民国宪法草案略评》,《庸言》第1卷第20号,1913年9月16日,第10页)不过,需要说明的是,在法国宪政体系中,虽然总统名义上有解散众议院权,但其解散令必须得到参议院同意才能生效,这在事实上使其变为不可能。因此,虽然在《临时约法》下,国会的权力比法国更大,但若运用得法,也未尝不可能形成法国式的立法部与行政部互相制衡的局面。

的不良传统，它的大部分立法，在梁启超看来，都是"对人制法"而非"以法范人"，他认为："对人制法，则必易一人而法随之，是法之纷更将无已也。"❶

张东荪后来也说："法之为物，即在公正，失其公正，法力则消"，此种"利用法律"之例一开，"则法律之公正为之消失，法律之高贵亦因而不立。于是国家之平安、社会之秩序永不能固定，其结果以国家不得治平，社会不得安善，而至于不可收拾"。❷ 这段言论发表于1916年4月，当时袁世凯帝制自为行将失败，国会二度召集在即，这番言论实际上既是在总结此前数年民国立法的教训，更是要对重新开会的国会提出忠告。

民元时期各方多以美国建立比拟民国草创，盖因美国以各州代表联合制宪而立国，与民国十七省代表共同制定《临时约法》表面相似。❸ 美国是按照契约论原则从无到有建立起来的，也因此，这一比拟实际上暗含着中国此前并非一个国家，民国代清如同建立新国。更进而言之，对当时人来说（如前所述），民国建立绝非仅是改朝换代式的"开国"，更是推陈出新式的"开新纪元"，在政治方面，也就意味着这是一个创立规则的时代。议会在新旧转换时期被当作国人信仰的中心，则它也就成了政治规则的最重要创立者。这并非仅指制宪意义上的"造法"，也包括总体的政治目的与手段的示范。在没有先在规则制约的情况下，创制者的公心与自律便极端重要；而民初政治的一大问题，就是各方都不守规则，而且往往是自坏己则。如罗志田老师

---

❶ 梁启超：《箴立法家》，《庸言》第1卷第2号（1912年12月16日），第1—2页。
❷ 张东荪：《善后建设论》，《新中华》第1卷第5号（1916年4月），第4页。
❸ 《独立宣言》在近代中国的接受史，见潘光哲：《美国〈独立宣言〉在晚清中国》，《"中研院"近史所集刊》第57期。美国革命具有二重性，不仅反君主制，而且反外来政权；法国革命则仅有反君主制一面。民初民族革命盛行，因此革命者多倾慕美国过于法国。

所说:"政治规则即使在对付敌手时也不宜随意破坏,只要开了先例,则对敌之方略也可能随时转而对己。"❶ 袁世凯破毁国会,废弃《临时约法》与天坛宪草,这种"因人废法"与前此议会的"因人制法"实是一脉相承(此后的新约法的制定不过是更为明显的"因人制法")。

也正是在对民二国会的观察中,张东荪开始明确意识到,它在政治上的失败,根本上不在于立法时具体的制度选择——国会最为时人诟病的立法,几乎均可从西方诸立宪国中找到根据。如他之后所反复强调的,任一制度均可善治,英美德制度有异,为强国则一。根本问题在于如何能让这套西方新制与中国的历史国情结合起来,前提则是必须将他心目中共和国的真精神——公心与自制——体现出来。否则,处处皆可从西方代议政治实践中找到根据的立法,最终却会让所定之法甚至立法者自身都失去存在的根据。

由此也可以理解他此时为何要竭力主张"法治国"了。如19世纪的德国与美国法学家那样,他认为:"夫法力者,非置国家于法律之上,乃置于法律之中",❷ 立法首先不是范围他人的治理术,而是主权者的自我限制。正如自制者才能是有德者,能自我限制的国家也才能是建立在"公"的原则上的国家。❸ 事实上,他对在中国出现一个英国式的主权议会一直心存疑虑,他认识到,英国政体

---

❶ 见罗志田:《五代式的民国——一个忧国知识分子对北伐前数年政治格局的即时观察》,《乱世潜流——民族主义与民国政治》,第146页。吊诡的是,袁世凯一开始并不重视约法与内阁。张亦工认为:"这不奇怪,因为袁世凯根本不知道民主政治为何物,他无法想象《临时约法》上写的那些东西在实际政治中还能有多大作用。"(徐宗勉等:《近代中国对民主的追求》,安徽人民出版社,1996年,第103页)很大程度上,是正式国会针对袁世凯的立法使他开始领略到其厉害,而要加以影响与控制。

❷ 张东荪:《国教与道德》,《宗圣汇志》第1卷第5号(1913年9月),第49页。

❸ 德国思想传统中的法治国理论及其内在困难,见李猛:《除魔的世界与禁欲者的守护神——韦伯社会理论中的"英国法"问题》,《韦伯:法律与价值》("思想与社会"第1辑),上海人民出版社,2001年,第141—163页。

的奥妙在于法律与惯例的巧妙平衡,而素无宪法习惯的中国似乎无法达成这种平衡。他的设想则是用条文化的法典来制约任何一种最高权力的出现——不管是议会还是总统。

若仅就立法而言,最具示范意义的无疑是宪法的制定。自清季以来,朝野各方都开始认为宪法是统治正当性的标志,在亡国焦虑的刺激下,制宪更进一步与避免"不国"联系在一起。尤其要强调的是,这里的"不国",不仅指没有宪法就没有政府,更是(如独立后的美国与大革命中的法国)指没有宪法就没有国族。也因此,民初制宪问题从一开始就与中国的国性联系在一起。王宠惠(当时名义上为国民党人)认为:"宪法之制定,有二要义焉。一曰,宪法者非因一人而定,乃因一国而定也。二曰,宪法者非因一时而定,乃因永久而定也","故宪法须依一国之恒态而定,不能依一时之特别事故而定。此特别事故,倏然而兴,亦倏然而灭。若不惜以一国宪法殉之,其结果将变更时起,国无宁日。"❶ 王氏强调要依一国恒态制宪,很反映当时人以稳定的宪法奠定国基的心态;但在张东荪看来,他的观点存在矛盾,如果宪法"以归乎恒度恒态为原则","吾中国数千年以来所谓恒度恒态者,非专制而何耶"?中国由帝制改为共和本就为"旷古之巨变","果特别态度不宜定为宪法,则神圣之共和,永不见于宪法之明文矣"。他因此认为,制定宪法,"所以欲者,乃民意之表示,正欲以一时之事而使之永远,非必关于永远者,始得定之于宪法"。❷

---

❶ 王宠惠:《中华民国宪法刍议》(1913年),夏新华等编:《近代中国宪政历程——史料荟萃》,中国政法大学出版社,2004年,第265—266页。
❷ 张东荪:《王氏宪法刍议之商榷》,《庸言》第1卷第17号(1913年8月1日),第3—4页。不过,张东荪并不完全赞同"中国专制说",他曾说:"故世人谓中国自秦以来历代专制,此中国之国民性,殊不知尧舜之揖让真具共和之精神,亦未始非中国之国民性。"(张东荪:《国民性与立法》,《中华杂志》第1卷第4号〔1914年6月1日〕,第1页)

值得注意的是，张东荪明确看到，立宪这件中国从所未有的"一时之事"是"特别态度"的产物，在自身历史传统中缺乏真正的基础。问题在于，它如果不能与本国历史建立起某种真正的联系，则"使之永远"就是不可能的。张东荪明确地说："各国宪法之成立，无不以其本国之历史、国情为转移，以本国之地位、民性为单位"，❶换言之，若不能做到"因群立法"，则宪法就不能成立。可是反过来，对于民初人来说，却正是要因法而立群，没有宪法，那个能让中国避免灭亡命运的"新群"又如何可能产生呢？

这一看似矛盾的问题提示我们，当张东荪与王宠惠反复争论中国的新宪法应该是刚性宪法还是柔性宪法❷时，他们到底是在争什么，我们也才不会被两人明明都主张刚性宪法，却争论激烈的表面现象所迷惑。❸对张东荪来说，布赖斯（James Bryce）所关心的英国宪法与美国宪法的不同并不重要，纵然他清楚地知道美国宪法与普通法传统下的英国不同，是自然法学说指引下的人为创造，但问

---

❶ 张东荪：《论宪法之性质及其形式》，《庸言》第 1 卷第 10 号（1913 年 4 月 16 日），第 10 页。

❷ 这是王宠惠对 Rigid Constitution 与 Flexible Constitution 的译语，张东荪则译为"固定宪法"与"易动宪法"。

❸ 在这次论战中，王宠惠主张宪法取高度刚性（即修订门槛要较高），条文则要多；张东荪也主张宪法应取刚性，但认为刚性不可太高，条文则要少。这不单是宪法形式问题，且与议会地位以及宪法与议会关系问题有关。民初政治本模仿法国制而非美国制（如总统、总理二元制，阁员副署权，以及总统由议会选出），张东荪建议采用刚性而少条目的宪法，仿效的就是法兰西第三共和国——只有两三种基本法，修订手续也不繁难；且这可以减少制宪障碍——宪法若刚性不高，条文不多，无形中就降低了制宪议会的权力，也因此不至于招来行政部太大的敌意，而制宪议会需要达成的基本共识越少，制宪成功的可能性自然就越大。反过来，王宠惠则明显不信任行政部，且试图抬高制宪议会的权力。无所不包而又难以修改的宪法，将为议会钳制行政部提供强有力的武器，让人很容易认为这是出自国民党员而非中立法学家的主张。此次论战又正好发生于"二次革命"前夕，紧张的局势也只会助长这种猜疑。

题是它的这一创造并非纯粹的无中生有，而是在其历史传统中自有脉络。因此，对他而言，中国采用刚性程度多高的宪法的问题，从一开始就不是从既有历史传统中自然生成还是人为创造出宪法的问题，而是宪法这个无中生有之物如何被既有历史传统接纳，并转而改造该传统的问题。

因此，在某种程度上，这是一个没有多少直接对垒的争论。两人都想为共和政治奠定宪制基础，都想维持宪法的稳定与尊严。差别在于，前者（王宠惠）认为必须让宪法难以修改，否则就易于变成政治的工具而遭到破坏，后者（张东荪）则认为必须使宪法易于修改，否则就难免变成政治变革的障碍而遭到破坏；前者认为必须增多宪法条文以使它能真正为共和政治奠定基础，后者则认为必须减少宪法条文以为进一步的变革留下空间；前者要在宪法与普通法律间建立严格的差别以抬高宪法的尊严，后者则希望缩小宪法与普通法律的距离而抬高法律本身的尊严。二者的具体主张虽然不同，但关怀与意图却几乎相同。他们都对中国宪法缺乏历史权威感到极度焦虑，得出的却是相反的结论。关怀与意图的差别如此之小而争论却又如此激烈，一方面显示了宪法问题对他们的绝对重要性，另一方面也显示了将宪法引入中国的巨大困难。论战最终结束于7月下旬，伴随的已是"二次革命"的炮声——虽然他们并不是壕堑中对垒的两方，但确实也没有什么比眼前的这场内战更显示这场宪法争论的背景了。

不管怎么说，这次论战毕竟使张东荪获得了阐发自己对宪法与法律的主张的机会。他认为"法律之制定贵乎有弹力，易言之，即可以伸缩是也。苟不能伸缩，其法不足为国福，而必为国患。况宪法为一国之根本法，其性至刚，不易改变。起草之人常无远大之目光，则此永世不替之宪法苟无伸缩力于间以俟后人之活用，则必有受其敝之一日也"。❶ 而"中国素无宪法习惯","今日制定宪法,盖草创耳。以此草创之宪法,乃欲使之固定至于极度,设他日运用不灵敏,则必至于国家自杀而后已也"。所以"所定之法不可不留有改善之余地。由是以言,必使立法一方留有伸缩之作用,他方又必使改正手续较为轻便",❷ 即宪法条文"采取概括主义,以收宪法自然变化之效也"。❸

当张东荪说"中国素无宪法习惯"时,他无疑是带着遗憾的。他虽然对议会至上的英国宪政体制持保留态度,但对其以宪法习惯(诉诸历史与传统的权威)训导政治则深表赞扬。在他看来,此种措置不仅可以应时势而变更,还可以让法律作为活生生的习惯与实践发挥作用,不仅可以范围人心,而且能够"改正人心"。但是,他后来又明确认为英制不可学,因为"英制者,法律与惯例之巧合,形式与精神之奇遇也",❹ 是个连西方各立宪强国也无法模仿的特例,更不能行于中国。

在他看来,能够实现的是德国式的法治国理想。他认为,"顾法律不能自言,则言者尚矣",❺ 作为共和新纪纲的宪法,如果不能真正在人的行动中被"说出来",成为奠定个人伦理的生活方式,它就只是毫无生命的"纸上的法律"。换言之,民初宪法要创造新政府甚至新国族,但宪法本身,也要在同一个过程中通过每个人的宪政实践获得生命并最终奠定自身的基础。

大致说来,张东荪认为,如果政治问题不能最终转化为可预期的法律行动,而只是依靠不可预测的权力冲突来解决,则民国政治

---

❶ 张东荪:《总统连任问题》,《庸言》第1卷第17号(1913年8月1日),第1页。
❷ 张东荪:《今后之政运观》,《新中华》第1卷第6号(1916年6月),第7页。
❸ 张东荪:《论宪法之性质及其形式》,《庸言》第1卷第10号(1913年4月16日),第13页。
❹ 张东荪:《政制论》下,《甲寅》第1卷第8号(1915年8月10日),第10页。
❺ 张东荪:《国教与道德》,《宗圣汇志》第1卷第5号(1913年9月),第50页。

甚至不能稳定，自然更谈不上良善了。因此，宪法与共和政治的存亡，根本上并不在于立法，而在于执法与守法——也正是在袁世凯废弃临时约法与天坛宪草后，守法问题开始成为张东荪思考立法以至整个共和政治的根本出发点。他认为："盖法必按切时代，而后可守；法必留有改良之余地，而后可守；法必成于公平，而后可守。质言之，法必使人以可守，而后始可责人以守也。"❶ 张氏一贯反对任何形式的因人制法，一方面在于这在政治规则上开一恶例，另一方面则在于这样的法无法责人以守，结果行同虚文，不仅降低整个法律体系的权威，而且由于不能将政治问题转化为法律问题，将使整个政治体系由于难以遏制的权力争斗陷于动荡不安。

不过，张东荪以法之可守为守法之前提，却并非替袁世凯此后的毁法行为开脱，他同样认为："若立法者不为行法之人留运用之余地，其咎固在立法者；然行法者当自求所以运用法律之道。苟舍此而不之求，惟归罪于立法不良，则纵使修改法律至于极度，终亦无利。"❷ 关键在于，"夫法者，民族精神之结晶也，必有数十年之蓄养，使之渐成固定之习惯"，此时制定的法律，其内容与运作方式全为西来，而法在中国传统中本从属于礼，要单纯以它作为新纪纲，即使有西方新名教的支持，也往往无法落实到政治与社会行为层面。张东荪观察到："社会既无此法律习惯，虽有犯者，社会乃熟视而无所睹。盖法不能自言也，必有能言者于法之背面，然后法始有力焉。……否则，造至良之法，而托付于他人，他人运用之，其不为玩弄、不为破坏者几希矣。"❸

---

❶ 张东荪：《今后之政运观》，《新中华》第1卷第6号（1916年6月），第8页。
❷ 张东荪：《国民性与立法》，《中华杂志》第1卷第4号（1914年6月1日），第4页。
❸ 张东荪：《三年来政治经验之大暗示》，《中华杂志》第1卷第11号（1914年11月1日），第2页。

在此情形下，张东荪对守法的期望并不高。他"但求其最低度能确实施行而已"。对何谓最低度，他解释道："法不求其完备，亦不求其周详，更不求其精微，苟一旦大体而具，则必使此大体切确施行，而无丝毫损益。否则法愈完备，愈周详，愈精微，以专制之习未除，人民之德未进，一切事实不易入其法之准绳故，则此美备精详之法适成一精美之玩具，为国家之点缀品耳，宁有实益？故初步之法治但求法之最低度能实行亦足矣。"❶ 令他失望的是，在民初，此种最低限度的对规则的遵守也始终没有建立起来，而尝试共和自然始终难以走上正轨。"二次革命"及其相关问题，正突出地反映了这一困局。

第三节　反对"二次革命"

"二次革命"爆发之前，国民党在南方程度不一地控制着五个省（安徽、江西、广东、湖南与福建），实力比辛亥革命前强得多，却在举事后不到两个月就一败涂地。导致这种结局的一个原因是北洋派掌握中央政权后实力加强，但更重要的是，与1911年武昌首义后天下响应相反，此次举事后，中间各方几乎压倒性地一致支持袁世凯政府，使国民党客观上处于"失道寡助"的窘境中，这才是其迅速失败的根本原因。

此种"失道寡助"，很明显地体现在时人多认为这不是"革命"，而是"内乱"。如张东荪所说，"二次革命""与前次之革命不可同时而语"，"革命者，对于政体变更之谓也；反是，反对国家机

---

❶ 张东荪：《今后之政运观》，《新中华》第1卷第6号（1916年6月），第7页。

关之人物者，谓之内乱。易言之，革命者，所以反对国家之根本组织。今不反对其根本组织，而独反对依于组织而发生之机关人物，则为内乱"。❶

张东荪的意思很清楚，国体既已改为共和，革命也就失去了存在的理由。而且此时"宪法未定，国本摇动，承认方来，借款甫成"，正是民国政治能否上轨道的关键时刻，国民党"不思所以整顿之道，徒欲为根本上之推翻"，❷就动机而言很难取信于他。事实上，国民党内武力反袁与法律反袁的争论在"二次革命"爆发后也没有停止，其他各方更是压倒性地支持法律解决。根本理由则是宪法正在起草，几个月后就将选举正式总统，即使要倒袁，也只要到时不选他即可。换言之，如果可以在政治轨道内解决问题，便绝不可再诉诸武力。

深受卢梭影响的张东荪不会不知道，依照人民主权原则，人民的革命权是内在于共和政体中的。问题是，中华民国既已建立，从维持政治秩序的角度，又自然要避免再次发生革命。"南北统一，人皆争言文治"❸的局面便反映了这一点。而对张东荪来说，不管是作为法治国理想的信奉者，还是担心内斗引起外来干涉的爱国者，卢梭的革命原则都太危险了。更现实的问题则是，如果说一年多前的同盟会确实可以算是"总意"（general will，这是张东荪的翻译，今译公意——引者注）的代表，那国民党现已落入失道寡助的境地，按照民主政治"多数决定"的原则，已是应被否定的少数派。

这揭示了张东荪反对"二次革命"的深层动因——无论如何不愿开以武力解决内争的危险先例。他此时也多少有些当时人普遍的

---

❶ 张东荪：《内乱犯与国会迁移》，《大共和日报》，1913年7月29日，第1版。
❷ 张东荪：《再论两党提携》，《大共和日报》，1913年6月2日，第1版。
❸ 转引自张玉法：《辛亥革命史论》，台北：三民书局，1993年，第525页。

"非袁不可"的心态,理由则如汪精卫所说,是"袁拥重兵","袁之部下,不知有民国,只知有袁宫保。使袁宫保在,专制可,共和亦无不可;使袁宫保而去,则乱且接踵而至"。❶ 不过,虽然在张东荪看来,国民党"失道"绝不意味着袁世凯"得道",但同样需要强调的是,当时人"非袁不可"的认识中也包含着正面的期望。梁启超这样的士林翘楚即以开明专制瞩望于袁,❷ 甚至连反袁最烈的南方革命派,在辛亥革命期间也曾表示希望他做"汉族之华盛顿"。这种带着策略意味的言辞虽然未必能反映他们的真意,但如果考虑到当时人普遍以美国建立比拟民国开国,则这一出自敌对方的言论至少在相当程度上表达了当时一般人对袁世凯的期望。

一个更具包蕴性的观察来自黄远庸。他认为,就袁世凯在时人心目中的地位而论,确实是"物望所向,宜若大有可为",但是"其危机即伏于物望之中。盖此物望中之所含性质大半为消极的倚赖,而积极的信任之心甚少故也",具体说来,"常人之言,大抵谓现状非袁莫能维持;而政治之进步,则无可望"。❸ 对此,他认为,袁世凯"欲反对此激烈派之所为,则必须有一种光明正大之旗帜足与为壁垒之对峙",❹ 而他实际上却是"必以旧式之牢笼奔走之术为遂足尽其大略,而于新旧思想之隔阂绝无道以化除之",❺ "思想终

---

❶ 汪精卫:《国民一致之决心》,《民立报》,1913年7月23日,第2页。不过,在辛亥前后,汪精卫自己就是一位主张"非袁不可"的"国民",他曾对袁世凯说:"中国非共和不可,共和非公促成不可,且非公担任不可。"(见张国淦编:《辛亥革命史料》,台北:文海出版社,1976年,第115页)
❷ 丁文江、赵丰田编:《梁启超年谱长编》,上海人民出版社,1983年,第617页。
❸ 黄远庸:《对于三大势力之警告》(1913年6月17日),《黄远生遗著》卷一,台北:文海出版社,1987年,第91—92页。
❹ 黄远庸:《政局之险恶》(1913年2月4日),《黄远生遗著》卷一,第59页。
❺ 黄远庸:《对于三大势力之警告》(1913年6月17日),《黄远生遗著》卷一,第95页。

未蜕化，故终不能于旧势力外，发生一种独特的政治的生面也"。❶

由于晚清以来国人对立宪政体的想象性期待，在民初，人们普遍期望它可以"毕其功于一役"，一举解决中国内政外交的所有问题。也因此，新生的共和政体若不能带来足够大的改变，则失望将随之而至。虽然如前所述，在此新旧转换之时，承载各方最大期望的是作为共和政体象征的议会，但在时人普遍的"开新纪元"的心态下，若袁世凯只能做到消极地维持局面，而不能如黄远庸所说"发生一种独特的政治的生面"，则在"平民政治"的局面下，失望将很快到来。

当然，仅就承载开辟新政治局面的期望而言，趋新的国民党人无疑比袁世凯更有资格。❷ 作为亲手缔造共和的一方，民元前后的同盟会在南方各省建立起很大的权势，并在一定程度上被一般国民视为全国的中心势力。❸ 但他们并没有把握住这个"以绝好之基础，可得全国之信仰"的机会。在黄远庸看来，原因在于："凡立足于政治界者，对于政敌当发表其所信，以正当之权力与为光明正大之竞争，而不可专存对待之心。专存对待之心，而蔑弃政治上之常轨者，则或两败而俱伤，或敌存而己亡。国民党一年以来眼光仅求对待一人，而不肯于政治上争胜着，此其所以失败也。"❹ 张东荪

---

❶ 黄远庸：《社会心理变迁中之袁总统》（1912年11月21日），《黄远生遗著》卷一，第1页。

❷ 第一任总统并非直接选举，而是由各省参议会选出，代表性不如国民党占优势的第一届国会；更重要的是，自戊戌变法后，新旧日益两分，袁世凯被视为旧势力的代表，并不被寄予开新之望。

❸ 数年之后，梁启超等人冒险发动护国运动，就是担心如果犹豫不决，会如辛亥革命时般落在国民党后面，再次丧失成为中心势力的机会（见李剑农：《中国近百年政治史》，复旦大学出版社，2002年，第387—388页）。

❹ 黄远庸：《对于三大势力之警告》（1913年6月17日），《黄远生遗著》卷一，第92—93、96页。

则将此种"专存对待之心,而蔑弃政治上之常轨"的做法,更简捷地称为"以目的为手段",他认为这样随着党势政潮"今日主张统一,明日主张联邦,今日主张分权,明日主张集权,今日主张借款,明日即反对之",实为以政纲为政争的工具,并直言:"以目的为手段之弊一日不除,则一日无政策之可言,一日无政治之可言。"❶

不过,在张东荪看来,"二次革命"并不是新旧冲突,而是"暴民"与官僚的冲突,其中的"暴民"就指国民党——在民元前后,这一指责正日益成为舆论界的主流话语,与国民党渊源很深且在"二次革命"时参加反袁的章士钊同样认为国民党在民初的作为确实有暴民专制之嫌,就很说明这一点。造成这一局面的原因,一方面是国民党在民初的激烈党争中意气过甚,对待一人之心过强,以至于形象不佳;另一方面,张继认为"旧时中国主人,缙绅而已,贱士职民,皆附属品耳",民元之后,吸纳了下层会党与传统社会中其他边缘阶层的同盟会一时成为国内的权势中心,"贱士职民,尽起而与抗颜,且有代之之势",❷激起了原居中心的各阶层的不满。张继这番言论明显针对进步党,但他观察到国民党与进步党之争背后有阶级权势转移的因素,则不为无见。❸梁启超等人往往自定位为中流阶级,这正与晚清人颇乐道的中等社会一脉相承;而若仅就政治理想而论,当时读书人所最瞩意的,既非相对接近下层的国民党,也非官僚化的北洋系,而是代表中流阶级的进步党。虽

---

❶ 张东荪:《目的与手段之大激战》,《大共和日报》,1913年5月13日,第1版。
❷ 张继:《公私之别》,《民立报》,1913年7月28日,第2页。
❸ 鲁迅后来评论说,辛亥革命后,他的处境是被奴隶骗了,变成了奴隶的奴隶(鲁迅:《忽然想到》,《华盖集》,人民文学出版社,2006年,第14页)。这种失望之言表明,革命后阶级权势确实发生了转移(至少一部分读书人这么看)。

然民初已有民权至上的潮流，共和政治也往往被理解为平民政治，但就政治话语而言，传统的贤人政治仍是大多数读书人期望的典范。❶

事实上，张东荪的以上言论，不仅是针对国民党，更包含着对整个民初党争的批评。在中国传统思想中，"党"是完全负面的——"结党"必与"营私"相连。虽然清季各方对立宪政体的正面想象有助于"党"的正面化，但直到五四之前，它在多数时候依然是个负性词汇。王朝时代本有天下有道则庶人不议的传统，处士横议朝政往往被看作亡国之象（民初不少人以"不党"为号召，多少就是出于党争亡国的恐惧）；就事实而论，民初党争极其激烈，在时人看来是"意气所激，往往举天下万事，而悉纳之于党争范围之中"，❷ "甲党之所是，乙党必以为非；乙党之所非，甲党必以为是"。❸ 此种无纲领无主张的意气之争，令当时人对各式的"党"十分不满，章士钊的"毁党造党"说之所以能引起巨大关注，就在于时人普遍希望能通过改良政党消弭党争，使民初共和政治走上正轨。

对张东荪来说，问题在于，民初中央始终没有出现一个可以开辟新局面并使整个政治走上正轨的中心势力。面对同样"失道"的双方，只能以"两害相权取其轻"的态度决定取舍。他在"二次革

---

❶ 这一"暴民"的指责值得商榷，清末革命具有"士变"的一面，用章太炎的话说就是："以前的革命，俗称强盗结义；现在的革命，俗称秀才造反。"（章太炎：《〈民报〉一周年纪念会演说辞》，1906 年 12 月 2 日，汤志钧编：《章太炎政论选集》上册，中华书局，1977 年，第 328 页）国民党的领导者，除孙中山外，是翰林蔡元培，举人吴稚晖与胡汉民，秀才黄兴与汪精卫——尤其是蔡元培，翰林是传统士人的最高殊荣，他参与革命，显示最精英读书人已与清王朝离心离德。因此，与其说国民党与进步党之争是暴民与士人之争，不如说是以士人为主体的新派内部的冲突。

❷ 《政党与选举》，《民国报》，1913 年 1 月 7 日，转引自张玉法：《民国初年的政党》，岳麓书社，2004 年，第 13 页。

❸ 《国事维持会宣言书》，《独立周报》第 2 年第 7 号（1913 年 2 月 23 日），第 45 页。

命"发动后说,"夫暴民与官僚同一为恶,吾人于良心上,则皆在征伐之列。惟事宜权其轻重,度其缓急,暴民为祸也烈,于是吾人舍官僚而先从事于暴民也",❶ 就很反映他支持袁世凯的根本心态。

如上文所述,国民党在民元、民二年的失道招致了各方的反感,使他们不得已转向此时尚显得不那么失道的袁世凯,并将政治上轨道的期望寄托于后者。就事实而言,熊希龄内阁的成立确实带来了政治上轨道的期望,正式总统的选出与各国承认的到来,更加强了这一期待。用张东荪的话说就是:"正式总统选出矣,浅识者遂谓政治前途将为平坦",❷ 如果我们注意到他所说的"浅识者"尚可包括黄远庸这样当时第一流的政论家,❸ 则也就易于理解"二次革命"在多大程度上反而加强了袁世凯统治的合道性。

但正如此时尚对袁世凯颇多期望的黄远庸所担心的,此种对袁世凯的支持"一半由于他力之反动",而"中国人心最易厌倦,且对于优越之势力家,而常好为反对。窃恐人心反对国民党之势稍衰,而向所怀大愿于袁公者不能相偿,则将复逆转而向于今日之所推戴者矣"。❹ 简言之,此种期望本就建立在"两害相权取其轻"的心态上,若袁世凯不能改弦更张,取信于人,则他统治的合道性将很快消失。不幸的是,接下来的政局发展丝毫不爽地证实了黄远庸的预言。袁世凯破毁国会、废弃宪草以及制定新约法等一系列举

---

❶ 张东荪:《呜呼暴民与官僚》,《大共和日报》,1913年8月14日,第1版。
❷ 张东荪:《内阁制之精神》,《庸言》第1卷第19号(1913年9月1日),第1页。
❸ 1913年10月10日,袁世凯在故宫太和殿就任中华民国正式大总统,黄远庸兴奋地认为,这标志着"吾中华民国,已由筚路蓝缕之时期,入于重熙累洽之时期",并期望"此后庄严民国之现象亦当若此耳"(黄远庸:《喜日日记》其一,1913年10月17日,《黄远生遗著》卷三,第211页)。
❹ 黄远庸:《对于三大势力之警告》(1913年6月17日),《黄远生遗著》卷一,第92页。

措，使即使倾向于开明专制的人也深感失望（更不用说本来就趋向于共和的人）。张东荪认为："夫今日政治之精神，一仍前清之旧"，"不过变清国为民国，一名词之不同而已。"❶ 更有甚者，"不仅今日所行之政治为万国所未睹，抑且较前清为不如。夫前清以专制国，尚有各省咨议局；今则以共和国，而无省议会"。❷ 自晚清开咨议局与资政院以来，各级代议机构就成了各方读书人最基本的政治活动载体，袁世凯将之取消，就直接阻断了他们参与政治的渠道，必然激起他们的不满；❸ 另一方面，自甲午以后，非新法不足以救亡已成为时人的共识，而在此时，张东荪却观察到："不惟民气消沉，新政扫地以尽，抑且举前清所培养之新知识、新方法、新精神，一举而废之。"❹ 寄望能"开新纪元"的民国反而比前清更加复旧，令读书人很难不生出早知今日何必当初之感。

虽然这一观感相当典型地表达了时人对袁世凯专制的失望情绪，但尚不是他最终失去民心的关键。民元时各方对共和政治的最大期待，就是可以立刻强国。当时谈政治者多以美国或英国作为共和政治的典范（内阁制与总统制之争的焦点即在于英国制还是美国制更能强国），而将政局动荡、革命迭起的墨西哥与南美诸国视作反面典型。民元临时参议院与民二国会的不良表现，使读书人开始怀疑内阁制是否真能强国，"二次革命"后各方默许袁世凯扩张总

---

❶ 张东荪：《制治根本论》，《甲寅》第 1 卷第 5 号（1915 年 5 月 10 日），第 1、3 页。
❷ 张东荪：《行政与政治》，《甲寅》第 1 卷第 6 号（1915 年 6 月 10 日），第 22 页。
❸ 周锡瑞认为，袁世凯的"中央独裁专政，把革命后按一个省的规模进行政权建设的趋势，肯定扭转过来了。取消省和地方的议会，明显地扼制了城市上流阶层的正式的、制度上的权力。在这两个重要方面，当袁世凯执行其寻求国家统一、强大的政策时，他的确叛变了革命"（周锡瑞：《改良与革命——辛亥革命在两湖》，杨慎之译，江苏人民出版社，2007 年，第 260—261 页）。
❹ 张东荪：《政制论》上，《甲寅》第 1 卷第 7 号（1915 年 7 月 10 日），第 1 页。

统权力，部分原因也在于他们认为内阁制内部纷争太多，似乎不如总统制利于强国。

若回溯以观，自清末以来，虽然手段不同，但建立一个强有力政府以救亡图存一直是各方的共通关怀，用严复斩截的话说就是："今日政治惟一要义，其对外能强，其对内能治，所用方法，则皆其次。"❶ 张东荪将之表达得更为具体，即如果袁世凯政府"能不借款，不增赋，速裁兵，速剿匪，排尽贪官恶吏，不复变卖国产，则即使今日五光十色之法律不为改正，吾第三者亦可无反对之必要"，因为"当局苟能不借外债一宗，胜如与人民以选举权十倍"。❷ 而作为袁世凯政敌的章士钊也认为："盖共和之名，非国莫传。国如不存，体于何有。是政府所为，苟可以由之而国固、而民安，虽无当于共和之道，吾又何求。"❸ 就此而言，若袁世凯真能以专制强国，尤其是能攘除外患，则他即使不肯做"汉族之华盛顿"，而执意要做"汉族之拿破仑"，也未尝不能得到读书人的勉强承认。但问题是对张东荪等人来说，袁世凯的作为似乎更像那个拿破仑的不佳模仿者——路易·波拿巴。事实上，正是在这个时候，始于革命而终于帝制的法兰西第二共和国开始出现在他的言论中，问题变成了如何才能造成中国的"第三共和国"。

比照法兰西第三共和国，张东荪开始重新主张内阁制，"以失败，知总统制之万不可行，于是于国情得有精切之知识，知非内阁制不足以成国"。❹ 但是，康有为却认为中国无法模仿法国，"法自

---

❶ 严复：《与熊纯如书》第三十八，《严复集》第 3 册（书信），中华书局，1986 年，第 646 页。

❷ 张东荪：《昵敌与第三者之责任》，《中华杂志》第 1 卷第 8 号（1914 年 8 月 1 日），第 9 页。

❸ 章士钊：《政本》，《甲寅》第 1 卷第 1 号（1914 年 5 月 10 日），第 12 页。

❹ 张东荪：《吾人之统一的主张》，《正谊》第 1 卷第 8 号（1915 年 5 月 15 日），第 2 页。

路易十四而为欧洲霸，诸欧皆弱而法独强，故共和变乱八十三年而法无恙。使我中国而一统闭关焉，则行共和、帝政皆可也，若尧、舜、禹是也；使我中国而为地球最强国焉，则普、奥连兵而来，则挞伐之可也；各省都督各自割据，共和帝制，迭递内乱，历八十三年，可也。无如中国为黄种独立之国，为地球最贫弱之国，为列强垂涎耽逐之国，其生命不能以八十三月待者也，则法之难学也"。❶

晚清人多主张共和才能强国，此时康有为却完全反转了这一观点，认为只有首先是强国才有条件主张共和——如同严复认为孔教不能"保人"，而是"保于人"，在康有为眼中，共和也是不能"保国"而要"保于国"。

张东荪自己从未正面回应过这个问题，毕竟，不管从哪方面看，当时的情势都无法给出让人略有希望的回答。时人多以名为共和实则内乱不已的中南美诸国比拟民国，认为照此演化下去，中国实"不能逃中南美之势"。但在康有为看来，尽管两者均为"共乱国"，可是中南美非"中国所能学"，因为"中南美有孟绿（今译'门罗'——引者注）义以为保障，故内乱数百年而可保不亡。吾国黄种无孟绿义以保障之，安能听我从容内乱乎？""中南美人而为中南美，犹未失中南美也；若吾中国而为中南美，则只有为印度而已。"❷ 张东荪则从略微不同的角度更清楚地表达了这一层含义，他说："今日之中国，绝无强国之望"，要么变成"内阁不及五六月必一易"的弱国，要么变成"未及三五年必一革命"的"不国"，"是则宁为弱国，而不可为不国"。❸

---

❶ 康有为：《中国以何方救危论》（1913年3月），《康有为政论集》下册，中华书局，1981年，第818页。
❷ 康有为：《中国不能逃中南美之势》（1913年6月），《康有为全集》第10集，第127页。
❸ 张东荪：《内阁论》（续完），《正谊》第1卷第2号（1914年2月15日），第14页。

张东荪说"宁为弱国",前提是有避免"不国"可能性,但就时人的心态而言,更切近的体会却是民初尝试共和已走入了死局。章士钊就明言,此时"有最明而无翳者,则第三次革命之不知将以何时而起也",❶ 简言之,"未及三五年必一革命"的"不国"已不可避免。结果则是一种普遍的"无办法无希望"的消沉情绪。对这一心态上的大跌落,鲁迅提供了一个相当生动的回忆。他说:"说起民元的事来,那时确是光明得多,当时我也在南京教育部,觉得中国将来很有希望","一到二年'二次革命'失败之后,即渐渐坏下去","其实这也不是新添的坏,乃是涂饰的新漆剥落已尽,于是旧相又显了出来","无论是专制,是共和,是什么什么,招牌虽换,货色照旧"。❷ 这种从极度期望到极度失望的大跌落,从清末开始就屡次上演(之前一次是晚清的国会请愿运动)。但黄远庸发现,二者有一关键不同,"晚清时代,国之现象,亦恶甚矣;然人心勃勃,犹有莫大之希望。立宪党曰:吾国立宪,则盛强可立致;革命党曰:吾国革命而易共和,则法美不足言。今以革命既成,立宪政体,亦既确定,而种种败象莫不与往日所祈向者相左。于是全国之人,丧心失图,皇皇〔惶惶〕然不知所归","惟日待大命之至"。❸

这再次反映了民初政治的根本困局,由于没有一个令各方能保持最低限度认同的象征性政治权威,政治竞争始终不能常规化,各派争斗往往表现为纯粹的势力(甚至是武力)之争。面对同样失道的各方,张东荪等人只能以"两害相权取其轻"的方式确定取舍。随着袁世凯专制逐渐加强,1913年11月,他取缔国民党,废置宪

---

❶ 章士钊:《政力向背论》,《甲寅》第1卷第3号(1914年7月10日),第1页。
❷ 鲁迅:《鲁迅全集》第7卷,第47—48页。
❸ 黄远庸:《论人心之枯窘》,《论衡》第2号(1913年6月5日),《黄远生遗著》卷一,第88—89页。

草，次年年初，又相继解散国会与各省议会，自此之后直到1916年，中华民国一直是个既没有国会，也没有正式宪法与成形政党的"共和国"。在张东荪看来，政治已全面出轨，此前的尝试共和已完全失败。

第四节 余论：中立者的限度

最后，让我们对张东荪这一时期的言论略作评述。在整个1913年，他都对国会持激烈的批评态度——几乎在每一问题上都站在国会的对面，但后者也未尝不能找到支持自己的道理与证据。例如，他反对国会最初议定的总统一任制，但在西方政治学与法学中，总统一任与二任孰优孰劣本就是没有定论的问题。❶ 如果说总是举西方列强令人有"何不食肉糜"之感，那有一个对当时人来说相当现成且有对比性的例子——比中国稍早爆发革命的墨西哥。民初论政者无不嘲笑该国共和制有名无实（它与美国被当作是共和制的负面与正面形象代表），不过，1917年，墨西哥在宪法中规定总统不得连任，且任期也是六年。这种防止一人长期把握政权的手段，伴随卡耶斯与卡德纳斯等人的一系列社会改革，有效遏制了该国的长期政治动荡，相对平顺地完成了革命。

事实上，从临时参议院到民二国会，针对那些争论激烈的问题（一院制与两院制、国会同意权、国会制宪权、国会自定公费、议员兼任阁员、设置国会委员会等），代议机构方面的主张在法理与

---

❶ 如布赖斯就认为，连任制会使总统受制于连任压力，更难以摆脱政党政治的影响（布赖斯：《现代民治政体》下册，张慰慈等译，吉林人民出版社，2001年，第965页）。

实践中均可找到根据，而且在某些问题上，比它的批评者的论据更强有力。如国会制宪权问题，美国制宪会议代表由各州议会选派，法国大革命后的制宪委员会也由议会选举产生，❶ 就代表性而言，两国的制宪权都在国会。又如一院制与两院制问题，当时有人认为，中国既无贵族阶级，又非联邦体制，因此民初国会不应实行两院制。但当时世界实行代议制的主要国家均为两院制（法国在大革命后曾实行一院制，但引起政治大动荡，后改为两院制，要等到"一战"后，才开始有新兴国家尝试一院制）。又如总统对国会议案的否决权问题（以及总统与议会冲突时是否应诉诸全民公决的问题），中国总统为议会选出而非直接民选，只是民意的间接代表，如果可以否决国会议案，或与议会对等作为全民公决的对象，就违反了民主制最根本的代表原则。❷ 而即使是总统制与内阁制之争，支持前者的理由是总统握有大权合于中国历代帝王独治的政治现实，但君主高拱、宰相郅治正是中国传统士人政治的理想，《临时约法》总统虚位、内阁握权的规定恐怕更可以从其中找到支持。❸

出于对民二国会的不满，张东荪曾提出一系列改革主张。他认为第一届国会人数太多，建议将参议院削减为179人，众议院削减为358人，❹ 以实现将众议院人数控制在400人以下，两院总

---

❶ 需要注意的是，国民议会（national assembly）行政与立法合一，即同时为大革命后第一届政府。

❷ 张君劢曾认为，中国总统与议会冲突无法解决，是因为《临时约法》未如后来的《魏玛宪法》般写入全民公决条款（见郑大华：《张君劢传》，中华书局，1997年，第101—102页）。不过，问题在于，民国国会是直选，总统却是国会选出，后者代表性无法与前者相比，诉诸全民公决不易在法理上找到根据。

❸ 晚清最早提出责任内阁者（如汪康年）视之为立宰相，以补救明朝废除宰相之弊（见王尔敏：《晚清政治思想史论》，广西师范大学出版社，2005年，第227页）。可见内阁制在中国政治传统中自有渊源。

❹ 张东荪：《国会选举法商榷》，《庸言》第1卷第14号（1913年6月16日），第9—11页。

人数控制在 600 人以下。但是，即使在尚实行限制选举的民初，若两院仅 600 人，每位议员所代表的国民人数也将是英美日等国的数倍。章太炎在清末就质疑代议政治在中国的现实可能性，认为这种每人须代表几十万人的"多数政治"，很难在实践中真正体现民意，倒十分可能沦为地方豪强的统治，用他的话说，就是去一"治皇"，不过换来八百"议皇"。❶ 而张东荪设想的改革方案，却是进一步将两院人数从约 800 人降到 600 人以下。情形是矛盾的，要使民主的代表功能至少在最低限度内发挥作用，600 名议员显得太少；要使得国会能在最低限度内正常运作，600 名议员又显得太多。缺少代表性的国会缺乏存在的正当性基础，而缺少运作能力的国会很难不招致国民的失望。不过，人数问题尚不是关键，英德等国议会人数也都在 600 人以上，却并未影响到运作；张东荪自己也说，英国议会之所以灵活有效，并不是由于人数少，而是由于有十分成熟的委员会制度以及相对较高的人员素质，因此，他另一项改革建议就是提高选举与被选举资格——提高年龄与教育水平限制，规定非受中等教育（即新式中学）者无选举权，以实现贤人政治原则。他说如此规定是为了"中等社会可以为议员，不致为富者所独占"，❷ 因为他认为国内有资财者"大半为富不仁，故财产决不宜取严格的制限也"。❸ 但清末新学的花费远远超过传统的私塾教育，而且上学者往往需居于城市，这种对教育资格的要求不过是间接抬高了对财产资格的要求。原有的选举人标准已

---

❶ 章太炎：《代议然否论》（1908 年 10 月 10 日），汤志钧编：《章太炎政论选集》上册。康有为也看到，中国人口太过众多，严重削弱议员"代表"选民议政的实质含义（康有为：《共和平议》〔1917 年 12 月〕，汤志钧编：《康有为政论集》下册，第 1023—1024 页）。

❷ 张东荪：《议员薪俸问题》，《庸言》第 1 卷第 16 号（1913 年 7 月 16 日），第 6 页。

❸ 张东荪：《国会选举法商榷》，《庸言》第 1 卷第 14 号（1913 年 6 月 16 日），第 12 页。

将社会中下层排除在共和政治之外,而张氏这一更倾向于新学的标准将让已被认为缺乏社会基础的民国更加缺乏基础。简言之,张东荪提出的反措施往往会产生另外的负面后果。不过,这些后果毕竟尚未发生,国会的缺陷却是眼前活生生的事实,这也使得他在批评时颇为理直气壮。

不过,在国会解散后,张东荪间接解释了他作此批评的原因,他说,国会的各项主张必须能"成一整然不紊之系统,各部分相调剂,各作用相维系,于此有恶焉,必于彼有善足以抵消之;于此有所短焉,必于彼有所长足以充补之",如此才可能达成以"制衡"(check and balance)为基础的"善良立法"。民二国会同时具有同意权、弹劾权与不信任权,虽然每一条均可从其他国家的宪政实践中找到根据,但这种混合总统制与内阁制下两种议会的权力的做法,却违反了制衡原则,使整个政治系统无法顺畅运转。因为"系统之精神在分配与制限。行之既久,足以使运用者有一定之道德,使其有责任心,而无侵越权限之念。凡此诸德由制度以养成之也,特不仅制度足促长道德,而制度之完全乃专赖乎道德。当最初制度之建立,必有至公无我之心,此言立法也;最初制度实行,必有部分责任与退让诸德,此言运法也。要之,制度贵乎分配与限制,有分配与限制则足以养成行政者之道德;道德贵乎责任与退让,有责任与退让则不至〔致〕有侵权毁法之事,而制度用以保障焉。二者相待相成耳"。❶ 他推崇英国的不成文宪法——内阁的设立与国会对内阁的不信任投票权都是从未在法律上加以规定的权力,却毫不影响议会的稳定运行;反过来,英美

---

❶ 张东荪:《系统建设之研究》,《中华杂志》第 1 卷第 12 号(1914 年 12 月 1 日),第 5—6 页。

国会均有弹劾权，美国会并且有对国务员任命的否决权，但在实际政治运作中，这两项权力几乎从未使用。对比之下，民初国会在短短两三年中，出于党派间的政治纷争，不止一次弹劾政府与否决国务员任命，这种明显的"因人运法"与"因人制法"一样损害了国会的道德基础。

后来，他越来越倾向于认为，民二国会与民初共和的问题不在于制度，而在于运用。他认识到，在现实政治中，任何一种良法美意都可能造成许多不同的效果，关键是如何能让每一政治选择发挥正面作用，抑制负面作用。他说："平心而论，何制不足以善治。言分权善，则何解于集权存在之理；言集权良，则又何解于分权致善之由。美利坚行总统制而善焉，而墨西哥行之则弊丛生矣；英吉利以内阁制见称者也，效之者若法、若意，终不能若英之圆熟。若言联邦制乃近世国家之精髓，则何以今之单一国皆不复改为联邦耶？是以知抽象而论，政制本无善恶优劣之分；其所以有善恶优劣者，不在政制之本身，而在采用之国视其国情若何，遂生差异之结果耳。"❶ 就此，他改变了对民二国会的看法，甚至认为可称是"贤人会议"，因为"其间大多数为新进之贤俊，实不啻举国内所有新政之知识者悉数收纳之"。❷ 袁世凯专制让之前国会过激的反袁举动在一定程度上获得了正当性，不过，即使抛开张东荪利用国会反袁的政治考量，仅就人员而论，第一届国会的不少人选确实可算作是新派翘楚，整体也大致可以代表清末以来的新派。民主的基本原理就是有怎样的选举人，就会选出怎样的代议士，与其说是议员不能代表人民，倒不如说由于日益

---

❶ 张东荪：《吾人之统一的主张》，《正谊》第1卷第8号（1915年5月15日），第1—2页。
❷ 张东荪：《政制论》上，《甲寅》第1卷第7号（1915年7月10日），第5页。

严重的城乡分离以及伴随而来的从政治到文化的"两个世界"❶问题，整个新派正在日益与广大内地及中下层群体失去联系，越来越不能代表整体的"人民"。

不管怎么说，在民国二年，张东荪真正正面的政治主张是法治国。但当他作此主张时，法治国理想在中国正逐渐暗淡下去。不管是国民党还是北洋系，都表现出只愿将法律视作范围他人的治理术而不愿自己受其限制的倾向，理由则是道高于法。"二次革命"时期北洋派与国民党都用"以至仁伐至不仁"作为号召，就体现了这一点。而后来的复辟派同样认为道高于法，西式法统只不过能做到"民勉而无耻"，真正的纲纪必须要使得民"有耻且格"。也因此，公然以国体革命破坏共和法统的清室，就宣称要"以纲常名教为精神之宪法，以礼义廉耻收决溃之人心，上下以至诚相感，不徒恃法守为维系之资"，❷ 即以有道代无道的"精神之宪法"为其破坏共和"法守"辩护。因此，陈志让认为："法与统在近代中国基本上是冲突的，不可调和的。冲突发生的时候，护法的人要护法，卫道的人要卫道。""这是中国有了宪法以后的第一个大问题。所有的法都要用道德来保护，孤立的法是极其危殆的法。"❸ 在这里，他以法律相对于道德的自主性作为前提——在近代西方法学与政治学中，这本是个引起持久争议的主题。不过，可以明确的是，张东荪本人并不是主张法律与道德彻底分离的法律自治主义者，他确实反对为了国民党或北洋派的"道"而牺牲

---

❶ 这一提法来自张灏。见罗志田：《科举制的废除与四民社会的解体——一个内地乡绅眼中的近代社会变迁》，《权势转移——近代中国的思想、社会与学术》，第174页。
❷ 《宣统九年五月十三日上谕》，胡平生编：《复辟运动史料》，台北：正中书局，1992年，第186页。
❸ 陈志让：《军绅政权——近代中国的军阀时期》，生活·读书·新知三联书店，1980年，第106、112页。

宪法，但与其说是在捍卫法统，不如说是在捍卫宪法所象征的新"道"。对他而言，法律本身就象征着一种西方的"道"，也因此，不是卫道与护法之争，而是中西两种"道"间的竞争。同守旧派一样，他也认为宪法并不能自存，必须要以道德为基础；差别只在于选择何种道德——守旧派所提倡的传统道德还是他所强调的"立宪国民之道德"。❶

---

❶ 他又说这种道德"换言以明之，亦曰：以科学理法组织国家之国民道德也"（张东荪：《国本》，《新中华》第 1 卷第 4 号〔1916 年 1 月〕，第 11 页）。

第3章

再造共和的努力

第一节 反思：公德与私德

1913年10月，当国会与袁世凯尚在为宪法问题激烈冲突的时候，张东荪在一篇政论的末尾，颇为不同寻常地引用了一首尼采的诗：

> Our aim all are thwarted,
> By the world-wheel's blind roll;
> "Doom," says the downhearted,
> "Sports," says the fool. ❶

这位后来将西方的成功归因于以自由意志为基础的非定命论的人，❷ 在这里却显得像个宿命论者，且意识到自己也卷入了这一命运之轮。他在次年说："吾之所悔者非他，即吾二年来发为言论以

---

❶ 张东荪：《同意权研究》之三，《大共和日报》，1913年10月25日，第1版。他在这首诗后接着说："吾辈以言论欲以救世，果有何补哉？诸公读此诗当有无涯之感也。"

❷ 张东荪：《运命思想亡国论》下，《时事新报》，1918年5月9日，第3张第1版。

商榷于国人者是也。虽自信良心初无所蔽,而目睹现今之状态,吾终不能无一语以自赎其罪。""余曾主张减少国会议员之名额,彼(袁世凯——引者注)竟欲以此打消国会;国会既灭,复以此施于彼所谓造法机关者。虽彼之所为初与吾说无一分之相同,然吾终不能释然于心也。又其次则余主张国民会议以制定宪法,今新约法竟有参政院起草国民会议议会之规定,虽与吾前者之说绝不相合,然吾亦终不能自恕吾之不检也。"❶ 减少议员名额与以国民会议制宪都是张东荪试图刷新国会的主张,国会的取消令他很难不反思自己基于良心的"言其所信"是否在道德上就是自足的,毕竟,作为一个论政的精英读书人,遭受他的"言"的后果的,并不是某个小群体,而是他的国家。

不知是否巧合,张东荪的父亲张上龢在此前后刊刻了自己的诗文集。虽然他在自序中声明是受儿孙催促,但多年不刊,等到民国成立后却刊行,未尝不是感到国事可能不太平,因此想抓紧刊刻以留传后世。张上龢以清遗民自任,在民国代清后发表的不多几篇文章都是在表彰宋明遗民,认为"东京衰而气节著,南宋亡而理学兴",❷ "大树将颠,非一绳所系","斯文未丧,幸吾党有人"。❸ 一望可知是在借古人胸襟浇自己块垒。张尔田在辛亥后即归隐——之后参与的与新政权有关的唯一一件事,就是应赵尔巽之聘入清史馆修清史(1914年)。张氏父子对黄宗羲都特别推重,这位明末的浙人不仅是他们的同乡,在国变之时,更是他们的精神支柱。

没有资料表明他们对张东荪参加"叛党"持什么态度。虽然遗民不世袭,但是有清朝功名的子弟反叛朝廷,对仍恪守传统政治道

---

❶ 张东荪:《自忏》,《中华杂志》第1卷第7号(1914年7月16日),第5—6页。
❷ 张上龢:《书黄太冲画像后》,《孔教会杂志》第1卷第1号(1913年2月),第1页。
❸ 张上龢:《张蒿庵先生祠记》,《孔教会杂志》第1卷第2号(1913年3月),第3页。

德的他们，毕竟仍是一大打击。张东荪此后对民初共和的热情参与，想来也会令他们不快。对张东荪赖以成名的法政之学，为官判案时不问曲直先将两造各打几大板以惩戒"刁民喜讼"的张上龢，❶ 也只会感到格格不入。

张东荪几乎从未在公开文字或言论中谈及自己家内两代间的关系，只是后来在回复一位为与父母关系而苦恼的五四青年的来信时，一般性地表达了自己对代际关系的见解。他说："现在为新旧冲突时代。新的子弟对于旧的父兄宜充分各保自由，务求彼此少交涉。切勿干涉父兄；对于父兄之干涉，表面可承诺者则不妨承诺之，实则仍我行我素可也。"❷ 这大概就是他在政治问题上面对家人的态度。虽然与父兄政治见解迥异，有一点他们是足资安慰的，那就是不管思想言论多么趋新，在私人生活中，张东荪仍恪守着传统道德。他于 1913 年完婚，在随后共和前途更为晦暗的两年里，又相继成为两个男孩的父亲。有些吊诡的是，这桩婚姻是以与他正在捍卫的任何共和新原则都无关的方式缔结的，这是桩传统的包办婚姻，新娘吴绍鸿同样出身世家，小他九岁，婚后感情一直很好。总之，他并未如胡适或鲁迅那样为旧式的包办婚姻所苦，他镇静地遵从了父兄的安排，也最终安享于这一段婚姻。

自身的经验毫无疑问影响了他对待恋爱与婚姻的态度。当这个问题在五四时期成为青年人关注的焦点时，作为青年导师的他却总是避免直接肯定自由恋爱或攻击父母代订婚约。他明言，即使被当

---

❶ 这一说法见左玉河：《张东荪传》，山东人民出版社，1998 年，第 5 页。得自张氏后人。

❷ 张东荪：《通讯——复李昌蕃》，《时事新报》，1921 年 4 月 15 日，第 4 张第 2 版。他如此对待父兄，也如此对待子女。据张宗烨（其女）回忆，他对子女一切放任，学业、婚姻均自己决定（见戴晴：《在如来佛掌中——张东荪和他的时代》，香港中文大学出版社，2009 年，第 458—459 页）。

作守旧与顽固，他也只能说这种问题必须由当事人自己依其良心解决，并劝告青年人不可只专注于此，因为婚姻诚然是人生大事，但"人生的事确有更大于此者"。❶ 简言之，不管他主张与推动过何种革命，不管他在何种程度上违反了父兄的教诲，任何形式的家庭革命都与他是无缘的。

不过，张氏父兄对共和政治这个更大的"人生的事"抱着不同态度，毕竟使得张东荪恪守传统的意味复杂化了。不管父兄的这种态度是基于"耻事二姓"的传统政治道德，还是本身就反对共和，对正在热情地为中国的共和政治出谋划策的张东荪，都不能不造成某种类似梁启超所说的公德与私德的冲突。当张东荪将共和政治失败的一个原因归结为新人物不守旧道德时，他也是颇有些意味深长的。

张氏兄弟政见迥异，但有一个地方是相通的，那就是道德对政治的绝对重要性。张尔田认为："今夫一国有一国之风尚，即有一国之道德。政治可以崇朝而革，惟道德之为物，百年必世养之而不足，一朝一夕败之而有余。"❷ 他是孔教会的积极参加者与《孔教会杂志》重要撰稿人，并以明显可见的焦灼之情反复向国会申陈必须立孔教为国教，甚至认为此前发生的"东南兵祸"（即"二次革命"）正是"新学小生"蔑弃孔教的结果。❸

张尔田的思路是一贯的，也是易于理解的；而作为乃兄指责的"新学小生"中的一员，张东荪此时也支持立孔教为国教，这理解起来就要困难得多。在1913年上半年，当张尔田不断申说法律不

---

❶ 张东荪：《通讯——致周毓英》，《时事新报·学灯副刊》，1923年11月10日，第4版。
❷ 张尔田：《明儒学案点勘》，《孔教会杂志》第1卷第3号（1913年4月），第18页。
❸ 张尔田：《论孔教与东南兵祸之关系及一年来对于孔教诋毁者之心理》，《孔教会杂志》第1卷第8号（1913年9月），第1页。

足治、必须以道德为基础时，张东荪正在全力关注民二国会立法，为乃兄认为"不足治"的法律与人反复辩难。但民二国会的糟糕表现以及"二次革命"的发生，似乎表明张尔田要比支持共和的他更理解共和国的基础到底是什么。在这年10月，当国会与袁世凯的冲突已到破裂的边缘时，很可能是受到兄长的影响，他放弃了之前以政治刷新道德的主张，转而开始认为法治国必须以内在的道德为基础。他说："夫法者外形之拘束，道德者内心之拘束。人之初生，本赋有狙与虎之性，必有所拘束焉，然后不敢思畔也。""拘束之力则不外乎法与道德二者而已"，而"法律不能自言，则言者尚矣。言者即执法者，此执法者苟不具道德，则法之执行终不能至公至正，充其害或较甚于无法焉。易言之，执法者苟不为道德所拘束，则法本死物，唯有听其破坏而已。是故吾人既主张法力，则不可不同时而主张道德力也"。❶

这几句话几乎原封不动地见于张尔田几个月前发表的文章《与人论昌明孔教以强固道德书》，明显是在反对民初的法律万能主义；不过，兄弟间的相似之点也就到此为止了。张尔田认定道德必须以宗教为基础，"不言道德则已，言道德未有能绝对自由者也。不言自由则已，言自由而不以宗教裁制之，则其群之道德未有不隳落者也"。❷ 而张东荪则并不愿意如此直接地将宗教与道德联系起来，他"对于社会进化说中，最膺服颉德（Benjamin Kidd——引者注）之论"，具体说来，即"人类之进化在技艺固恃智力，而人类之进化在群道则恃道德"，"国家之所以立，民族之所以强，皆恃其人民有独至之道德力也"。❸ 意味深长的是，颉德认为社会进化关键在

---

❶ 张东荪：《国教与道德》，《宗圣汇志》第1卷第5号（1913年9月），第50页。
❷ 张尔田：《与人论昌明孔教以强固道德书》，《孔教会杂志》第1卷第5号（1913年6月），第21—22页。
❸ 张东荪：《国本》，《新中华》第1卷第4号（1916年1月），第10、12页。

于宗教，西方之所以在天演中遥遥领先于非西方，正在于基督教的力量。张东荪则忽略了这一点。在他这里，进化的关键在道德，道德则奠基于作为"固有文明之结晶"的宗教——在中国显然只能是孔教。问题是，如果民主政治是西方人的特产，在中国传统中毫无基础，孔教真能诞生出他需要的"立宪国民之道德"吗？对这一点，他多少是犹豫的。

因此，他立刻就说，这种宗教与道德一体只是文明较低阶段的产物，在已达到较高阶段的西方，宗教与道德是分离的。他认为："在泰西今日，则宗教自宗教，道德自道德，欲以宗教振兴道德，殊属艰难之业。盖道德之关于宗教也尚浅，而关于他种如生计、教育、政治等更较深焉。惟吾国则不然。以所处之时代不同，其道德之与宗教有关乃较泰西为甚……故中国除宗教以外别无道德，非若泰西，二者分立，反足以促道德之进化也。一孔之儒，不知历史，乃仅思效法欧人，殆亦徒自苦耳。故李登堡（Gerge Christoph Lichtenberg——引者注）曰：改良其国民，必改良其信之神，其此之谓欤？"❶ 由此可见，他支持立孔教为国教是有严格限定条件的——并非理应如此，而只是因为中国落后而不得不如此。他对孔教运动的态度也是矛盾的，他不希望它失败，但又同等地不希望它胜利。毕竟，就思想根底而言，他支持的是章太炎对宗教与道德的关系的看法，那就是"道德普及之世，即宗教消熔之世"。❷

此处可见美国典范的影响。虽然托克维尔认为美国民主成功的关键在于清教信仰，甚至认为共和比专制更需要宗教的支持，

---

❶ 张东荪：《余之孔教观》，《庸言》第 1 卷第 15 号（1913 年 7 月 1 日），第 7 页。

❷ 章太炎：《建立宗教论》（1906 年），姜玢编选：《革故鼎新的哲学——章太炎文选》，上海远东出版社，1996 年，第 212 页。

❶ 但宗教是道德的基础与必须依靠政治力量定立国教显然是两回事——恰是美国人最早落实了政教分离原则。这给了张东荪特别的启示：宗教立于政治之外才有力量，与政治结合反而会削弱这种力量。因此，他不能不对在共和国中定立国教心存疑虑。

大致可以说，在宗教问题上，他回到了詹姆士的立场，如果宗教对道德是必需的，那么宗教就不仅是善的，而且应被视为是真的。正是出于这种认识，他多少有些犹疑地主张孔教入宪。但不管他在孔教问题上与乃兄有多少表面的共识，一个倾向性的不同仍清晰可见：与更关心共和可以为孔教做些什么的兄长相比，他明显更关心孔教可以为共和做些什么——对他来说，道德问题才是根本的，任何能增进道德的办法他都不会反对，孔教当然也不例外。

以下我们转向论述张东荪的公民道德观。他对道德问题的关注始终与对"革政"问题的整体思考联系在一起，认为"无道德而能立国，亘古今、遍大地，未之见也"，❷ "共和国以道德而立。夫共和国者，必其国民皆有完美之道德，然后国体得以巩固，政治足以进行。否则共乱而已"。❸ 不管在何种程度上主张法治国，他都不是制度主义者，绝不相信只要有了完备的法律与政治制度，共和体制就能正常运转。在他看来，公民道德才是共和的基础。

不过，与其说他这段文字（发表于1914年年初）是在对整体的"国民"说法，不如说是要对之前两年掌握民国前途的"新人物"提出批评。在他看来，这些"手造共和"的人之所以失败，就在于他们率皆不守道德（不管是旧道德还是新道德）。他坦言："疏于自律者，必言行不一致，为一切恶德之根源也。"最直接表现则

---

❶ 托克维尔：《论美国的民主》上卷，董果良译，商务印书馆，1996年，第337、341页。
❷ 张东荪：《自忏》，《中华杂志》第1卷第7号（1914年7月16日），第2页。
❸ 张东荪：《正谊解》，《正谊》第1卷第1号（1914年1月15日），第9页。

为一反"有诸己而后求诸人,无诸己而后非诸人""身修而后国治,正人先必正己"的传统道德,"严于责人,宽于镜己"。问题在于"不能束服自己,安能范围他人",而前清以来,"当世之士大夫,鲜有一人而有自律之精神者;新学之士,其放弛更甚;革命诸公,亦不自修养,乃较甚于常人。故其失败实早于其未成功之先已种有萌芽矣"。❶

但这些"新学之士"也有可以自辩的道德学说,那就是梁启超著名的公德—私德说。梁启超将中国传统道德大部归入私德,以"公"的原则将之整体负面化;共和体制又被新派普遍认为是"天下为公"原则的实现(即使反对共和革命的康有为与梁启超也持此看法),公德自然就成了共和的道德。正如章太炎早在清末已一针见血地指出的,这使得革命者几乎总可以"公德不逾闲,私德出入可也"❷来为自己开脱。公德成了梁启超所谓"劫持多数人之良心"的"所假之名"。❸问题在于,正如梁启超以"与昨日之我战"的精神反省道:"公云私云,不过假立之一名词,以为体验践履之法门。就泛义言之,则德一而已,无所谓公私;就析义言之,则容有私德醇美,而公德尚多未完者,断无私德浊下,而公德可以袭取者!孟子曰:'古之人所以大过人者,无他焉,善推其所为而已矣。'公德者,私德之推也。知私德而不知公德,所缺者只在一推;蔑私德而

---

❶ 张东荪:《自忏》,《中华杂志》第1卷第7号(1914年7月16日),第3页。革命党人也有类似反省。熊十力当时正投身革命,他后来痛陈:"吾党人绝无在身心上作工夫者,如何拨乱反正?"(熊十力:《黎涤玄记语》,《熊十力全集》第4卷,湖北教育出版社,2001年,第425页)
❷ 章太炎:《革命之道德》(1906年10月8日),《辛亥革命前十年间时论选集》第2卷(上册),生活·读书·新知三联书店,1963年,第511页。
❸ 梁启超:《伤心之言》(1915年),《饮冰室合集》第4册(文集之三十三),中华书局,1989年,第57页。

谬托公德,则并所以推之具而不存也。"❶ 换言之,在章太炎与梁启超看来,绝非做好革命者有时就不能再做好人,而是说如果不能做好人,则绝不能做好革命者。

以上言论或多或少都暗含着对革命党人(尤其是重目的过于手段的孙中山一派)的指责。事实上,张东荪虽然承认孙中山的革命精神,但他对南京临时政府"都不是做事的人"的评价,已经隐含着对孙中山一派的不满。不过,吊诡的是,虽然胡适一直认为《新民说》最重要的就是点明了中国缺乏且需要西方的公德,但梁启超本人,却并不是这种公德—私德二分的真正实践者。在某种程度上,倒正是孙中山做到了这一点——以至连傅斯年这样激烈反传统的五四青年都承认,自己"在安身立命之处""仍旧是传统的中国人",而孙中山"在安身立命处却完全没有中国传统的坏习气,完全是一个新人物。"❷

公德—私德二分的影响对象尚不止此,它还塑造了革命的敌人——清廷官员理解外国政治的方式。戴鸿慈等人看到美国议员"恒以正事抗论,裂眦抵掌,相持未下,及议毕出门,则执手欢然,无纤芥之嫌。盖由其于公私之界限甚明,故不此患也"。公事和私谊完全分开,让他们十分惊奇与叹服。❸ 这一叹服的背后,却是政治观念与价值的根本转变:公德的要害在于超出个人的情感与利益,以旁观者的立场行事,这是一种对个人生活与政治生活关系的全新理解——个人德性不再是政治德性的基础,政治生活也不再是

---

❶ 梁启超:《新民说》,《饮冰室合集》第6册(专集之四),第119页。

❷ 曹伯言整理:《胡适日记全编》第5卷,1929年4月27日条,安徽教育出版社,2001年,第404页。

❸ 戴鸿慈:《出使九国日记》,湖南人民出版社,1982年,第85页。梁启超有类似描述。清末宪政考察团成员大都受梁氏影响与指导,戴鸿慈的看法也可能来自于他。

个人生活的自然延伸,而是两个互相独立的领域。❶

反过来,虽然梁启超将私德理解为个人与家庭的德性,但当阶级话语在五四时期兴起后,"私"又日益被理解为阶级之私。陈独秀将空前的"一战"所暴露的资本主义弊病归罪于私有制下的旧道德,❷ 梁启超在《新民说》中所列举的"公德"(如国家思想与进取冒险精神)此时都被陈独秀视为资本主义道德——晚清时期的"公德"变成了新的"私德"。不过,这却绝不意味着恢复传统道德与公德的关联,因为它不过是比资本主义道德更不如的"封建道德"。

追述公德—私德的起源与流变的意义在于,它可以为我们理解张东荪对道德问题的看法提供合适的坐标。如前文所述,他始终将个人道德视为共和政治的基础,并从民国三年开始不断强调必须以自治为共和重新奠基。他认为:"夫人不贵能治人,而贵乎能自治","吾所谓自治者……包涵修身齐家治国平天下而言","故自治者,小自一己之身,大至邦国之事,依同一之原则以处理之者也。此同一原则,即道德上之要求,故有政治义务(Political Obligation)者出焉"。"一己之身"与"邦国之事"按同一原则处理——在这种对修齐治平的义务伦理学表述中,不会有公德—私德二分的位置,而由此,我们也可以理解在道德领域他为什么会将最高的赞扬留给孔子与康德。

与民初尝试共和更相关的是,在他看来,公德—私德二重道德观不仅是个革命与道德的关系问题,或"道德革命"引起的中西文化冲突问题,而已经变成了中国内部政治、社会与文化诸层面"两

---

❶ 见廖申白:《论公民伦理——兼谈梁启超的"公德""私德"问题》,《中国人民大学学报》2005年第3期。
❷ 陈独秀:《调和论与旧道德》,《新青年》第7卷第1号(1919年12月1日),第118页。

个世界"的问题。他直截了当地说:"吾尝于现代发见有最矛盾之现象,此现象为何物?曰:政府中之人才多不齿于乡里是也","夫不容于地方者而容于中央,则中央能为地方所信用者亦罕矣"。❶换言之,民初中央与地方的争斗并不简单是权力之争,而是有着潜在的道德与文化断裂。也因此,他在这一时期所主张的地方自治以至联邦,都不简单是通过调整中央与地方的权限挽救国家的政治分裂,也是为了在文化与社会层面打通中央与地方,以缓解由中西冲突引起的多层面的"两个世界"问题。

显而易见,这种从个人"自治"开始为共和政治奠基的主张,已经与他在辛亥前以"政治"来"改正人心"的建议截然相反了。这一改变包含着他对美国共和政治成功之谜的重新思考。正如托克维尔所说,美国民主能维持,是因为"人们的精神不论有什么革新,事先都必须接受一些早已为它规定下来的重要原则","在道德即精神方面,一切都是事先确定和决定了的,而在政治方面,则一切可任凭人们讨论与研究"。❷道德一致性使共和政治得以可能。问题是,对清末民初的中国来说,道德一致性已被公德—私德说激发的道德革命彻底破坏,那么,新的道德一致性该如何创建?

随着时间的推移,张东荪越来越意识到,共和政治需要道德一致性,但又绝对无法自己创造它。这个悖论性的问题成为他最终提出贤人政治的入手点。不过,在考察该主张之前,我们先需要阐述他在民国二年后对"社会"这一主题的思考,我们将会看到,他这种从社会为政治奠基的思路是如何与贤人政治的主张勾连在一起的,又如何长久地主导了他对变革中国现状的思考(直接体现这一

---

❶ 本段及上段引文,见张东荪:《地方制之终极观》,《中华杂志》第1卷第7号(1914年7月16日),第2—4页。

❷ 托克维尔:《论美国的民主》上卷,第338页。

点的自然是他在五四后触发的"社会主义论战")。

第二节　反思：政治与社会

辛亥革命胜利后，张东荪一度相信可以借"革政"一举解决中国所有问题，"社会"自然淡出了他的思考。不过，他参与创办的第一份杂志就名为《教育》，又在清末一直主张社会改良应在政治变革之前，因此，在中央政治日益走入死局的1914年，他重新开始思考社会与政治的关系，也显得不是那么突兀。同时，这也并不是新问题。改良社会与刷新政治孰先孰后，在清末已是新派论争中的一个焦点。各派激辩社会革命问题，以及社会学被视为"万学之首"，都说明了"社会"这一新概念的重要性。

另外，民二年的失败多少改变了他的政论风格。彼时，因为要对政治变化做出快速反应，他写的多是较短且直接针对当下政治的时评，这种对政治的直接建议必须考虑现实可行性，因此多为就事论事，并不能展示出他对共和的整体构想。而到1914年，国会解散，袁世凯专制不断加强，共和已名存实亡，已没有什么需要他再给出建议了，他终于开始谈论共和政治的整体结构或政治与社会的关系这些更迂远的问题。摆脱了具体政治的束缚，他自己的思想风貌和性格也更清晰地显现了出来。

他这一时期的写作风格，是大名鼎鼎的"甲寅体"。这种文体引证繁多、说理考究，因为著名的《甲寅》杂志而得名，胡适后来虽因为推行白话文，必须否定从清末以来改良古文的各种努力，但也承认甲寅体"注重论理，注重文法，既能谨严，又颇能委婉"，虽不免有"掉书袋"之嫌，但这种"有点倾向'欧化'的古文""把古文变精密了，变繁复了；使古文能勉强直接译西洋书而不消用原意来重做古文；使古文能曲折表达繁复的思想而不必用生吞活剥的外国文法"。胡适一生喜欢清晰明白的风格，自己做文章也要求如同说话般一望见底，自然会觉得这种"做的人非常卖气力；读的人也须十分用气力，方才读得懂"的政论文，"在实用的方面，仍旧不能不归于失败"。但对张东荪来说，此类文章的目标读者就是精英士人群体——政治只由这个群体负责，自然不必追求通俗。不过，有一点他是会接受胡适的指责的，那就是这类政论文根本没能对实际政治发生他期望的那种影响。因为确实"当他们引戴雪、引白芝浩、引哈蒲浩、引蒲徕士来讨论中国的政治法律的问题的时候，梁士诒、杨度、孙毓筠们早已把宪法踏在脚底下，把人民玩在手心里，把中华民国的国体完全变换过了！"❶

"甲寅体"的始创者是章士钊，此时与张东荪关系颇为亲近。章士钊为坚持自己的政治理念，不惜辞去《民立报》主编一职，并与自己的国民党老友闹翻。这种公开反抗党派舆论的做法，令张东荪深感投契；他19世纪英伦政治学的背景，尤其是对白芝浩与布赖斯的推崇，也令张东荪颇感亲切——在某种意义上，章士钊的"政本论"就是在中国语境下对白芝浩"商谈政体"的重新表述。❷张东荪正在主张商谈是"共和之真精神"，对此显然很容易产生高

---

❶ 胡适：《五十年来中国之文学》（1923年2月），欧阳哲生编：《胡适文集》第3卷，北京大学出版社，1998年，第201、234、236页。

❷ 白芝浩认为宽容精神与商谈政体是一体两面。一方面，"人们在商谈中也学会了宽容，而且正如历史所显示的，宽容只能如此学习"；另一方面，"成功的商谈需要宽容"，而"一个民族能够经得起持续的商谈，我们就知道它能够沉着持续地实践宽容"（白芝浩：《物理与政治》，金自宁译，上海三联书店，2008年，第114页）。

度应和。❶

张东荪此时的政治主张是"对抗论"。前文已反复强调，他此时的根本关怀，是希望民国的共和政治能够走上正轨。而正如黄远庸所说，当时的最要害问题在于"全国之有力分子不能依和平秩序竞争之轨道以相与进行，而各含有不平之意思以相龃龉"，更严重的是，"又非仅国之有力分子各有不平之意思已也，此理乃互有绝对不能相容之意思"。❷ 张东荪则将此种"有力分子"直呼为"不入正轨之对抗力"。❸

"对抗力"是张东荪借自梁启超的表述，后者在1913年年初即强调民国政治要走上正轨，关键即在于发育出"行乎政治之间"的"强健正当之对抗力"，否则革命相续的局面就不可避免。❹ 这是直接针对民初激烈党争的立论。张东荪则以该概念为基础，发展出一整套对共和政治良善化的思考，更颇有些自负地将这一理论视作"捉摸近世文明国之根本意味者"，只有章士钊的"政本论"可相提并论。❺

这一"近世文明国之根本意味"仍以对世界的达尔文主义式的理解为基础。他将对抗理解为分化主体间的竞争，同意"社会人文之演进也，全恃互异之二势力以为对抗"，"政治之演进也，全恃互

---

❶ 直到约二十年后，张东荪仍认为，最把握民主宪政精髓的就是章士钊的"政本论"（张东荪：《国民无罪》，《再生》第1卷第8期〔1932年12月20日〕，第9页）。

❷ 黄远庸：《政局之险恶》（1913年2月4日），《黄远生遗著》卷一，台北：文海出版社，1987年，第58页。

❸ 张东荪：《乱后政治经营之主张》上，《大共和日报》，1913年8月20日，第1版。

❹ 见梁启超《政治上之对抗力》一文。张东荪相当赞同这一主张，称之为"今日救国之不二法门"（张东荪：《读章秋桐政本论》，《正谊》第1卷第4号〔1914年4月15日〕，第1页）。

❺ 张东荪：《中国之将来与近世文明国立国之原则》，《正谊》第1卷第7号（1915年2月15日），第9页。

异之二党以为对抗",并断言:"泰西各国之所以优越于吾国也,未尝不以常保持此对抗之现象以演进之。"❶ 简言之,对抗是促成进步的"理法",说得更明确一点,对抗论"固非纯指内部之道德",而是针对社会,是"社会上政治作用之理法"。❷

最后一个界定阐明了张东荪的目的,对抗论是试图重新厘定社会与政治的关系。在他看来,社会与国家都是"各相异之势力、互反之分子相反相和,以激而成之者也。此相异相反之势力与分子各本其爱憎二力相拒相引,以演成自然之势。苟有一分子一势力借事势之潮流,得并吞其他分子与势力而压倒之,则自然之势破矣"。换言之,要靠"对抗"达成"各力平衡"这一自然科学化的"理法"。具体说来就是"于法治国之下,设有一定之范围。于此范围之下,使各势力分子相拒相引,任其自然,不加强迫。各势力各分子于是知力皆相等,而不能相克也,乃演为调和之局——或轮替以进行,或并驾而齐驱。竞争之结果,不使一势力为之专制,而国家社会得莫大之利焉"。❸

那么,承载对抗力的主体是什么?张东荪认为:"夫对抗力之发生也,由国内有一部分清流人士,惟服从一己所信之真理,而不肯屈服于强者之指命,威不可得而劫也,利不可得而诱也。既以此自励,复以此号召于社会,而成一无形之团体。团聚众,则力绷于中而申于外,遇有拂我所信者,则起而与之抗。"❹ 此处将清流人士视为对抗力的主体,与他在另一处将"对抗"视为"社会上各分

---

❶ 张东荪:《对抗论之价值》,《庸言》第1卷第24号(1913年11月16日),第1页。
❷ 张东荪:《中国之将来与近世文明国立国之原则》,《正谊》第1卷第7号(1915年2月15日),第9页。
❸ 张东荪:《用人与守法》,《中华杂志》第1卷第6号(1914年7月1日),第2页。
❹ 张东荪:《正谊解》,《正谊》第1卷第1号(1914年1月15日),第7—8页。

子、各要素各固守其正当之部分，保存固有之势力，维持平均之利益"❶有着歧异。后者显然更像构成"市民社会"的那些团体，而清流之士虽也可以看作在这一社会之中，但他们结合的基础显然不是势力或利益（近于上文中的"威"与"利"），而是道德与信仰。事实上，虽然他一般性地承认"社会上各分子、各要素"的作用（包括商人等团体追求自身利益的正当性），但心目中对抗力的主体，并非社会上散布的各小群，而是一个特定的群体——那些"从道不从势"的读书人。

这种对抗的图景有些类似社会静力学意义上的各力平衡，让我们很容易想到斯宾塞。但是，一个背景性的差异是难以忽视的——民初中国是在趋向失衡而非平衡。斯宾塞式的社会静力学将社会与政治视为如物理学般的自然过程，因此，他反对任何意义上的人工干涉——不管是作为社会工程还是政治救济，是出于现实的利益考量还是崇高的伦理动机。斯宾塞式的道德只意味着要顺应自然演化，除此之外则空无一物。也因此，在他的世界中，知识分子与其他人同样被动——虽然他们有能力发现社会运作的内在机制，但结果却是为了让自己心安理得地什么都不做（或者说只做一件事：去劝说别人相信这种自然和谐并放弃行动）。张东荪并不接受这样的图景。在他看来，作为对抗主体，读书人不应只是发现社会政治运行奥秘的旁观者，更是它的外部推动者，必须主动介入到恢复社会政治平衡的过程中。

张东荪认为，对抗论意义上的"对抗"就是士人代表整体社会与政治对抗。即"社会执最后之威权，以驱政治入乎正轨"。❷他仍

---

❶ 张东荪：《读章秋桐政本论》，《正谊》第1卷第4号（1914年4月15日），第4页。
❷ 圣心（张东荪）：《三年中政治经验之大暗示》，《中华杂志》第1卷第11号（1914年11月1日），第5页。

抱持传统观念,那就是士人作为四民之首天然具有代表其他三民的资格。但是,即使不提新的士人德性与西学关系紧密,不管他心目中的士人形象仍多么合于传统,一个根本的变化仍发生了。这些新的士,立足点已不在政教一体格局下的"政",而是在"社会"——作为"社会"一员,他们又必须能在某种意义上居于"社会"之外。

在袁世凯专制日益加强的1914年,这种"对抗"的政治意味很明显。此时张东荪合作的谷钟秀与杨永泰等人,都是国民党人(不过相对较温和)。国会的解散让这些前国会议员趋向反袁,远离北洋统治中心又是租界与国民党势力集中地的上海,成了他们的落脚点。这也让张东荪在评论国会一年多后,第一次与国会议员有了直接接触。多少是受此时的交往与共办杂志的影响,他开始改变对民二国会的整体看法,认为它整体素质并不差,甚至可以说是个"贤人会议"。❶

不过,不可由此将对抗论看作仅是为了反袁——他真正要反对的,是革命与专制的循环。针对孙派国民党人,他说:"中国当辛亥之际,诸公发动之过度亦几不亚于法兰西,至秋桐所谓好同恶异之一念误之也;而今目睹反动之状态,诸公当亦可以自省矣。"❷ 他的规箴则是:"平时一举一动都有容人立己的意思,方足以形成民主的社会。"❸ 即使面对袁世凯专制,他也不改对"二次革命"的反对态度,如同美国联邦党人般认为:"再也没有比各种政党一向具有的不能容忍的精神更不明智了。因为在政治上,如同在宗教上一样,要想用火与剑迫使人们改宗,是同样荒谬的。两者的异端,很

---

❶ 事实上,民初政治的不良程度远较英国早期代议政治为轻。问题是,虽然读书人从晚清以来就鼓吹以"争"图存,但并没有见过真正的"争",对此不免有些叶公好龙。
❷ 张东荪:《读章秋桐政本论》,《正谊》第1卷第4号(1914年4月15日),第5页。
❸ 张东荪:《理性与民主》,商务印书馆,1946年,第153页。

少能用迫害来消除。"❶

后来，张东荪更进一步认为对抗论出自价值多元论，革命与专制的循环则出自独断一元论，他说："人若抱了我是替天行道的意见，则决不会承认他的'道'以外尚另有别的'道'存在，于是唯我独尊起来，便不能不与宪政相抵触"，"中国人差不多人人都有一个替天行道的思想与抱负。于是你亦替天行道，我亦替天行道。道相同则结党营私，道不同则互相攻击，甚至于残杀。国民党要拿它的三民主义奉为经典，把孙中山的遗嘱定为天宪；……我以为这都是这种替天行道的心理在那里作祟"。❷ 换言之，孙中山的革命与袁世凯的专制在精神上是相似的，革命不过是新的精神专制。

但他也承认，中国不仅没有对抗与调和的思想传统，且没有与之相应的经济与社会结构。他说："革命既认为是自然的，则对抗的思想便无由十分发达。因为只有周期性（periodity）的思想。而虽有各种变化却不是同时的而是轮替的。这种周期性的思想只能助长革命，而不能发为'并存'……且中国因为常常革命，所以政治上的阶级不甚固定，以致社会上的富贫之分亦不甚固定。大抵在工业未发达的社会，其中富者之所以致富大部分是靠政治，即借政治的力量而发财。如政治上常常变化，则富贫阶级便亦常常变化。富贫既不固定，则社会对抗的形势便不易形成。"❸

需要指出的是，他虽然意识到对抗是以财产的阶级分化为前提的，但自己探讨对抗问题仍局限于政治层面。他并不准备以对抗论消融经济上的"争"——对他来说，经济自由竞争仍是正面的，象

---

❶ 汉密尔顿等：《联邦党人文集》，程逢如等译，商务印书馆，2006年，第4—5页。
❷ 张东荪：《"国民无罪"》，《再生》第1卷第8期（1932年12月20日），第8—9页。
❸ 张东荪：《知识与文化》，商务印书馆，1946年，第81页。

征着活力与力量，而非混乱与危险。事实上，此时他仍在发展实业话语笼罩下，认为资本主义正是中国之所需，甚至因此认为只有妄人才会在产业如此不发达的中国主张社会主义。❶

那么，是否如吴炳守所认为的那样，张东荪的对抗论是一种市民自治论？❷ 毕竟，尊重财产权与工商业，主张舆论自治与法律独立，这些都明显是市民自治的主张；且他此时对社会主义也没有任何兴趣与热情。要回答这个问题，就要探讨张东荪的国家观。确实，在1913年后的几年中，他几乎不再提之前曾满怀热情主张的"强有力之政府"，甚至转而认为此时中国需要一个"守夜人"式的政府，但是除了这一短暂时期，他从不认为强有力的国家就一定会与市民社会或个人自由发生冲突。

事实上，如李猛所说，国家与市民社会的关系并非一定是简单地此消彼长，完全有可能是同时增强或减弱，且"现在要对中国近代社会的国家权力与市民社会（如果存在的话）强度的关系属于哪一种类型做出准确的判断为时尚早"。❸ 郭绍敏也强调，清季中国的国家与市民社会关系并非一定是对抗的，因为"一个社会要想维系高水平的共同体，政治参与的扩大必须伴随着更强大的、更复杂的和更自治的政治制度的成长"（亨廷顿语）。晚清的问题在于，虽然"一个更为强大的、依赖理性的负责任的国家应该更能与市民社会沟通"（芮玛丽语），但"在清末，这样的一个国家显然还不存在"。❹ 民

---

❶ 张东荪：《中国之社会问题》，《庸言》第1卷第16号（1913年7月16日），第6页。
❷ 见吴炳守：《民初张东荪国家建设构想的形成》，收入《近代中国的国家形象与国家认同》，上海古籍出版社，2003年。
❸ 李猛：《从"士绅"到"地方精英"》，邓正来主编：《〈中国书评〉选集》，辽宁大学出版社，1999年，第688页。
❹ 郭绍敏：《清季十年的国家创建与社会运动——一个政治社会学视角的分析》，《社会科学评论》2009年第2期，第69—70页。

初仍是如此。与其说袁世凯政府过分强大，结果激起社会的反抗，不如说它根本未能建立起现代意义上的强大中央政权（或至少无法将社会运动有效制度化），结果阻碍了社会的发展。因此，它对社会一方面太过强大，一方面又太过弱小，结果既过分干涉社会，又无法提供后者发展必需的外部保障。

当然，在张东荪的言论中，更值得注意的是"社会"这一话题的重新出现。这并不是他个人的转变，而是趋新中上层读书人解决中国问题思路的整体转向。如前文所述，在他们看来，袁世凯专制使以中央层面的"革政"一举解决所有问题变得不可能，国会与省议会的取消又使得他们的政治活动空间基本消失。在被迫退出实际政治后，"社会"问题重新进入了他们的思考与言说。❶ 他们关心的中心问题，仍为社会与政治的关系。

从清季开始，改良社会与刷新政治孰先孰后就已是个常见的问题。但在张东荪看来，此时关键不是先后次序，而是"乃将借社会之力以发展政治乎？抑将借政治之力以发展社会乎"？❷ 他明显倾向于前者，即"社会执最后之威权，以驱政治入乎正轨"。❸ 问题在于，对民初中国，这是可能的吗？

政治与社会之分本是西人政教的基础所在，与中国传统政教体系存在着根本的对立。如罗志田老师所说，科举制"充分体现了'政必须教、由教及政'这一具有指导意义的传统中国政治理论"，它又是"中国上升性社会变动（social mobility）的主要途径"，"在

---

❶ 在民元与民二年，"社会"问题虽非无人提及（如江亢虎等人就提倡"社会主义"，且激起了一些争论），但对当时主流读书人影响不大，并没有全国层面的意义。
❷ 张东荪：《中国之社会问题》，《庸言》第1卷第16号（1913年7月16日），第2页。
❸ 圣心（张东荪）：《三年中政治经验之大暗示》，《中华杂志》第1卷第11号（1914年11月1日），第5页。

传统的士农工商四民社会中，士为四民之首的最重要政治含义就是士与其他三民的有机联系以及士代表其他三民参政议政以'通上下'，而科举制正是士与其他三民维持有机联系的主要渠道"。❶ 简言之，科举保证了学政一体，是实现贤人政治理想的最重要制度载体；它"通上下"的社会功能又保证了政教一体。在此背景下，很难发生与"政治"对立意义上的"社会"。

事实上，不管是作为思想范畴还是存在样态，"社会"的产生都与科举制废除所导致的传统"上升性社会变动"被阻断有密切联系。晚清以来对政治与社会关系的讨论，在一定程度上便反映了读书人在这一断裂后，重新探寻国家前途与个人命运的努力——也正是由于科举的废除从根本上打断了学政、政教间的联系，才使张东荪得以思考"社会"与"政治"对抗的问题。

但是，西式契约论下的"社会"，明显是基于由经济关系界定的"力"的。这样一个甚至不能为自身奠定道德基础的"社会"，如何能为政治重新奠基呢？毫不意外，张东荪再次将问题的关键归结到士人这里。他虽然同意公民道德必须以公民具有职业（也即经济基础）为前提，但他同样相信"无恒产而有恒心唯士为能"，因此又在某种程度上将士人看作例外——他们将是"社会"的"教化者"。这样，"政治"由于政教联系被打断而变成纯粹的力的争斗，"社会"却成了新的"教化"场所——这种"教化"已不是传统的"化民成俗"，而是要涤清旧俗以兴西式的"民德"。

但是，这只是将矛盾进一步转移了。如果"社会"真的只是力的集合，那么这些"从道不从势"的士人又该如何产生？这一矛盾

---

❶ 见罗志田：《科举制的废除与四民社会的解体——一个内地乡绅眼中的近代社会变迁》，《权势转移——近代中国的思想、社会与学术》，湖北人民出版社，1999年，第161—162页。

显然不是张东荪将道德理解为一种特殊的"力"——道德力❶所能解决的,因为他必须说明的不是这种道德的性质与作用,而是它产生的社会可能性。在这里,马克思的话十分刺耳:"教育者本人一定是受教育的",不能"把社会分成两部分,其中一部分高出于社会之上"。❷

张东荪也部分意识到了这个问题。因此,当他后来阐述以社会刷新政治的主张时,越来越多将希望寄托于"中等社会"——清末指学生、士绅或商人,张东荪则用来特指有政治之外职业的读书人。在他看来,奉行"士者仕也"的士人纵可以"无恒产而有恒心",却无法成为以经济关系为基础的新式"社会"的一员,而有恒业且有恒心的读书人却正是这一"社会"的构成者。

为了这个群体,他甚至愿意执行一种与共和时代的平等原则截然相反的差别教育,主张"吾人宜亟改善中上社会之教育方法。至于下等社会之教育普及尚非当务之急,容于异日图之"。理由则是"一国内之民虽为平等,然对于国家之担负,则视其能力而有等差。故担负国家之责任,中上社会之人较下等社会为多也;则改良中上社会自较改良下等社会为供〔贡〕献于国家者多"。❸ 虽然梁启超在清末就认为开民智必先开绅智,但这种"先"讲的是思想启蒙的条件,而绝非准备对不同人群实行不同的教育制度,而张东荪却正是要对社会精英施以特别教育。在他看来,在教育问题上,一定程度的不平等并无大碍,关键在于内容与方式要适于现代国家的要求

---

❶ 张东荪:《国本》,《新中华》第1卷第4号(1916年1月),第10—11页。
❷ 马克思:《关于费尔巴哈的提纲》,中共中央马克思恩格斯列宁斯大林著作编译局编译:《马克思恩格斯全集》第3卷,人民出版社,1960年,第7页。
❸ 张东荪:《司法问题与教育问题》,《庸言》第1卷第23号(1913年11月1日),第6、8页。

（尤其是对精英阶级的要求），毕竟，不管外在政治形式是君主还是民主，政治从来都是少数人的事业。

多少可以说，张东荪赋予自己这个群体最大的责任，却并没有很好地考虑它是否仍有能力担此重任。毕竟，正是在这时，传统的士阶级日趋分化，整体认同也日益削弱。甚至可以说，士人作为对抗力的代表，与其说是对抗论的逻辑要求，不如说是张东荪作为士人必须持有的主张——这是他对自己的期望。因此，必须区分学说与信仰。对抗论对他首先不是一种学说，不管他可以对"社会"持有多么自然主义的观点，他都不会也不能将其贯彻于读书人群体，因为"从道不从势"，并不是他以逻辑的方式得出的结论，而是作为士人所必需的认同与信仰。

第三节 "干政治"

以下我们转向叙述张东荪在护国运动前后的活动与思考。1915年年底，他因为参与讨袁受到通缉，避入上海租界。就在这一时期，他结识了梁启超。在张东荪眼中，梁启超政治主张稳健，有学问且富于书生气，在政见与精神气质方面都与自己十分相合。再加上与梁氏弟子张君劢和蓝公武的友谊，他倾向于梁启超似乎顺理成章。

事实并非如此。在1916年前，他与梁启超并无直接交往，反倒与章士钊、谷钟秀等有国民党背景的人关系密切；即使在与梁启超等人过从甚密后，他也仍试图与后者保持一定的距离——在研究系核心成员中，他大概是与梁启超私交最淡的一位。从个人抱负与行事风格来看，也是张君劢而非他与梁启超更契合（二人十分亲密的私交也体现了这一点）。

不过，有一点无法改变，1917年4月，他同意担任被视为研究系机关报的《时事新报》主笔，此后，不管怎么强调自己"不党"的立场，在他人眼中，他已是研究系的一员——正如吴稚晖用惋惜与讽刺交叠的语调说的，他离开中立的《神州日报》而去党派色彩浓厚的《时事新报》，是自动放弃了"超然的书生"的地位，变成了一名党派政论家。❶

该怎么看待这一问题？大致可以说，不应怀疑张东荪超越党派、保持中立的真诚，但也不可过分高估他的非党派性。他虽然一直不肯正式参加任何政党，但主编或投稿的报纸与杂志，却几乎都有党派色彩（上海集中着中国半数以上的中立商业报纸与杂志，远离党派并不难）。很明显，他不想离政治过近，却也同样不想离它过远。

回到护国运动，有一个称呼张东荪是不会拒绝的，那就是"起义派"。在动荡不安又充满希望的1916年上半年，国民党与进步党在这个称号下重新开始合作。在张东荪看来，这如同辛亥革命重演——又一次政治大革新的机会。❷ 于是，在他言论中消失了好几年的卢梭重新现身，在他看来，起义派象征了新的"总意"的形成，护国运动则是"有道伐无道"。

他看到的"机""运"尚不止此。他颇为兴奋地将之称为一场新的"革政"。在他看来，辛亥革命本是"千载不遇之机会"，但这一"毕其功于一役"的机会却在民元与民二年被时人浪费，"可以

---

❶ 吴稚晖：《今日所感觉》，《中华新报》，1917年5月14日，第1张第2版。吴稚晖所说的另一位"超然的书生"是章士钊。不过，这仅是就新派内部而言。在王国维眼中，新派整体是个祸国殃民的大党，他更视张东荪为"党中文豪"，甚至因此拒绝与张家结亲（见长春市政协文史和学习委员编：《罗振玉王国维往来书信》，东方出版社，2000年，第186页）。

❷ 张东荪：《今后之政运观》，《新中华》第1卷第6号（1916年6月），第5—6页。

建设、可以振兴之机会既一度错过矣，吾人当若何椎胸泣血，以自忏悔，诚以此等存亡关键之机会实可一而不可再也。今天福吾民，竟使吾民逢此千载不遇之机会，由一而再，则此第二度之存亡关键之机会，吾民更当宝贵之，善用之。夫一误不可再误，若再失此机会焉，吾知必无第三度机会之来"，"是故中国之真存亡不以辛亥革命而判，乃实以此次之行动而判也"。简言之，袁世凯帝制自为使共和中断，却也将民国前五年的政治一次性"清零"。"再造共和"如同再次"开国"，一切重新开始。

更进一步的是，在他看来，第一次"革政"的失败为再次"革政"积累了宝贵的经验，使之有了好得多的基础。他乐观地估计，前一次教训至少已给国人带来六点改变，分别是"轻视法律之观念为之铲除"，"利用法律之观念为之消失"，"疑虑共和之心理为之扫尽"，"党派争执为之消灭"，"制度上意见渐趋于统一"，以及"政治方法上之大觉悟"。❶这六点几乎包括了他之前论政的所有正面主张，可见他当时何等乐观。❷

以后见之明来看，真正落实的只有第五点（也只是部分的）。至少在恢复共和后的最初阶段，各方确实对政治制度达成了共识，即"维持约法，设立内阁，恢复国会，召集省会，修改宪法"。❸特别值得一提的是，由于袁世凯专制所树立的负面典型，各方（包

---

❶ 本段及上段引文，见张东荪：《善后建设论》，《新中华》第 1 卷第 5 号（1916 年 4 月），第 2—7 页。

❷ 不管是国民党还是进步党，此时至少在表面上都承认团结制宪是第一要事；各党相继解散，更表明"不党"已成为政治正确的标志。第一届国会议员集中于上海，重新北上前，多表现出痛悔与和解之意，声明绝不重蹈民二年覆辙，集中精神制定宪法。作为参议院新任秘书长，张东荪显然会在各种饯行会与期成会上切身感受到这种党派和解、共同制宪的政治气氛；这很可能也是他该时期论政的乐观倾向的直接来源。

❸ 张东荪：《善后建设论》，《新中华》第 1 卷第 5 号（1916 年 4 月），第 6 页。

括北洋派）都程度不同地支持内阁制，在民初政坛引发多次政治危机的总统制与内阁制之争已不再是制宪的棘手问题；北洋派担心的国会专制问题在最初也似乎有了不成文的解决。梁启超后来讽刺性地回忆道："前此项城失败而后，多数主张恢复旧国会，且与各派约定，惟从事于制定宪法、选举副总统等两三问题，几有歃血为盟之概"；❶ 在民二年因不良作为招致各方诟病的国会，也因袁世凯的垮台间接确证了自己当时激进的反袁行为的正当性，从而获得了"恢复其信用之好机会"；❷ 就党派关系而论，进步党与国民党联手"再造共和"，均自视也被视为是"起义派"，这一共同经历与认同构成了双方有限合作的基础。

当然，张东荪并不是简单的制度主义者，不认为制度共识就一定能带来政治成功。在他看来："政制之为物也，往往差之毫厘，谬以千里。于同一政制之上，其善恶之判仅在一间耳。其得为善也，行统一固可，行联邦亦可；其不得为善也，行统一固不能善其治，行联邦亦胡足以强其国哉？"而"仅在一间者，即谓全国国民之最大诚心与最后觉悟。诚心未至，觉悟未深，虽任择一政制而行之，其行愈久，败坏之量愈多。反是，最大之诚心既符，最后之觉悟已至，则不必妄事更张，即就目前之形势而建设之；建设愈久，进行之果愈佳。是则其功罪不在政制，而在运用此政制者之全国国民其所含德之量耳"。❸

张东荪认为革政的关键在于"全国国民之最大诚心与最后觉悟"，这部分体现了传统以"心术"为"治道"根本的政治理念的影响。他此时已倾向于"贤人政治"，因此最忧心的不是"全体国

---

❶ 丁文江、赵丰田编：《梁启超年谱长编》，上海人民出版社，1983年，第831页。
❷ 张东荪：《善后建设论》，《新中华》第1卷第5号（1916年4月），第16页。
❸ 张东荪：《今后之政运观》，《新中华》第1卷第6号（1916年6月），第3页。

民",而是手握中国共和前途的"衮衮诸公"。他一方面针砭国会,不可如民二年一般利用法律以为内争工具;另一方面则告诫各势力,放弃"终日为压倒他人与制服他人之思想",停止互相倾轧。目标是"消除内讧,而从事外竞"。❶ 具体则要能"守法"与有"让德"。可以看到,就主张而言,这与他对民初各党派的规诫几乎完全相同。

几十年后,回忆起这一时期的政治主张,他写了一首含义颇丰的诗:"我谓机莫失,政野宜重分。孙梁应携手,舆论可一新。彻底商国事,列为若干门。首要为选举,迄来皆非真。倘能易其辙,民治始立根。勿急入枢要,理力俱在群。"❷ 1916年8月,他接受沈钧儒的推荐,在国会重开后担任参议院秘书长,继民初第二次"干政治"。❸ 他视国会为"社会之写影",❹ 而既然"理力俱在群",则国会就是"再造共和"的关键,也是实现他个人政治抱负的所在。我们若注意到此后直到1949年(共产党组织新政协),他都坚持不再"干政治"而只"评政治",可以想见,他对这次北上参政必定抱有极高的期待。

与刚归国时的无名留学生不同,再次来到北京时,张东荪已是一位成名政论家。这位信奉"国会与新闻纸"代表着"共和之真精神"的人,与不少相识一道从报界进入了议场。❺ 但仅8个月之后,他就决定辞职并返回上海。从北京带回的,只是一次不亚于民元时

---

❶ 张东荪:《今后之政运观》,《新中华》第1卷第6号(1916年6月),第9页。
❷ 张东荪:《三叹事》,《草间人语》(未刊),转引自左玉河:《张东荪传》,第74—75页。
❸ 张东荪:《第四次检讨》,燕京大学档案:YJ-52044-3,北京大学档案馆藏,第13页;
张东荪:《归来杂话》之三,《时事新报》,1917年4月5日,第1张第3版。
❹ 张东荪:《制治根本论》,《甲寅》第1卷第5号(1915年5月10日),第13页。
❺ 与他一起进入议会的,有好友蓝公武与汤化龙(众议院议长),以及那几年交往颇多的丁佛言、谷钟秀与杨永泰。

从极度希望到极度失望的大跌落。更严重的是,之前他是作为旁观者,这一次却是实际参与者,希望的落空想必更难消化。

事实上,共和恢复后,政治重心又如民二年一般回到了国会这里,尝试共和能否成功再次取决于能否奠定"议院政治之基础"。❶问题在于,国会中各派虽竞相以"不党"标榜,派系之争却比民二年更激烈。因国务员任用问题,国民党与段祺瑞内阁关系非常紧张,几乎重演了民国初年袁世凯与议会(临时参议院以及后来的正式国会)由同一问题引发的政治危机。更严重的是,在制宪问题上,围绕省制入宪与定孔教为国教问题,国民党、进步党与北洋派(尤其是各省督军)高度对立,省制入宪问题更是在表决时引发了著名的议员群殴事件,严重恶化了中央政治生态。❷

作为参议院秘书长,1916年12月8日那场轰动一时的群殴事件发生时,他想必在场。这显然不是他所期待的"入正轨之对抗力"。不过,在继续叙述他此一时期的政治活动与主张前,让我们先略述他从民初以来对地方自治与联邦制度的看法。毕竟,正是这个主题直接导致了共和的再次失败。

他在1916年年初已看到,袁世凯的作为进一步削弱了自清末以来每况愈下的中央权威,"此后之政治必呈一群龙无首之象,演一地方割据之局。一切大权,将丛集于多数之各省都督。此各省都督又将自分派别,团为数党,一方自握兵符,号召本土,他方联络邻省,外树声援。于是国家庶政之兴废恒视各都督之意向以为依违

---

❶ 张东荪:《善后建设论》,《新中华》第1卷第5号(1916年4月),第16页。
❷ 此一时期国会与段祺瑞内阁的关系,以及国会内部在制宪问题上的历次争斗,见李剑农:《中国近百年政治史》,复旦大学出版社,2002年,第422—439页。需要注意的是,李剑农自身政治立场倾向国民党,该书虽在事实层面基本准确,但对国民党、北洋派与研究系评价标准不同——具体而言,对后两者明显过苛。

之准绳。于此种状态之下,倡分权不能更益之也,倡集权不能以削之也,倡联邦不能为联邦也,倡统一不能为统一也,倡法治不能遽行也,倡议会大权亦不能遽行也,倡军民分治更不能遽行也"。❶ 一言以蔽之,中国有陷入藩镇割据的危险。

面对这一局面,他放弃了之前主张的联邦制,理由则是:"以中国之现势,除以实质上分崩离析之统一,改为名义上分崩离析之封建外,殊无他途可使其生变化也。然而以实质上分裂之统一改为名义上离析之封建,固亦牛羊何择;特以仍有统一之希望者,以为万一天心悔祸,潮流一转,此实质之分崩安见遽无挽回之渐耶?故正不必再以名义之分裂以益之。"❷ 简言之,即不愿以联邦制为割据正名。

在国会斗殴事件后不久,他发表长文《地方制草案商榷书》,阐明对中央与地方关系的看法(该文刊于《大中华杂志》,可在相当程度上代表梁启超一派对这一问题的主张),核心观点是省制不可入宪以及省长由总统简任,即以中央与地方职能分权(关键在于财权与军权统一于中央)加强中央权力,抑制从民初以来不断加剧的地方藩镇化倾向。

在文中,张东荪特意解释了自己为何放弃联邦制。他认为,实行联邦制必须以国家已立为前提,而中国尚不成国家,实行联邦制只会造成藩镇割据。事实上,虽然他之前几年一直主张联邦与地方自治,但主张的力度并不大——他支持邦权较小的加拿大模式而回避邦权更大的美国模式,❸ 就多少体现了这一点。对他来说,联

---

❶ 张东荪:《今后之政运观》,《新中华》第 1 卷第 6 号(1916 年 6 月),第 2 页。因此,他虽说自己在学理上仍支持联邦制,但在实际论政时,则不再主张该制度。

❷ 张东荪:《封建》,《时事新报》,1918 年 2 月 4 日,第 1 张第 2 版。

❸ 张东荪:《地方制之终极观》,《中华杂志》第 1 卷第 7 号(1914 年 7 月 16 日),第 12—13 页。

邦制不过是中央政治陷入死局后退而求其次的选择，❶ 理由不过是"于省建立多数政治"，"各省如此，全国始得为多数政治也"。❷ 具体而言则是"若自治则有待于中央之代表政治。换言以明之，苟非有善良之议会，则断无优美之地方自治，诚以地方自治，以中央之议会政治为后援"，"是则中央既无优良之国会，不如使地方为完全独立之联邦"。❸ 很明显，他关心的是中央政治，是要"以地方分权而为事实的制限，于是中央政治得入乎正当之轨道矣"。❹

只有结合当时人对"革政"的根本期望，我们才能理解张东荪这种退而求其次的心态。对大多数以求取富强为根本目标的读书人来说，最具吸引力的是国家主义而非联邦主义——不管对国家主义的具体理解差别多大，这一字面凸显"国家"的主义，无疑与他们对中国在"国竞"中处境不利的焦虑以及希望能后来居上的心态更为契合；而联邦主义所凸显的地方分权，至少就直接感受而言，与他们最关心的合群问题不尽相合（甚至多少暗示着国家分裂的危险）。换言之，虽然1914年前后，联邦主义在民国政论界重新兴起，但支持它的仍是一种国家主义式的关怀。

这一点在张东荪阐述中国实行联邦制的理由时表现得特别明显。胡汉民在民元时就发现："美以十三州联邦，共和既定，即无反覆。法为集权，而黠者乘之，再三篡夺。"❺ 张东荪这时则认为

---

❶ 在1914年之前，他一直将"中国为单一国"看作不用讨论的前提（张东荪：《论宪法上主权所在之规定》下，《大共和日报》，1913年3月29日，第1版）；并主张废省以削弱地方分权（张东荪：《我所望于正式政府者》，《大共和日报》，1913年9月15日，第1版）。

❷ 张东荪：《根本救国论》，《正谊》第1卷第7号（1915年2月15日），第7页。

❸ 张东荪：《行政与政治》，《甲寅》第1卷第6号（1915年6月10日），第11页。

❹ 张东荪：《政制论》下，《甲寅》第1卷第8号（1915年8月10日），第8页。

❺ 胡汉民：《胡汉民自传》，台北：传记文学出版社，1982年，第72页。

"凡国之能外竞者,必无内讧","苟其国自始绝无内讧,联邦问题自无从起",民初政治内讧激烈,若"徒欲勉强涂饰国家主义,以期国之纯一坚强,其结果不至外面涂饰一分,内面破裂一分,久而久之,所谓国家主义全坠于地不止"。因此"即以绝对之国家主义为的,而亦必熟察一国内情,其能孕育此主义之量共有几何。果孕育之量仅及于联邦而止,易词言之,惟行联邦之制,国家主义始得孕育适当,则联邦政制实乃发达国家主义最直、最稳之途"。❶ 另外,联邦主义对中国这种大国尤其适用:"国际竞争非大国家不可。而大国主义之致〔制〕胜,又为时势所产,莫或能逃。然而国家既大矣,其内部之散漫将若何以救济乎?至近世联邦国发生,于此问题遂置有明切之解决。"具体说来,即要走"迂途"而非"直径","以联邦等放任之方法以唤引其同情,而趋赴于国家主义也"。❷

20世纪90年代以来,在对民初联邦主义思潮的研究中,颇有人将当时读书人主张联邦制视为限制政府权力以维护个人自由,张东荪的这些言论却提醒我们,当时的联邦主义者所期待的并不是"守夜人"式的小政府,恰相反,他们是要以联邦制建立"强有力之政府"。这再次关涉如何理解民国建国中的美国榜样问题——在彼时,就是联邦党人在面对建立大政府、威胁个人自由的指责;而此时,张东荪视联邦制为在大国实行共和的前提,以及实现国家主义的"迂途",倒也是深得联邦党人精义。唯一的不同只在于,对念念不忘"强有力之政府"的他来说,在美国邦联派看来已受到过

---

❶ 张东荪:《宪法与政治》,《甲寅》第1卷第9号(1915年9月10日),第17页。
❷ 张东荪:《联邦立国论》,《新中华》第1卷第1号(1915年10月1日),第7—8页。张东荪所说的"直径",指"直截而建立国家主义"。另外,在他看来,"所谓迂途者,乃对于直径而言,非其途真为迂缓也。以近世学者端治之见地言之,乃至稳至当唯一无二之方法"(同文,第8页)。换言之,直径与迂途只是方法不同,并无优劣之分。

分限制的州权也显得过于巨大了。

在中国的政治语境下,关键问题在于如何安放"省"这一政治单位。张东荪认为中国的省既不同于法国的府——革命者通过理性原则"意匠构造",也不同于美国的州——在殖民与开拓过程中自然形成,而是介于"意匠"与自然之间。他所设定的省自治权限,也是大于法国的府而小于美国的州。

省制问题清晰地显现了中国语境下自治问题的复杂性。首先,当时读书人对省自治多持矛盾态度——诚然,他们大都承认共和国必须在某种意义上是"自治之国";但又不愿自治程度太大,影响中央权力的扩展。其次,中国任一省的面积与规模都相当于西方一个国家,这种体量是无法实行真正意义上的自治的。最后,省制(尤其是省长民选还是简任)问题不仅受西方新政治学的影响,也受到传统政治理念的制约——议会选举省长将实现民主的自我治理原则,却会与中国传统政治中的任官回避原则直接冲突。❶ 而虽然民初地方割据已在事实上造成本省人为本省官的局面,但在张东荪这样的精英读书人眼中,这不过是以贸然抛弃传统为代价拙劣模仿西方。

在省制问题外,另有一点对理解张东荪至关重要,那就是这篇《地方制草案商榷书》对县乡自治的忽略。他所构想的省自治仅限于县以上各层,可以合理地设想,其参与者将仅是居住在城市的新派知识分子、商人与地主。简言之,在他此时的政治格局中,广大乡村与内地都没有什么位置。这在某种程度上表现了民初共和派与清末以及五四新派的不同——后两者都将中国新政治寄托于乡自治(陈独秀更在五四时期视之为社会改造的"美国经验"),这也再次

---

❶ 本段观点多出自罗志田老师教诲。

提醒我们张东荪此时主张的共和的"美国榜样"的限度。

第四节 "理性所不能决者，决之以剑"

回到1916年年末的政局，让我们与张东荪一起从使他深感挫败的国会生活中抽身出来，看看他与吴稚晖此时关于"平分政权"的争论——该争论持续一个多月，相当深刻地反映了他所面临的思想与认同困境，主题则是在国会内斗激烈、府院之争也愈演愈烈的情况下，是否应以平分政权化解国民党、北洋派与研究系三者的矛盾。

在进入具体论辩前略微交代张吴二人此时关系的变化。如前文所述，吴稚晖推许张东荪为中国"两个超然的书生"之一❶（以张东荪对自己的期许，这一评价十分对他的胃口），不过，吴稚晖所说的另外一位"超然的书生"章士钊，在民国初年为保持论政独立，退出了《民立报》（国民党的准党报），另办《独立周报》；张东荪此时却相反，是离开了党派色彩淡薄的《神州日报》，加入了被视为研究系机关报的《时事新报》。他虽仍强调自己与任何党派无关，但在吴稚晖看来，这不过是伪装，比明白承认党派色彩更恶劣。很自然，从此之后，两人的关系迅速恶化了。❷

以下我们进入具体论辩。此时省长民选问题在国会争斗激烈，

---

❶ 吴稚晖：《今日所感觉》，《中华新报》，1917年5月14日，第1张第2版。
❷ 张东荪与吴稚晖的关系，典型表现了他与国民党人关系的特点。开始时，对方往往会因他党派色彩较淡，试图对他进行"统战"；但却不仅无法成功争取，甚至也不能减弱他对国民党的攻击。他们期望不成，转而失望，认为他的中立态度是大伪似真的遮掩，他本人则比公认的研究系成员更危险。

因此，吴稚晖就以此为例，他说："平分政权之例，如全国二十一省省长，北洋派居其七，进步派得其七，国民派亦取其七。"❶ 理由则是民国政局"对抗势力"不可去也不能去，"则不如各就不一时势中应得之分"。❷

初看起来，这直接呼应了张东荪的思考——即使不能"共和"，至少不能"共乱"。吴稚晖也声明，这一主张就是受张东荪"共和国人民患其不安分"的启发，试图用平分政权"以勉强久安之政局换出局面"。❸ 他只准备留给国民党三分之一的省长职位，以该党在南方各省的势力，也尚可算相对克制的要求。

不过，张东荪虽也认为对抗势力不可去也不能去，但在他看来，吴稚晖的主张并不可取。他认为："一国之所以立，必有其道，若谓仅恃各方面稍稍退让便得善其治，似不能有此种逻辑也。"❹ "'一国之内，必有一部分之清流，发为一种坚贞高洁之士气，代表真是非之大义。由此以明是非，以辨贤否。'今将此原则打破，而易以势力均沾之说、瓜分政权之论，其结果必至止〔只〕有利害，而无是非，止〔只〕有强弱，而无贤否。"❺

对此，吴稚晖回应道，他赞同"士气"为国家托命所在，也同

---

❶ 张东荪：《论对抗》，《时事新报》，1917年8月30日，第1张第2版。张东荪说这段话是"吴稚晖亲告张君劢"的。他没有交代时间，但以情理推断，应在张君劢1917年4月辞去上海《时事新报》主笔、北上入京之前。首先，吴稚晖一直身在上海，若要口头"亲告"，只有在这之前才有可能；其次，在主持《时事新报》期间，张君劢与吴稚晖（《中华新报》主笔）多有争论，若以私人信件等方式"亲告"，也更有可能是在这一时期。因此，这一言论应可反映吴稚晖在1917年年初对平分政权的具体想法。另外，与公开言说相比，私下言论往往更为直接，也更贴近他的真实想法。

❷ 吴稚晖：《广罪言》之四，《中华新报》，1917年1月26日，第1张第2版。

❸ 吴稚晖：《罪言余忏》，《中华新报》，1917年2月11日，第1张第2版。

❹ 张东荪：《罪言之罪言》之二，《神州日报》，1917年1月15日，第1版。

❺ 张东荪：《赘言》下，《神州日报》，1917年2月3日，第1版。

样认为"再造共和"是刷新政治的极好机会。问题在于,"失此机会,仍为一倒楣〔霉〕新旧夹杂不伦不类之共和国,恐欲以真正是非为前提,真正贤否为辨别","不若此之易"。❶ 他认为,政论须就"时势"立言,对空立言虽然意境"玄深",❷ 却与实际政治无益。因此,所发之言只能是"良心上迁就时势以为止〔只〕能做到如此者"❸——理想的共和政治自然应该是各党派"迭司政权",但因为中国各势力互不信任且对抗激烈,只能暂时以平分政权"造一安分之表征"。❹ 即"迭司政权,道德之常轨;平分政权,缓急之良药",❺ 简言之,这只是退而求其次的选择。

但在张东荪看来,这种"退而求其次"是危险的。因为"人贵能自知其所处之地位",他或吴稚晖"皆从事于言论之人,皆非做事之人","若吾辈既非在事实上去做事,易言之,即非做事之人,则当然不必有所迁就,不妨将吾良心上所信者合〔和〕盘托出",❻ 即"提倡真是非,悬为大义,使天下从风。此凛然不可犯之大义,隐然于人心上有一种宰制之力,如是而已"。❼ 此时中国"勿论在社会、在政府、在各省,亦勿论新旧,亦勿论何派何党,无不为自身打算,而置正义于不顾",而"一国中竟无一部人代表正义与正气,其危险至何程度固已可哀,吾人当思有以易之。不意先生乃提出迁就之议,以增长其暮气,养成其软化,此又不佞所不得已于言者

---

❶ 吴稚晖:《广罪言》之一,《中华新报》,1917年1月16日,第1张第2版。
❷ 这是他对张东荪言论的评价(见吴稚晖:《书张先生〈广罪言商兑〉后》,《中华新报》,1917年1月29日,第1张第2版)。
❸ 吴稚晖:《广罪言》之一,《中华新报》,1917年1月16日,第1张第2版。
❹ 吴稚晖:《广罪言》之四,《中华新报》,1917年1月26日,第1张第2版。
❺ 吴稚晖:《解释悲观》之二,《中华新报》,1917年2月28日,第1张第2版。
❻ 张东荪:《广罪言之商兑》之二,《神州日报》,1917年1月27日,第1版。
❼ 张东荪:《广罪言之商兑》之三,《神州日报》,1917年1月28日,第1版。

也"。❶换言之,立足于"评政治"的读书人本就应该以"社会的良心"自居,越是道不行于天下,越要"以道自任",保持"道高于势"的超越地位。吴稚晖的"迁就之议"是变"以道制势"为"以道从势",这种"出位之思"违反了"不在其位,不谋其政"的古训,且未能"自尽其职"。

张东荪此时正担任参议院秘书长,却承认自己不是"做事之人",而是"从事于言论之人",明显对国会政治已意兴阑珊。转变是巨大的——仅半年多前,他尚主张立言者对"总意""迎合其机之将启,逆料其运之必至,于是加以己意,导之正轨",❷多少有言论须迁就时势之意,此时却看法全变。背后的理由则是:"至今日则千古仅遇稍纵即逝之改易建设之机会已完全失去,所谓无办法者,非人的问题,亦非事的问题,乃机遇的问题。机会失,斯真无办法矣。"❸在他看来,"机遇"已失,对"时势"立言也就失去了建设性,则不如朝向未来,多谈理想,对当下趋向不佳的时流,则只抱以矫正的姿态。❹

不过,张东荪反对平分政权,也有对时势的考量。该主张让他联想到"二次革命"前国民党人要与北洋派"平分兵权","由平分兵权以观,则使不佞对于平分政权之说加一层惊恐。果平分政权之用意亦犹当日平分兵权之意,则国家尚有宁日乎"?❺

当然,吴稚晖会说张东荪误解了他——平分政权根本上就是为了消除内讧。他与张东荪一样,对各势力能在同一框架下竞争已不

---

❶ 张东荪:《赘言》上,《神州日报》,1917年2月2日,第1版。
❷ 张东荪:《今后之政运观》,《新中华》第1卷第6号(1916年6月),第5页。
❸ 张东荪:《论无办法》,《神州日报》,1917年2月16日,第1版。
❹ 一个明显的例子是,几个月后,复辟发生,他表示不再评论当下时政,转而在应登载政论的《时事新报》第1张第1版,连载说明现代国家原理的《近世国家论》一文。
❺ 张东荪:《自反》之四,《神州日报》,1917年2月24日,第1版。

抱任何希望，认为要使对抗不至于演变为武力冲突，只有将各势力以平分政权的方式分开，以求得消极相安。但问题在于，在张东荪看来，如果各势力依然是"互有绝对不能相容之意思"，那么平分政权岂不是正好为他们提供了内讧的本钱？

不过，张东荪并非绝对的和平主义者。在国会恢复前后，他曾说："吾尝与今之士大夫论国事，十而八九持武力解决之论。夫以快刀斩乱麻之法，将一切腐败一扫而奏之，将一切障碍一举而除之，宁不快心？故此非理论之问题，乃实力之问题"，在"各势力于互不相下之际"，若不能"互相甘让，相剂于平"，"仍以压吞为鼓吹，排挤为宗旨，则由反抗而生互讧，由互讧而召〔招〕瓜分，此实不可逃避之途径也。吾尝观辛亥、癸丑、乙卯之故事，未尝不太息于各势力不自知节制其力，徒思为逾度之争，即今思之，亦犹余有恫耳"。❶一年之后，他将这一态度表达得更为清楚："至于理性所不能决者，决之以剑（布赖斯语——引者注），吾人不妨为退一步之承认。特以中国现势而观，对抗之势力已成势均力敌之象"，"吾人以预知决之以剑者仍不能决，故不敢附和革命之论"。❷

在随后冲突与战争日益频繁的几年中，张东荪经常引用布赖斯对美国南北战争的这句评论，在他看来，中国南北分裂与这场美国历史上最大的政治危机十分相似，不可能以和平方式收场。从激烈反对武力解决内争，到对"决之以剑"抱持"退一步之承认"，背后是一种绝望的无奈。张东荪对民初政局的最大期望，就是能形成一个令各方保持最低限度认同的政治中心势力；问题在于，民初不

---

❶ 张东荪：《今后之政运观》，《新中华》第1卷第6号（1916年6月），第10—12页。
❷ 张东荪：《结束之政谈》，《时事新报》，1917年6月19日，第1张第2版。张东荪这里所说的"革命"，指动用武力解决内争。在这个意义上，他视北洋派解散国会为"武人革命"，并将它排在"二次革命"与护国运动后，称为"四次革命"。

仅没有哪一方具有公认的合道性,也没有哪一方具有压倒性的实力——他后来讽刺性地说,若南方真能"直导幽燕",他"愿为极端之赞成",❶ 但南北僵持的现实表明,武力解决不具有可能性。

如果中国甚至不能如美国那样将国家前途"决之以剑",冲突激烈的各方到底该如何在这个"新旧夹杂不伦不类之共和国"内共存?张东荪的解决办法是新旧调和。吴稚晖质疑他既然自称"不党",为何对"急进派"颇多批评,对"官僚"(在当时,官僚与武人大致可看作北洋派的别称)则指责甚少,他回答道:"此乃'新陈代谢'之理","据吾确信,官僚终为'陈'……彼已不能翻〔幡〕然改过也,惟有希望其速谢而已。至于急进,其为'新'、为'代'。惟其为'代'也,故希望其善良之心必愈甚。"❷

这并非暂时的说辞,而是他从袁世凯废弃国会与宪草后就一直持有的观点。1914 年后,他开始将"二次革命"看作新旧之争而非内乱,并将其失败归咎于新势力的"内讧"。到 1916 年,他更认为这种新旧势力之争是"文明"代谢,袁世凯是"已敝之旧文明之回光返照","袁氏之倒,为糟粕之旧文明之最后战败"。❸ 共和不是革命的终结地,而是新旧文明的战斗场。

不过,张东荪设想的新旧之争与五四时期有根本不同——是温故知新,而非推陈出新。他一直反对新派以武力推倒旧派,甚至主张要"对于特殊势力,当择其比较能上轨者,为之优容,聚全国之各势力,成一重心",❹ 因此对段祺瑞内阁颇多期待。在他看来,新旧双方"距离太远,中间必有媒介与过渡,否则未有不殆者也。段

---

❶ 张东荪:《战争之延长与时局之解决》,《时事新报》,1918 年 5 月 2 日,第 1 张第 2 版。
❷ 张东荪:《广罪言之商兑》之三,《神州日报》,1917 年 1 月 28 日,第 1 版。
❸ 张东荪:《国本》,《新中华》第 1 卷第 4 号(1916 年 1 月),第 6 页。
❹ 张东荪:《感想》上,《时事新报》,1917 年 8 月 9 日,第 1 张第 2 版。

固属于旧派,而尚知守法,知宪政之可宝贵,知共和之当巩固,乃一最适当之媒介与过渡人物也"。❶

当然,他更认同"新派"(在批评国民党时每自称"吾侪新派",就体现了这一点),包容北洋派也是因为对新派的力量尚不自信。他赞同梁启超,认为中国现在处于新旧杂陈的"过渡时代",不仅新势力无法推倒旧势力,"抑且假定推倒旧势力,即此发育未完之新势力亦不足支配全国",❷所以虽"苟新势力具充足之能力,能攻倒旧势力,吾人亦乐为赞成",但"无如事实所示,新势力乃绝无此雄厚之力,攻倒他人一次,则自身受伤一次,愈攻人则愈自毁。故认为攻击旧势力者,非铲除旧势力也,乃新势力之自杀耳"。因此,他"于一方决不愿见急进之人人悉被屏于国外,以其究属新人,代表一种新思潮、新文明也;于他方尤为不愿见旧势力被人攻倒,盖国内尚未养成代替旧势力之势力,苟勉强为之,不足控制天下,必致纷扰,乃并现有秩序与国力而亦不能保也。是则吾人唯一之希望,乃为使旧势力暂时支柱政局,而于其下展发新机;则新机日进,得为平和之新陈代谢,而勿为武力之革命与推倒之争斗。质言之,即吾人以为国家莫大之福,莫若以新势力承继旧势力;而莫大之害,则必为以新势力攻倒旧势力"。❸

---

❶ 张东荪:《段祺瑞》,《时事新报》,1917年6月6日,第1张第2版。当然,新旧之分是相对而非绝对的——在某种意义上,北洋派恰与多为留学生的革命党一样,是诞生于清末的新派。陈寅恪将"北洋练兵"与"派送留美官费生"并列为"祸中国最大"的两件事(浦江清:《清华园日记·西行日记》,1928年1月14日条,生活·读书·新知三联书店,1999年,第4页),就是看到了这一点。因此,新旧之争根本上是新派内部的争斗。

❷ 张东荪:《感想》上,《时事新报》,1917年8月9日,第1张第2版。

❸ 张东荪:《感想》中,《时事新报》,1917年8月10日,第1张第2版。

但在晚清以来世变加速、社会渐失重心的大背景下，这种渐进新旧交替很难实现——辛亥后五年便发生三次革命，就清楚地表明了这一点。对此，张东荪有着清醒而无奈的认识。他认为："中国之新生命系于新人物。夫人物之生也，至难"，"盖社会之崇拜心有惰性，故太平之秋，其人物之发生也，有一定之阶级，新人物与旧人物之交替，正如父子之传迭。特国家多难、社会摇动之时，则大异于是"，"新人物与旧人物之交替，如甲国战胜乙国者"，❶ 结果"调和现在各种势力的艰难和创造大革命的艰难是相等的"，甚至不比发动一场俄国式的暴烈革命更容易。❷

不迟于 1917 年 4 月，张东荪又一次离京南下，返回上海。在返沪前，他已认定："至今日则千古仅遇稍纵即逝之改易建设之机会已完全失去"，"机会失，斯真无办法矣"。他颇为感慨地回忆道："记者入京之初，犹以为政治上尚有希望；八阅月冷观其状，使吾感想一变至此，国人所见赐于记者诚良多矣。然政局之糟，其第一步糟在起义派之自相分裂，第二步糟在新派人太无远大眼光。至此而后，混沌状态已形成矣，遂无法打破。盖各方面均僵着不能动，又无外力撞之激之，使不得不动，则此后状态可以一言以蔽之，延长混沌而已，所谓不生不死之形态是也。"❸

这种"不死不生之形态"并未维持多久。从 1917 年 2 月开始，围绕中国应否与德断交并进而宣战，国会与段祺瑞内阁矛盾日趋激烈，外交问题一步步变为政争工具，时人因外交而引起"内讧"的担心成了现实。到 6 月，各省督军公然干涉中央政争，以段祺瑞被黎元洪非法解职为由发动"兵谏"；之后，黎元洪主动邀请张勋入

---

❶ 张东荪：《新生命之要求》，《中华杂志》第 1 卷第 5 号（1914 年 6 月 16 日），第 6 页。
❷ 张东荪：《梦话》，《时事新报》，1920 年 9 月 10 日，第 2 张第 1 版。
❸ 张东荪：《归来杂话》之三，《时事新报》，1917 年 4 月 5 日，第 1 张第 3 版。

京调停，中央的权威与超然地位进一步失落。而在这场被时人视作"四次革命"的"武人革命"中，国会被强行解散，随后，张勋发动复辟，共和再次中断。

若就表面而言，复辟失败后"共和"被"三造"，似乎又是清零重来的机会，但政局与一年前"再造共和"时已完全不同。由于之前失败的合作经验，研究系与国民党均视对方为真正的敌人，要"彻底的排斥"。结果，北洋派与研究系联手召集临时参议院，❶ 将国民党变相逐出中央，张东荪在一年前警告"不可视此次倒袁为辛亥，而制造癸丑"，❷ 随着"第二癸丑"的到来，成了现实。随后，广州非常国会开幕，军政府成立，❸ 中国名义上的统一也不复存在，民初连续不断的内讧终以国家分裂收场。

可能是因为深入参与了再造共和的全过程，张东荪不止一次为其感到惋惜。十多年后，他依然很感慨地说："在倒袁的时候，我以为这是化除政争的好机会，因为到了那时，无论急进缓进，无论集权分权，无论总统制内阁制，而共同的敌人只是帝制。既有共同的敌人便须有联合战线。联合战线一经组成，则党争便可化除。久而久之，养成一种联合的习惯或同盟的习惯。不料倒袁以后，各方面所得的教训却正是一个反面。他们不但不认与人合作为必要，却反而以为以前的排斥人家没有彻底，于是大家都想来一个彻底的排斥。好在中国这个国家不妨忍痛作为试验品。"❹

---

❶ 当时舆论多倾向于认为，这一做法违反了《临时约法》，在法理上站不住脚（见李剑农：《中国近百年政治史》，复旦大学出版社，2002年，第446—448页；张朋园：《梁启超与民国政治》，吉林出版集团有限责任公司，2007年，第80—88页）。
❷ 张东荪：《痛言》，《时事新报》，1917年6月4日，第1张第2版。
❸ 该"国会"不足法定人数，仍强行开议，且组建"军政府"，这同样违反了《临时约法》。因此，在当时中立者看来，南方"护法"并不具有合道性。
❹ 张东荪：《党的问题》，《再生》第1卷第3期（1932年7月20日），第2—3页。

这部分是自责。张勋复辟失败后,他明知改选国会有碍法理仍表示支持,反过来却指责护法运动是违法之举,这种双重标准清晰地显示出他的政治倾向。❶ 不管如何反省,他明显仍认为相对进步党,国民党要为民初共和失败负更大责任。事实上,虽然对1916—1917年制宪失败深感痛心,但他也明确将"三造共和"后排斥国民党的中央政局视为新机遇,并开始正式主张"贤人政治"。该主张他持守一生,对理解他的政治、社会思想都十分关键;但在做进一步考察前,我们也不能忘记,正是在他提出这一主张前,被认为有不少思想清楚、眼光远大人士的国民党被彻底排除出了中央政治。

---

❶ 不过,以"护法"为旗帜,尚勉强可说是认同法律的重要性,因此才会以其作为政争工具;这与五四后法律变为不重要甚至是有害仍有不同。

第 4 章

贤人政治

张东荪政治观点多变,不过,他一生中有一政治主张贯彻始终,那就是贤人政治。这一主张也提供了进入他 1917 年之后思想的孔道,以下我们将结合相应的思想与政治语境进行考察。

张东荪虽一直声称他是根据理想论政,甚至认为自己的发言总是超前,❶ 但政论家必须考虑言论的受众,他一面试图超前于时代,一面又注意不超前太多(以免脱离时代多数)。他在民初就信奉贤人政治,彼时民权论高涨,他只能隐忍不谈,直到 1917 年"适当机会"最终出现。❷ 他始终区分中国之应该是与可以是,将前者留在心里,而按后者建言行事。

不用太困难就可以看出"适当机会"是指什么。1915 至 1917 年两次国体变更引发巨大的政治动荡,国会问题又造成南北分裂与武力冲突,这都动摇了当时大部分知识分子对民权论的信心,使他们开始重新思考精英政治的合理性与可能性问题。以下我们先探讨民初甚嚣尘上的国体之争的影响。

---

❶ 张东荪:《民主主义与社会主义》,观察社,1948 年,第 75 页。
❷ 张东荪:《贤人政治》,《东方杂志》第 14 卷第 11 号(1917 年 11 月 15 日),第 44 页。

第一节 国体之争

1913年后，国体之争日益激烈，不过，张东荪在很长一段时间内都没有真正参与这一论争。他没有放弃对共和的信念，但眼前糟糕的政治现实又使他一时难以找到有力的方式来捍卫它，只能说："夫今日之共和，非吾人流血所购来者乎？纵不能达吾人最初之目的，然国体一度既立，则断不宜仍使之漂〔飘〕摇不定。即使共和国体不善而欲改良，然当此积弱之秋，亦不堪再经巨〔剧〕变"，"苟再有变更国体之事，姑不论所变之国体为良为不良，要之损害国家元气以促其速亡则一也"。❶ 这是个基于现实考量的软弱回答，默认当时君主论者的基本论点——中国国情民性与共和不合。此时，不仅共和政治是否适于中国，共和本身是否为良政治也已成为问题，共和形象的负面化略可想见。

这是清末共和与君主之争的延续。虽然辛亥革命的成功可谓"理性所不能决者，决之以剑"，但民元后中央政治日渐出轨，袁世凯专制逐渐成形，这一争论随之再次浮现。❷ 不过，此时的政治与思想语境与清末已大不相同。民初尝试共和令各方深感失望，直接

---

❶ 张东荪：《法治国论》，《庸言》第1卷第24号（1913年11月16日），第4页。
❷ 需要说明的是，这不是新旧之争。如罗志田老师所言："甲午中日战争以后，中国的全国性语境中几乎已不存在真正纯粹的守旧派。"（罗志田：《近代湖南区域文化与戊戌新旧之争》，《权势转移——近代中国的思想、社会与学术》，湖北人民出版社，1999年，第83页）此时真正有全国影响的共和政治反对者（如康有为），都是清末思想界中的新派翘楚。大体而言，他们与支持共和政治的人共享着一些基本预设（以能否求得富强为根本标准，接受国情与民性等概念等），也正因如此，双方才会有思想论辩意义上的争论。而如劳乃宣那样诉诸传统政治话语，在整体西化的语境中，甚至已无法形成实质意义上的思想论辩。

第4章 贤人政治

导致对共和政治的美好想象再难维持。❶新派普遍对共和信心不足,守旧派更将恢复清政作为挽救国家危亡的根本举措。❷张东荪颇为无奈地将此时的中国对比于法兰西第三共和国,指出后者之所以能维持,重要原因是无法找到复辟主义者一致接受的虚君,这是"共和国而无共和主义者"。❸

不过,张东荪却要做"共和国的共和主义者",他与康有为、王国维及严复等人的思想辩论就显示了这一点。康有为认为,要解决民初政治危机,就必须以"有其礼而无其权,有其号而无其事"❹的虚君维持形式上的政治重心,以化解因既有政治权威解体而起的激烈内争。即"虚君者,不欲其治,但求其能止乱也。有一君立,则政体坚定,国有重心,虽有变乱,不动大局"。❺王国维也认为:"古人非不知官天下之名美于家天下,立贤之利过于立嫡,人才之用优于资格,而终不以此易彼者,盖惧夫名之可借而争之易生,其敝将不可胜穷,而民将无时或息也。故衡利而取重,絜害而取轻,而定为立子立嫡之法,以利天下后世。"❻以息争之名支持君主世及。

---

❶ 袁世凯对共和政治的一系列反动,多少为时人所默认。这并非全出于武力压迫,也因为他们多认为中国民性与共和不合,故对袁氏的举措抱有最低限度的容忍。

❷ 吊诡的是,晚清立宪运动的主要目的(尤其对清廷来说),是以立宪政体保存合道性基础动摇的君主制;而民初复辟派却转而想要以恢复君主制来建立立宪政体。

❸ 张东荪:《宪法与政治》,《甲寅》第1卷第9号(1915年9月10日),第3页。这一评论早已出现,在论及1795年后的法兰西第一共和国时,迈斯特便说:"这是一个没有共和派的共和国。"(约瑟夫·德·迈斯特:《论法国》,鲁仁译,上海人民出版社,2005年,第78页)

❹ 康有为:《中国善后议》(1916年3月),姜义华、张荣华编校:《康有为全集》第10集,中国人民大学出版社,2007年,第274页。

❺ 康有为:《告国人书》(1925年),《康有为全集》第11集,第404页。

❻ 王国维:《殷周制度论》(1917年9月),《观堂集林(外二种)》,河北教育出版社,2003年,第234页。

张东荪对选举之"争"的看法与两人不同。他一方面认为："选举非政治中神圣可贵之物,乃万不得已而始采用之者。盖政治之中只有比较善者,而无绝对善者,苟不采用选举,则一切机关人员无从发生,此所以选举为不可逃也。"❶另一方面,与彻底否定"争"的意义的王国维不同,他又认为:"吾社会之所以不善良,国家之所以不健全者,以人民当争而不争,不当争而争;当让而不让,不当让而让耳",因此,"吾人唯一之义务,当告国人知所以争与夫所以让",具体说来,即"宜励其争,使争之中有让焉;又宜劝其让,使知让之外,更有不可不争者在焉"。❷易言之,共和以人民主权原则为基础,如果没有某种形式的选举,该原则就无法表达;同时,选举最高元首也不一定会导致内部纷争——争国体倒才是"不当争而争"。

相较康有为与王国维,严复的看法更为切合当时的政情。在他看来,虚君制已丧失了现实可能性,因为它"为民党洋学生所反对。辛亥尚可行,今持此议,非外交中有绝大助力,不敢必也"。❸党人与留学生兴起于清末,在民初都已进入政治权力中心(更掌握着思想领域的话语权势),若他们都反对复辟,则其就很难成功。更重要的是,设一虚君是为在政治领域中树立超越的国家主权象征,节制各派的政治竞争,若所设虚君不为国内主要政治势力尊崇,甚且为其根本反对,则要实行虚君制,就必须以政争推翻他们——这恰好与其目的南辕北辙。

如何理解"英国榜样"的问题再次出现。耐人寻味的是,作为

---

❶ 张东荪:《国会选举法商榷》,《庸言》第1卷第14号(1913年6月16日),第3页。
❷ 张东荪:《国本》,《新中华》第1卷第4号(1916年1月),第3—4页。
❸ 严复:《与熊纯如书》第三十三,《严复集》第3册(书信),中华书局,1986年,第639页。

严复眼中反对虚君的"洋学生",张东荪虽对英国体制赞赏有加,却从未提及对该体制至关重要的英王。他了解立宪制下虚位最高元首对政治稳定的作用,在讨论共和国中是否应有"统治权总揽者"时,也不反对在民国创设法国式的虚位总统之职。❶ 但在与君主论者辩论时,他对后者反复声明是要以恢复君主制完成立宪视而不见,有意无意地指责对方是要恢复君主专制。他熟知宪政故事,不想在这个问题上引入英国典范,❷ 面对这个"披着君主制外衣的共和国"(孟德斯鸠语)。

不过,他并不讳言对君主主义者某些观点的赞赏。他支持康有为以公有—私有之分把握现代国家与古代国家的不同(康有为是要借此说明虚君制与共和之"公"并不矛盾),认为是共和论者与君主论者的共同基础。这是颇有洞见的——事实上,康有为等人的变革主张(尤其是用新式的法治之公来论证自身的正当性)也已溢出了中国传统政教的范围,复辟所争的也并非公天下还是家天下,而是实行何种"公"的理想。

问题仍在于如何理解"国体"。自从梁启超将该概念从明治日本转介入中国政治语境以来,它便一直是各方思考的基本出发点。

---

❶ 张东荪:《论统治权总揽者之有无》,《庸言》第 1 卷第 11 号(1913 年 5 月 1 日)。
❷ 当时反复辟派多避谈英国。梁启超在他声讨袁世凯称帝的雄文中,声称自己明了"共和国体之难以图存",但也明了"君主国体之难以规复",因为"君主之为物,原赖历史习俗上一种似魔非魔之观念,以保其尊严。此种尊严自能于无形中发生一种效力,直接间接以镇福此国","若经一度共和之后,此种观念遂如断者之不可复续","法国共和以后,帝政两见,王政一见。然皆不转瞬而覆也。则由共和复返于君主其难可想也"(梁启超:《异哉所谓国体问题者》,《饮冰室合集》第 8 册〔专集之三十三〕,第 94 页)。梁启超此处的意思,近于"民主如同坟墓,只进不出";他有意忽略了英国的王政实践——中断后仍可恢复,且可重新建立政治重心。另外,认为君主制无法恢复是一回事,亲自阻止其恢复则是另一回事。康有为不能原谅这个弟子的,正是后一点。

但西方政治学本无"国体"一说，德国公法学传统中的"国家本质"（National essence）说含义稍近，也仍与"国体"有重大区别。事实上，日本"国体"概念的提出，是为在引入西方新制同时保留作为既有政教传统聚焦点的天皇的至高地位，实同时具有晚清人所焦心的保国、保种、保教的三重含义。但在中国语境下，"君主"国体所象征的政教传统却被牢牢地与"专制"绑定在一起，❶ 使"国体"概念不仅无助于保存既有的政教传统，反而强有力地正当化了一场脱离该传统的政教大变。

可能正是看到了国体概念的革命化，在护国运动前后，梁启超开始刻意淡化它的政治重要性，提出著名的只问政体、不问国体的主张。但张东荪却认为："只问政体而不问国体，在表面似乎较革命派为接近一些民主真义，无奈他们只从政府构造上着眼，而忽视关于社会文化全般的义理。"❷ 换言之，对在短短六年内就被"三造"的共和政治，必须寻找政治之外的根本基础。

此时，白芝浩的解释不再能满足他——不管如何，"商谈政体"毕竟仍算不上是"社会文化全般的义理"。从 1915 年开始，在两年多的时间内，他先后尝试探索"近世文明国立国之原则"，❸ "制治

---

❶ 从清季开始，"中国古代专制说"就成为学界与政界的通行看法。当然，这一学说一直有反对者，钱穆就是最著名的一位。最近的一次争论则发生在 2008—2009 年，侯旭东考察了"中国古代专制说"的出现、传播与接受，认为这是西方人的"东方主义"与中国读书人的"自我东方化"的产物；黄敏兰则不同意这一观点，力图维护"中国古代专制说"对中国传统政治的解释力。相关讨论见侯旭东：《中国古代专制说的知识考古》，《近代史研究》2008 年第 4 期；以及黄敏兰：《质疑"中国古代专制说"依据何在？——与侯旭东先生商榷》，《近代史研究》2009 年第 6 期。

❷ 张东荪：《理性与民主》，商务印书馆，1946 年，第 4 页。

❸ 张东荪：《中国之将来与近世文明国立国之原则》，《正谊》第 1 卷第 7 号（1915 年 2 月 15 日）。

之根本"，❶ 以及民国立国之"国本"，❷ 虽然表述不断变换，答案也不尽相同，但从其中我们可以看出一个前后一贯的倾向，那就是试图超越国体与政体之分，从社会与文化层面为民国共和政治奠定基础。

这导向对共和的历史基础的考察。在论及1913年"多数政治之试验"为何会失败时，他曾说："若志行高洁者，莫不以为今日吾国如白纸，可任吾人着彩涂墨，孰知不能也"，"美利坚之所以创立总统制也，以其先有各州州长之经验；英吉利之所以确定内阁制也，亘数百年之久而克完成；德意志、瑞士之成联邦也，于未组织中央政府之前已感情相洽、利害相共不知若干年岁矣。然则凡一政制之成立，必其国之民先有经验的觉悟，然后始得有成。若法兰西，则革命之后漫不察国情之若何，而徒为意匠之建设，重失败。"❸

但是，在按惯例指责法国人不明智后，他又明确认为从根本上讲，现代国家正是这种法国式的"意匠构造"的产物。他说："首应铭记于心者，则政治制度为人工所造，其成其立一依人意为转移，非如旅行于野忽见其出，更非如树之生值人睡时"，❹ "国家之事实上生存实与人类俱始，惟其合于理性之真际者乃肇乎近世……

---

❶ 张东荪：《制治根本论》，《甲寅》第1卷第5号（1915年5月10日）。
❷ 张东荪：《国本》，《新中华》第1卷第4号（1916年1月）。
❸ 张东荪：《吾人之统一的主张》，《正谊》第1卷第8号（1915年5月15日），第2页。
❹ 张东荪：《予之联邦组织论》，《正谊》第1卷第5号（1914年9月15日），第3页。张东荪引用密尔的这段话，见其《代议制政府》。新译如下："我们首先要记住，政治制度（不管这个命题是怎样有时被忽视）是人的劳作；它们的根源和全部存在均有赖于人的意志。人们并不曾在一个夏天的清晨醒来发现它们已经长成了。它们也不像树木那样，一旦种下去就'永远成长'，而人们却'在睡大觉'。在它们存在的每一阶段，它们的存在都是人的意志力作用的结果。所以，它们像一切由人做成的东西那样，或者做得好，或者做得不好。"（密尔：《代议制政府》，汪瑄译，商务印书馆，2007年，第7页）

吾尝设喻以明之，古代、中古之国家如草木自然而出，未经人之意匠；近世国家如房屋，以理想设案建筑而成也。"❶他承认共和政治在中国缺乏历史基础，但并不认为因此就没有成功的可能，毕竟，任何政治首先都是努力着的人的活动，成功的事业在成功后总不缺少成功的原因，在成功前也总不缺少不能成功的理由。

他的解决办法，是以贤人政治超越国体、政体之争。自清末以来，改变国体就被视为解决中国问题的关键，但到1917年前后，这种思考方式开始受到严厉的质疑。张东荪认为："政治上有一原则，即政治之良楛与国体绝不相关是已。夫不务于修明政治之措置，而徒为国体之变易，虽百变其国体，而国仍不能强，政仍不能善也。此次复辟以政治不良为口实，其纰缪固不待论；然假定他日争回共和，遂谓已登郅治之域，吾人亦决不能信。"❷"君主而专制，其为害无异于共和而专制也；共和而立宪，其有益亦无异于君主而立宪也。""共和君主之争乃属末节，不必措论。"❸

在这种思路主导下，他直接否认国体问题的重要性，认为更关键在于能否实践贤能主义原则，具体说来就是"于君主国体之下，欲行贤能主义，必废历史上之阶级，而另以优秀列为阶级，为相当之开放，俾得竞争。盖无竞争，必自堕于腐败也。于民主国之下者，适得其反。必置相当之限制以抑遏暴民，立特权之制度以保障贤能，俾得展其所长……在君主，则当力破贵族之专横；在民主，则当剪除暴徒之跋扈。苟能致此，民主之功用亦等于君主，君主之效力亦同于民主，初无优劣之分，唯视其国本属何种国体耳。如其为民主，自不必改弦更张而易为君主；其为君主者，亦不必易辙而

---

❶ 张东荪：《近世国家论》一，《时事新报》，1917年6月20日，第1张第2版。
❷ 张东荪：《国体与政治》一，《时事新报》，1917年7月4日，第1张第2版。
❸ 张东荪：《本报历来对于帝制之态度》，《时事新报》，1917年7月3日，第1张第2版。

改建共和也"。❶ 简言之，贤能主义可与君主、民主两种国体融合，变更国体并无必要。不难看到他的针对所在。复辟派与革命派都视变更国体为改变中国现状的关键；如果说使贤者居于上、不肖者居于下是民主制与君主制都需面对的问题，那么中国就不是要变更国体，而是要在现有国体下实现贤能主义精神。

进而言之，在张东荪看来，民初共和制的失败从根本上并不是政治问题，而是道德与社会问题；与之相应，"贤能主义"不仅是政治原则，更是社会、伦理与教育原则，"以有形言，为法律，为政治机关，为社会制度；以无形言，为国民性，为教育精神"，❷ 一言以蔽之，是解决中国问题的关键。以下我们具体分析这一思考背后中西两方的思想脉络。

第二节 "人民之秀者"与共和政治

张东荪的"贤人政治论"直接受到米歇尔斯（Robert Michels）对现代政治与精英统治的研究的启发。❸ 对后者的思想稍有了解就可以看出是什么触动了张东荪：米歇尔斯根本不承认政体之分——在他看来，任何政治最终都是少数人的统治，因此，以人民主权为基础的大众民主在事实上不可能。

---

❶ 张东荪：《贤人政治》，《东方杂志》第14卷第11号（1917年11月15日），第38页。
❷ 同上书，第36—37页。
❸ 张东荪承认，《贤人政治》直接受米歇尔斯（他译为密启尔斯）对少数人统治的必然性的研究的启发（张东荪：《贤人政治》，《东方杂志》第14卷第11号，1917年11月15日，第13页）。米歇尔斯对现代政治的反思，见其《寡头统治铁律——现代民主制度中的政党社会学》，天津人民出版社，2004年。

不过，在承认精英统治不可避免的前提下，张东荪却丝毫不为米歇尔斯对现代政治的绝望感所动。对米歇尔斯，这是他通过冷静而客观的研究得出的结论，违反他的意愿，却无从遮掩；而对张东荪，这却是将理应如此变为事实如此——贤人政治本就是他热情追求的理想。结果，他接受了米歇尔斯对少数人统治必然性的断言，却将后者的悲观态度原封不动地奉还了。

自然，接着必须讨论张东荪对卢梭公意说的态度。他明确认为："理论之庸众主义，以卢骚为极轨，然其说在理想诚为充足，在实际则绝无实行之可能"，"不惟于历史上卢说从来未有实现之事实，抑且由理论上卢说亦永无实现之可能也"。❶ 进而言之，他认为"公意"与其说是现代政治的运作原则，不如说仅是它的正当性原则——尽管现实一定是少数人统治，但是形式同意仍是该统治的正当性基础。

这也是米歇尔斯的观点。不同则在于，通过对社会主义政党（20世纪初的德国社会民主党）的观察，米歇尔斯认识到该主义所许诺的平等原则无法在现代组织（尤其是政党）内实现，由此认为现代民主在根本上不可能；比起米歇尔斯，张东荪对政治与社会平等的热情要少得多；吊诡的是，正是这种热情的缺乏让他在确认多数民主无法实现时不会陷入幻灭，反而能继续捍卫它——在他看来，少数人统治不是对民主的背叛，而是民主得以存在的隐秘原则。他甚至因此在《贤人政治》文末明确向米歇尔斯致敬：正是后者让他窥见现代民主政治隐藏的贵族政治原则。❷

也正是这种根深蒂固的贤能主义倾向，使张东荪不仅对民主政治中的贵族成分（不管是英国的上议院与文官制度，还是美国的参

---

❶ 本段引文，见张东荪：《贤人政治》，《东方杂志》第14卷第11号（1917年11月15日），第20、23页。

❷ 同上书，第44页。

议院与联邦法官）抱有特别的兴趣，更一度愿意相信多数政治有可能自然实现贤能原则。他说："选举者，择优之谓也"，❶ "'有最宜留意者，则少数政治之精神非多数政治之国莫举。其在君主之朝，选贤任能，亦或时有；然耳目有所限，忌讳有所中，权奸有所蔽，朋党有所轧，而欲举凡民俊秀充量登庸，万不可得。不可得则非吾可贵之少数政治矣。惟国立庶民议政之制，采公平选举之法，无过不及，恰以国中贤智脱颖自出为衡；而又举国无一有大力者图负国家以趋，所谓人才，皆使之任情尽量以见于政事，只有调剂，不相倾陷，亦分朝野，同是扶将……信乎非多数政治之国家莫或望此也"。❷ 这几乎是将多数决定与任贤原则视为一体。

可以很容易反驳他这一乐观想法。毕竟，多数人统治在形式上允许所有人参与政治竞争，而对选举制能否真正选出有能力与道德的领导者，从古到今大部分论政者都持悲观态度。问题倒在于，张东荪熟读西方论政之书，为何会在这个问题上显得如此没有理由的乐观？

必须考虑中国政治传统——这直接决定了张东荪与米歇尔斯的另一区别。米歇尔斯的"寡头"是一小群权力精英，他们获得权力的手段十分多样，并不一定与能力或道德有关；而张东荪所设想的"贤人"却必须是因能力与道德而获得权力精英资格——这几乎就是对士大夫的现代描摹。问题不仅在于这样的贤人如何能被推举出来，也在于当能力与道德出现冲突时该如何取舍。毕竟，贤人们所要掌握的，是他心目中以科学理性为基础的"现代国家"，而非可以垂拱而治的"古代国家"。

同样，毫不奇怪，在主张贤人政治时，张东荪从未点明该政治

---

❶ 张东荪：《贤人政治》，《东方杂志》第14卷第11号（1917年11月15日），第33页。
❷ 张东荪：《行政与政治》，《甲寅》第1卷第6号（1915年6月10日），第16页。

是否还需要政党。❶ 他一生都不喜欢政党——民主制无法摆脱的有缺陷的工具。不过，这种反政党态度并不影响他主张中国社会应组织化。米歇尔斯将少数人统治视为现代社会组织化的不可避免的后果，而张东荪此时尚认为中国的问题就在于"中国人向来没有三人以上的团体"，❷ 自然对米歇尔斯所论现代组织的弊病不以为然，19世纪后半叶西方各国的组织化趋势只会令他感到兴奋，甚至认为在德国之外，英国与美国的成功也是依靠官僚政治而非民主制度。

他对选举的态度也耐人寻味。他在1913年就认为："选举非政治中神圣可贵之物，乃万不得已而始采用之者。盖政治之中只有比较善者，而无绝对善者，苟不采用选举，则一切机关人员无从发生，此所以选举为不可逃也。"❸ 虽说在某些人看来，选举本就是民主制内的贵族制遗留（真正的民主应实行纯由机遇决定的抽签原则），但对张东荪来说，其"贵族"程度仍然不够——选举必须依靠自荐与竞争，终究与贤人政治下的推举与让贤迥异。

在略述张东荪对民主制的态度后，让我们接着考察最表明他贤人政治主张的时代特点的问题——对议会权力的限制。如前所述，1917年南北分裂的导火索就是第一届国会的地位与权力问题，而在《贤人政治》一文中，张东荪明确提出要削减议会权力（以官僚与军队取而代之），使他的主张不可避免有了鲜明的党派色彩。❹

---

❶ 这也是多数西方论民主者的态度。联邦党人即认为，民主政治必然会产生党派——它是民主制的痼疾，只能缓解，不能治愈。因此，他们最后不得不放弃贤人政治的理想，接受政党政治的现实。
❷ 张东荪：《青年之烦闷》，《时事新报》，1919年12月2日，第1张第1版。
❸ 张东荪：《国会选举法商榷》，《庸言》第1卷第14号（1913年6月16日），第3页。
❹ 该文发表于1917年11月，写作当在该年9、10月间——此时研究系在北京正得势。虽然张东荪刻意与研究系保持一定距离，但该文要求削弱国会权力，在相当程度上确可代表这一派人的立场。

不过，这种对国会的否定态度多少也与他（作为参议院秘书长）对超过800人的"议场"的不良感受有关。他亲身参与了民二国会恢复后的"多数政治之试验"，虽然赞同白芝浩将民主理解为"商谈政体"，但真正参与这种"商谈"后，他对它的混乱与非理性深表厌恶，甚至转而认为"总意"并非诞生于讨论，而是诞生于个人的"独居深念"。❶ 他对议会的态度也随之大变，认为"选举制度所以不能免于弊者，以人性不完、民德不齐之故。其间不能无贿赂，不能无轻率，使一班选民咸知负有重大之责任，即文明先进之国，亦有所难能，世界初无斯境耳"，❷ 一方面为民初选举问题做保护性辩解，另一方面却是要降低选举产生的国会的政治重要性。

他甚至指责国会不过是"庸众主义"的代表。初看起来，这一指责颇为费解——国会议员都是中国的上层精英，如何会代表"庸众主义"？对此，他特别解释道，"庸众主义"指一切依照多数决定，与组成分子的个人特性无关。国会以人数定是非，自然不能逃堕入"群众心理"的指责。因为如勒庞所论，它"系一种劣等心理，富于冲动，而乏思考，易受暗示而趋极端，多为固执而不改进，如稚子，如妇人，如未开化之人"，而"此特别心理殊为劣钝，常激易蔽，对于事理之追求转不如少数之为冷静公平与周密也。是则非但不能以数之多寡而判理之是非，抑且常呈反比例之现象矣"。❸

不过，这是他对勒庞的误用。勒庞虽也将议会视为"非无名之复杂群众之一例"，❹ 但批评的主要是法国大革命式的大众政治以及新兴的社会主义运动，而将英国代议体制视为正面典型，在他看

---

❶ 张东荪：《民意论》，《时事新报》，1918年12月24日，第1张第2版。
❷ 张东荪：《贤人政治》，《东方杂志》第14卷第11号（1917年11月15日），第25页。
❸ 同上书，第3—4页。
❹ 黎朋（今译勒庞）：《群众心理》，吴旭初、杜师业译，商务印书馆，1927年，第266页。

来，良好的国会恰是化解"庸众主义"的关键。简言之，张东荪反对国会"庸众主义"很有些无的放矢。

当然，研究对象的错误经常比正确更有利于我们的理解。那么，张东荪的这种误用提示了什么？并非不相关的是，勒庞对辛亥革命有直接的观察。他认为辛亥革命与法国革命颇为相似，并就此做出一个中国人并不愿意听到的预言——它也将如法国革命般造就比旧制度更可怕的专制。勒庞对两场革命的相似性❶的看法或许会令张东荪不安，但这种不安仍是有限的。张东荪此时能看到的，仍仅是二者都要打碎传统以创建新政治，而非中国的代议政治也会如法国般沦为大众政治——这一危险对他尚不"现实"。事实上，在他此时的思想中，工人、农民与学生尚处于边缘位置：他虽然一般性地承认他们也是"社会力"，但并没有实际感觉到这些力（至少没有那种必须将之置入思考中心的紧迫感）。换言之，由于他不能也不愿设想包容工人、农民等群体的"人民"概念，自然也就无反对人民政治的可能——他不能反对自己尚未设想其存在可能性的政治形态。❷

引人注目的是，在将国会视为庸众主义代表时，张东荪又一次对英国国会保持沉默。他赞赏英国在19世纪下半叶的政治成就——虽然选举权扩大运动使英国议会从贵族共治机构变为全民政治的代表机构，但英国既相对成功地将下层阶级整合入政教体系，又没有丧失中流阶级对国家政治的主导。换言之，代议制不仅没有被大众民主吞没，反而成了制约后者非理性倾向的安全阀。但是，

---

❶ 勒庞：《革命心理学》，佟德志、刘训练译，吉林人民出版社，2004年，第32—33页。
❷ 张东荪此时并没有明确意识到，他当作"庸众主义"代表的国会，却可能是真正的"庸众主义"——大众政治的制约者。代议制与彻底的人民主权原则本就有内在冲突，到20世纪20年代，随着各种直接民主尝试的出现，这个问题才逐渐显现出来。

他对英制仍敬而远之，承认其卓异，又认定其无法行于中国。用他的话说就是"自有历史以来，师英者皆无良果，可知英制非可学而跻"。

问题在于国会的权力。英国国会权力近乎无限，张东荪则刚经历了又一次国会政治失败，已视中国国会为"民主专制"的象征，不想再增加其权力。他的替代方案是实行德国制。在他看来："后进之国当有觉悟，不可效英之成法以议会为一切政治之源，而当以议会为政治之副动力，另以议会外之固有势力为主动力。"❶具体说来，是将国会降低为一个咨询机构——既无权要求内阁向其负责，也不能控制预算（甚至不如第二帝国时期在政治上无足轻重的德国国会，后者至少有预算决定权）。议会将不再是政治家的养成所，而仅是民意代表的聚集地与人民感情、意见的传声筒。

这种限制议会权力的主张，与晚清人最关心的打通官民之隔形成了直接的对比——他仅视议会为宣泄社会情感的工具，如此则不是要打通官民之隔，而是要让人民的意见与真正的政治决策保持适当距离。这一主张注定是充满争议的。他曾指责袁世凯让民国仅剩共和国的空名：清朝以"专制"而有资政院，民国以共和却无国会；而他的这个政治设计则表现出全面向清末回归的趋势（除了没有皇帝）。晚清代议政治的根本困局就是如何容纳急切的政治参与要求——清朝缺乏制度化这种要求的能力，结果不仅未能借此重建正当性，反而动摇了自身的统治基础（如国会请愿运动）。张氏目击了该运动的失败，也亲身感受过中上层士绅对清朝的离心离德（甚至很可能他也是因此对清朝不再抱有希望）；吊诡的是，七年

---

❶ 本段及上段引文，见张东荪：《贤人政治》，《东方杂志》第14卷第11号（1917年11月15日），第42页。

后，面对共和代替帝制的新局面，张东荪却要求将国会的权力降低到前清资政院的水平。

另一问题在于，这种政治措置明显忽视了对共和政治至关重要的平衡原则。他试图抑制民意代表的权力，但在共和制度下，过分抑制议会权力与过分伸张它同样危险。正如韦伯所说："如果不存在议会权力，民主制度还有什么手段能够控制官员的行政？此题无解。……它能用什么来取代议会'小集团'的统治？那恐怕就是远更隐蔽而且一般也更小的小集团的统治，其影响甚至会更加无可逃避。所谓直接民主制，从技术上说仅仅在一个小邦国（州）才是可能的。在所有大规模国家，民主都会通向官僚行政，如果没有议会化，则是通向纯粹的官员统治。"❶ 韦伯的规诫针对当时的德国，但几乎可以原封不动地转给张东荪，他这种绕开议会的贤人统治，除了通向彻底的官僚统治还有什么其他可能？❷

韦伯的另一个指责同样有效，那就是只有在政治上居于重要地位的议会才可能是良好议会。他说："议会无权无势还意味着，它的思想水准大大降低了。诚然，我们那些文人墨客天真的道德传奇也许能使我们相信，这里的因果关系是颠倒的，就是说，正因为议会制生活的品质低下，所以议会只配无权无势。但是，简单的事实和思考就能揭示实际的事态，这对任何一个严肃反省的人来说，无论如何都是不言而喻的事情。议会的思想品质是高是低，要取决于那里是否不仅在讨论重大问题，而且是否就这些重大问题做出最终

---

❶ 韦伯：《德国的选举权与民主》，《韦伯政治著作选》，阎克文译，东方出版社，2009年，第104页。

❷ 进而言之，即使是官僚统治，也必须以多少像样的文官体系与监察制度为基础；但此时中国科举制已被废除，任官制度一片混乱，若再绕开国会，则甚至不能变成官僚统治，只能蜕化为军阀统治。

决定,换句话说,它的品质取决于议会中究竟发生了什么以及要在多大程度上依赖那里发生的事情,或者它是否在仅仅充当一个统治的官僚系统不大情愿地加以容忍的橡皮图章。"❶ 就此而言,张东荪降低民国国会的政治重要性,实际上是剥夺了民初代议政治良善化的可能。

问题绕了回来,关键仍在于他对共和政治的假想主体——"国民"或"人民"的理解。他强调共和道德就是白芝浩所讲的"虔服",即"所谓国有道庶人不议者,实贤能主义之精神也。以近代之经验,始知此语含有真理。彼德意志之所以强者,即在人民有'纳税服兵守默'之德耳"。❷ 简言之,"虔服"就是对贤人统治的服从。但这多少是曲解了白芝浩——后者将法律视作"政治组织(polity)与非政治组织之间的一步之遥",❸ 其"虔服",也指对法理而非贤人统治的服从。事实上,张东荪所设想的,从来都是个披着人民主权外衣的士绅共和国。

矛盾并未消失。自清末以来,知识分子就反复批评中国人对政治漠不关心,逆来顺受,张东荪自己后来也说:"中国百姓之于政治本来是消极的,并不望政府有所帮助,只望不加扰害。……百姓若曰吾侪愿纳粮,但无扰乃公事,中国建国之理想如是而已。"❹ 但这不就是张东荪所设想的"纳税服兵守默"之德吗?问题显然并不在于是否"虔服",而在于统治者与被统治者间的有机联系。张东荪后来也意识到:"中国十年来之政治运动只限于社会上最薄之一层,大多数人民除受其祸害之结果以外,一毫未受影响也。内地

---

❶ 韦伯:《新政治秩序下的德国议会与政府》,《韦伯政治著作选》,第 120 页。
❷ 张东荪:《贤人政治》,《东方杂志》第 14 卷第 11 号(1917 年 11 月 15 日),第 43 页。
❸ 白芝浩:《物理与政治》,金自宁译,上海三联书店,2008 年,第 15 页。
❹ 张东荪:《所需者知识而非统治》,《时事新报》,1921 年 2 月 11 日,第 1 张第 1 版。

百姓处此等兵匪诛求扰害之下，当此水旱洊臻之时，犹莫不勤勤恳恳，各治生业，但盼天运之转圜，不辨政府为何物。"❶

也只有联系晚清以来日益明显的内地与通商口岸的"两个世界"的问题，才能理解这"最薄之一层"的含义——作为共和基础的城居新派正从社会、文化到认同全面脱离广大中国内地与乡村，变成一层漂浮在大海上的油膜。这种精英与下层、革新与传统间的分裂（甚至是隔绝）才是中国共和政治缺乏基础的真正原因。

多少出于对这种局面的反省，张东荪始终对卢梭的"公意说"情有独钟——即使完全的"公意"不可能，但该学说让政治权力的正当性植根于社会，至少在理念上让社会与政治融为一体。公开主张德国式贤人政治应该是他一生中偏离卢梭最远的时候，但即使在此时，他也强调该政治的正当性就在于人民的自由同意。他所设想的"贤人"有着独立的人格与政治判断，在任何意义上都不是人民的木偶；但反过来，在现代政治中，人民也不可能是"贤人"手中任意摆弄的黏土。问题在于，没有作为政治中心的国会，这种自由同意将如何获得；贤人阶级又是否能够如传统政治般为普通人提供足够的上升机会？在科举制被废除后，传统的上升性社会变动渠道已被打断，学校向城市集中，新教育费用昂贵，这些都减少了农村与下层人群凭借新学获得社会地位上升的可能。在此情况下，读书人在社会、文化与心理诸层面都越来越脱离农村与下层，在何种意义上仍能担当人民的政治代表？问题并不在于统治方式，而在于中国共和政治的合道性基础。在之后的思考与言论中，张东荪还将一次次地面对该问题。

---

❶ 张东荪：《所需者知识而非统治》，《时事新报》，1921年2月11日，第1张第1版。语出张季鸾。他从内地旅行归来，发表了这番感慨，张东荪表示赞同。

第三节　余论："平民政治之弊，唯有更广之平民政治以救济之？"

如果仅就现实政治而言，张东荪的贤人政治主张可谓彻头彻尾的失败——正是在他发表《贤人政治》的那个月（1917年11月），他心目中的"贤人"梁启超与汤化龙从北洋政府辞职，并就此结束了政治生涯。早在几年前，黄远庸已指出，希望以少数人改变中国整体的危局是没有"扎硬寨打死仗以直播社会之中心"的精神，❶ 新的运动必须能"与一般之人生出交涉"。❷ 陈独秀则将贤人政治视为"伪共和"的标志，认为"共和立宪而不出于多数国民之自觉与自动，皆伪共和也，伪立宪也，政治之装饰品也，与欧美各国之共和立宪绝非一物"。❸ 张东荪后来也改弦易辙，当胡适在20年代初提倡好政府主义时，他就提醒说，虽然自己从来赞成"政府须由好人来组织"，但"不是好政府不容易组织，实在作好政府的后盾的不容易得"，❹ 若"要求一个宪政的政府、公开的政府、有计划的政府，而所恃为原动力的只是社会上少数的优秀分子，一般民众仍旧是有气无力，不但够不上助战，连观战也怕出头"，❺ 则绝对是要失败的。

张东荪心目中的贤人——梁启超对代议制在中国的前景也不抱

---

❶ 黄远庸：《消极之乐观》，《庸言》第2卷第1、2号合刊（1914年2月15日），第5页。
❷ 黄远庸：《通讯·释言》其一，《甲寅》第1卷第10号（1915年10月10日），第2页。
❸ 陈独秀：《吾人最后之觉悟》，《青年杂志》第1卷第6号（1916年2月15日），第4页。
❹ 张东荪：《评"好政府主义"》二，《时事新报》，1921年9月1日，第1张第2版。
❺ 张东荪：《我也怀这个疑问》，《时事新报》，1922年5月20日，第1张第1版。

乐观，理由却不同。1920年3月，他从欧洲归国，承认代议制"乃一大潮流，亦19世纪唯一之实物"，但同时说"代议制在欧洲确为一种阶级，而在中国则无可能性，盖必有贵族地主，方能立宪，以政权集中于少数贤人之手，以为交付于群众之过渡。如英国确有此种少数优秀之人，先由贵族扩至中产阶级，再扩至平民，以必有阶级始能次第下移。此少数人皆有自任心。日本亦然，以固有阶级之少数优秀代表全体人民。至于中国则不然"。❶在这里，他多少是回到了自己在清末的思路，强调贵族阶级对民主制的政治重要性。但是，如陈独秀这样的精英知识分子给出的解决办法却不同——不是支持任何形式的贵族制，而是要彻底欢迎"德先生"，用大众民主解决代议制的弊端。在张东荪看来，这其实是主张"平民政治之弊，唯有更广之平民政治以救济之"！❷

张东荪自己，也越来越倾向于陈独秀的选择。随着新文化运动的发生以及边缘知识分子的兴起，他开始认为中国的知识阶级已腐坏，只有通过新式的互助道德加以改造，才可能重新"在社会上占一种地位"。❸换言之，知识阶级不再是社会与文化的当然主导者，甚至已经丧失了自我治理能力，变成首先需要改造的对象。而他对知识阶级能否在新社会中"占一种地位"的担心，则相当典型地反映了该阶级作为整体的边缘化。

---

❶ 《梁任公在中国公学演说》（1920年3月15日），丁文江、赵丰田编：《梁启超年谱长编》，上海人民出版社，1983年，第900页。

❷ 张东荪：《贤人政治》，《东方杂志》第14卷第11号（1917年11月15日），第20页。张东荪在注解中说，这出自托克维尔《论美国的民主》；不过，更经常说这句话的是杜威——这集中体现了他改造现代民主制的基本构想。这一点承周沐君见示，谨表谢意。

❸ 张东荪：《中国知识阶级的解放与改造》，《解放与改造》第1卷第3号（1919年10月1日），第1页。

大致说来，晚清以来的政教大变正在摧毁士人的经济与社会基础。而正如韦伯针对当时德国的情形锐利地指出的："纵观历史，任何一个获得了经济权力的阶级，都会相信自己还应当掌握政治领导权。一个经济上的没落阶级实行政治统治（Herrschaft）是危险的，而且从长远来看也有悖于民族利益。但更危险的是，那些正在掌握经济权力从而跃跃欲试期待接管政治统治权的阶级，却远未达到足够的政治成熟以掌握国家的航向。"❶ 韦伯担心德国在经济上的主导阶级没有能力成为政治阶级；与之相对，中国则是既有政治阶级由于经济与社会大变逐渐分裂与衰落，日益失去政治领导能力——这一问题又由于新兴群体（商人、军人等）的政治无能而变得更加严重。

吊诡的是，当陈独秀等人在中国大张旗鼓地主张"德先生"时，民主制正在西方面临前所未有的危机。各种精英主义政治理想与实践不断出现，各民主国家都有崩溃的危险（如在意大利，民主制就被信奉精英统治的法西斯运动所取代）。换言之，当中国知识分子由贤能主义转向大众民主时，西方却显示出回转向精英主义的征兆。

事实上，即使在"德先生"最声势煊赫时，多少有些变形的贤能主义传统也仍保留在精英知识分子的思想与言论中。在五四之后，孙中山提出以五权宪法改革代议制，其中的考试权正是要重新发挥中国贤人政治的传统；而章士钊在 20 年代访问英国，发觉"怀疑民主政治，乃当今政家之通态"，❷ 之后转向中国传统政治寻

---

❶ 韦伯：《民族国家与经济政策》，《韦伯政治著作选》，第 18 页。
❷ 章士钊：《孤桐杂记》（1925 年 7 月 25 日），章含之、白吉庵主编：《章士钊全集》第 5 卷，文汇出版社，2000 年，第 74 页。

求解决办法，试图以谏议制改造代议政治。❶ 这些都表明贤能主义具有长久的影响力。

虽然仅仅是个巧合，但指出这点仍是有意义的：正是在张东荪发表《贤人政治》的这个月，布尔什维克在俄国夺取了政权。列宁依靠先锋队政党全权领导革命的做法，未尝不能被视为一种西方式的"贤人政治"。吊诡的是，后来，反而是主张"德先生"的陈独秀而非主张贤人政治的张东荪被这种新的精英主义教义所说服，理由仍然是同一个——民主制需要自己的政治领导。

梁漱溟在 30 年代延续了这一思考。他将民主政治理解为一种暗藏的阶级政治，认为代议制"从他外面看去，政权逐渐公开尊重各个人的自由，谁能否认他不是民治精神？但其里面藏有阶级统治，则为妙甚！阶级统治与民治本为相反，但天下事往往相反相成。此即因阶级统治为成功民治的第一步"。而他认为民初共和之所以会失败，是因为"中国社会原来即不成为两面，自清室倒后，更没有了可作社会中心的阶级，知识分子也因种种关系，不能自成一阶级，大多数人更是无知散漫不能结合。无阶级则与西洋民治所需条件不合，西洋那种准民治（或说寓民治于阶级统治之中）的办法，在中国事实上没有依据。中国根本缺乏阶级，所以准无可准，寓无从寓"，结果近代中国两次建立国家权力的努力，"一是辛亥革命，民国的建造；一是十五年北伐，党国的建造。两次努力，都归失败；而这两度的失败，统统因为没有阶级"。❷

钱穆在 40 年代进一步指明，中坚阶级瓦解的背后，是文化与社会重心的失落。他认为，晚清变法与革命的困局在于，政治之权

---

❶ 见章士钊：《代议非易案》（1925 年 7 月 25 日），《章士钊全集》第 5 卷。
❷ 本段引文，见梁漱溟：《乡村建设理论》，《梁漱溟全集》第 2 卷，第 216、220、227 页。

要依赖于"一种为社会大众所共同遵守、共同信仰的精神上的权",❶但该"精神之权"却正在崩坏之中。与他政治观念颇不同的胡适也认为,从晚清开始的民族自救运动有个大困难,"使一切疗治的工作都无从下手。这个大困难就是我们的社会没有重心",而"我们中国这六七十年的历史所以一事无成,一切工作都成虚掷,都不能有永久性者,依我看来,都只因为我们把六七十年的光阴抛掷在寻求建立一个社会重心而终不可得"。❷ 张东荪在1918年后开始转向社会改造与社会主义思潮,在很大程度上便是受到这一伴随民初共和失败而来的反思的影响。

---

❶ 钱穆:《中国历代政治得失》,生活·读书·新知三联书店,2001年,第168页。
❷ 胡适:《惨痛的回忆与反省》,《独立评论》第18号(1932年9月18日),第11页。

第5章

转向新文化运动

第一节 创办《学灯》副刊

张东荪曾说:"英谚有曰:'Experience makes fools wise',拉丁之谚语亦有言曰:'Experientia docet',皆言人间之教训厥在经验。""经验实含有试验之意。特同一试验也,他国或试及半而逆睹其不善焉,即抛弃之,挽救之;我国则反是,非至最后失败之境不知觉悟,非至最深痛苦之时不知忏悔。所以在他国不以试而伤其元气,而在我国,一试再试之后,即无复生气矣。又况人心不定,临事不慎,轻于尝试哉!"❶

这段文字作于1914年,他彼时尚不知晓自己后来的心境,事实上,比起民二年的失败,1917年后,曾被寄予巨大期望的"尝试共和"倒更像是到了"最后失败之境",他也是到了"最深痛苦之时"。

---

❶ 张东荪:《三年中政治经验之大暗示》,《中华杂志》第1卷第11号(1914年11月1日),第1页。

但若"救亡"的希望不改,则必然仍要不断地"尝试"下去。事实上,在1917年8月南北正式分裂前,他已开始寻求转变。6月初,在"武人革命"发动后,失望至极的张东荪决定暂时退出政论界。6月18日,他在《时事新报》上发表《予之宣言》,公开宣告"自无端免段、各省称兵以来,记者已认全国出轨,不欲再谈政治","此后当另辟讲坛一门,专以灌输文明为职志。记者非俟政治入轨、恢复常态之后,不以政治主张与国人相见"。❶

需要谨慎掂量这种表态是否只是一时冲动的产物,毕竟不久后,当复辟发生时,他又公开著文加以反对,在随后的七年中,他也仍一直担任这份政治色彩很浓的报纸的主笔——在这个位置上,想要不谈政治不仅于理不合,而且于势不能。或可说,他不过是如一贯做的那样,在谈政治的同时表达对政治的厌恶。

但是,结合他之后的行动来看,这种"不谈政治"的态度多少也提示了他另辟新径的意图。他此时经常以国内政事毫无意义为由,将本属该报《学灯》副刊的话题(如新诗与妇女解放等问题)移到头版的政论位置,结果傅斯年后来就讥讽他的政评是"或有或无,全凭高兴"的"断烂之账簿"。❷ 更具提示意义的是,他开始转向世界局势与新文化运动议题,言论中越来越多地出现"世界""欧战""俄国革命""个人""文化""思潮"等字眼。"专以灌输文明为职志"的意向越来越明显。

1918年,他终于将这一理想变为现实行动。3月4日,新文化运动时期最重要的副刊之一《学灯》创刊。该刊虽在最初半年多与

---

❶ 张东荪:《予之宣言》,《时事新报》,1917年6月18日,第1张第2版。
❷ 傅斯年:《与顾颉刚论古史书》,《傅斯年全集》第1卷,第457页。张东荪这样做,也与当时主笔的权力有关——《时事新报》社论部分实行的是主笔全权负责制。

《新青年》没有什么应和，主题也仍限于狭义的教育领域，一副中规中矩的改良做派，但《学灯》这个名称提示了对"学"的重新重视，毕竟象征着转向之机——传统士人向来认为"世运之明晦、人才之盛衰，其表在政，其里在学"，❶ 张东荪此时也强调当代人物之高下"以读书之无有与多寡为衡"，❷ 开始强调文化比政治更根本。

　　这种"另辟"新路的努力相当典型地表达了读书人在"尝试共和"失败后试图重新寻找方向的心态。不过，就他此后的思想演变而言，这一努力已非"革政"所能范围，而是标志着更根本的转向。如前文所述，在民初论政时，张东荪虽始终试图在既有政治格局外寻找新力量（如"二次革命"后对"社会""地方"的关注），但仍直接指向刷新政治，换言之，仍是在"革政"的整体语境下思考问题。而从1917年6月开始，他试图"另辟讲坛"以"灌输文明"，并在一年多后将其解释为"将以前所有的都化为流质，再倾注于一个新铸型里去，铸成一个完全新的"，"从根本上创造一个新生命出来"，❸ 则表明他逐渐放弃以"革政"为基点的思考模式，而转向"改正人心"。这一转向带来了整体思想语境的巨变——救亡图存的关怀延续了下来，而"尝试共和"则被一系列新文化运动议题所取代。

　　1918年1月3日，张东荪开始在《时事新报》上连载他的第一本译作——柏格森的《创化论》（*The Creative Evolution*）。这本译作奠定了他柏格森思想重要介绍者的地位，也是他在回国后第一次转向本行——哲学，由此开始转向新文化运动。

---

❶ 张之洞：《〈劝学篇〉序》，《张之洞全集》第12卷，河北人民出版社，1998年，第9704页。
❷ 张东荪：《〈学灯〉宣言》，《时事新报》，1918年3月4日，第3张第1版。
❸ 张东荪：《新局面与新思想》，《时事新报》，1919年4月14日，第1张第1版。

我们不知道什么原因促使他选择翻译柏格森的著作，一个合理的猜测是，正如梁漱溟或熊十力一样，他在柏格森的生命哲学中看到了沟通中西传统的可能性——后者消除目的论色彩的宇宙论与进化学说，对一个幼年便涉猎佛学的人来说，无疑是亲切的；柏格森哲学与心理学关系密切，也令他更多了几分应和感。

1917年春，他正式开始翻译该书❶——此时他正因对国会失望而要退出政坛，该书出版于1918年年初——正好是贤人政治理想彻底破灭之时。这种表面的对应因为一个因素变得更具现实意义：为该书作序的，是张东荪心目中的"贤人"之一——北京国会时期的密友汤化龙。汤氏的序文作于1918年2月，此前不久，他刚代表进步党在《时事新报》上宣布该群体十年的政治努力已经失败。❷在文中，汤化龙认为，柏格森主张进化是不可预知、无中生有的创造，其意义在于揭示了"吾人所见之宇宙现象不过为绵延之表征，吾人所持之智慧不过为流转途次所遗之余泽，吾人所考生物史上所见之品类不过为进化后所见之杂陈。斯宾塞、达尔文所言之进化阶级，不过拾进化后之古今零絮，强以物竞天择、适者生存之意义贯串〔穿〕而已。实则竞之者未必为天择，生存者亦不必为适"。❸ 对正为民国共和的晦暗前途忧心不已的汤、张二人来说，柏格森对斯宾塞世界中不可改变的目的论式进化层级的否定，使他们得以将之前的政治失败视为某种新生的机会，也因此部分安慰了他们因国家与

---

❶ 他后来说："我那部《创化论》是民国元年开始译的，只译了一节，后来民国六年春才继续下去。"（张东荪：《通讯——复常乃德》，《时事新报》，1920年1月20日，第4张第2版）该书于1919年春译竣。

❷ 汤化龙：《纪念祝词一》，《时事新报》十周年纪念刊，1918年1月1日，第1张第2版。

❸ 汤化龙：《〈创化论〉序》，柏格森：《创化论》，张东荪译，商务印书馆，1920年，第2—3页。

个人双重失败而感到的痛苦——毕竟，在柏格森式的去目的论的世界中，不管怎样深的坠落，都总有一瞬间转而上升的可能。❶

张东荪清楚看到，柏格森思想中的不可知论倾向有使"进化"概念失去意义的危险，❷ 但他依然在伦理上接受了它。"生命如放花炮，是自根底而放散，不是自外面而吸引"，❸ 这个他反复引用的柏格森的比喻提供给他的，不仅是一种无从预知但可以遥想的希望，而且是一种新的因无所规定、无从预知而摆脱计算、超越成败的伦理学——他在介绍尼采时都不忘以柏格森为对比，认为尼采主张"过去现在未来凝于一"的"永劫回归"，在伦理上确实可以予人"自决的勇气和奋发的精神"。❹

不过，虽然这一不可知论倾向使张东荪相对容易接受变革未能带来期望结果的严酷事实，但他并不肯接受这会引出的一个结论——将创造出的"新"视为本质上与"旧"完全无关的事物。虽然他确实说过，"杜威说得好：所谓生活就是吸取非我以化为我；柏格森更说得好：生命就是在自己毁坏中的自己构造"，❺ 但在现实的文化论争和政治实践中，他大部分时候是按照"说得好"的杜威而非"更说得好"的柏格森去做的。当"一战"结束这个巨大的"创化"到来时，这一点就清晰地显现了出来。

---

❶ 但汤化龙本人没有能等到新上升的出现。1918年9月，他在北美遇刺。在遇刺前寄出的邮片中，他最后提醒张东荪："美国政制复杂，不可学，惟其国民则健全耳。"（见张东荪：《美总统为和会主席》，《时事新报》，1918年11月25日，第1张第2版）明确否定中国可以美国模式建国。

❷ 张东荪：《新创化论》，《东方杂志》第25卷第1号（1928年1月10日），第101—102页。

❸ 张东荪：《通讯——致钱基博》，《时事新报·学灯副刊》，1922年6月13日，第4版。

❹ 张东荪：《永劫回归》，《时事新报》，1919年6月2日，第1张第1版。

❺ 张东荪：《唯用论在现代哲学上的真正地位》，《东方杂志》第20卷第16号（1923年8月25日），第90—91页。

第二节　世界主义与中国问题

史华慈不止一次地强调，西方冲击是变量而非常量，西方思想内部有极为复杂的张力与冲突，因此，任何化约都不仅无助于我们理解它本身的复杂性，也使我们无法把握中国近代大部分重要变革的复杂脉络与内在困境，因为它们几乎都是在这一复杂的西方冲击下展开的。❶

没有哪个时期比"一战"前后更符合史华慈的这个论断了。虽然直到1917年中国参战，很多国人仍将这场空前的世界大战视为"欧战"（即别人的战争），❷ 但在"一战"爆发后不久，如严复这样的敏锐观察者就意识到，这场战争将引起世界性的思想与社会大变动，❸ 在中国越来越深地卷入列强主导的世界秩序的情况下，这也将是中国内部大变动的征兆。

张东荪也有类似的观察。在他看来，"欧战足以亡中国"，❹ 因为"我国自欧战成行以来，均势既破，在在皆为可危之境"，国家的命运"已倒悬于强邻（指日本——引者注）之手"，❺ 他因此主张中国参战，"吾国本托命于均势，欧战生，均势破，吾之所以欲加入协约者，亦正以求托命于协约范围内之均势耳"。❻ 在"一战"行将结束时，他将

---

❶ 典型阐述见史华慈《寻求富强：严复与西方》，叶凤美译，江苏人民出版社，2005年，第1—2页。

❷ 见罗志田：《从国际发现中国历史》，《昨天的与世界的：从文化到人物》，北京大学出版社，2007年，第190页。

❸ 严复：《与熊纯如书》第二十、六十二，《严复集》第3册（书信），中华书局，1986年，第619、677页。

❹ 张东荪：《中国之将来与近世文明国立国之原则》，《正谊》第1卷第7号（1915年2月15日），第4页。

❺ 圣心（张东荪）：《善后建设论》，《新中华》第1卷第5号（1916年4月），第13页。

❻ 张东荪：《俄罗斯与美利坚》，《时事新报》，1917年4月12日，第1张第2版。

这一警告进一步升级,认为中国"必经一难关。难关为何?即欧战之结果时期是也。于此时期,其解决中国问题止〔只〕有二途:一曰中国为大亚细亚主义之牺牲物,二曰中国为世界公共之商场。由前之说,中国如高丽;由后之说,中国如比利时。特比利时有再兴之望,高丽无自主之机。是在国人之自择耳"。❶ 换言之,中国将要么丧失政治主权,要么丧失经济主权,可选择的,也只是能否牺牲后者以保住前者。

在这里,他显得像清醒地意识到了国际政治的实力原则,但在短短几个月后,这位冷静而悲观的观察者就似乎变成了将血腥的"一战"视为"公理战胜"的乐观主义者,当他说"一战"终了与威尔逊的十四点计划意味着人道正义的理想终于将不只行于国内,而且行于国际时,❷ 当他认为巴黎和会将把费城制宪会议原则扩展到世界范围时,章太炎式对"始创自由平等于己国之人,即实施最不自由平等于他国之人"❸ 的愤怒被世界大同的热望取代了。

这一转变的直接动力是中国成了"一战"战胜国。几年前的危险似乎变成了机会,之前的担忧也转化为无法抑制的兴奋与希望,与其说他有多少证据或理由支持新世界的存在,不如说他只是热烈地期望它,是这种期望的强度而非任何真正的理由,让他倾向于认为世界主义行将实现——这也是当时中国精英知识分子的普遍心态。❹ 正如同时代的欧洲人那样,他们认为一场让人类留了这么多鲜血的战争,必须有个配得上该牺牲的崇高结果,战后将是个新世界,因为它必须是个新世界;另一方面,不管有多少证据表明社会达尔文主

---

❶ 张东荪:《前途》,《时事新报》,1918 年 7 月 9 日,第 1 张第 2 版。
❷ 张东荪:《庆祝与觉悟》,《时事新报》,1918 年 11 月 18 日,第 1 张第 2 版;《所望于平和会议者》,《时事新报》,1918 年 12 月 5 日,第 1 张第 2 版。
❸ 章太炎:《五无论》,《章太炎全集》第 4 册,上海人民出版社,1985 年,第 433 页。
❹ 这一热望的表现与影响,见罗志田:《"六个月乐观"的幻灭:五四前夕士人心态与政治》,《历史研究》2006 年第 4 期,第 105—124 页。

第 5 章 转向新文化运动

义式的世界不会这么容易消灭，但中国政治传统的最高理想从来不是国家，而是天下，也因此，他们总愿赋予世界主义额外的信心。

有一个特别的理由使张东荪对威尔逊格外倾心，在他看来，这位前教育家是位在政治中实现了自己理想的读书人，当他听闻威尔逊将主持和会时，不禁感叹道："吾尝谓若威尔逊者，可谓为书生吐气矣。夫书生本富于理想，不足异；有庸众焉而能采纳书生之理想，斯为不可得矣。"❶ 他正对国内武人混战深感无奈，这个"文治"的胜利自然珍贵——威尔逊主义带来了世界性的息争甚至"废兵"的可能。他在之前一年都愤懑而无奈地谴责南北双方无诚意与不作为，在这时则用透着兴奋的语调嘲讽道："自德国穷蹙以来，黩武主义已至末路。世界军阀国之真军队已在不容生存之列，遑论我之伪军队哉！"❷ "欧战果了，吾将看尔等内斗到几时！"❸

这种主张国家应完全解除武装的观点，在今天看来不啻是天方夜谭；但却从反面证实了世界主义在当时的影响力——只有该主义充分实现，世界"废兵"才有可能，张东荪也才可能提出"废兵"而不用担心伤害自己对中国的国家认同。另有一点让他对接受威尔逊主义更无障碍——该主义并不以消灭国家为前提，恰相反，它首先便承认每一民族都有追求国家独立与自主的正当权利。也因此，当张东荪否定德国式军国主义的合理性，并进而认为主张该主义就是彻头彻尾的"不通大势"❹ 时，他多少不过是借对民族自决原则

---

❶ 张东荪：《美总统为和会主席》，《时事新报》，1918年11月25日，第1张第2版。

❷ 张东荪：《军队全废论》之三，《时事新报》，1918年11月4日，第1张第2版。

❸ 张东荪：《德奥要求停战》，《时事新报》，1918年10月8日，第1张第2版。对张东荪，仍存在一个区分——德国不打一毫折扣地实现了军国主义，可谓"真军阀"；中国南北两方既不能战又不能和，不过是"伪军阀"（张东荪：《此后之政治》，《时事新报》，1918年10月29日，第1张第2版）。

❹ 张东荪：《留美学生的主张》，《时事新报》，1920年1月12日，第2张第1版。

的肯定将国家主义从左手换到了右手。❶

　　他对内政的设想清晰地体现了这一关怀。在他看来,"一战"后世界改造思潮的出现,为中国重新立国提供了可能。一年之前,他已将国会降低为政治咨询机构,此时则正式开始设想一种无国会的新政治。他希望借欧洲和会这一外部压力将中国南北和会变为创制大会,❷ 彻底终结旧国会,变"法律革命"为"政治革命"。❸

　　这种找寻一个转折点以一举解决所有问题的心态我们已很熟悉了,这种在现有体制外另寻根本解决的想法我们也并不陌生;虽然他又一次开始撰文宣传卢梭的"总意论",❹ 但仍不是要主张人民政治——他设想的"国民会议"❺ 的"国民",仍不见"劳动阶级"的影子。他也一如既往地主张贤人政治与民主原则的一致性,满怀信心地宣称:"我说的贤人政治是与民本主义❻ 根本上相调和,可以说二者就是一物之两名,并不是两个东西。"❼

　　但根本变化还是发生了。他开始日益自觉地将中国问题与世界联系起来,明确主张此时各种"文化运动"的共同点就在于要"用解决世界问题的方法来解决中国"。❽ 当然,在某种意义上,如果

---

❶ 不过,有一点发生了改变——清末读书人视帝国主义为国家主义之一种,且认为这就是中国最缺乏的能力(见陈志让:《军绅政权——近代中国的军阀时期》,生活·读书·新知三联书店,1980年,第95页)。而到五四前后,他们明确区分帝国主义与国家主义,认为二者互相对立。不过,张东荪因德国战败而认为其主义已失败,显示出以胜败定优劣的社会达尔文主义倾向;而这正是军国主义的思想基础。

❷ 张东荪:《所望于和平会议者》,《时事新报》,1918年12月5日,第1张第2版。

❸ 张东荪:《赎罪》,《时事新报》,1918年12月4日,第1张第2版。

❹ 散见于他这一时期的多篇文章。最集中的阐述见张东荪:《民意论》,《时事新报》,1918年12月24日,第1张第2版。

❺ 张东荪:《仲裁机关与国民会议》,《时事新报》,1918年12月8日,第1张第2版。

❻ 这里"民本"对应的就是democracy。五四时期,democracy的中文译名尚不固定(如民主、民治、民本、平民与唯民等),大致可以说,当时人尚未明确区分民主与民本。

❼ 张东荪:《贤哲》,《时事新报》,1919年1月11日,第1张第2版。

❽ 张东荪:《文化运动的方针》,《时事新报》,1920年1月20日,第1张第2版。

没有"世界"的冲击，中国历次革新运动就不会发生，但他这一主张仍代表着一种全新的思路——这并不是如一年多前主张贤人政治那样，将其设定为世界未来的演变方向，而是说，不管世界未来如何，它与中国都共享着同一个命运，因此，如何解决世界问题，就要如何解决中国问题。

在清末民初人的图景中，"世界"在地理与文化上都意味着"非中国"，"进入世界"这一看似悖论的说法，就表达了这一点。❶ 在线性进化观的主导下，"世界"象征着一个触手可及而又遥不可及的未来，为达到它的"现在"甚或"过去"，中国都必须攀上一系列进化台级。❷ 换言之，这个"世界"虽与中国并存在同一个地理空间中，但却没有任何进化意义上的共时性。

而"用解决世界问题的方法来解决中国"则提醒我们，张东荪这时倾向的，已是柏格森而非斯宾塞式的进化论。创造无从悬想，未来不可预知，反而使中国与西方能以"过去现在未来凝于一"的方式共处于"一战"后的"当下"，不是世界改造指引中国改造的未来，而是世界改造与中国改造一起作为同一个无从预知过程的创造物。

---

❶ 清末以来读书人的世界观念及其与民族（国家）主义的关系，见罗志田：《天下与世界：清末士人关于人类社会认知的转变——侧重梁启超的观念》，《中国社会科学》2007年第5期，第191—204页；《理想与现实——清季民初世界主义与民族主义的关联》，收入王汎森编：《中国近代思想史的转型时代》，台北：联经出版事业公司，2007年；以及程农：《重构空间——1919年前后中国激进思想里的世界概念》，收入许纪霖编：《二十世纪中国思想史论》上卷，东方出版中心，2000年，第253—274页（尤其第263页）。对共产党方面世界主义与民族主义关系的考察，见 Levension, Joseph R. *Revolution and Cosmopolitanism: the Western Stage and the Chinese Stages*, Berkeley: University of California Press, 1971。

❷ 晚清以来的线性历史观，见王汎森：《近代中国的线性历史观——以社会进化论为中心的讨论》，《新史学》第19卷第2期（2008年6月），第1—43页。他特别指出："在这种历史观中，'未来'的性质有一个革命性的改变：'未来是可知的'或'未来是已知的'。"（同文，第36页）

正是这种完全新的与"世界"的共命运感,为张东荪在五四运动后投身社会改造运动提供了最基本的情感支持,该运动与清末以来历次革新运动的基本区别,就在于它与世界改造运动在思想与实践两方面的共时性——晚清革命党人与无政府主义者以俄国虚无党人为榜样,但后者仅是值得追慕与效仿的历史典范;此时中国的无政府主义者、布尔什维主义者与基尔特社会主义者却是将他们在西方的伙伴视为同志——共同事业的推动者与参与者。这是新意义上的"西方冲击",不是作为常量的西方有意无意地冲击中国,而是同为变量的西方与中国互相影响,面向并试图造就共同的未来。

事实上,对张东荪来说,同时服膺柏格森与詹姆士(见前文)的不可知论,并不意味着他会沉默而消极地等待中国的未来,恰相反,与其他新文化运动同人一样,他全神贯注地观察世界的变化,并竭尽心力地猜测它对中国的意义。未来不可预知,但正因如此,才需要更用心的悬揣与更勇敢的断定——对视自由意志为人类行动基础的人来说,不可知让他感到的绝不是沮丧,而是什么都可能发生的兴奋。

这提示了他对威尔逊的热望的另一面。威尔逊带给他的,与其说是一套符合"天下为公"理想的主张,不如说是因这种主张也许会实现而激起的一切都会改变的期望。在他看来,中国的共和已走入死局,一个无从预测好坏的柏格森式的改变也值得期待,问题不在于期待什么,而在于要为任何改变做好准备。因此,他即使在欢呼"一战"后"世界易一新生命,吾民族亦必易一新生命"时,也不忘立刻提醒"新生命一辞〔词〕原系假定,决不含可喜之意于其中"。❶

他很快就将这种"不含可喜之意"点明了:"一战"虽可能带来世界范围内的"废兵",但不过是终结"物质的帝国主义","精

---

❶ 张东荪:《新生命》之一,《时事新报》,1918年11月7日,第1张第2版。

神的帝国主义"却将随之兴起。后者是"以文化相争,恃文化征服劣等民族耳。亦有二方面:一曰思想,二曰组织。于组织则经济势力是已,于思想则学术势力是已",他警告道:"此后有民族焉,其组织力不发达,其思想力亦不发达,势将为他民族之精神的帝国主义所吸收。勿谓彼民族自决主义可为不振之民族作藩障也。"❶ 简言之,"文化相争"的新局面意味着晚清人关注的"学战"正重新开始,❷ 威尔逊主义对此无能为力。

他也从此开始关注社会主义。后来,他有些夸张地说:"当欧战未终以前,中国人没有一个讲社会主义的;欧战完了,忽然大家都讲起社会主义来了。"❸ 这至少对他是准确的。如前所述,他在民初论政时对社会主义不屑一顾,并且从未将下层劳动者视为值得考虑的政治力量;❹ 而此时,他却不忘提醒自己在欧洲的朋友不可过于关心政治,要多留意"稳健的社会主义"——按他的判断,世界大势将趋向于此。❺

社会主义的流行表达了一种对西方的新态度,毕竟,该主义或

---

❶ 张东荪:《新生命》之二,《时事新报》,1918年11月8日,第1张第2版。
❷ "学战"在近代中国思想演变中的作用,见罗志田:《西潮与近代中国思想演变》,《近代史研究》1995年第1期。不能确定张东荪在这里说的"精神的帝国主义"在多大程度上是暗指俄国。不过,傅斯年在本年年初已敏锐地意识到,革命后的俄国兼并世界将不在土地、国权而在思想(傅斯年:《社会革命——俄国式的革命》,《新潮》第1卷第1号〔1919年1月1日〕,上海书店出版社影印本,1986年,第129页)。
❸ 张东荪:《我们为甚么要讲社会主义》,《解放与改造》第1卷第7号(1919年12月1日),第3页。
❹ 读书人开始注意劳工的作用,一定程度上是因为在"一战"中,中国并没有派出正规部队,参战国资格几乎全靠赴欧的二十万名劳工维持。此时,他们开始不再视劳工为需加矫正的社会缺陷,而是当作改变社会(甚至刷新世界)的主动力量——虽然劳工自身尚未意识到这一点。
❺ 张东荪:《与君劢、子楷、百里、振飞四兄书》,《梁启超年谱长编》,第893页。

多或少是出于对西方19世纪整体政教的批判与反思。清末人大多赞成杨度，认为"今日有文明国而无文明世界。今世各国对于内则皆文明，对于外则皆野蛮，对于内惟理是言，对于外惟力是视"。❶不管如何不满西方对外"惟力是视"，仍承认它对内是"惟理是言"的。但在五四时期读书人看来，空前惨烈的世界大战以及战后欧洲的社会运动表明，西方政教存在严重问题，内部贫富悬隔、阶级分化，有理由质疑其文明国的资格。因此，不管是作为"世界政治中远东的隔绝"（入江昭语），还是作为世界改造与革命运动的一部分，面对战后欧洲对自身政治制度（尤其是代议制）的否定，中国都必须重新考虑道路选择。

不管如何，"一战"的结束重新燃起了新派知识分子寻找新道路的希望——对梁启超等人而言，这意味着转向文化运动的开始。1918年12月26日，梁启超、张君劢等人抵达上海，准备赴欧去"自己求一点学问，而且看看这空前绝后的历史剧怎样收场"。梁启超后来回忆道，次日晚，"我们和张东荪、黄溯初谈了一个通宵，着实将从前迷梦的政治活动忏悔一番，相约以后决然舍弃，要从思想界尽些微力，这一席话，要算我们朋辈中换了一个新生命了。"❷

---

❶ 杨度：《金铁主义说》（1907年1月20日—5月20日），刘晴波主编：《杨度集》，湖南人民出版社，1986年，第218页。

❷ 本段引文，见梁启超：《欧游心影录节录》，《饮冰室合集》第7册（专集之二十三），中华书局，1989年，第38—39页。值得注意的是，就在12月27日下午，梁启超出席饯行会，谈论的也仍是中国的关税问题（同文，第39页）。他自承赴欧的另一目的，是他当时"正在做正义人道的外交梦，以为这次和会，真是要把全世界不合理的国际关系根本改造，立个永久和平的基础，想拿私人资格将我们的冤苦向世界舆论伸〔申〕诉伸〔申〕诉，也算尽一二分国民责任"（同文，第38页），这也是政治而非文化诉求。而他到欧洲后，对和会与各国政治都颇为关心，让人很难相信他在1918年年底已"决然舍弃"政治。《欧游心影录》连载于他们回国前夕，之后他们正式开始做"文化运动"，梁启超在这里对自己转向文化的程度可能有一些夸大（华中师范大学中国近代史研究所周月峰老师的博士论文对此有全面论述）。

不管这是否为当日实景，至少张东荪本人确实彻底转向了文化方面。他一面提醒赴欧的梁启超等人"不可仅注视于和会，宜广考察战后之精神上物质上一切变态。对于目前之国事不可太热心，对于较远之计画〔划〕不可不熟虑"，❶ 一面直接以此宗旨改版《学灯》。从1918年12月起，该副刊增为每周三次，次年1月，又进一步改为日刊，内容也大变，迅速从教育类刊物变为方兴未艾的文化运动与社会改造运动的中心论坛之一。

第三节 "不骂不破坏"

张东荪参加新文化运动后第一次与新派人士发生冲突，对手是傅斯年。争论缘起于他1918年年底的一篇社论，文中说："现在中国的情势，要求新道德、新思想、新文艺的输入非常之殷，恐怕是没有人不晓得的。但是有一班人，他虽是做这输入的事业，然并不是将新道德、新思想、新文艺多多益善的输入进来，却是在那里专门想打破旧道德、旧思想、旧文艺，终日里做了许多驳难痛骂的文章。我以为这个样子与那新陈代谢的道理颇不相合。"❷ 这"有一班人"就指《新青年》群体，他"觉得好像他们天天对于穿旧衣的人，用一种打骂的手段，教他脱去这旧衣，但是他们却不去制一个新衣来给人穿"。❸ 而他举出的正面典型，却是《新潮》，因为"这杂志的作者个个都有诚实的态度与研究的精神，不像《新青年》一

---

❶ 张东荪：《与君劢、子楷、百里、振飞四兄书》，《梁启超年谱长编》，第893页。
❷ 张东荪：《新旧》，《时事新报》，1918年12月14日，第3张第1版。
❸ 张东荪：《〈新潮〉杂评》（续），《时事新报》，1919年1月22日，第1张第2版。

味乱骂……中国文人向来有此结习，《新潮》诸人居然不受《新青年》的传染，真是可喜可敬的了"。❶

令张东荪没想到的是，这番言论直接招致《新潮》创办者傅斯年的反击。后者坚决反对不破坏旧文化、只输入新文化的主张，认为"中国本来有一种道德、思想、文艺，大家对他信服得很，以为神圣似的。若果发现不了他的不是，不能坠大家对他的信仰心，自然不能容新的，还用什么方法引新的进来"？他更以一贯的直率说张东荪的主张是"似是而非不通得很"，是"乡愿态度"。❷

这个批评出乎张东荪意料，令他十分不快。他将傅斯年也归入"骂人派"，认为他们就是要无价值的"纯粹的破坏"，并且说："在你便以用自律的力量自新；在人家，便非用他律的力量革除不可。这就是帝王主义的人性观，也可以名为私塾的人性观。""原先本是记者以为春秋责备贤者，不妨先劝劝维新派，不料一劝，就碰了一鼻灰，论者的气焰，记者领教了……记者深信用诚实不骂苦口婆心的方法输入新文明，必定比较的更为得力。如不我信，记者敢以头颅为保证。"❸ 最末这大欠风度的武人用语，明显表达了他的不愉之情。

但这本是意料中之事。《新潮》是在陈独秀与胡适的直接支持下创办的；且即使不考虑它与《新青年》的紧密联系，仅是共属北京大学，就足以使傅斯年不能接受张东荪对《新青年》的攻击。他说："我们是北京大学的学生，张先生是和北京大学惯作对头的，我们对他当然无所用其客气。他今天登一篇骂北京大学的投稿，明天自撰一篇骂北京大学的文，今天指明了骂，明天含讥带讽地说

---

❶ 张东荪：《〈新潮〉杂评》，《时事新报》，1919年1月21日，第1张第2版。
❷ 傅斯年：《破坏》，《新潮》第1卷第2号（1919年2月1日），第351—352页。
❸ 张东荪：《破坏与建设是一不是二》，《时事新报》，1919年2月6日，第1张第1版。

着。这里头虽然有一半是攻击个人的，但是攻击大学本体的，也有一半。"❶

在这里，傅斯年表现出极强地维护北大作为新文化运动正统的警觉性。他认为张东荪是"以骂人两字，把《新青年》上建设的事业，一笔勾销"，甚至认为后者特地说通过"梁任公先生的讲坛"才认识到白话文的重要性，❷是要表明"别人却不算回事，只有我们梁任公先生做白话文的第一天，是中国文学史上的新机；只有我们主张革新是独立的，是正宗的，别人都是野狐禅"。北大方面主张白话文有年，张东荪却偏要借着"梁任公先生"才能意识到白话文的切要，多少有为梁启超争新文化运动正统之嫌。傅斯年因此"希望《时事新报》对于新思想的事业积极进行，不必再把无甚关系的地方和其他做革新事业的人故意地挑踢〔剔〕，故意立异"。❸

张东荪对该指责十分不满，辩解道："最近因白话问题，更有'梁任公为正宗'之疑猜，阅之令人不怒而笑。此虽非出于先天的党见，然亦流露于一种心理，以为对手方存有先天的党见也。且于其后加以驳正，自立命题，自为答案"，认为这不过是"决不适用大战后之新世界"的"梁山泊上之道德"。❹

那么，《新潮》与《新青年》到底有无思想上的区别？罗家伦在几十年后(1950年)回忆道："我们主张的轮廓，大致与《新青年》主张的范围，相差无几。其实我们天天与《新青年》主持者相接触，自然彼此间都有思想的交流和互相的影响。不过，从当时的

---

❶ 傅斯年：《答〈时事新报〉记者》，《新潮》第1卷第3号（1919年3月1日），第529页。
❷ 张东荪：《白话论》，《时事新报》，1919年1月17日，第1张第2版。
❸ 本段引文见傅斯年：《答〈时事新报〉记者》，《新潮》第1卷第3号（1919年3月1日），第530页。
❹ 张东荪：《疑猜与党见》，《时事新报》，1919年3月21日，第2张第1版。

一般人看来,仿佛《新潮》的来势更猛一点,引起青年们的同情更多一点。"❶ 此时国共正隔海峡对峙,身在台湾的罗家伦不顾《新青年》与共产党的密切关系,仍明确声明《新潮》与之一致,无疑具有相当的可信度。张东荪试图区分二者,自然会被傅斯年看作是要"离间"他们与老师一辈。

或可说,张东荪对傅斯年等人的评价,更多是试图将他们的思想与态度引导向自己希望的方向。例如,他曾称赞后者载于《新潮》的《万恶之原》一文"专就腐败之中国家庭立论,希望其改造成新式,而不认世界上之家庭制度在现日可以根本废除,所谓独身主义乃极纯洁之生活",是体现了近代思想多元与调和的精神,❷ 但该文主体激烈攻击中国家庭制度,视之为"万恶之原",甚至认为"其实名教本是罪人,那〔哪〕里有名教的罪人?名教本是杀人的,那〔哪〕里有不杀人的名教?",❸ 实看不出半点多元与调和的精神,更不用说傅斯年本以激烈自豪,也一贯反对调和。

傅斯年更对张东荪的辩论态度表达了直接的不满,他说:"张先生一向和人辩论,总立于教训者的地位……我们虽不过是二十几岁的人,却自问于学问上不曾受张先生丝毫的影响,也未便摆出'私塾老儒打手心'的气概来",劝后者"把自尊的气概少杀些。"❹ 此时离五四尚有一段时间,学生尚未取代老师成为话语权威,但傅斯年在北大是当仁不让的学生领袖,一贯处于"教训者"的位置(甚至连胡适都在某种程度上要依靠他在学生中的权威才

---

❶ 罗家伦:《元气淋漓的傅孟真》,《逝者如斯集》,台北:传记文学出版社,1992年,第170页。
❷ 张东荪:《〈新潮〉杂评》,《时事新报》,1919年1月21日,第1张第2版。
❸ 傅斯年:《万恶之原》,《新潮》第1卷第1号(1919年1月1日),第127页。
❹ 傅斯年:《答〈时事新报〉记者》,《新潮》第1卷第3号(1919年3月1日),第530页。

能立足❶），这让他颇难容忍张东荪心态上的居高临下。

　　两人态度虽错位，思想距离却并不远。在论战期间，张东荪邀请傅斯年翻译詹姆士的《实用主义》（将这位影响自己极深的思想家交给傅斯年译介，显示了张氏对后者的看重），而傅斯年虽加以拒绝，理由却并非要从事破坏，而是认为翻译西方著作必须有对西方学术思想史的通盘考虑与准备，"不懂现代的生活，便无从领略这主义。不懂得西洋思想界的历史，也无从领略这主义"。❷ 傅氏主张介绍西学先要寻其脉络与系统，正与张东荪相同。

　　另外，文字争论是一回事，日常关注与交往则是另一回事。傅斯年后来讥讽张东荪在《时事新报》"或有或无，全凭高兴"的时评是"断烂之账簿"。❸ 不过要看出对方的时评时有时无，只有持续不断地关注该报才有可能；1920年年初，傅斯年在留学前途经上海，曾特地去拜访张东荪，后者多次提到傅氏的来访，❹ 甚至半年后仍表示对他的话"至今未忘"。❺ 在张东荪眼中，傅斯年一直是"明白头脑的青年"，而此时"军阀不行了，官僚不行了，政客也不行了，我恐怕此后一切的责任全落在青年的双肩上来了"。❻ 既然青年的责任如此巨大，对傅斯年这种才华横溢而又骄傲自负的学生，他虽在辩论中一时失态，更多时候仍尽力保持着克制与优容。

---

❶ 对此事的分析见罗志田：《再造文明的尝试——胡适传（1891–1929）》，中华书局，2006年，第155—156页。

❷ 傅斯年：《译书感言》，《新潮》第1卷第3号（1919年3月1日），第535页。这篇文章正好排在他对张东荪嬉笑怒骂的那篇《答〈时事新报〉记者》的后面。

❸ 傅斯年：《与顾颉刚论古史书》，《傅斯年全集》第1卷，第457页。

❹ 张东荪：《扎硬寨》，《时事新报》，1919年12月29日，第2张第1版；《思想中毒与批判的批判——兼答志道君》，《时事新报》，1920年1月3日，第2张第1版；《五四之回顾》，《时事新报》，1920年5月4日，第2张第1版。

❺ 张东荪：《五四之回顾》，《时事新报》，1920年5月4日，第2张第1版。

❻ 张东荪：《青年与国是》，《时事新报》，1919年3月24日，第1张第1版。这篇文章被转发到《新潮》第1卷第4号（1919年4月1日）上。

相较傅斯年，张东荪与性格温和的罗家伦更亲近一些。后者曾撰文介绍《解放与改造》，在指出该杂志的一些翻译问题后，可能正是出于张东荪与傅斯年曾经的不快，特意补充说如此直率批评是因为"东荪先生是新时代的人物，把从前的旧习惯都早打破，而且我们大家都是极能了解的"，不会如"学术思想专制"的中国人一般"对于'批评'和'骂'分不清楚，我们批评他，他就说我们骂他"。❶ 不过，特意这么说，正表明他担心张东荪会误会，因此事先加以预防。这种客气的言辞也显示了双方的心理距离。

　　另有一点也加强傅斯年与罗家伦对张东荪意图的怀疑——国民党与北洋派也正试图接近他们。张继赞扬《新潮》社"近来主张广义的文学革命即是思想革命真是救中国的根本方法"，并希望由此"我们这个民国的招牌可望保得住"❷，明显是在期待新文化运动的政治效果；后来更传出傅斯年、罗家伦被安福系收买的谣言。诚如胡适所言，五四之后，学生已成为中国政治中一个"有力量有用处的新成分"，❸ 面对各方政治势力，他们自然不能不警惕。

　　在老师一辈中，与傅斯年最亲近的是胡适——在张傅之争中，参与"助战"的也正是他。作为文学革命的直接发起人，胡适比傅斯年更容易将张东荪区分《新潮》与《新青年》看作是对新文化运动正统的挑战。他特地写信给张东荪，维护自己的学生，在回信中，张东荪反复声明自己的主张与北大方面并无大的不同，唯一不同是"态度问题"——辩论应本说理的态度。他特别表示，自己"对于贵同人却不是反对，实是'劝告'。不佞有一个感想，觉得新文明的所以未能深

---

❶ 志希（罗家伦）：《书报评论——〈解放与改造〉》，《新潮》第 2 卷第 2 期（1919 年 12 月），第 365 页。

❷ 张继：《致〈新潮〉诸位先生》，《新潮》第 2 卷第 2 号（1919 年 12 月），第 366 页。

❸ 胡适语。转引自罗志田：《再造文明的尝试——胡适传（1891—1929）》，第 237 页。

入中国，由于我们新派的不努力，不是因为他们旧派的作梗"。❶ 特地以"我们新派"称呼彼此，明显试图拉近与北大一方的距离。

但是，胡适强调新思潮不是别的，就是一个"新态度"，尤其是要有"批评的态度"。因此，在张东荪看来不过是新派内部小纷争的"态度问题"，在胡适眼中，正是新旧两派的分野所在。事实上，五四前后的新旧之争首先不是学术之争，而是社会思想权势的争夺，比起在学理上战胜对手，能否争取到受众的支持更为重要——论争以多数观众决定胜负，气势的高低往往与胜负直接相关。因此，言辞的激烈自然成了"新态度"的组成部分。

当然，两方态度不同，也因对传统的力量的认识不同。在张东荪看来："历史上的思想与现在的思想早已成了两橛，不相关系"，此时的旧派不过是"回光返照"，真正输入"新"就能战胜，因此对其思想与言论不值得"用一挑半剔的工夫"。❷ 比起张东荪对"新"的力量的信心，《新青年》则强调传统仍颇有力量，必须先破坏它才能开始建设。傅斯年表白自己之所以要批评"旧"是"觉着旧思想的积压力很大，不得不打破一般人对他的信仰心"，❸ 胡适也认为张东荪"太轻视旧派"，❹ 都表明他们对"新"的力量并不自信。

如何理解这种不同？地域差异不容忽视。新旧冲突集中于北京，傅斯年与胡适身处其间，明显比上海的张东荪更感受到传统的压力。事实上，此时新文化运动已不是"不特没有人来赞同，并且也还没有人来反对"，❺ "新旧之争"正日益激烈化（以林纾与蔡元

---

❶ 张东荪：《答胡适之书》，《时事新报》，1919年3月15日，第1张第1版。
❷ 同上。
❸ 傅斯年：《答〈时事新报〉记者》，《新潮》第1卷第3号（1919年3月1日），第528页。
❹ 胡适：《致张东荪》，《时事新报》，1919年3月24日，第3张第4版。
❺ 鲁迅：《〈呐喊〉自序》，《鲁迅全集》第1卷，人民文学出版社，1973年，第274页。

培之争最为著名）。上海则不同。作为中国最西化的地方，这里没有多少能与"新"抗衡的"旧"，因此，张东荪虽积极参与新文化运动，却在相当程度上仍处于半观战的状态。地理位置的不同多少影响了双方对传统力量的判断。

不过，新文化运动此时已逐渐确立起主流地位，"建设"问题实已无法回避——虽然以激烈反传统为底色，但《新青年》群体也越来越强调"建设"的重要性。1919年2月，胡适正式出版《中国哲学史大纲》上册，并对张东荪说："我对于旧思想的态度，可用'整理'两个字说完，虽不可一概抹煞，却不可不仔细整理一番，寻出一个条理系统来。"❶ 可以说，张东荪的批评促使胡适明晰化自己对破坏与建设二者关系的主张。

傅斯年也是如此。他表达主张明显内外有别，就在对张东荪嬉笑怒骂的同一期《新潮》上，他对新潮社社员说，自己开始觉得"把工夫用在评中国书上，实在不值得"，因为"我们既要弄什么'新潮'，便当切实的有点贡献，便不当把可爱的光阴用在这种空虚地方"；甚至认为张东荪建议他们介绍西文著作"这种见解极好，我们很当欢迎"，应该在社里设立"西书研究团"❷——事实上接受了张东荪"不骂不破坏"❸的主张。

但也正因在团体内已接受了张东荪的意见，傅斯年反而更不能在团体外承认对方主张的确当。结果，差异越小，争论越激烈，对立情绪也越强。毕竟，张东荪虽可算"我们新派"中的一员，但更

---

❶ 胡适：《致张东荪》，《时事新报》，1919年3月24日，第3张第4版。
❷ 傅斯年：《通信——致同社同学读者诸君》，《新潮》第1卷第3号（1919年3月1日），第549—550页。
❸ 张东荪：《不骂主义之胜利》，《时事新报》，1919年3月20日，第2张第1版。"不骂不破坏"是傅斯年对张东荪主张的总结，张氏表示完全同意。

是"我们新派"中非北大一方的代表。因此,主张的接近并不能带来情感的接近,反而更加剧了"因相近而区分"的必要性。

如五四时期绝大部分辩论那样,张东荪与傅斯年之辩猝然开始又猝然结束——在意蕴充分展开前,双方就已不耐烦地离场,辩论的主题则延续了下来。几年后,《学衡》开始对新文化运动发起挑战,北大诸人都持不屑一辩的态度,❶ 与之前至少肯与林纾辩论大不相同,可见正统心态的加强。

张东荪则继续对此表示异议。当时有一位叫柏生的读者在《晨报副刊》上对他说:"《学衡》只销六百份,又何必和他宣战反而替他鼓吹呢?"张东荪对此大感不满,认为即使只销一份,若有驳正的必要也应驳正。❷ 他解释说:"我的主张是不怕反动而只怕没有反动。……现在不怕《学衡》等发生,实在患在没有《新青年》以折服林纾等的精神而折服《学衡》。"而事实却是"自《学衡》出世以来,我竟没有看见一篇正式和他宣战的文字"。❸《新青年》一派面

---

❶ 胡适认为:"《学衡》的议论,大概是反对文学革命的尾声了。我可以大胆说,文学革命已过了议论的时期,反对党已破产了。从此以后,完全是新文学的创造时期。"(胡适:《五十年来中国之文学》〔1923年2月〕,欧阳哲生编:《胡适文集》第3卷,第262—263页)鲁迅也批评说,《学衡》提倡古文,自身的古文却不通,实是"于旧学并无门径,并主张也还不配",并认为"同《学衡》诸公谈学理"是只有"拘迂"而"不知世故"的老先生才干的事(鲁迅:《估〈学衡〉》〔1922年2月9日〕,《鲁迅全集》第2卷,人民文学出版社,1973年,第98、101页)。

❷ 张东荪:《应该以轻佻的态度对付反对者么?》,《时事新报·学灯副刊》,1922年7月2日,第1版。

❸ 张东荪:《思想问题》,《时事新报·学灯副刊》,1922年6月23日,第1版。不过,不容忽视的是,虽然被周作人视为"复古运动",被茅盾斥为"反动运动",但"学衡派"自认为也是在输入"新文化"——西方自柏拉图以来的道统;且在他们看来,胡适输入的不过是"伪欧化",自己输入的才是"欧美之真文化"(郑师渠:《在欧化与国粹之间——学衡派文化思想研究》,北京师范大学出版社,2001年,第86—150、412—428页)。余英时强调,超越当时的派系,可以看出《学衡》同样属于广义的新文化运动(余英时:《文艺复兴乎?启蒙运动乎?——一个史学家对五四运动的反思》,《现代危机与思想人物》,生活·读书·新知三联书店,2005年,第92—97页)。

对中国问题抱有传教士的心态，也深知制造敌人对宣传自身主张的重要性（著名的"王敬轩事件"就是好例）；但问题是，此时他们已成新的正统，不再有制造敌人以吸引注意的必要。因此，问题并不在于《学衡》有没有对手资格，而在于他们需不需要《学衡》这样一个对手。

大致说来，张东荪与《新青年》群体在认同与态度上始终距离不小。张氏在新文化运动中一直相对边缘，更容易感受到话语权势造成的自我禁抑压力，也更懂得思想自由与竞争的重要性，因此想以开放竞争约束新的正统力量，以反击北大一方有意无意地对边缘新派的话语压制。他希望《新青年》以折服林纾等的精神而折服《学衡》，但正如罗志田老师所说，《新青年》"折服"林纾更多是在社会而非思想层面——趋新青年大都支持《新青年》，林纾迅速被这一社会权势压服，失去了辩论的资格。❶ 因此，这一"折服"与对《学衡》的漠视，背后的精神并无区别，即"改良中国文学当以白话为正宗之说，其是非甚明，必不容反对者有讨论之余地；必以吾辈所主张者为绝对之是，而不容他人之匡正也"。❷ 胡适所谓"老革命党的口气"❸ 是也。

---

❶ 见罗志田：《林纾的认同危机与民初的新旧之争》，《权势转移——近代中国的思想、社会与学术》，湖北人民出版社，1999年。

❷ 陈独秀：《通信：答胡适》，《新青年》第3卷第3号（1917年5月1日），第6页。

❸ 胡适认为，这是白话文运动成功的一个原因，他说："我们一年多的文学讨论的结果，得着了这样一个坚强的革命家做宣传者，做推行者，不久就成为一个有力的大运动了。"（胡适：《逼上梁山——文学革命的开始》，欧阳哲生编：《胡适文集》第1卷，北京大学出版社，1998年，第163页）

第四节 对传统的态度

以下考察张东荪对传统文化的态度——他正积极参加新文化运动,却对传统谨守"不骂不破坏"原则,毕竟令人诧异。在与傅斯年辩论时,他曾说明理由:"我对于旧思想认为是历史上的东西,现在的中国并没有在旧思想的支配之下,因为旧思想早已飞腾了,现在所剩的只有渣沫。所以现代的中国人没有精神生活。我们现在应该创造一种精神生活,不必和那历史上的旧思想去挑战。"❶ 若旧文化精华已逝,则他就不必在其与西方间二选一,更不必亲自摧毁它,这在相当程度上缓解了他引入西学的认同压力;另外,"传统"这一概念因其无所不包,必须为中国的一切问题(包括最致命问题——无法富强)负责,张东荪宣布它已死亡,也将其从这种责任中解脱出来,毕竟,对已死者最好保持沉默。

与之相应,他主张当时流行的不过是传统的伪造品。认为:"国故派的思想绝不是真的旧思想",支配现在中国的是"虚伪","伪忠伪孝,伪仁伪义,伪伦理,伪政治,伪教育,无一物一事不是伪的",要解决这一问题,必须"一方面将西方文化的根本精神输入进来,他方将固有文化整理起来"。❷ 他主张中国从伦理到政治无一不伪,似乎表明他十分激进,但与北大方彻底的反传统态度仍有根本区别。他评价传统的标准从来都是真伪而非对错——从不主张其本身有错,只说它在当下为"伪",言下之意自然是若能恢复其"真",则就可以接受。他确实认定中国必须输入西方文化,但

---

❶ 出自张东荪为蓝公武《贞操问题——答胡适之》一文所写的按语。见《时事新报》,1919年2月11日,第3张第3版。
❷ 张东荪:《复胡适之》,《时事新报》,1919年3月24日,第3张第4版。

若说承认西方文化战胜传统文化令人不快，那么认定它战胜的不过是传统文化的伪造品毕竟是另一回事。

后来，当张东荪日益倾向于社会主义时，他试图以经济史观来说明自己对待传统道德的合理性。❶ 将旧道德的衰亡归咎于个人无法控制的经济因素，无疑大大降低了此时的道德革命带给他的认同压力——不是任何个人，而是不以人力转移的"进化"在对传统的瓦解负责。事实上，这一主张不仅关涉张东荪的公共立场，也关涉他的个人生活。虽然此时父亲已过世，但他与恪守传统政治和人伦道德的兄长仍同居共财，张东荪说现在真正的旧人物并不在社会与政治中，而是在"闭门读书种菜"，❷ 显然就包括他的兄长。而通过将兄长所代表的旧文化放逐于历史之外，他得以将自己的家庭生活与公共生活隔离——也只有如此，他才能一面说传统伦理道德已衰亡，另一方面却又恪守着它。

当然，这仅是问题的一半，毕竟，从激进的共产党人李大钊到后来转为保守的国民党人胡汉民，甚至被胡适称为"遗少"的陈寅恪，都将近代经济、社会变动视作中国传统道德崩坏的主因。问题的另一半在于，为了引入西学的正当性，不管张东荪对传统道德持何种态度，他都必须以某种方式疏远它。经济史观使他可以对传统道德的瓦解袖手旁观，反过来又让他可以积极输入西学——如果传统道德在西学输入前已衰亡，后者自然不必为之负责。

这种内在的认同紧张并不限于张东荪，而是趋新读书人的通态，此时正是梁启超所谓"过渡时代"，是"十七世纪、十八世纪、十九世纪、二十世纪的人聚于一堂……大多数的人仍逗留在第一种

---

❶ 张东荪：《通讯——复福谦》，《时事新报·学灯副刊》，1923年9月22日，第4版。
❷ 张东荪：《人格非人格和道德非道德的战争》，《时事新报》，1920年1月15日，第1张第1版。

文明与第二种文明之交,不但没有第三种文明的资格,并且也没有第二种文明的陶养"。❶ "新旧的性质相差太远,活动又相邻太近……同时同地不容并存的人物、事实、思想、议论,走来走去,竟不能不走在一路来碰头,呈出两两配映、两两对立的奇观。"结果"中国人今日的生活,全是矛盾生活;中国今日的现象,全是矛盾现象。举国的人都在矛盾现象中讨生活"。❷ 而对瞿秋白这种边缘知识青年来说,感受就是"飘〔漂〕流震荡于这种狂涛骇浪之中"。❸

这种矛盾并不仅是新旧冲突,更多是"西与西战"。张东荪在与傅斯年辩论时主张应对传统"不骂不破坏",同时尽力输入西学,似乎假定西学能自然建立起新的文化权威;不过,在约三十年后,他再次回看该问题,已认识到接受西学的困难不仅在于中国自身的复杂与多元,更在于西学内部存在巨大的矛盾与冲突。他认为"中国目下所需仍是十九世纪的西方文化;然而中国若纯粹模仿十九世纪西方文化则必不能与西方各国并立于二十世纪中,中国又势必采用二十世纪西方文化;不过二十世纪西方文化与十九世纪在本身上就有冲突……中国之困难是一方面由于中西文化有冲突,而他方面由于西方文化本身上又自有冲突"。"总之,中国所以如此是由于遇着了两重困难。第一是由中世纪到近世之过渡;第二是由近世到现代之过渡。这两个过渡在西方各国本不是同时经过,而在中国却须同时经过。"❹ 在这里,张东荪清晰点出了20世纪西方与19世纪西

---

❶ 张东荪:《第三种文明》,《解放与改造》第1卷第1、2号合刊,第4页。
❷ 李大钊:《新的!旧的!》,《新青年》第4卷第5号(1918年5月15日),第446—448页。李大钊认为,同时主张贤人政治与自我实现就是这种矛盾生活的反映,因为"自我实现是新的,贤人政治是旧的。既要自我实现,怎行贤人政治?若行贤人政治,怎能自我实现?"(同前第447页)显然,这是个需要张东荪回答的问题。
❸ 瞿秋白:《饿乡纪程》,《瞿秋白文集》第1卷,人民文学出版社,1985年,第30页。
❹ 张东荪:《思想与社会》,辽宁教育出版社,1998年,第225、235页。

方的巨大不同,明显开始反思自己五四时期无限制输入西学的主张。

有一点是明确的,那些出于不同目的与理由反对新文化运动的人,从杜亚泉到吴宓再到张君劢,都认为自己才代表着 20 世纪新潮流——陈独秀、胡适等人代表的仅是过时的 19 世纪思想。❶ 这验证了余英时对近代中国保守主义的整体判断,那就是"严格地说,中国没有真正的保守主义者,只有要求不同程度变革的人而已。要求变革较少的人往往就变成了保守主义者"。❷

杜亚泉的看法最为典型。在他眼中,"一战"后西方已开始反思自身文明,趋向其他文明寻求解决方案。如此则主张东西调和才是真正的"新",主张彻底输入西方文明反而是"旧"。他因此说:"在戊戌时代,吾国人之思想界显然有二种派别。当时以新旧二字为其标志,其意义本极单纯,即以主张仿效西洋文明者为新,而以主张固守中国习惯者为旧",在"一战"后却是"以主张刷新中国固有文明贡献于世界者为新,而以主张革除中国固有文明同化于西洋者为旧。故现时代之所谓新旧,与戊戌时代之所谓新旧,表面上几有倒转之观"。❸ 大致说来,正是西方在"一战"前后对自身文明的反省,改变了中国接引西学的整体语境,尊西与崇新间开始出现微妙的分裂——仿效当下西方不再是"崇新",反成了"守旧",主张中国旧义倒成了崇尚泰西新说。

张东荪的主张在二者之间,这在他对"整理国故"的态度中体

---

❶ 在科学与人生观论战中,张君劢甚至认为,胡适赞同机械物质论,表明他的思想停留于 16、17 世纪的自然主义,甚至没有达到启蒙时代的水准(张君劢:《人生观论战之回顾》,《东方杂志》第 31 卷第 13 号〔1934 年 7 月 1 日〕,第 8—9 页)。

❷ 余英时:《中国近代思想史上的激进与保守》,《现代儒学的回顾与展望》,生活·读书·新知三联书店,2004 年,第 18—19 页。

❸ 伧父(杜亚泉):《新旧思想之折衷》,《东方杂志》第 16 卷第 9 号(1919 年 9 月 15 日),第 1—3 页。

现得最为明显。他一方面对《新青年》彻底的反传统立场心存异议；另一方面又认为现在尚不到整理国故之时，甚至在梁启超重新肯定"东方文化"后仍不听"将令"坚持此说。❶ 后来，他明确说："就社会组织与经济状态来讲，诚然只有古今的纵式区别：即欧美是现代，而中国是古代。但就思想而言，则确有东西的不同"，"在思想方面，我们决不能说只有古今而无中外"。❷

那到底该如何对待以儒家为代表的传统？以下一段明显有自况成分的话说得很清楚："中国思想既是对自己的，则从事于此的人自必须躬行实践。现在人们把学问总当作纸片上的工夫……我以为今后孔子要在现代的中国发生一些效用，必须把孔子贯〔灌〕入人们的血管里才行。倘只是腾在口头，则孔子依然是个死东西。所以尊孔不能使孔子复活。惟有体会孔子的精神，口头虽不提孔子而血管中充满了孔子，方可算用孔子来复兴民族。"❸ 这里"纸片上的工夫"多少针对着当时声势煊赫的"古史辨"运动，而"口头虽不提孔子而血管中充满了孔子"，则不啻是对他归国多年所言所行的总结——也正是这种信念，才使得他自称"二十余年来未曾重读旧籍"，❹ 却自信比那些考证中国古代典籍的学人更能体认"孔子的精神"。

一面对儒家保持高度敬意，一面又抑制着这种敬意，使其不致成为输入西学的阻碍，这就是张东荪的态度。梁漱溟在 20 年代认为中国文化能否存在是个假问题，真正的问题在于"东方文化可否翻身成为一种世界文化？如果不能成为世界文化则根本不能存在；

---

❶ 张东荪：《世界文明的东方化》，《时事新报》，1920 年 3 月 20 日，第 2 张第 1 版。不过，张东荪将批评对象定为正在"讴歌东方文明"的西方学者，避开了梁启超。
❷ 张东荪：《现代的中国怎样要孔子？》，《正风》第 2 期，第 17 页。
❸ 同上书，第 22 页。
❹ 张东荪：《从西洋哲学观点看老庄》，《燕京学报》第 16 期，第 160 页。

若仍可以存在,当然不能仅只使用于中国而须成为世界文化"。❶ 张氏一面钦佩梁氏的敏锐,认为他是"当代中国学者中第一个能深思的人",❷ 另一面却又不能接受他的答案——未来世界将趋向于调和持中的中国文化。在张氏看来,不应贸然否定西方文明。与梁漱溟一样,他也认为西洋精神在于奋进主义,但中国对此不应拒斥,因为"今天的中国非特别提倡把生命来奋进扩大的西方文化不可,不消说印度的态度要排斥,即中国的态度也得要排斥"。❸

事实上,虽然在"一战"后,中国读书人强烈质疑西方文明,甚至讥其为物质至上,但张东荪始终拒绝加入这一批评。在他看来,这种做法忽视了该文明"致广大而尽精微,极高明而道中庸"的一面,不仅会阻碍真正输入它,也在某种意义上阻碍了对中国传统的真正理解。因此,他反对梁漱溟"中国的自得其乐主义将代西洋向前奋进主义而兴"的主张,认为即使视西洋文明为单纯物质文明,它也已找到了疗救之药,那就是作为"西洋淑世主义"的社会主义。❹ 这再次表现出他对待西学的一贯态度——必须能看到其中的高明、精微之处,并认识到其与中国传统的异质性,才能真正将其输入进来。

大致说来,五四前后对固有文明与输入西学关系的争论,仍在回应梁启超在《新民说》中提出的求"新"的两条途径:"淬厉〔砺〕其所本有而新之"还是"采补其所本无而新之"。梁启超彼时的答

---

❶ 梁漱溟:《东西文化及其哲学》,商务印书馆,1999年,第18页。
❷ 张东荪:《读〈东西文化及其哲学〉》,《时事新报·学灯副刊》,1922年3月19日,第3版。
❸ 张东荪:《十一年了》,《时事新报》,1922年1月1日,第1张第2版。
❹ 张东荪:《读〈东西文化及其哲学〉》,《时事新报·学灯副刊》,1922年3月19日,第2、3版。

案是"二者缺一，时乃无功"。❶ 到五四时期，对"其所本有"已不再"淬厉〔砺〕"，而是要彻底打破——手段与理由正来自"采补"而得的"其所本无"。张东荪虽对此种全面反传统十分不满，但却一生都在做"采补其所本无"的工作，而这种以"其所本无"反对"其所本有"的局面，无疑会给他带来巨大的情感与认同紧张。他的疏解方式则是"国粹不必保存，因为不待保存而自存的方是国粹，待保存而方能存在的便不是国粹了"。❷ 与《新青年》一方不同，他并不准备攻击中国传统，但也不准备现在就颂扬它。他宁愿将其命运交付进化裁决，看其能否经受考验生存下去——当然，对这位柏格森的爱好者来说，这时他心目中的进化已不是按部就班的演化，而是无从预知的"创化"。

---

❶ 梁启超：《新民说》，《饮冰室合集》第6册（专集之四），第5页。
❷ 张东荪：《国粹与保存》，《时事新报》，1920年1月18日，第2张第1版。

第6章

改造的事业

第一节 遭遇五四运动

五四运动爆发当日,张东荪并不在上海。他于三天后得到这一消息,反应是复杂的"诸感并发"。❶ 他此时的心情,与后来对蔡元培、胡适等人倡导的"好政府主义"有些相似,那就是:"目前这种时局没有一处可以下手,所以最难就在这个第一步,至于入手后或则倒有办法也未可知。"❷ 他自民初以来一直期待新兴力量出现,新的希望与过往多次的失望并存心中,所以他立刻就提醒学生们不可重蹈历次救国运动的覆辙,只有"五分钟热度"。❸

此后迅速扩展向全国的运动部分打消了这种疑虑。他开始认为,这次运动确乎具有"纵的持久性"与"横的扩张性";❹ 6月

---

❶ 张东荪:《全国青年其速兴》,《时事新报》,1919年5月7日,第1张第1版。
❷ 张东荪:《我也怀这个疑问》,《时事新报》,1922年5月20日,第1张第1版。
❸ 张东荪:《坚决的办法》,《时事新报》,1919年5月8日,第1张第1版。
❹ 张东荪:《五四精神之纵的持久性与横的扩张性》,《时事新报》,1919年5月27日,第1张第1版。

初,他又开始担心"四围的扩张进行虽没有停止,而中心的持久性质已经淡薄了",❶ 正在此时,上海的工人与商人参加了进来。他开始相信,期盼已久的新生力量确实出现了。

这种对新旧更替的期待,表达了张东荪民初以来的根本关怀——在政治与社会演变中寻找中国新旧嬗变的转捩点。在回国时抱着"如今我们已回来,你们请看分晓罢"❷ 的胡适,应该最能理解这种期待。正如余英时先生所说,胡适之所以能在1917年一回国就"暴得大名",是因为处于新旧交替的中国思想界"有一段空白面恰好被他填上了",❸"尝试共和"的失败不仅意味着旧派的破产,清季新派也随之名誉扫地。随着五四运动的爆发,无所着落又必须有所着落的"新"终于落实到"新青年"身上——政治与文化权势(不管是话语还是实践)先后转移到他们这里。❹

不过,比起五四运动,"六三"运动对张东荪震动更大。他在两年后回忆道:"社会自身有组织,社会的秩序是基于其组织性的,而不是由统治的权力强勉造成的,这件事我在'六三'之役已经亲自见过了。当时罢市这许多日不但抢劫事件一件也没有,并且人人自身都觉有维持社会秩序的责任,军警早已退居于无法行使职权的

---

❶ 张东荪:《持久》,《时事新报》,1919年6月1日,第2张第1版。
❷ 见曹伯言整理:《胡适日记全编》第2卷,1917年3月8日条,第556页。胡适视这句话为"吾辈留学生之先锋旗"(同页)。
❸ 余英时:《中国近代思想史上的胡适》,《现代危机与思想人物》,生活·读书·新知三联书店,2005年,第129页。这段空白的思想史意涵,见同书第127—138页。
❹ 罗家伦此时发表著名短文《五四运动的精神》,认为该运动标志着"五四精神"的诞生。运动发生不过二十天,"五四精神"已成专有名词。此后,五四运动成了青年们划分时代的坐标,恽代英以过来人身份,颇有些讽刺地说:"'自从五四运动以来'八个字,久已成了青年人作文章时滥俗的格调了……这些人崇拜五四运动,正如前十余年的人,崇拜'三王之治''先王之道'一样。"(恽代英:《"自从五四运动以来"》〔1924年4月12日〕,《中国青年》第2卷第26期,人民出版社影印本,1966年,第1页)

地位，学生起而代之，秩序井然。可见社会与政府是截然两物，政府对于社会恰是锦上添花。"❶ 或可以说，商人与学生在这次运动中体现出自发组织性，使张东荪相信独立于政治的社会不仅可以有秩序，而且具有巨大的行动力量，因此对主张社会改造有了真正的信心。❷

当然，五四运动对张东荪的长期影响更大——他从中看到了"直接行动"的精神，认为这种"人人自动，对于议决的事情，人人分头去做，不举代表，不要职员"的做法，是"对付政权的唯一利器"。❸ 他设想的直接行动，则是"各自革命"。即"各界自己革自己的命"，"各地方自己革自己的命"，"必有无数的小革命方能有一个真正的大革命"。❹ 这是要将革命日常化，变成陈炯明式的"革命不可须臾离也"，"可离非革命也"，"造次必于是，颠沛必于是"。❺

不过，张东荪"各自革命"的主张，在某种程度上针对的就是当时尚名为"中华革命党"的国民党。他一直抵触现代意义上的政党革命，试图以"各自革命"打破政党对革命的垄断，将革命变为个人的自主行动，要求每个人敢于并能够"每时每刻"从自身伦理与社会处境出发重建整个生活与世界秩序，他对五四运动的欣赏正在于此。

在简要叙述五四运动对张东荪革命观的触动后，让我们来看看该运动对他的另一持久影响——社会主义。他认为该运动带来了三个新事物，分别是"解放""自治""群性的操练"，可能终结"中国人

---

❶ 张东荪：《评"好政府主义"》，《时事新报》，1921年8月30日，第1张第1版。

❷ 有些奇怪的是，张东荪并未提到当时上海的工人运动。或可以说，作为精英读书人的一员，他虽笼统地承认工人已是不可忽视的政治力量，却并没有将他们视作变革的关键。很显然，虽然在同一城市，但比起工人，识文断字的商人、学生与他的社会和心理距离更小。

❸ 张东荪：《直接行动与无抵抗主义》，《时事新报》，1919年6月7日，第2张第1版。

❹ 张东荪：《各自改造》，《时事新报》，1919年9月26日，第1张第1版。

❺ 陈炯明：《评康戴两君论革命的书》（1919年12月25日），段云章、倪俊明主编：《陈炯明集》上卷，中山大学出版社，1998年，第435页。

没有三个人以上的团体"的局面。❶ 因为"提倡新思潮就是给中国人一个新人生观",而"中国所需要的改造,不单是经济上分配的改造,乃是精神生活的改造。简直说来,就是创造一个新的社会性"。❷ 简言之,五四运动提示他,在新式自我基础上"造社会"是可能的。

这里略述他的社会观。他对西方与中国的异质性有深刻理解,虽然认为中国传统是社会本位的,但主张西方的社会主义是奠基在完全不同的"自我"概念之上。并同意"欧美数百年来的文明只做完全了一个(我)的"。❸ 如此,要改造中国社会,只能如傅斯年所说:"社会是个人造成的,个人的内心就是一个小社会。所以改造社会的方法,第一步是改造自己。"❹

这种以建立新式自我来"造社会"的思路,直接挑战了林毓生对新文化运动全盘反传统倾向的解释——仅是既有秩序解体后新式知识分子的意识形态化反应。❺ 对张东荪来说,反传统的目的是造出现代意义上的"社会"(五四后社会改造运动的兴起,也正预示了这一点),且不过是在重复西方之前的过程——契约"社会"成员,是无任何先在传统制约的"新人",而西方现代社会的产生,也以从经济到文化的去传统化为基础。

暂时打住,让我们转向张东荪对该运动的主角——学生的观察。他虽主张各自革命,却又认为"青年的责任就是帮助各界内在下的分子,去促进他们的革命"。❻ 多少视学生为"各自革命"的

---

❶ 张东荪:《此次运动的教训》,《时事新报》,1919年6月21日,第1张第1版。
❷ 张东荪:《杂感》,《时事新报》,1919年8月5日,第2张第1版。
❸ 张东荪:《自治》,《时事新报》,1920年11月25日,第1张第1版。
❹ 傅斯年:《青年的两件事业》,《时事新报》,1920年7月14日,第4张第1版。
❺ 见林毓生:《中国意识的危机——五四时期激烈的反传统主义》,穆善培译,贵州人民出版社,1986年。
❻ 张东荪:《各自改造》,《时事新报》,1919年9月26日,第1张第1版。

指导者。事实上,就当时的一般受教育程度,大中学生可谓社会精英,如此则"各自革命"仍带有精英革命的色彩。

当时的学生也自视甚高。罗家伦在 1920 年说,"学生万能"是"最流行而最危险的观念",学生对其他群体"往往什么事都要过问,并常常站在监督和指导他们的地位",但"我们的虚名实在过于我们的实际,而虚名过于实际实在是最危险的事",具体说来,会像当年的"民党"一样变成"一个离开了'民'而孤孤另另〔零零〕独立的特殊阶级"。❶

罗家伦是学生领袖,批评起来没有距离感,张东荪评论学生则谨慎得多。他虽偶尔也会如罗家伦般称学生为"我们",但更多时候,仍是习惯用"青年诸君"之类略显生分的赞词。他对后者对罢课与请愿"甘之如饴"❷很不满意,委婉建议学生"今天应该少管小事,留着精神去专管大事","养精蓄锐,以备他日求一个总解决"。❸这种刻意的回护倒正显示出他与学生的心理与情感距离。

这反映了张东荪此时地位的尴尬,仅就与五四青年的联系,他不仅无法与胡适等人相比,甚至也比不上此时被新学生看不起的国民党。如罗志田老师所说,虽然蔡元培一直被作为新文化运动非政治性的象征,但他本是国民党人,当初接任北京大学校长就有借其实现共和革命之意;❹孙中山则惯于在一切可能的地方发掘可利

---

❶ 罗家伦:《一年来我们学生运动底成功失败和将来应取的方针》,《新潮》第 2 卷第 4 号(1920 年 5 月),上海书店出版社影印本,1986 年,第 851—853 页。

❷ 张东荪:《罢课感言》之三,《时事新报》,1920 年 4 月 25 日,第 2 张第 1 版。

❸ 张东荪:《零碎解决与总解决》,《时事新报》,1919 年 9 月 22 日,第 1 张第 1 版。

❹ 蔡元培曾试图招吴稚晖与汪精卫来北大;他看重陈独秀,也多少是因为后者是老同盟会会员(全面阐述见罗志田:《历史记忆与五四新文化运动》,《变动时代的文化履迹》,复旦大学出版社,2010 年)。孙中山也支持蔡元培主持北大,理由是这样可以将革命精神传播到帝王与官僚气氛浓郁的北京(吕芳上:《革命之再起——中国国民党改组前对新思潮的回应》,"中研院"近代史研究所,1989 年,第 33 页)。

用的力量，不可能不注意到五四运动的政治能量。他在五四后连续创办《星期评论》与《建设》，后来更是鼓动代理北大校长蒋梦麟"率领三千子弟，参加革命"。❶ 都是试图将五四运动纳入国民党的革命轨道，为此还被胡适批评为"只把新文化运动看作政治革命的一种有力的工具"。❷ 此时新派青年中弥漫反政治（尤其是政党政治）的气氛，比起国民党，研究系受到的怀疑更大。这都让张东荪颇难取信于青年人。

不过，青年一辈虽将远离政治作为其与之前新派的根本区别，但五四运动本身终究有着难以摆脱的政治性。五四后，学生们试图打破张謇著名的"学校无共和"的主张，要将其建设为小"共和国"；他们虽表态厌恶政党，自己的组织（如全国学联）却有着堪比政党的严密性。❸ 无怪乎胡适要说学生已成为中国政治生活中一个"有力量有用处的新成分"。以下，我们具体考察张东荪与这一"新成分"的复杂互动。

第二节 "青年导师"

参与新文化运动后，张东荪与趋新青年交往渐多。虽然在报刊专辟版面登载读者通信是《甲寅》首创，但五四时期的通讯栏，其规模与社会含义都已远超《甲寅》时代。这些信经常使用化名，大

---

❶ 蒋梦麟：《西潮·新潮》，岳麓书社，2000年，第131页。
❷ 胡适：《新文化运动与国民党》，欧阳哲生编：《胡适文集》第5卷，第587页。
❸ 李剑农甚至认为，全国学联组织之严密与联络指挥之灵活尚在国民党之上，此后国共两党扩张党势在很大程度上也是依靠它（见其《中国近百年政治史〔1840—1926〕》，复旦大学出版社，2002年，第541页）。

多非常短，从婚姻、求学、社会问题到国家大事无所不包，是些一闪而过的小人物留下的片段痕迹，从中我们得以窥见新文化运动真正的社会基础；其间有时会闪过那些日后鼎鼎大名的名字，则让我们得以窥见该运动与以后诸多历史变迁的隐秘联系。

虽然仅是上海第三大报纸，但由于《学灯》副刊对新文化运动的积极推动与介入，《时事新报》对趋新青年的影响力要超过《申报》与《新闻报》。❶ 与最多每周一刊的杂志相比，日报能与趋新青年有更多接触——他们主要通过向各报刊通讯栏投稿来与上层知识分子建立联系，日报显然比周刊或月刊有效与方便得多；另外，周刊或月刊很难对瞬息万变的运动做出即时、有效的指导，更遑谈很多刊物（如《新青年》）还往往由于各种原因不能按时出版。❷ 大致可以说，掌握一份日报是张东荪相对《新青年》一方的最大优势。

以下略述这种通信的性质。趋新青年不仅是要表达思想，更是在追寻对其社会地位的确认——投稿行为本身已代表了他们对新派群体的认同。事实上，通讯栏中成名政论家与读者的直接联系具有仪式性成分，登载的信件也并非私信：青年写信投稿，本就希望能公开登载，让作为作者的自己变成某种形式的青年代表——典型如郭沫若与宗白华（《学灯》主编）通信，并借此发表白话诗而一举成名。值得注意的是，向《时事新报》投稿的不仅有张闻天与施存统这样的趋新青年，甚至也有文化态度相对保守的钱穆——当朋友得知他的文章受到李石岑（《学灯》主编）赏识并要求通信时，直

---

❶ 例如，该报是郭沫若在日本所订的唯一一份国内报纸，它也是毛泽东在长沙创办阅报会时订阅的唯一一份时政类报纸（周世钊：《湘江的怒吼——五四前后毛主席在湖南》，《五四运动回忆录》上册，中国社会科学出版社，1979 年，第 452 页）。

❷ 陈独秀等人之所以要创办《每周评论》，就是为了弥补这一缺陷。不过，比起日报，以周刊指导学生运动仍不够灵活，且该刊也没有存在多久——五四后三个多月（1919 年 8 月 24 日）便遭查封。

接反应是认为他"自此获知于当代哲人,通讯久,当有前途可期"。❶
对趋新青年来说,向报刊投稿已成新的上升性社会变动途径;而对
报纸来说,这是与青年群体公开交流的象征。

这种局面带来一个问题——来函向张东荪求教的青年,水平相
当良莠不一。如有人希望他推荐关于德谟克拉西的书籍,竟然将其
误为人名,明显是对"德先生"望文生义。而对这位显然连《新青
年》都没有好好看过的青年,张东荪开列的却是多本英文著作!❷
此种荐书信本非仅写给收信人,而是面向趋新青年群体,张氏不肯
根据受众情况降低标准,甚至想在报纸上传播一些"真学问",无
疑为他在青年中的失势埋下了伏笔。

当然,从张东荪的角度,他是要对这场以普及为目标的文化
运动加以"提高"。五四运动半年后,他就认为"今日之患,不
患在有人为文化运动,而患在尽人为文化运动",青年"今日作
文一篇,明日作文一篇,所论者止于此……以文相竞,此诚可议
者也"。❸他认为学生的参与已变成追赶时髦,但问题在于,这种
"束发小生,握笔登先"❹的局面,正是新文化运动作为"运动"
的力量所在。

这反映了新文化运动在社会层面获胜后的困境。章士钊讥讽

---

❶ 钱穆:《八十忆双亲·师友杂忆》,岳麓书社,1980 年,第 99 页。他们并且认为,钱穆在给李石岑的信中照实以所在之小学为地址,实在太过迂腐,最好以图书馆为地址,"彼或疑君乃一宿儒,如此或可有通讯希望",而"当待通讯久,乃可让彼知君底细。若如此寄出,我敢打赌,必无通讯希望"。此处的"宿儒"大致指有学问者,认为新派人士希望与宿儒而非青年结识,显示青年虽已作为群体享有思想与话语权势,但作为个人仍地位边缘。事实也是如此——李石岑果然未再与钱穆通信,并将其投稿从《学灯》首版移至"青年论坛"(同书,第 99—100 页)。
❷ 张东荪:《复C、C、C君》,《时事新报》,1920 年 6 月 11 日,第 4 张第 2 版。
❸ 张东荪:《分途并进》,《时事新报》,1920 年 1 月 14 日,第 1 张第 1 版。
❹ 章士钊:《评新文化运动》(1923 年 8 月 21—22 日),《章士钊全集》第 4 卷,第 216 页。

"文化"与"运动"相互矛盾,组成"文化运动"一词更不可通,这是因为他将文化理解为"其精英乃为最少数人之所独擅,而非士民众庶之所共喻";❶ 胡适明确说白话文运动要打破"有文化"的"我们"与"没文化"的"他们"间的界限,但在1920年后,面对白话文的种种缺陷,也开始强调必须走提高路线——大致可以说,抛开公开宣传,新文化运动的推动者也部分分享着章士钊对文化的精英主义理解:与其说这些人主张文化运动是要打破"我们"与"他们"的界限,不如说是认为运动要在扩大的"我们"中展开——内里依然是"把社会分作两部分"。❷

另有一点必须注意——报刊受众对运动的主题与内容有巨大影响。此种投稿建立起的关系类似导师与学生,唯是学生命题而导师作文:"青年导师"必须对青年感兴趣的问题做出回答。典型的是自由恋爱问题——这最为当时青年所关注,也最清晰地显示出张东荪与"青年导师"角色的错位。他婚姻为父母包办,但(与鲁迅或胡适不同)对此并未感到多大痛苦。对鲁迅来说,支持自由恋爱是"自己背着因袭的重担,肩住了黑暗的闸门,放他们到宽阔光明的地方去;此后幸福的度日,合理的做人",❸ 既是拯救别人,也是自己的道德完形;但对张东荪来说,他与父兄妻子感情甚笃,自觉传统婚姻并无多少黑暗,也感觉不到支持自由恋爱的必要。他的折中办法是视其为个人问题,各自凭良心解决,并决定《学灯》不再登载此类稿件。❹ 问题并不在于这种主张的对错,而在于这显然不是

---

❶ 章士钊:《评新文化运动》(1923年8月21—22日),《章士钊全集》第4卷,第214页。
❷ 胡适:《五十年来中国之文学》(1923年2月),欧阳哲生编:《胡适文集》第3卷,第252页。
❸ 鲁迅:《我们现在怎样做父亲》(1919年10月),《鲁迅全集》第1卷,人民文学出版社,1973年,第130页。
❹ 张东荪:《复周毓英》,《时事新报·学灯副刊》,1923年11月10日,第4版。

"青年导师"所应有的立场。

另有一点增加了张东荪做"青年导师"的难度——他是失败的民初尝试共和的参与者。新文化运动本就是对该场失败的反动，对青年们来说，更具有反抗上一代的意味。作为批判对象的年长一辈，反而要做年轻一辈的导师，不免令双方都有些别扭。事实上，在面对青年时，张东荪或多或少都有些对自己指导资格的不自信——他对青年价值与力量的高度推崇，多少也是自罪心态的产物；但另一方面，作为以独立思考自傲的知识分子，他又不愿一味优容青年的言行，经常试图"调节其横流"（钱基博语）。问题是，如杜威可谓"青年导师的导师"，但来华刚一个月，就感觉到："中国学生不特能教训自己，并且能教训他人，实在可以不必他多讲演了。"❶ 青年一代有如此气势，张东荪又多少有些"历史污点"，想要"调节其横流"显然不可能。❷

不过，张东荪"调节其横流"的对象，不仅包括学生，也包括像他一样对学生发言的人。当时青年普遍感到"烦闷"，他认为一大原因是："有一部分人专为不负责任之激烈言论，不曰脱离家庭，即曰推翻学校，不曰社会革命，即曰打破现状。究其实，家庭不能脱离，学校不能改造，社会无法革命，现状无法推翻；顾又不能即居于家庭，即读于学校，即安于社会，即离开现状，于是苦矣。"❸

---

❶ 杜威 1919 年 6 月 8 日语。见沈益洪编：《杜威谈中国》，浙江文艺出版社，2001 年，第 373 页。

❷ 另外，与杜威近距离接触、与张东荪交往密切的青年（如茅盾与恽代英），都是他们中较为精英的一部分。具体说来，茅盾当时在商务印书馆月薪已近两百元，绝非衣食无着的边缘青年，倒更像是半主流知识分子；而恽代英虽年龄不大，但在外地学生看来，既然他已在《少年中国》上发表过文章，就有资格指导他们进行文化运动（李霁野：《五四时期的一点回忆》，《五四运动回忆录》下册，第 821 页）。

❸ 张东荪：《青年之悲观》，《时事新报》，1921 年 5 月 5 日，第 1 张第 1 版。

他虽没有脱离家庭、投身社会革命，但并不反对青年如此做；他真正反对的是不负责任的煽动——自己不做，却鼓动别人去做，不过是"远距离革命家"。

大体而言，不管对学生的思想与行动有多少保留，他都仍在努力维护后者的形象与思想权势——这不仅出于他作为新人物的自律，也出于他对中国的观察："中国的大毛病是麻木不仁，也就是不动，所以我们没有甚么奢望，但求能动之不已，则自能改观。"❶ 学生带给他改变的希望，使他很多时候顾不得考虑其他。有些吊诡的是，在执掌中国公学后，他自己却成了学潮的对象，原因是他整顿校风、严格考选，引起惯于懒散的学生的不满。面对舆论的指责，他第一次感慨道："天下无不是的学生"，❷ 明显对以学生之是非为是非感到不满。而之前，他已感到自己不太胜任"青年导师"的角色——这需要舍己从人，对极端重视人格独立的他，有时实在是种折磨。他因此决定终止与青年通信，不再"勉强答复他们"。❸ 而这也意味着他自动离开了"青年导师"的位置。

第三节　社会改造的试验

五四运动对张东荪思想的最大影响，是使他趋向社会改造。这并不是他的个人选择，也是当时几乎所有趋新知识分子的共识。以下仅举数例。罗家伦认为，五四运动有"社会制裁"的精神，❹ 傅

---

❶ 张东荪：《文化运动与教育》，《时事新报》，1922年4月12日，第1张第1版。
❷ 张东荪：《复朱文叔》，《时事新报》，1921年10月24日，第4张第2版。
❸ 张东荪：《东荪启事》，《时事新报》，1921年8月13日，第4张第2版。
❹ 罗家伦：《五四运动的精神》，《每周评论》第23号（1919年5月26日），第1版。

斯年则具体解释说:"中国只有个人,有一堆的人,而无社会,无有组织的社会","无中生有的去替中国造有组织的社会,是青年的第一事业",❶ 而"从(1919年)5月4日以后,中国算有了'社会'了。"❷ 或可说这两人都是学生运动的领导者,不免高看其意义,但章士钊反对新文化运动,却承认五四运动可称"整齐社会之一小影",并在对激进学生讲演"新旧调和"时,也不忘说他的另一宗旨就是"社会自决",因为"今日国家之存亡,纯卜之于社会全体;而国政之出于何途,社会道德之养成何象,纯由社会自决"。❸ 大致可以说,新文化运动最成功的虽是白话文运动与家庭革命,但仍有不少趋新人士对二者持保留态度,真正为各方一致赞同的是社会改造。甚至可以说,在五四后,"社会"在某种意义上已成为比"文化"更基本的共识。❹

五四运动显示了社会组织化的可能性,其基本精神却是直接行动,二者的结合有着内在张力,却真正吸引了张东荪。他愿意将社会理解为自由个体的自由结合,但又希望这一结合能造就有行动力的组织。因为"社会上没有紧的组织而只有松的组织是不行的。中国社会虽非无组织,然而太松,不能做强有力的社会运动之基础"。❺

这种对个人与社会的对等关注,与趋新人士此时的世界主义情绪联系在一起。傅斯年就说:"我只承认大的方面有人类,小的方

---

❶ 傅斯年:《青年的两件事业》,《时事新报》,1920年7月14日,第4张第1版。
❷ 傅斯年:《时代的曙光与危机》(未刊稿),欧阳哲生编:《傅斯年全集》第1卷,湖南教育出版社,2000年,第355页。
❸ 章士钊:《新时代之青年》(1919年9月),《章士钊全集》第4卷,第116页。
❹ 例如,在当时的社团中,少年中国学会规模最大、持续时间最长(1925年才最后解散),它就始终坚持以"社会"为立足点。
❺ 张东荪:《省治运动》,《时事新报》,1920年9月24日,第2张第1版。

面有'我'是真实的。'我'和人类中间的一切阶级,若家族、地方、国家等等,都是偶像。"❶ 这里超越国家的"人类",并非单纯的人的总体,而是内含着所有人自由结合的社会理想——世界就是个包括全人类的"社会",❷ 社会改造与世界改造在根本上是一体的。

那么,这种新的社会化生活是怎样的?如傅斯年所说"社会是个人造成的,个人的内心就是一个小社会。所以改造社会的方法,第一步是改造自己"。❸ 具体说来,五四意义上的"新人",必须以创造社会性为目的进行自我改造,生活必须彻底团体化:"私人的一切活动,不管是经济,不管是婚姻问题,什么都得公开谈出。"❹

出于对社会组织性的强调,张东荪批评五四运动,认为它不过是"群众之暂时表现",算不上"组织强固的社会"。❺ 几十年后,他依然认为"吾人系由以家庭为主之社会关系移向以个人间之自由约定之社会关系",而"进步的社会之变化系由身分〔份〕而进到契约","可惜中国到今天为止尚没有做到这样的转变"。❻ 在他心目中,脱离乡村与家族限制的城市边缘青年大概是最早符合现代公民形象的人,但他批评他们未能完成这一转变:未能在契约个人主义的基础上建立起有组织社会——打破一切组织与统治关系的激进个人主义,对他从来没有什么吸引力。

在这里,勒庞对他的影响以曲折的方式显现出来。毕竟,孙中山与梁启超等人痛批的被动、冷漠、与现代价值绝缘的下层中国

---

❶ 傅斯年:《新潮之回顾与前瞻》,《新潮》第 2 卷第 1 号(1919 年 10 月),第 205 页。
❷ 清末与五四"世界"概念不同,前者是以社会达尔文主义为原则的竞争场,后者则是一个由自由人自愿结合而成的理想共同体。
❸ 傅斯年:《青年的两件事业》,《时事新报》,1920 年 7 月 14 日,第 4 张第 1 版。
❹ 周太玄:《谈少年中国学会》,《五四运动回忆录》下册,第 1013 页。
❺ 张东荪:《创造群众》,《时事新报》,1921 年 5 月 29 日,第 1 张第 1 版。
❻ 张东荪:《理性与民主》,商务印书馆,1946 年,第 70 页。

人,与五四时期政治热情高涨的学生,是完全不同的"群众"。张东荪此时仍将勒庞论述群众心理的著作当作"枕中秘本",❶他明白"群众"更多是现代产物,正是现代经济、社会结构使其变成不可忽视的政治力量;然而,与勒庞不同,纵使"新式群众"让他感到恐惧,他也以进化为理由将这一恐惧转化为对新生的希望——如瞿秋白所说就是"从文化运动直到社会运动,中间一定要经过的就是一种群众运动"。❷

以下阐述张东荪的另一变化——他开始强调经济因素对社会改造的重要性。这多少是受到与大批边缘知识青年接触的影响。在青年的来信中,除了婚姻,另一大主题便是生计,不少人甚至直接要求张东荪帮自己寻找读书或工作机会。受此触动,他开始认为:"现今之革新运动与曩日之革新运动并非程度上之等差,乃性质上之歧异……前之革新运动为不涉于生存权者,今之革新运动为涉于生存权者","前者以政治为出发点,后者以经济为出发点",而"人之动机,利他终不如利己之强",因此"前之革新运动不及今之革新运动为切实,为沉痛,为强而有力"。❸

这是张东荪第一次用经济因素分析社会运动,对象并非工人或农民,而是边缘知识分子。大致而言,此时他对唯物史观的兴趣,与同时期的胡汉民、戴季陶或李大钊类似,仅侧重于一般经济状况对思想、政治与社会的影响,对最政治性的部分——阶级斗争——既无关注,更无明确理解。他认为中国将要发生大变革,一个原因是"被治者阶级的生活困难和知识发达",❹以当时中国的教育状

---

❶ 张东荪:《〈革命之心理〉序》,《时事新报》,1918年6月10日,第3张第1版。
❷ 瞿秋白:《社会运动的牺牲者》,《新社会》第8号(1920年1月11日),第1页。
❸ 张东荪:《今之革新运动》,《时事新报》,1919年7月16日,第2张第1版。
❹ 张东荪:《冒牌》,《时事新报》,1920年2月3日,第1张第1版。

况，工人、农民自然不可能"知识发达"，他显然仍是习惯性地将边缘知识分子当作"被治者阶级"的代表——毕竟，学生有自我表达能力，且是当时唯一一群能够并试图将经济不满正当化为变革中国的运动的人。

因此，他趋向于通过改良经济组织来解决如"青年之烦闷"这样的问题。❶ 这确实抓住了问题的核心——对现状的"烦闷"不会发生在现状完全无法改变的时候，在五四运动后，青年突然居于国家的思想与政治中心，被视为价值与权威的象征，但在经济上却仍多不能自立。这一尖锐反差很难不令他们感到激烈的内心冲突。

或可以说，社会主义思潮对青年的吸引力也在这里。如在五四之前，瞿秋白自认为过的是"和社会隔离"的生活，结果"学生运动中所受的一番社会的教训，使我更明白'社会'的意义"，❷ 而郑振铎则颇为准确地说，瞿秋白要将个人生活与总体社会联系起来，是要"把一切社会问题，作为一个整体来看"。❸ 社会主义使青年们不必将"生活困难"归咎于个人，而是作为整个社会不良的象征，由此，他们的个人命运与整个社会的改造融为一体，自己也从社会的弃儿一跃为高踞社会之上的"改造者"。无怪乎赵世炎等人会认为："现在中国的社会坏极了，不图解救是不可长久的。……解救之道，当然是社会主义。……经济上固然好，道德上尤其好。"❹

张东荪多少也受到这种要把社会作为整体加以改造的热情的感染，开始明确表示反对"新村运动"。他赞同胡适，认为"新村"

---

❶ 瞿秋白以切身体会，称此时为"俄国新思想运动中的烦闷时代"（瞿秋白：《饿乡纪程》，《瞿秋白文集》第1卷，人民文学出版社，1985年，第27页）。

❷ 瞿秋白：《饿乡纪程》，《瞿秋白文集》第1卷，第26页。

❸ 郑振铎：《记瞿秋白早年的二三事》，中国社会科学院近代史研究所编：《五四运动回忆录》（续），中国社会科学出版社，1979年，第140页。

❹ 赵世枢整理：《回忆五四前后的赵世炎》，《五四运动回忆录》（续），第133页。

不过是要过"跳出现社会的独善生活","把'改造个人'与'改造社会'分作两截;在于把个人看作一个可以提到社会外去改造的东西",❶ 他主张"一个人决不能离开社会而生存。社会不单是众人的社会,乃是连带的一体,因此个人主义决不能改造社会。因为要改造社会,非由社会各部分同时做一个协合的动作不可"。❷

新村与工读互助运动的失败证实了这一预言,也使他越来越强调经济对社会的直接限定作用。他支持蓝公武的主张,那就是"今日的社会主义所以专讲经济问题而把道德问题搁在一边,实在因为道德问题没有什么讲头。总之,在经济方面如果没有切实的解决法,随你道德的理想怎样高尚,也是极不相干的"。❸ 这是视经济可行性为社会改造的前提条件,与他民初主张社会改良时已大不相同。

第四节 中国知识阶级的"解放与改造"

张东荪对五四后社会改造运动的直接因应,是在1919年9月1日创办《解放与改造》杂志。该杂志作为北平新学会会刊出版(该学会创立于不到一年前,因为梁启超、张君劢等人随后出国,很长时间内处于停顿状态);而国民党一方已在之前连续创办《星期评论》(1919年6月8日)、《民国日报·觉悟副刊》(1919年6月16

---

❶ 胡适:《非个人主义的新生活》,欧阳哲生编:《胡适文集》第2卷,第569、572页。
❷ 张东荪:《胡适之与周作人》,《时事新报》,1920年2月1日,第1张第1版。他并且以吴稚晖为例,表示自己虽很佩服后者立誓不坐人力车,却并不认为"如此便可以把人力车消灭。"(同文)
❸ 蓝公武:《再论社会主义》,《改造》第3卷第11号,第2页。

日)与《建设》(1919年8月1日),试图参与并引导新文化运动。不管是预流还是竞争,《解放与改造》的创刊都正当其时——两天前(1919年8月30日),《每周评论》在北京被查封。❶

刊名的设定也多少体现了两方的不同。素来主张革命的孙中山,反不同意将新杂志定名为《改造》,而是选择更具"建设"意义的《建设》,❷ 素来被认为趋向改良的张东荪,却将新刊定名为偏向于"破坏"的《解放与改造》。或可说,正因为张东荪之前倾向改良,他反而必须要用"解放""改造"这样激进的词来表明自己确实心向五四新潮;而国民党素来被认为"只知破坏,不知建设",❸ 自无须再用类似词汇表明立场,反而可以公开亮出"建设"的旗帜以"调节其横流"。

这也显示出两方心态的不同。因民初共和的失败,张东荪在面对青年时多少有些歉然;与他不同,孙中山本就视革命与失败为常态,面对刚开始主张革命的青年,满怀的是几十年革命资历带来的自负。与口不离"自从五四运动以来"的青年不同,孙中山更多谈论的是"民国八年"的五四运动,他所起草的《建设》发刊词,也是视五四运动为共和革命的延续,明显是要将青年们的努力纳入自己的革命话语。❹

另一个因素是地理上的邻近。《时事新报》在上海有"报馆街"

---

❶ 沈玄庐在1920年2月说:"《每周评论》占领的时间,也好说是《星期评论》的时间;《星期评论》占领的时间,也好说是《每周评论》继续的时间。继续复继续,把死的都做它活来。"(转引自吕芳上:《革命之再起——中国国民党改组前对新思潮的回应》,第50页)可见,《星期评论》是做南中国的《每周评论》。

❷ 见吕芳上:《革命之再起——中国国民党改组前对新思潮的回应》,第61页。

❸ 孙中山:《在上海寰球中国学生会的演说》(1919年10月18日),《孙中山全集》第5卷,中华书局,1985年,第141页。

❹ 瞿秋白认为,孙中山不过是"俯就"新文化运动(瞿秋白:《国民革命运动中之阶级分化》〔1926年1月29日〕,《瞿秋白选集》,人民出版社,1985年,第248页)。

之称的望平街（租界内），与同在该街的《民国日报》距离很近。何思诚后来回忆说，当时"两报对时局的主张和报道内容"每每截然相反，"使过路观众看到当天各自挂出的'门报'，每相顾皆引为诧异，有的且拟为'唱隔壁戏'。"❶ 这无疑有着相当的真实性。以两派从清末以来的复杂纠葛，地理上邻近，就更要互相区分，对抗性也会更强。

不过，具体到个人却未必如此。至少在五四后一段时期，张东荪与朱执信、戴季陶等倾向于社会主义的国民党人保持着相当程度的交往与合作，双方的心理距离也相对较近。朱执信就说，《时事新报》"在民国四、五年间，论调是同我们很相近的；五、六年间，就远一点了；对德宣战的时候，就和我们立在反对的地位了；一直到了民国八年，新文化运动要沸起的时候，《时事新报》才同我们再走到一条线上。这一年间，我们可以拿一个诤友的资格来互相看待"。❷ 事实上，"唱隔壁戏"与"诤友"本就只有一线之隔。张东荪此时称戴季陶"我的谱弟"，❸ 在朱执信去世后一面说"论朋友，我虽然够不上哭他"，另一面却大赞他"人类所难得的、亦是人类所宝贵的"性格，❹ 都可以看出，比起"唱隔壁戏"，此时他更看重对方"诤友"的一面。

扩而言之，随着激烈反传统的《新青年》的出现，国民党与研究系即使仍"唱隔壁戏"，也开始显得不那么对立，潜在的共同点

---

❶ 何思诚：《上海〈时事新报〉从研究系落入国民党手中的演变概要》，《文史资料选辑》第136辑，中国文史出版社，1999年，第143页。

❷ 朱执信：《新闻界今后的着力点》，《时事新报》增刊，1920年1月1日，第3张第4版。

❸ 张东荪：《可怜的我》，《时事新报》，1919年8月11日，第2张第1版。

❹ 张东荪：《吊朱执信》，《时事新报》，1920年9月25日，第2张第1版。

也越来越明显——双方都对白话文运动不以为然，❶又都对中国传统道德与政治持正面态度。❷而反过来，即使《新青年》与研究系的对立，在很大程度上也是运动分化后"倒放电影"的结果，当时并非如此。例如，《解放与改造》后来被视作反动杂志，张东荪、梁启超等人更被当作"封建"文化势力的代表，但一贯"左倾"的夏衍回忆五四时期，却说："《新青年》《解放与改造》这些杂志，不仅在青年中间起了很大的启蒙作用，而且还逐渐地把分散的进步力量组织起来，形成了一支目标比较明确的反帝反封建的文化队伍。"❸由此可见，至少在五四后一段时期，这些杂志的形象与作用在趋新青年眼中仍相当接近。

以下转向对张东荪这一时期思想的阐述。在《解放与改造》时期，他除了主张社会主义，还明确认为中国知识阶级必须改造。他以自己"在社会上阅历了好几年"的经历，激烈地主张"中国人中最坏的就是士大夫"，他们"实在具有许多的不道德，比不上其他的阶级"，尤其是"没有互助的道德和团结的引力"。❹

---

❶ 《建设》杂志虽然声明投稿文言、白话均可，但孙中山本人并不赞成新式标点与白话；而梁启超回国后，将《解放与改造》易名为《改造》，不再谈白话文与新诗等问题，随后发表《中国韵文里头所表现的情感》(《改造》第4卷第6、7号)一文，直接挑战文言文不能表达活人情感的主张，认为它在表达情感方面毫无问题（且更精致与典雅）。不过，五四时期白话文运动地位强势，即使倾向于文言，也多只是主张文言、白话均可，少有人公然否定白话。

❷ 1922年，梁启超讲授先秦政治哲学，认为孔、墨思想中有互助与社会主义精神。稍后，孙中山也认为，中国早就有无政府主义与共产主义思想，可惜新青年们视而不见（孙中山：《三民主义》〔1924年1—8月〕，《孙中山全集》第9卷，中华书局，1986年，第230—231页）；他更认为，自己的革命继承的就是"自尧舜禹汤文武周公至孔子"的道统（戴季陶：《孙文主义之哲学的基础》，民智书局，1927年，第43—44页）。

❸ 夏衍：《当五四浪潮冲到浙江的时候》，《五四运动回忆录》下册，第731页。

❹ 张东荪：《中国知识阶级的解放与改造》，《解放与改造》第1卷第3号（1919年10月1日），第1页。

如前所述，张东荪此时开始将道德与经济联系起来。确实，他在辛亥革命前就认为租界败坏了中国的"民德"，但那时只是笼统地指责"西洋文明之输入"，解释为"往往异类文明相接，其互相融化之初，必始自不良之点"，❶却缺乏进一步分析；此时，他从马克思主义中获得了新思路，开始不再泛泛批评西方文明，而是直接指责"资本主义"，认为"中国的民德败坏，一半是受了外国资本主义的重利经济组织之影响，所以外国的重利经济势力之压迫一日不撤，则此后只有坏而无好"。❷

当然，另有一点也加强了他批评知识阶级的动力：指责他们道德败坏，就可以避免承认中国传统道德本身有问题——文明精英的错误不必由文明本身负责。他只肯承认西方文明确有一种中国文明缺乏的能力——造就合格的文明承担者阶级。换言之，中国文明并不低于西方文明，只是它不能如后者般"自己生产自己"。

不管如何，他两年前尚在主张"贤人政治"，这种对知识分子的激烈指责该如何理解？首先，这是个认同与期望问题。张东荪此时刚发现"青年诸君"，视其为纯洁的新生力量，同时却认为知识分子是最坏的，这表明，他仍在某种程度上视青年学生为知识分子之外的群体；反过来，受唯物主义的影响，他甚至对"青年诸君"都倾向于用经济因素解释，但对知识分子，却仍律以严格的道德要求。❸ 这种区别对待表明，张东荪对知识分子仍本"责备贤者"之义——正因为他们最优秀、最重要，所以要痛下批评。

---

❶ 张东荪：《论现今国民道德堕落之原因及其救治法》，《东方杂志》第8卷第3号（1911年5月23日），第14页。

❷ 张东荪：《答陆志韦君》，《时事新报》，1920年11月18日，第2张第1版。

❸ 余英时认为，20世纪中国知识分子有一个他们的西方同人不太明显的特点，那就是"把许多现代价值的实现，包括公平、民主、法治等，看成他们的独有的责任"（见氏著：《士与中国文化》新版序，上海人民出版社，2003年，第6页。）

进而言之，他本不是批评"他们"知识分子，而是代表"我们"知识分子做自我反省；而主张以"各自革命"解决中国问题，表明他仍相信知识分子有能力以自身力量重获新生，也正符合儒家"反求诸己"的古训。正因如此，他才不会完全忠实于进化论——一面指责知识分子已彻底朽坏，另一面却不愿视其为没有希望的"进化弃儿"。

那么，张东荪是如何看待知识分子的阶级属性的？他主张脑力劳动与体力劳动并无本质区别，因此知识阶级也属于劳动阶级，❶且认为之前的社会运动"因知识阶级有接近有产阶级之嫌疑，遂亦排斥知识阶级，竟致两者互相隔阂"，"一战"后的新社会运动则不同，二者"一变往日之态度，彼此皆知非携手打成一片不可"，前提是"知识阶级必先无利用劳动阶级之心，而劳动阶级亦必先无疑猜知识阶级之心，而后方能交融"。❷

虽然此时劳心高于劳力的传统标准已被颠倒（陈独秀甚至激烈地鼓吹"劳力者治人，劳心者治于人"❸），不过，与后来知识分子被追认为无产阶级时每自觉有些"不配"不同，张东荪说他们是劳动阶级却并无"高攀"之心，反有些"俯就"之意。他说："非将知识阶级加入劳动阶级共同运动，便不能增高劳动阶级之知能。故在中国，知识者与劳动者之打成一片，尤为当务之急也。"❹明显将他与此时的反智论区分开来。

但是，确认知识分子行为正当性的标准毕竟在发生变化。"君

---

❶ 他一直持此观点。约三十年后，仍认为："所谓士阶级就是知识阶级。从经济的分野上讲，知识阶级依然是属于劳动阶级，所不同者不过只是劳心与用脑而已。"（张东荪：《思想与社会》，辽宁教育出版社，1998年，第230页）
❷ 张东荪：《知识阶级与劳动阶级》，《时事新报》，1919年10月4日，第1张第1版。
❸ 陈独秀：《劳动者底觉悟》，《新青年》第7卷第6号（1920年5月1日），第2页。
❹ 张东荪：《知识阶级与劳动阶级》，《时事新报》，1919年10月4日，第1张第1版。

子耻言利"是传统士人的宗旨，但针对此时有教员因薪水问题罢教，张东荪却认为："教员便是知识阶级之一种，因为他靠教书过生活，和工人做工绝对相同，不过一个用手一个用心罢了。近代工人的运动异常发达，罢工的权利已经承认。工人既能如此，为甚么教员不能呢？表面上为争薪水似乎可耻，其实也和工人的行为一样，同是一种社会运动，没有甚么卑鄙可耻。"❶ 传统的"争利"变为了对社会正义的追求。

以下讨论社会主义思潮问题。在五四后的一段时期，支配思想界的是无政府主义而非马克思主义，整体思想氛围是"凡在天下的'你''我''他'都可以当作一个人，团成一个'爱'"。❷ 在世界大同的渴望下，更具包容性也更符合博爱论的无政府主义平民观十分流行，自无将知识分子排除出"劳动阶级"的思想与认同必要。

不过，不要说张东荪这样的大知识分子与工人距离遥远，即使是学生，也与工人完全如两个世界中人。罗家伦就说："有人说我们懂得劳动问题，我听了不觉失笑。我想我虽然到过多少地方，看过多少工厂，但是想问劳动者三句真正的话都问不出来。为什么呢？因为我们穿的不是劳动者的衣服，吃的不是劳动者的饭，住的不是劳动者的社会，说的不是劳动者的话……所以劳动者看见我们不是劳动者，不过是穿长衫的'先生'……真正能养猴子的人必须身上蒙上猴子的皮，这些猴子才会相信他。"❸ 此时的潮流是要打破知识与劳动的区别，但罗家伦用"养猴子的人必须身上蒙上猴子

---

❶ 张东荪：《再论教员罢课》，《时事新报》，1919年12月20日，第1张第1版。

❷ 玄庐（沈定一）：《他就是你，你就是我》，《星期评论》第25号（1919年11月23日），第3版。

❸ 罗家伦：《一年来我们学生运动底成功失败和将来应取的方针》，《新潮》第2卷第4号，第857页。赵世炎与法国华工相处，特意脱掉长衫，但他们仍认为他就是"先生"（赵世枢：《回忆留法勤工俭学中的赵世炎》，《五四运动回忆录》〔续〕，第507页）。

的皮"来说明这一点,表现出仍难以摆脱"俯就"心态。事实上,虽然"一战"后"劳工神圣"的口号,确实转变了很多学生对工人的态度,❶但这多少仍是自我尊贵下的自我贬抑,是"赵孟之所贵,赵孟能贱之"。

张东荪对此有清醒的认识。在"劳工神圣"已成习语的1921年,他十分尖锐地说:"今之青年虽日日高呼'劳工神圣',实则未有一人肯为纯粹工人者也",❷"所以要读书、要求学,仍是'百行士为首'与'唯有读书高'的心理……以前'士'的发展是官,现在是教员,是商人,及其他如新闻记者等类的"。换言之,虽然工人几乎已成为五四人追寻的所有新价值的象征,但求学却依然被视为上升性社会变动的主要途径。因此,张东荪失望地说,新文化运动只做到了"学界集中",而它的本意,却是"要把读书人分散到各界上去。就是使读书人到田园里去,到工厂里去,到作场里去,不是要把各界的人通统吸收到学界来"。❸

大致说来,在五四时期,工人与农民虽被作为目标、榜样与价值源泉,但却并未被当作动力——更多时候,他们仍仅是改造的对象(甚至仅是其背景)。用陈独秀的话说就是"戊戌前后的变法自强运动、辛亥革命运动,'五四'以来国民运动,几乎都是士的阶级独占之舞台"。❹

但是,不管有多少局限,劳动话语的出现仍是决定性的,它

---

❶ 甚至有富户学生回乡自己挑着行李,并且主动找做工的人做朋友,因为现在"劳工神圣!要是在去年,我们都不会同你们做朋友呢"!(张浩:《五四时期武汉地区的工人运动》,《五四运动回忆录》下册,第713—714页)。
❷ 张东荪:《复蒋宗瑍》,《时事新报》,1921年5月23日,第4张第2版。
❸ 张东荪:《文化与职业》,《时事新报》,1921年5月10日,第1张第1版。
❹ 陈独秀:《中国国民革命与社会各阶级》(1923年12月1日),任建树编:《陈独秀著作选编》第3卷,上海人民出版社,2009年,第157页。

将五四后的社会改造与清末民初的社会改良区别了开来。劳动话语取代之前的职业话语,意味着"中等社会"的理想已丧失了正当性基础;也意味着自晚清无政府主义者赞扬劳动(作为美德的象征)以来,它第一次有了颠覆整个既有社会政治秩序的明确意涵。

对这一颠覆的可能性与方式,张东荪直到30年代才有了明确的自觉。在彼时的国家危机中,他设想的"新人"已是国家总动员下的生产者,主张知识分子与工农结合也更进一步,在互助的道德外,开始要求知识分子能直接做工种田,否则"便是教育的大失败"。❶ 这是要超越社会分工原则,也反映了价值标准进一步实利化。

最后有一点值得注意——张东荪对农民与工人态度不同。他虽赞同李大钊"四民皆工"的主张,支持工读互助运动,且身在工人阶级最集中、离内地乡村最远的上海,却更倾向于与农民而非工人结合。他认为"中国的士大夫若都死完了,于中国没有多大影响;若是农民死完了,就灭种了"。❷ 有一次更将"到乡下去种田"作为除"著书译书"外唯一"不是增加罪恶"的途径,❸ 主张"中国今后之农民问题实为社会问题之中心也"。❹ 在"劳工神圣"的语境下,该如何理解张东荪的这些主张?

首先,这种对乡村与农民的向往,与他此时对都市文明的厌恶有内在联系——农民具有非资本主义与非都市两重属性,比代表都市文明的工人更能抚慰他的"乡愁"。其次,他正深受无政府主义

---

❶ 记者:《我们所要说的话》,《再生》第1卷第1期(1932年5月20日),第40页。
❷ 张东荪:《农民与中国之前途》,《时事新报》,1921年1月7日,第1张第1版。
❸ 张东荪:《再答一苇君》,《时事新报》,1920年4月16日,第2张第1版。
❹ 张东荪:《中国之唯一优点》,《时事新报》,1921年5月16日,第1张第1版。

影响。虽然他不接受该主义的反智倾向,但比起以城市为中心的马克思主义,无政府主义的反都市倾向更合乎他此时的思想与心态,该主义的"平民"概念更具包容性,也可以在世界历史中赋予农民阶级更正面的位置。

后来,他多少改变了对都市文明的态度。1920年年末,他第一次动身去内地(湖南),看到的却是贫穷而非淳朴,从此转而主张必须施行工业化。如同戴季陶一般,他一面认为"都市罪恶",另一面却说:"靠家族主义和土地的剩余价值来维持的绅士阶级,当〔挡〕不住以个人主义自由竞争为基础的现代新兴阶级。这是一个历史的必然的运命。"❶ 通过将资本主义视作必不可少的罪恶,以及达到更高历史阶段的暂时工具,他对资本主义都市罪恶的厌恶,以及淳朴乡村生活消逝的哀痛,也变得可以忍耐了。

事实上,与其说他在思考农民问题,不如说仍在思考知识分子问题,他从未如后来的共产党人或梁漱溟那样,真正到乡间去发动运动。这种从心理到社会的距离,使他的乡村想象得以维持——梁漱溟一到乡间,就以城居知识分子的标准说,农民的问题就是愚贫弱私。梁氏的批评戴着近代国家的有色眼镜,离农民已有一段距离;但在某种意义上,始终视农民为美德化身的张东荪,离他们的距离倒更远。后来,他确实离开了报界,转向两种"不是增加罪恶"的生活中的"著书译书",不过,对另一种"不是增加罪恶"的选择——"到乡下去种田",他却从未实行。

但这种疏离的另一面,却是耕读传统的强固影响。张东荪虽十分赞赏传统士人居乡维持教化,为"一方圣人",并有一次特地

---

❶ 戴季陶:《到湖州后的感想》(1920年7月1日),唐文权、桑兵编:《戴季陶集》,第1279页。

劝说青年回乡活动，❶但他也明确看到，科举废除与新教育出现使自己视为中国"最大之优点"的"耕读主义"难以维持，问题便成了"近代之新式教育如何与农事调和……近代新式教育乃工业主义之教育也……今以工业主义之教育移用于农业主义之下，事实上必格格不复相入"。❷这里展现的是他对乡村与现代社会的冲突的冷静观察，但这种观察总伴随着对乡村理想与价值的热情赞颂，要理解张东荪式的"中国知识阶级的解放与改造"，这一点是须臾不可忘记的。

---

❶ 张东荪：《复傅斯棱》，《时事新报》，1920年11月22日，第4张第2版。
❷ 张东荪：《中国之唯一优点》，《时事新报》，1921年5月16日，第1张第1版。

第7章

分裂的开始

第一节 与梁启超等人的关系

1919年，张东荪在积极参与新文化运动，梁启超一行则在欧洲考察——这也是张氏能与北大一方保持不错合作的原因。不过，在梁启超回国后，两方的竞争明显加强。梁启超等人带回一个整体的计划，首先针对的就是《新青年》。在他们启程回国前，继续留欧的张君劢特意将已确定的计划要点函告黄群（《时事新报》馆总经理），凡五项，分别为："一、中比贸易公司。二、中比轮船公司……三、月报及印刷所。四、大学。五、派留德学生。"梁启超"登岸后方针之宣布"的大致内容也已预先函告黄群："以打破军阀、改进社会为标目，要之应与世界潮流相应，不可专顾国内环境而已。"❶

在梁启超等人留欧时，张东荪就提醒他们要注意"稳健的社会

---

❶ 张君劢：《与溯初吾兄书》（1920年1月12日），丁文江、赵丰田编：《梁启超年谱长编》，上海人民出版社，1983年，第896、898页。

主义",认为世界大势将趋于此。而梁启超在《欧游心影录》中也特意提到自己对"一战"后欧洲各国社会主义运动的观察。他注意到:"当二三十年前,各国政府认作洪水猛兽的社会党,到了今日,他在各国国会里头,都占最大势力。各政府中,差不多都有了社会党员了。"❶ 在巴黎和会召开的同时,瑞士伯尔尼也召开了世界社会党与工会大会(1919年2月3日至8日),隐然与和会成掎角之势。进步党在民初一直被称为"国权党",这些前进步党员看到西方内部出现"社会"对抗政治之势,加强了他们对后者局限的反思;另一方面,该会亦为第二国际对抗即将成立的第三国际而举行(第三国际成立于1919年3月),梁启超对其的观察,也呼应了张东荪注意"稳健的社会主义"的建议。

在梁启超抵达上海前三天(1920年3月2日),《时事新报》开始连载《欧游心影录》。结合梁氏登岸后在中国公学发表的著名演讲,可以看出他的核心主张是要以社会改良避免"社会革命"这一"险关"。因此,他虽将资本主义当作"不自然之状态,并非合理之组织",且认为它"已将趋末路,且其积重难返,不能挽救,势必破裂",❷ 却并没有说明自己是否主张社会主义。事实上,这也正是他们计划中没有商定的关键问题。

不可忽视与国民党的竞争。在前引信中,张君劢特意提及设定"派留德学生"一项,是因为看到"李石曾留法勤工俭学会以招至万人为度,吾侪并此不图,尚何新人才之可言"。他虽立刻补充说:"此事并非与李竞争,为国家计,应如此也。"❸ 但以梁启超一派与国民党

---

❶ 梁启超:《欧游心影录节录》,《饮冰室合集》第7册(专集之二十三),中华书局,1989年,第3页。

❷《梁任公在中国公学演说》(1920年3月15日),《梁启超年谱长编》,第901页。

❸《梁启超年谱长编》,第897页。

自清末以来的激烈竞争，"为国家计"是实，"与李竞争"也非虚。❶

此时梁启超等人的处境与辛亥革命后也颇为相似。1912 年 11 月，梁氏从日本回国，他所反对的共和革命已胜利近一年；1920 年 3 月，他再次归国，新文化运动也已成势（甚至在一些人眼中，已经"胜利"了）。不过，有一点缓解了再次落后于人的局面——他并未像清末反对共和那样反对新文化运动，因此，当他参与该运动（甚至要自己创造一个"新文化运动"）时，论敌就无法指责他自食其言。另外，在他们游欧期间，张东荪与蓝公武积极地参与了新文化运动，这让他们在与北大一方争该运动正统时，有了一定的基础。

另一点优势也是显而易见的：新文化运动在某种意义上就是一场宣传运动，而若仅就在舆论界与出版界的势力，梁启超等人不仅远在北大一方之上，更在根基深厚的国民党之上——新文化运动中三种最有影响力的副刊（《时事新报·学灯副刊》《晨报副刊》与《民国日报·觉悟副刊》），他们就占两种，且与国内最大的出版机构——商务印书馆关系良好。因此，他们不甘心"为他人作嫁衣裳"。

不过，有一点他们不及国民党与《新青年》——没有一所大学作为思想与活动基地。他们看到了蔡元培在北京大学培育新势力的成功，因此一开始计划（如《新青年》群体在北大）全部集中到中国公学——梁启超甚至一度表示要模仿蔡元培，"以此为终身事业"。❷

在梁启超等人的"文化运动"中，除了《时事新报》，张东荪

---

❶ 国民党也是如此。如孙中山此时创办民智书局，直接原因便是商务印书馆与梁启超关系紧密，不利于他将新文化运动纳入自己的革命计划——为此，他甚至抨击该馆垄断国内出版界，有保皇臭味（孙中山：《致海外国民党同志函》〔1920 年 1 月 29 日〕，《孙中山全集》第 5 卷，中华书局，1985 年，第 210 页），这部分就是在重提梁启超等人清末反对共和的旧事。

❷ 梁启超：《与梁令娴书》（1920 年 7 月 20 日），他还特意说，胡适也曾是中国公学的学生（《梁启超年谱长编》，第 912 页）。

参与最多的就是中国公学。出于梁氏等人的坚请，1920年9月，他同意担任该校教务长，❶ 等待此时分散于京、津、沪三地的梁启超等人来归，结合《时事新报》《改造》杂志与中国公学，在南中国复制《新青年》与北大联手造成"新潮"的事业。❷

但是，如梁启超的其他许多计划一样，这一计划不久就变得虎头蛇尾。梁启超以一贯的无恒改变了心意，放弃南下，留居天津；对此，张东荪曲折地表达了不满，认为后者又一次被北方政治吸引，而对文化运动心有旁骛。他在之前的运动中切实感到了强固的小团体的能量，因此特别强调，为发动新事业而办学必须要以"一团人之人格为中心"，❸ 只有同人集中于一处，形成相对紧密的联系，才可能造成新局面。

在张东荪等人最初的计划中，中国公学要兼顾学问与社会。一面以求精不求多的精神培养"学者"；另一面又要使他们的主张能被社会上的一般人听到，因为"惟多乃能对于社会占势力，惟少乃能对学问占势力"。有些自相矛盾的是，他们同时强调，对这"愈多愈好"的宣传对象，但求"吾的话能使他听见，此外决不要求以何种关系"。❹ 他们要通过中国公学为自己一方的新文化运动培养人才，却忽视了关键在于谁能以"速成"的方式获得大批趋新青年的认同与支持——学问并不是关键，"愈多愈好"的宣传才是关键；尤其要有办法与青年建立学校之外的组织联系。上海大学与黄埔军校都是如此。

其实，更具宣传效果的是当时的中学与师范学校。张东荪发现

---

❶ 见梁启超：《致东荪兄书》(1920年9月5日、9月10日)，《梁启超年谱长编》，第919—920页。

❷ 梁启超1920年北上京、津，但只计划暂时停留，事情一了就南下上海，经营中国公学。这一点承周月峰兄见示，谨表谢意。

❸ 本段引文，见张东荪：《致蒋百里书》，《梁启超年谱长编》，第926页。

❹ 蒋百里：《与东荪吾兄书》，《梁启超年谱长编》，第924页。

"有许多学校教国文以社会主义的书籍为课本,而先生的讲解亦大半是讲社会主义的内容",他明确反对这种"利用国文以宣传'主义'"的做法,认为"即使我极端赞成社会主义,而我仍不赞成利用国文教授以宣传社会主义。我以为国文教授不应宣传任何主义",因为这是对"胸无城府的学生"实行"传教式的教育"。❶ 不过,虽然如此批评别人,但他们的教育也不可避免地具有宣传性与政治性。张东荪在办中国公学时几度遭遇学潮,他认为这些学生受过相对激进的中学教育,因此中国公学也必须有自己掌握的中学!另一个办法则更具功利性,他们计划让舒新城做"决胜的奇兵",❷ "亲赴南京高师、东南大学、北京高师、北京大学读书,专门联络人才",理由是"欲举大事,只有师生与朋友可靠,然皆须有长久之时日。盖人为有感情之动物,相处既久,情意浃洽,纵有错误,亦可谅解。若骤然相遇,不论思想如何一致,终有客气,决难共甘苦也……共学社、讲学社之办法,只能增加灯中之油,欲光大固须油多,但欲光能集聚,必不可不恃灯心。吾辈所缺者以灯心为最,而造灯心又以自己作灯心为不二法门"。❸

---

❶ 张东荪:《利用国文教授》,《时事新报·学灯副刊》,1923 年 5 月 23 日,第 1 版。张东荪主张国文课必须保持政治与宗教中立,这是现代国民教育的应有之义;但不少学校采用社会主义书籍为教材,未必全是为宣传主义。当时白话文章诞生不久,因青年关注政治性问题较多,白话作品很大一部分与此相关,据梁实秋回忆,他的一位有旧功名的国文老师,选的读物就包括"吴敬恒的《上下古今谈》,梁启超的《欧游心影录》,以及张东荪的《时事新报》社论"(梁实秋:《我的一位国文老师》,刘天华、维辛选编:《梁实秋怀人丛录》,当代世界出版社,2007 年,第 46 页。他在文中说,这是自己十八九岁时的事,以其生于 1903 年计算,恰是 20 世纪 20 年代初)。
❷ 蒋百里:《与任师书》(1921 年 11 月 26 日),《梁启超年谱长编》,第 941 页。
❸ 舒新城:《致任公先生书》(1921 年 12 月 11 日),《梁启超年谱长编》,第 941—942 页。舒新城之前就曾试图通过湖南自修大学联络毛泽东来中国公学,但也清楚:"毛与独秀颇相得,且只在第一师范毕业,未必能来,即来亦无何种效用也。"(舒新城:《致任公先生书》〔1921 年 11 月 23 日〕,《梁启超年谱长编》,第 940 页)

以后来的情形看,这种人才不足的局面始终没有得到解决。1921年,梁启超试图借助与张伯苓的关系主掌南开文科,将它与清华"收作吾辈之关中、河内,吾一年来费力于此,似尚不虚,深可喜也",但也立刻就说:"南开之局,非赶紧成就之不可,然吾辈人才如此缺乏,真令人急煞。"❶ 他因此希望张东荪、张君劢与蒋百里等人都集中到南开;1924年,张东荪也试图以自治学院与中国公学"与北大、东南鼎足而立",❷ 希望梁启超在北方全力筹款,认为:"吾辈苟有事业,便可团结不散。且以后救国之道,不在空言,必须于社会上占有不摇的势力,故此后吾辈生死存亡关键,即在能否充分吸收新人物与开发事业",❸ 此事"非仅公学生死关系,实吾辈事业生死关系也"。❹ 但它却又与梁启超一方的诸多计划一样,因为经费无着与个人兴趣转移而不了了之。

最反映张东荪与梁启超一方关系的,是《解放与改造》改组为《改造》一事。前者虽以新学会名义创办,但彼时梁启超等人都在欧洲,最多只是与知其事,因此,其宗旨与主张在很大程度上反映的是张东荪的个人思想。虽然该刊并不重视伦理革命与白话文运动,但其明确主张打破一切精神与制度束缚,以及大力介绍布尔什维主义与俄国道路,仍显示出张东荪思想的激进性——是《新青年》而非任何形式的改良主义更接近他。

在梁启超等人看来,《解放与改造》与《新青年》的靠近并不是好事——他们想要建立不同于《新青年》的"文化运动",以

---

❶ 梁启超:《致百里东荪新城三公书》(1921年),《梁启超年谱长编》,第943页。
❷ 张东荪:《致任公先生书》(1924年3月27日),《梁启超年谱长编》,第1011页。
❸ 张东荪:《致任公先生书》(1924年4月3日),《梁启超年谱长编》,第1012页。
❹ 张东荪:《致任公先生书》(1924年3月27日),《梁启超年谱长编》,第1011页。并参同书陈筑山1924年3月28日与4月4日《致任公先生书》。

"调节其横流"。因此，在回国后，他们开始改组该刊，删去了有明显激进色彩的"解放"，定名为《改造》。虽然他们说这只是为了简省，杂志的精神不会有变化，但这更多只是为"预流"已经成势的新文化运动的敷衍之词。

张东荪对"改造"《解放与改造》一事并不积极。他清楚放弃"解放"一词，是要与北大一方的反传统主义拉开距离，但他提醒说"第一期破坏事业"必须参加，❶ 否则就将落伍。他实际参与了整个五四时期的文化运动与社会改造运动，清楚"破坏事业"对树立自身思想与社会权势的作用；而梁启超等人虽并不接受他的主张，但对删去"解放"一词的理由轻描淡写，却也显示出"破坏"作为新文化运动基本精神对反对者的禁抑作用，只可消极不提，不能公开挑战。

最反映张东荪与梁启超等人分歧的，是《改造》发刊词。该文由梁启超草成后函寄张东荪等人修改，❷ 梁氏原稿收入《饮冰室合集》，与在《改造》创刊号（第3卷第1号）上登出的有几点明显不同。首先，与《合集》本相比，《改造》本增加了三条宗旨：分别是"一（此为原文序号——引者注）、同人确信谋人类之福利，当由群性与个性互相助长——务使群性能保持平等；务使个性能确

---

❶ 梁启超：《与百里书》，《梁启超年谱长编》，第917页。
❷ 现在学界对《改造》发刊词有两种观点，一种认为是梁启超执笔（郑学稼观点），另一种认为是同人共同执笔（张朋园观点）；不过，两种说法并无大的矛盾。梁启超在1920年7、8月间致信张东荪，说："杂志全稿当由百里别寄，发刊词一篇内举信条十四，非同人悉心研究不可，已别寄百里，今更钞一份寄上，请公认为应增删者，即奋笔增删之，审定后仍邀同人公同认可（修改），乃可发布。"（《梁启超年谱长编》，第916页）随后一信则说："宣言改本极妥善，已即寄百里，属彼商定后径寄尊处。"（同页）综合来看，当是梁启超先写出初稿，发于同人，由上海同人（很可能是张东荪）修改，再将改本发于北京同人（蒋百里等）讨论修改，最终改定寄上海，由《改造》杂志发表。而收入《饮冰室合集》的，则为梁启超自己撰写的初稿。

第7章 分裂的开始

得自由；务使群性与个性之交融能启发向上。二、同人确信中国民族之不振由于思想不进与制度不良，而不良制度尤为不良之思想所维持，故以为非先思想革命不能颠覆制度"，以及"四、同人确信经济改造在使人人由劳动而得生存权为最低限度；同时对于自由竞争定有最高度之制限。则去其过甚之两端，既不抹杀智能之高下，复不致有生计压迫之现象"。第一条与第四条是主张"稳健的社会主义"，第二条则强调以思想革命促成制度颠覆，明显是为了向"破坏"靠拢。几乎可以肯定，这是张东荪为参与"第一期破坏事业"而添加的。另外，《改造》本与《合集》本都有的条目，文字也有改动：第三条将"同人确信旧式的代议政治不宜于中国。故主张国民总须在法律上取得最后之自决权"，改为"同人确信政治改造首在打破旧式的代议政治，故主张国民总须得有组织的自决权"；第五条则在"反对旧式的爱国主义"后，增加了"同人确信世界改造在打破国家最高主权之论"。两条中均增加"打破"字眼（对象分别是代议制与国家主权），且又将争取法律自决权改为争取组织自决权，明显反映的是张东荪彻底打破旧政治、以造新组织的方式"造社会"的主张。❶ 更关键的一点是，梁启超在初稿中说："本刊所鼓吹在文化运动，与政治运动相辅并行。本刊持论务向实际的条理的方面力求进步。"明确提出要进行政治运动；而在《改造》本中，这一条被删减为更宽泛与含混的"本刊所鼓吹，在使文化运动向实际的方面进行"。❷ 不管"实际的方面"是否包括"政治运动"，这种改变都表明，张东荪不想凸显文化运动的政治性——

---

❶ 改定稿中增加的三条与改动的两条，应可在相当程度上代表张东荪的见解。虽然梁启超最后也表示赞同，但要同人提出才表态追认，至少表明他的关注重点并不在此。

❷ 本段内《改造》发刊词两个版本的原文分别见《饮冰室合集》第 4 册（文集之三十五）；以及《改造》第 3 卷第 1 号。

这倒也与他此时反对梁启超与张君劢等人的组党企图相一致。❶

但整体上,《改造》发刊词体现的仍是梁启超的主张。"改造"后的《改造》还是政治化了。家庭革命与白话文运动这两个主题消失了,联邦、宪政等民初共和的老主题则重新出现。这是梁启超、张君劢与蒋百里的兴趣所在,此时矢志脱离政治的张东荪却非如此。他只在《改造》第3卷上发表了几篇文章,且几乎全部是谈论社会主义问题,在《改造》第4卷则一篇未发。事实上,在《解放与改造》改版后,他已大致脱离了这个自己创办的刊物。

第二节 组党与"谈政治"

最反映张东荪在梁启超归国后的相对独立性的,是他与陈独秀的交往以及参与组建共产党。1920年2月,陈独秀来到上海,因共同主张社会主义,他与张东荪多有交往,❷ 此时俄国人正在中国寻找社会主义者组织共产党,他们都被邀请。据周佛海与茅盾回忆,张东荪参与了最初的筹备会,但听说不是要组织社会主义研究会,

---

❶ 对此陶菊隐有一段描述,他说:"梁启超由欧洲回国后,有将研究系改组为党的愿望,丁文江、张君劢两人极为赞成,想以胡适之为桥梁,打通北大路线,表面不拥戴一个党魁,暗中则以梁与蔡元培为其领导人;并打算以文化运动为政治运动的前驱。由于张东荪反对党教合一,此议遂被搁置。"(陶菊隐:《蒋百里传》,中华书局,1985年,第51页)张东荪当时是否已重要到能对梁启超等人的计划行使一票否决姑且不论,但在这一问题上,他与梁启超、张君劢意见分歧,则是可以确定的。

❷ 张东荪之孙张诒慈有一段十分生动的回忆。他说,张东荪在20世纪50年代曾回忆自己在这一时期,"与仲甫私交最好。在上海渔阳里,喊叫着进院,二人摔倒在雨地里"(转引自戴晴:《在如来佛掌中——张东荪和他的时代》,香港中文大学出版社,2009年,第184页)。张东荪一贯以冷静与理智而著称,很难想象能这样脱略形迹,可见与陈独秀关系之密切。

而是要组织共产党，便退出了。❶

不过，多少得益于各方对马克思主义与俄国道路理解模糊，张东荪的退出并没有影响到他与这些共产党人的交往。❷ 事实上，他们多通过日本社会主义者（尤其是河上肇）转述，后者具有浓厚的社会民主主义色彩，所介绍的马克思主义本也相对远离俄国模式。因此，时人对布尔什维主义与其他形态社会主义的区别与联系多不甚了了，❸ 甚至党的领袖陈独秀也仍对杜威式的自治民主与罗素式的基尔特社会主义抱有很大的好感——就在准备组党的 1920 年 5 月，他还在与北京同人通信推动翻译出版《罗素全集》；❹ 甚至半年后（各派社会主义间的争论开始激烈化）仍在《新青年》上撰文介绍罗素思想，欢迎其来华。❺ 简言之，他们尚没有俄共那种自视

---

❶ 周佛海：《往矣集》，古今出版社，1944 年，第 27 页；以及茅盾：《茅盾全集》第 34 卷，人民文学出版社，1997 年，第 195—196 页。

❷ 1920 年 7 月，张东荪因事外出，甚至请茅盾代理了几个星期的《时事新报》主笔（茅盾：《茅盾全集》第 34 卷，第 273 页）。《时事新报》被视为研究系党报，张东荪却将其交给一个准共产党人，可见他对茅盾信任之深，也可见当时党派的界限仍相对宽松。

❸ 如毛泽东就说，影响他信仰马克思主义的关键著作，除了《共产党宣言》，还有考茨基的《阶级斗争》与柯卡普（费边社会主义者）的《社会主义史》（埃德加·斯诺：《西行漫记》，董乐山译，生活·读书·新知三联书店，1979 年，第 131 页）。不用说，后两者对马克思主义的介绍与布尔什维克很不相同；而《共产党宣言》这本共产主义者的圣经竟迟至 1920 年 8 月（上海组党后三个月）才出版。杨奎松更注意到，此时的共产国际代表维经斯基之前是美国社会党党员，最初试图模仿美国，以组建社会主义者同盟来组党（见杨奎松：《中国共产党上海发起组建立史实》，《走近真实——中国革命的透视》，湖北教育出版社，2001 年，第 17 页）。指导者尚且如此，中国追随者对俄国道路的理解程度也就可以想见了。

❹ 《陈独秀致胡适、李大钊》（1920 年 5 月 7 日），转引自欧阳哲生：《新发现的一组关于〈新青年〉的同人来往书信》，《北京大学学报》（哲学社会科学版）第 46 卷第 4 期（2009 年 7 月）。

❺ 胡适将罗素来华看作研究系向《新青年》叫阵，但他 1921 年年初写信给陈独秀，却只说倭伊铿是研究系请来作对的，并未提及罗素。这或许是因为陈独秀对罗素尚有好感而格外优容，也或许是考虑到罗素与杜威观点接近且私交不错。

正统的傲慢——一方面是尚未意识到,另一方面也是在思想与实践上尚没有能力这样做。

张东荪也是如此。他虽然退出了组党,但在1920年下半年,《解放与改造》仍发表了大量介绍俄国革命(从生计、社会、教育到内政、外交、法律)的文章。他并未感到须与"俄国道路"划清界限,毕竟,他面对的是这样一个共产党——仍具浓厚的五四社团特性,仍以"社会党"而非"共产党"示人,❶离真正的布尔什维主义政党相去甚远。

不过,不参加组党仍有高度提示性——显现了他与陈独秀等人后来分裂的潜在思想与心态;他也从此开始公开反对在中国实行布尔什维主义。1920年5月,他明确说:"马氏(指马克思——引者注)之集产主义与国家社会主义实有不同……俄国所行之无产者专制大背于马氏之说。"❷进而认为"现在的新俄是由三部分人组成的,就是工农兵。但中国情形不同。兵是没有一个要得的;农虽居多数,然要他有组织而能活动,至少非在二十年以后不可;而工人则为数甚少。所以日本人说中国为最不容易传染多数主义的国家,我也以为很对"。❸

张东荪的正面主张是"浑朴的社会主义"——只应确定走向社会主义,不能也不必确定具体走向哪种社会主义。❹对此,李汉俊批评道:"浑朴的社会主义"不能成立,因为"既然是一个主义,一

---

❶ 石川祯浩认为,共产党成立于1920年11月,标志是发行秘密党刊《共产党》,以及制定《中国共产党宣言》(见氏著:《中国共产党成立史》,袁广泉译,中国社会科学出版社,2006年,第195—206页)。

❷ 张东荪:《复鲁赓》,《时事新报》,1920年5月1日,第4张第2版。

❸ 张东荪:《奉劝热心劳动运动者》,《时事新报》,1920年5月7日,第2张第1版。

❹ 张东荪:《我们为甚么要讲社会主义》,《解放与改造》第1卷第7号。

定有一个内容,断没有只有趋向而无内容的可以说是主义"。❶ 但是,新派普遍支持"新思潮"就是一个"新态度",主张谈社会主义而不确定具体谈哪种,也算是表达对该主义的"新态度"。因此陶乐勤就认为:"你们两人跑在一条路上","只要各自抱定目的,向前跑去就可以了",不必因"跑法不同"而争执。❷

确实,此时的争论仍在同一阵营内,尚远非互相对峙的"壕堑战"。就组织而言也是如此。陈独秀在上海成立共产主义小组时,曾邀请无政府主义者黄凌霜参加;后来在北京,李大钊等人与区声白、郑佩刚、梁冰弦等无政府主义者各自弱化立场,联合组织社会主义者同盟与共产主义小组(1920年10月)。理由就是虽主义不同,但尚有一段共同路程可走,因为"中国革命运动离无产阶级专政还远得很,此时无政府主义者和马克思主义者是可以不计较这一分歧,共同在一个组织里面携手并进的"。❸ 少年中国学会更是定宗旨为"从事各种主义共同必需的预备工〔功〕夫。把这第一段路程走完了——指各种主义共同必需的预备工〔功〕夫——再商量走第二段的路程"。这"共同必需的预备工〔功〕夫"则是"先将中国人个个都

---

❶ 李汉俊:《浑朴的社会主义者底特别的劳动运动意见》,中共一大会址纪念馆编:《中共一大代表早期文稿选编》上册,上海人民出版社,2011年,第353页。

❷ 发表于1920年4月2日《学灯》通讯栏。收入戴季陶:《自由研究与自由批评》(1920年5月20日),唐文权、桑兵编:《戴季陶集》,华中师范大学出版社,1990年,第1252页。

❸ 张国焘:《我的回忆》第1册,明报月刊出版社,1971年,第105页。1920年11月,因不肯有过于严密的组织,无政府主义者退出了同盟。不过,张国焘补充说,虽然他们在工作上已"分道扬镳",但乃保持着"友谊关系"(同书,第107—108页),正是由于二者在思想与组织上联系紧密,使得李璜后来责怪说:"苏俄成立第三国际以输出世界共产革命,无政府主义者未能了解马克思主义的阶级斗争与劳工专政的主张,误认为与他们的'原始共产主义'为一事……结果帮了俄共初期在中国来宣传活动的一个大忙!"(李璜:《回国任教与对当时学术界的观察》,《传记文学》第21卷第5期〔1972年11月〕,第5页)

造成一个完全的'人'","使他将来对于各种主义皆能运用自如"。❶

事实上，在1920年，由于社会改造运动的兴起，"社会"几乎已成了与"文化"比肩的新文化运动"主题词"，也因此，比起直接引起劫富济贫想象的"共产党"，"社会党"更为当时人所接受。❷该党名尚有一特别含义：立足于"社会"的党，换言之——非政治性的"党"。❸时人深厌民初政党的腐败与混乱，对此种社会党自然充满期待。

让我们再说远一些。此时在欧洲，第三国际与第二国际正争夺各社会主义政党——多国社会党与共产党因此分裂。但与欧洲（甚至是俄国）都不同，中国始终没有诞生多少有些力量（不说与共产党匹敌）的社会民主党。与此相关的是，中国一直没有真正主张保守主义的政党，总体政党形势也更类似于法国而非英国。

在这一局面下，温和新派多以"激进"示人，以免落伍。民初进步党在新派中被视为保守，其党名却是保守的反面——进步，刻意与保守主义拉开距离；反过来，以"进步"为宗旨而仍被认为相对保守，也显示了中国当时整体政治气氛的激进。史华慈认为，中国没有柏克式的政治保守主义，只有文化保守主义；❹余英时则补充说："中国现代思想史上最有势力的两个流派——自由主义和社

---

❶ 王光祈：《少年中国学会之精神及其进行计划》，《少年中国》第1卷第6号（1919年12月15日），第2—4页。
❷ 梁启超与陈独秀政治倾向迥异，但考虑的党名竟然同为"社会党"，蔡和森则甚至在社会主义论战后仍然自称"我们无产阶级社会党"（蔡和森：《马克思学说与中国无产阶级》，《新青年》第9卷第4号〔1921年8月1日〕，第7页），这些都体现了这一点。
❸ 蔡和森就将社会党与政党作为并列的两项（蔡和森：《蔡林彬给陈绍休、萧子暲、萧子昇、毛泽东》〔1918年8月27日〕，中国革命博物馆、湖南省博物馆编：《新民学会资料》，人民出版社，1980年，第52页）。
❹ 史华慈：《论五四前后的文化保守主义》，许纪霖、宋宏编：《史华慈论中国》，新星出版社，2006年，第80、83页。

会主义——大体上都对传统持否定的立场,文化保守主义则始终没有影响力。"❶ 不过,可以继续补充的是,在中国社会主义传统中,仍须区分社会民主主义与共产主义,后者是保守主义的敌人,前者则否——事实上,保守主义政党与社会民主主义政党在中国的弱势,有着内在的关联。

以下阐述一个相关问题——张东荪在新文化运动期间对政治的态度。我们今天多将社会主义视为一整套政治变革方案;而在当时,社会主义却多被视为是反政治的,主张的是"社会"的优先性。那么,张东荪是否如此?

1920年9月1日,陈独秀发表著名的《谈政治》一文。可能是受张东荪不肯参与组党的影响,他特地将张氏与胡适并列,作为学界中"不谈政治"的代表,并说:"你谈政治也罢,不谈政治也罢,除非逃在深山人迹绝对不到的地方,政治总会寻着你的。"❷ 理由则是"在社会革命未成功以前,仍然是资本制度支配他们的生活,没有方法可以退出"。❸

虽然陈独秀视张东荪与胡适为学界中"不谈政治"的代表,但两人此时的想法与表现却有重要的不同。正是在《谈政治》发表前一个月,胡适与李大钊、蒋梦麟、陶孟和等七人联合发表《争自由的宣言》,半正式地开始"谈政治"。理由则是:"我们本来不愿意谈实际的政治,但实际的政治,却没有一时一刻不来妨害我们",❹

---

❶ 余英时:《中国近代思想史上的激进与保守》,《现代儒学的回顾与展望》,生活·读书·新知三联书店,2004年,第32页。

❷ 陈独秀:《谈政治》,《新青年》第8卷第1期(1920年9月1日),第1页。

❸ 《讨论无政府主义——陈独秀答区声白的信》,《新青年》第9卷第4号(1921年8月1日),第4页。

❹ 胡颂平编:《胡适之先生年谱长编初稿》第2册,台北:联经出版事业公司,1984年,第411页。

与陈独秀一样，强调政治无可回避。

后来（1922年），胡适表示，经过三年的"迟回"，他终于决定放弃回国前"二十年不谈政治的决心"，开始"谈政治"，他将"多研究些问题，少谈些主义"当作自己"政论的导言"，进一步补充说："一班'新'分子天天高谈基尔特社会主义与马克思社会主义，高谈'阶级战争'与'盈余价值'；内政腐败到了极处，他们好像都不曾看见，他们索性把'社论'、'时评'都取消了，拿那马克思——克洛泡特金——爱罗先珂的附张来做挡箭牌，掩眼法！"❶ 值得注意的是，以上指责几乎全部适合张东荪——他就是这种把政论与时评取消并大谈社会主义的"'新'分子"。❷

如何理解这一区别？首先，与此前确乎从未"谈政治"的胡适不同，张东荪在民初"谈政治"多年，且有越"谈政治"政治越坏的失败经验。因此，若论对政治的兴趣，二者或不相上下；但若论

---

❶ 胡适：《我的歧路》（1922年6月18日），欧阳哲生编：《胡适文集》第3卷，北京大学出版社，1998年，第364—365页。张东荪虽在"问题与主义"之争中保持中立，但《解放与改造》大量介绍各流派社会主义，表明他更倾向于"谈主义"；而胡适等人对社会主义论战完全不加理会，也是认为这是在讨论与中国并不直接相干的"主义"，无参加之必要。

❷ 不过，胡适虽然自己不谈政治，但在五四运动后一段时间，他却很大程度上是在借自己的老师杜威之口谈政治。杜威甫抵中国，在上海、杭州两地演讲，题目尚是"平民主义的教育"与"平民教育之真谛"；但1919年5月中旬，在南京时，讲题已加上了"真正之爱国"和"共和国之精神"，明显是在对五四运动做出即时反应。杜威初来乍到，对中国文化、社会与政治多有隔阂，如果没有胡适等人的引导，很难想象他能立刻对这一运动做出反应。随后，杜威于1919年9月开始系列讲座"社会哲学与政治哲学"（共16讲，持续半年），以实用主义呼应与引导五四后的社会改造运动。作为杜威在华的最重要陪同者，这背后自然有着胡适的思考与影响——"社会哲学与政治哲学"这个主题就是他提议的（见胡适为《杜威博士演讲录》作的引言，《新青年》第7卷第1号〔1919年12月1日〕，第121页）。胡适此前主张"多研究些问题，少谈些主义"，却要自己的老师讲出"代表实验主义的社会哲学与政治哲学"（同页），说明他并不排斥谈主义，只是要谈就谈自己的主义。

对"谈政治"一事的负面经验,则胡适显然要少得多。大致可以说,张东荪更多是不愿谈政治,而非如胡适那样是为维护自己如"处女"般纯洁的政治操守❶而不敢谈政治。

但张东荪同样清楚新文化运动不可能避开政治。他说:"文化运动虽是由政治运动失败而发生,却也因为不能离开政治而停顿。这句话怎么讲呢?就是人人的生活总有时是离不开政治,政治既坏了,你不去改良他,他却来影响于你。现在文化运动有落潮的趋势,据我看来,纯是由于不良政治横梗在面前。对于这个当面的难关不能解决,其他没有不受影响的。"❷ 他在五四运动后不久说得更明确:"中国好像一个生外症的病人,现在因身体太弱不能开刀,所以一方面非大大地滋补不可(现在提倡文化运动便是一剂补药)。补足元气,必定再有一番大流血。"❸ 简言之,文化运动最终目的仍是政治解决,而且是暴力的政治解决。

事实上,与其说张东荪与胡适不谈政治,不如说他们对何谓"政治"各有看法。胡适认为谈社会主义就不是谈政治,张东荪却是将社会改造问题视作当时中国最大的"政治"。因此,他不谈胡适热心的中日交涉、华盛顿会议、南北和谈之类的"政治",对以社会主义改造中国与世界这一"政治",则热心备至。胡适认为不谈中央政治就是空谈,但张东荪与北洋系实际合作过,因此认为不从社会改造入手"谈政治"才是真正的"空谈"。他进而认为胡适主张"好政府主义","视政府为社会之总

---

❶ 曹伯言整理:《胡适日记全编》第3卷,1922年5月14日条,安徽教育出版社,2001年,第666页。
❷ 张东荪:《文化运动与教育》,《时事新报》,1922年4月12日,第1张第1版。
❸ 张东荪:《补药》,《时事新报》,1919年11月8日,第2张第1版。

枢纽"，不过是旧思想的反映，❶ 而"建设的责任在社会而不在革命后的好政府。换言之，即在社会全体，在行使社会各种机能的人们的组织"。❷

进一步延伸这一比较。胡适后来认为，新文化运动从五四开始被政治"干扰"，偏离了正常轨道，以上张东荪的主张则提供了另一种理解的可能性。胡绳后来认为，在《新思潮的意义》一文中，胡适将新思潮规划为"研究问题、输入学理、整理国故、再造文明"，"隐含着把'政治思潮'和'政治活动'排斥在新思潮之外的意思"，他认为："胡适回顾五四后的新文化运动的情况时说：'我们的思想文化的运动变为政治的，变质了，这不能说是一个错误，而应认为是历史的趋势。'这个说法，是合乎历史实际的，可是他在晚年的口述自传中，却改口说：'1919年所发生的五四运动，实是这整个文化运动的一项历史性的政治干扰。它把一个文化运动转变成一个政治运动。'这显然是受晚年的偏见所蔽。"因为新文化运动从来不是与政治绝不相干的，即使看似与政治无关的文学革命与伦理革命，也均有为真正共和政治奠定基础的意涵。❸ 大体而言，胡绳所论颇为持平——胡适将"谈主义"与"谈政治"对立，确实有意无意地抹杀了社会改造运动的政治性，毕竟，胡适眼中"一班马克思、克洛泡特金的奴隶"❹ 除了谈主义，尚组织工会、发动工人甚至组织共产党，若这些也不算政治，则"政治"也就真有些不知所谓了。

---

❶ 张东荪：《政府之性质》，《时事新报》，1921年9月2日，第1张第2版。
❷ 张东荪：《三十节与吾人》，《时事新报》，1921年10月10日，第1张第1版。
❸ "从五四运动到人民共和国成立"课题组著：《胡绳论"从五四运动到人民共和国成立"》，社会科学文献出版社，2001年，第82、87页。
❹ 胡适：《我的歧路》(1922年6月18日)，《胡适文集》第3卷，第366页。

更具讽刺意义的是，在这个问题上，他实际上违反了杜威的民治主义。杜威视学校为民主养成所，视地方与行业自治为民主基础——这些就是胡适眼中只知"高谈主义"的青年正在做的事。倒是胡适以"研究问题"自居，虽看似谦逊，但他将政治理解为"肉食者谋之"的内政外交大事，表达的却是反民主的精英政治理念。或可以说，胡适"谈政治"，并非反对新文化运动政治化，而是反对该运动被引向他不赞同的"政治"。❶

岔开讨论这么多新文化运动与政治的关系，是为了说明张东荪此时主张社会主义背后的政治性及其限度。不过，在代表年轻一辈的王光祈看来，张东荪式的"社会的政治改革"虽也有其价值，但更重要的是进行"社会的社会改革"，即"以社会自力促进社会"。❷因为这是"吾辈与旧日党人不同之点"与"新文化运动关系民族之存亡者"。❸ 在此，王光祈区分了新一代的"我们"与须为之前共和失败负责的"他们"，但恰是趋新青年（尤其是旅法生）大多趋向于国共两党；而倒是他不赞同的张东荪等人，在趋新青年日益政

---

❶ 胡适对新文化运动潜在的政治性及其不可避免的政治化有清醒认识。他说："五四运动是一个新思潮、新文化运动，当时并不是政治运动"，"我们当时极力地避开政治，但是政治不能避开我们，反之却来逼我们，以致五四运动慢慢成了带有政治性的运动。各党派的领导人都认为这是一种伟大的力量。"对这种政治性的加强，他认为"这也许是好的，也许是坏的，我不愿意评论。但文化的意义，就慢慢地削弱了。我个人觉得，这个政治化的运动未免太早，因为力量实在不够。二十九年以来，我个人始终觉得政治的基础应该建筑在文化及思想的基础上"（《胡适回忆〈新青年〉和白话文运动》，中国社会科学院近代史研究所编：《五四运动回忆录》上册，中国社会科学出版社，1979年，第170—171页）。虽然认为政治运动来得太早，但他承认，新文化运动走向政治解决并非不可理解。

❷ 王光祈：《"社会的政治改革"与"社会的社会改革"》，《少年中国》第3卷第8号（1922年3月1日），第48—49页。

❸ 王光祈：《政治活动与社会活动》，《少年中国》第3卷第8期（1922年3月1日），第5—6页。

党化后仍坚持"社会的政治改革"——而这一坚持,也将张东荪与胡适以及左派青年区别开来。

第三节 "中国之前途:德国乎?俄国乎?"

在梁启超将社会革命当作必须加以回避的"险关"时,张东荪仍在主张"浑朴的社会主义"。如前文所述,这一"主义"的要点在于只确定要走向社会主义,而不必确定采取哪一种——以此为基础达成新派大联合,共同研究与输入社会主义。这正切合胡适对新思潮的定义——无须确定内容,只需具有"新态度";进一步说,这甚至合于此时正大行其道的实用主义宗旨,因为它确实是"把一切学说理想都看作待证的假设"。❶

但张东荪这种研究与存疑的态度,与"运动"本身毕竟是不协调的。用瞿秋白的话来说,处在新文化运动中,他感到人生是一个又一个问号❷——最大的问号则是自己的生计问题。不像张东荪这样衣食无忧的精英知识分子,他们无力长久(甚至是自觉)将这些"问号"当作"待证的假设",也较难承担强烈的智性与认同焦虑。

---

❶ 胡适:《介绍我自己的思想——〈胡适文选〉自序》,欧阳哲生编:《胡适文集》第5卷,北京大学出版社,1998年,第508页。需要说明的是,这种存疑与试验的态度既可以是保守的,也可以是革命的。胡适自己就认为,实用主义的方法"是最严厉的,最带有革命性质的,因为他处处拿一个学说或制度所发生的结果来评判他本身的价值,故最公平,又最厉害"(曹伯言整理:《胡适日记全编》第3卷,1921年6月30日条,第340页)。不过,绝对的怀疑与破坏则与实用主义精神相反,是独断论的。因此,实用主义即使是革命性的,也仍与当时盛行的偶像破坏论有着距离。

❷ 瞿秋白:《饿乡纪程》,《瞿秋白文集》第1卷,人民文学出版社,1985年,第24页。

关键是要明确自己所主张的"主义"。因为此时情势已是"没主义的人,不配发议论","不能做事","任凭他是什么主义,只要有主义,就比没主义好。就是他的主义是辜汤生、梁巨川、张勋……都可以,总比见风倒的好"。❶ 张东荪也正面对着表明"主义"的巨大压力——不仅来自趋新知识青年,也来自同为"青年导师"的成名知识分子。1920年年初,戴季陶明确希望《时事新报》要拿出"战斗的态度"与"决定的主张",因为"建设出簇新的、自由平等的社会""决不是敷衍的、调和的方法可以作得来的;也决不是畏首畏尾的可以作得来的"。并且他已为张东荪选定了主义。在他看来,此时的中国,"粉红色的透出力是万万不够的,妥协的克林斯机的时期已经过了。我们的任务只有战斗,战斗就是我们的任务,互助的社会一定是战斗的产物。暗沉沉的托尔斯泰,还是不如红灼灼的乌里亚耶夫(即列宁,其原名弗拉基米尔·伊里奇·乌里扬诺夫——引者注)"。为实现这"红灼灼"的布尔什维主义,他希望《时事新报》不要做《泰晤士报》,而要做《新莱茵》。因为"长命的大《伦敦泰晤士》在世界上所寄与〔予〕的东西,决不如短命的小《新莱茵》在世界上所寄与〔予〕的东西。"❷

此文为戴季陶写给《时事新报》六千期的贺词,对这样一份办了十多年的报纸,却希望它做短命的《新莱茵》而非长命的《伦敦泰晤士》,大概也只有用革命者的友谊来解释才说得通。张东荪的回答则是"我们对于戴先生这两种希望,都决定从今天起,勉力做

---

❶ 傅斯年:《心气薄弱之中国人》(1919年2月1日),欧阳哲生编:《傅斯年全集》第1卷,湖南教育出版社,2003年. 第146页。

❷ 戴季陶:《对于〈时事新报〉的希望》,《时事新报》增刊,1920年1月1日,第3张第4版。

去"。"勉力"两字颇显示出他面对社会改造思潮激进化的力不从心之态。❶

那么，此时张东荪的观点是什么？大致说来，他将布尔什维主义与其他社会主义视为同一根株的不同分枝，反对前者自视为社会主义正统。他看不出为何不能将俄国、德国、英国与法国的社会主义放在同一天平上衡量——正如他看不出为何不能将马克思、巴枯宁、克鲁泡特金与罗素放在同一天平上衡量一样。他称赞社会主义是伟大的"世界的时代精神"，也因此很难认为它要偶然地终结在一位德裔犹太人的头脑中。事实上，在他看来，超越马克思的框架，正表明社会主义具有不断自我更新的力量，这不是必须用正统马克思主义术语加以遮掩的弱点，而正是"世界的时代精神"的意义所在。

来自戴季陶这样半竞争对手的忠告张东荪或尚可忽略，但来自他朋友的意见就必须认真对待了。由现有材料来看，虽然梁启超等人旅欧时就已决定回国后将以社会改造为宗旨，却始终未公开声明将采取何种社会主义；❷ 倒是滞留欧洲的张君劢最早明确立场，他在两封写给国内同人的信中，明确主张采取战后德国的议会社会主义。1920 年 7 月 15 日，这两封信与张东荪的答信一起发表在《解

---

❶ 不过，此时"主义"阵线尚不分明，说对方是"粉红色"，并非指责其投机革命，而更多的是同志式地希望对方更进一步；且对戴季陶而言，这也是自省——他一度主张"都市万恶"，此前信仰的就是"暗沉沉"的托尔斯泰主义；另外，在同一期的《时事新报》增刊上，又刊登了陈独秀写给"上海新文化运动同志"的公开信，他引用一位山东朋友（很可能是傅斯年）的话，说："上海社会中了'苏空头'的毒，无论什么事发生，总有许多人乘热闹出风头，决不会有真实的新文化运动。"并借此说："我很希望在上海的同志诸君，除了办报以外，总要向新文化运动底别种实际的改造事业上发展，才不致为这位山东朋友所轻视！"（陈独秀：《告上海新文化运动的诸同志》，《时事新报》增刊，1920 年 1 月 1 日，第 3 张第 3 版）言辞虽激烈，也是规劝多于反对。
❷ 蒋百里在回国几个月后，仍在与张东荪商议"吾辈宜取何种社会主义"（张君劢、张东荪：《中国之前途——德国乎？俄国乎？》，《解放与改造》第 2 卷第 14 号〔1920 年 7 月 15 日〕，第 12 页）。

放与改造》上。这颇为耐人寻味——此时各派社会主义已开始走向分裂,在这一敏感时刻发表这样的信件,等于将自己内部的分歧直接暴露在众人面前。

在稍前,德国社会民主党右翼主导制定了魏玛宪法。张君劢对该宪法评价极高,将其与1787年美国宪法以及1791年法国宪法并列,认为后二者代表19世纪政治革命潮流,魏玛宪法则代表"二十世纪社会革命之潮流"。❶ 如果我们注意到傅斯年与陈独秀等人视俄国革命为20世纪社会革命的象征,则张君劢这里明显是为德国社会民主主义争社会革命正统——他正在欧洲,最能感受到此时社会民主主义与布尔什维主义争夺马克思主义正统的激烈斗争。

部分是出于后见之明,后来的研究大多特别强调俄国革命对中国社会主义思潮的影响。但事实上,"一战"后摆在中国社会主义者面前的选择,除俄国道路,尚有德国道路。❷ 在十月革命胜利后一年,德国社会民主党也获得了政权。虽然它镇压了左翼的布尔什维主义者,被各国共产党视为对马克思主义的背叛,但在此时中国国内的许多社会主义者看来,这种避免激烈社会革命的做法正是它的优点所在,它也确乎被当作与俄国并列的另一现实选择。

但在张东荪看来,中国自民初以来糟糕的代议试验已使得议会社会主义失去了现实可能性。他认为:"于政治运用不可采用代议主义","中国之国会制度决非仅改间接选举法为直接选举法而即有希望"。反过来,他高度同情俄国革命,认为:"俄、德同为有理想

---

❶ 张君劢:《德国新共和宪法评》,《解放与改造》第2卷第9号(1920年5月1日),第5页。
❷ 李大钊就将德国与俄国并提,作为世界改造的希望所在(李大钊:《我的马克思主义观》〔1919年9、11月〕,《李大钊文集》下册,人民出版社,1984年,第49页),明显体现了德国革命对中国激进知识分子的吸引力。事实上,德国社会主义运动本就是马克思最寄予厚望的,其社会民主党也在很长时间内一直是第二国际的主导者。

之革命，故弟不欲轩轾其间，而仅能谓方诸无理想之革命则高远矣。"且主张"俄德之不同全在国情。若移德之社会民主党而于俄难保其不主张贫民专制，若移多数派于德亦难保其不取缓和态度"。他甚至对俄国革命杀戮中上阶级也表示可以理解，认为这正是"蓝宁之可佩服者"，因为他"知俄国上中阶级全体之无希望，岂但无希望，并为文化之障害，于是思设法为之洗涤。其所以提出贫民而对于上中阶级大加杀戮者，乃对于旧俄罗斯加一番洗刷耳。于此弟不议蓝宁之惨〔残〕忍而感蓝宁之大仁。蓝宁亦知贫民专制之不能久也，然非借力于贫民专制则不能洗涤旧日污点，乃不恤以毒攻毒。于此可见其心之大公，盖非存心至公不能用其非常之手段也"。以任何标准，张东荪都属于俄国革命中遭重创的中上阶级，他反能支持此种指向自己的革命，可见他此时的激进性。

这里不能不提民初共和失败对张东荪的影响——他将俄、德革命当作"有理想之革命"，针对的就是辛亥革命。他曾将辛亥革命后的南北妥协视作巨大的政治成就，但之后共和的失败改变了他的看法，且加强了他对流血革命的忍耐力。他说："既为革命则绝无不杀一人、不流滴血者，而革命之价值亦决不以杀人流血之有无与多寡而定。无杀人流血之革命未必即为有理想之革命。故弟不以杀人流血之有与多而诋毁俄之革命。设俄之革命一如我之辛亥、我之护法，虽不杀一人，而弟亦非之。弟以为人非不可杀，而杀之贵有道；不当以杀人与否定其功罪，而当以杀人之理由而定其是非也。"[1] 他之前已准备对"无理想"的武力解决抱"退一步之承认"，此时支持"有理想"的暴力革命也自然没有什么障碍。

---

[1] 本段及上两段引文，见张君劢、张东荪：《中国之前途——德国乎？俄国乎？》，《解放与改造》第 2 卷第 14 号（1920 年 7 月 15 日），第 12、14—16 页。

当然，这也与他对政治的距离感有关。毕竟，跟政治欲十分强烈的张君劢与梁启超不同，即使在短暂从政时，张东荪表现得也更像是在野的批评者。他更愿意身处书斋，且缺乏张君劢式的作为政治家的现实主义，因此对激烈的革命往往高度向往——毕竟，不管这种革命多违背他的理智，有一点仍令他心驰神往，那就是它毕竟是"有理想"的！

　　问题更在于，该如何理解中国"现实"。在张东荪看来，在共和失败后，中国政治社会形势更像俄国而非德国，从 1911 年开始，"此九年间形式之法律固未尝一日有，乃并习惯法而破坏之；国会制度固未尝一日存，乃并未来之国会制度之信念而破坏之"。此时的议会不过是与"土匪""娼妓"同等的"妖孽"，张君劢尚讨论改造国会的法律手续问题，实在令他"闻之而心痛"，他的判断则是："中国之前途，以弟之观察，止〔只〕有革命，且革命或不止一次。此革命之来，吾人无权以拒之。吾人固无力以创造革命，然亦无法避免革命。仅能从事于文化运动，俾于革命之进程中增加其理性的要素耳。"

　　大体说来，张东荪在努力平衡着理想与现实。他虽对俄国革命深表同情，甚至不吝赞美列宁以贫民刷新中上阶级的"大仁"，却将中国的社会改造推到遥远的未来。用他的话说："中国之贫民阶级非特知力不发达，即本能亦不发达。天性不厚，无论何事不能为。故今日之中国非组织贫民专制之时，乃改造贫民性格之时。中国下级社会之人性不能逐渐改善，则一切社会革命皆为空谈。故中国即有社会改造亦当在五十年以后。"因此，他一方面承认中国"上中阶级确有洗刷之必要"，另一方面却又同意"蓝宁不可学"。❶ 这

---

❶ 本段及上段引文，见张君劢、张东荪：《中国之前途——德国乎？俄国乎？》，《解放与改造》第 2 卷第 14 号（1920 年 7 月 15 日），第 16—17 页。

清晰地体现了他的分寸感——支持流血革命是激进的表现，但支持五十年后的流血革命则未必如此。

最后，俄国与德国革命有一个共同点是他所非常不欣赏的，那就是组织严密的政党。布尔什维克以"铁的纪律"自命，德国社会民主党在欧洲各社会主义政党中也一直以组织最严密、行动最有效率著称；但在一直坚持"不党"的张东荪看来，这是两国社会主义运动的危险而非优势。组织松散的英国社会主义运动与工党更符合他的期待❶——在英国式社会主义中，他进而更加偏爱强调工会自主性与工人自治的基尔特社会主义。在他看来，社会主义就必须是"社会的主义"，宗旨必须是"社会与政府是截然两物，政府对于社会恰是锦上添花"。❷因此，他一面将俄国式的政治主导的社会革命推到五十年后，另一面却对任何社会刷新政治的努力（甚至是被认为最不切实际的无政府主义）都不吝精力地试图推行。可以说，他始终是要借社会主义实行"社会的政治改革"。

与张君劢的这一辩论是张东荪在社会主义论战爆发前对布尔什维主义的最直接表态，也因此，考察一下中国激进社会主义者对此的反应无疑是有必要的。在蔡和森看来，张东荪将社会主义视作改造人类社会的"理想"，与伯恩斯坦、考茨基的修正主义一样，是"把中产阶级的惟理主义拿来驳惟物史观"，是"为资本家说法"，"故他们最终的结果，主张改良而不主张革命。中产阶级的德谟克拉西和威尔逊的十四条，是他们叹（为）观止的地方！今日俄、德革命之不同，根本即在此点"。而他对张君劢的批评更为激烈，认

---

❶ 堪为对照的是，欧洲大陆各社会民主党往往以自身较高的组织性看轻英国工党；英国社会主义者中也有不少人不满于工党组织松散，希望建立组织更为严密的社会主义政党。

❷ 张东荪：《评"好政府主义"》，《时事新报》，1921年8月30日，第1张第1版。

为后者"以中产阶级的反动眼光及贤人眼光观察俄国革命,对于德叛逆社会党(即多数党)一唱而三叹(见《解放与改造》)。他对于中国主张的八条,不马不牛,这种冬烘头脑,很足误人"。❶ 很可能正是看到张东荪在辩论中显示出与张君劢不同的倾向,陈独秀将前者与胡适一起归入"不谈政治"之列,温和劝告他们政治无法逃避;而对张君劢,他的批评要激烈得多,认为后者的学说就是来自"所谓马格斯修正派,也就是 Bebel 死后德国底社会民主党",并用一种很布尔什维克的口气说:"将来这种人必很有势力要做我们唯一的敌人。"❷

就后来的发展而言,陈独秀的判断显然是错了——中国始终没有形成真正有力量的社会民主主义政党。不过,俄国与德国道路之争揭示了另一个问题,那就是"德先生"的分裂。陈独秀认为,德国社会民主主义者"反对马格斯底阶级战争说很激烈,他们反对劳动专政,拿德谟克拉西来反对劳动阶级底特权","他们只有眼睛看见劳动阶级底特权不合乎德谟克拉西,他们却没眼睛看见戴着德谟克拉西假面的资产阶级底特权是怎样。他们天天跪在资产阶级特权专政脚下歌功颂德,一听说劳动阶级专政,马上就抬出德谟克拉西来抵制,德谟克拉西到〔倒〕成了资产阶级底护身符了。我敢说:若不经过阶级战争,若不经过劳动阶级占领权力阶级地位底时代,德谟克拉西必然永远是资产阶级底专有物,也就是资产阶级永远把

---

❶ 本段及上段引文,见蔡和森:《蔡林彬给毛泽东》(1920年9月16日),《新民学会资料》,第154页。

❷ 陈独秀:《谈政治》,《新青年》第8卷第1号(1920年9月1日),第7页。此处可见国家社会主义本身的激进化。该主义出现于清末,首倡于孙中山等人,被认为可以防止社会革命;五四时期则正相反,该主义就意指彻底的社会革命——以革命重构"国家",再借重构后的"国家"彻底重建社会。

持政权抵制劳动阶级底利器。"❶ 这已是在阐发共产党人著名的无产阶级民主与资产阶级民主之别。要害在于,陈独秀之前倡导四大民主(政治民主、民权民主、社会民主、生计民主,为杜威的主张),是将它们看作同一民主进程的不同阶段,而资产阶级民主与无产阶级民主却变成了两个对立的"德先生"间有你没我的二选一。

　　张东荪并不接受这种主张。蔡和森说他"以惟物史观启发阶级战争的动机为卑下为薄弱,而别寻所谓高尚的动机",❷ 可谓确当。在他看来,社会主义的前提是"精神解放与世界改造",而它们"不是一个阶级的事,乃是各阶级共通的事"。❸ 但是,随着社会主义越来越被窄化为布尔什维主义,对不肯放弃"资产阶级民主"的张东荪来说,民主主义与社会主义正在被分裂——社会主义与民主似乎要变成二选一。

---

❶ 陈独秀:《谈政治》,《新青年》第 8 卷第 1 号(1920 年 9 月 1 日),第 8—9 页。
❷ 蔡和森:《蔡林彬给毛泽东》(1920 年 9 月 16 日),《新民学会资料》,第 154 页。
❸ 张东荪:《我们为甚么要讲社会主义》,《解放与改造》第 1 卷第 7 号(1919 年 12 月 1 日),第 7 页。

第8章

中国内地与西方新潮

1920年11月6日,刚刚从湖南返回的张东荪在《时事新报》上发了一篇时评,题目为《由内地旅行而得之又一教训》,因其重要性,这里全文照录:

> 有一部分人住在通商口岸,眼所见都是西洋物质文明的工业状态,于是觉得西方人所攻击西方物质文明的话都可移到东方来,而忘了内地的状态和欧洲大不相同。
>
> 我此次旅行了几个地方,虽未深入腹地,却觉得救中国只有一条路,一言以蔽之,就是增加富力。而增加富力就是开发实业,因为中国的唯一病症就是贫乏,中国真穷到极点了。罗素先生考察各地情形以后,他也说中国除了开发实业以外无以自立。我觉得这句话非常中肯又非常沉痛。舒君新城尝对我说中国现在没有谈论什么主义的资格,没有采取什么主义的余地,因为中国处处都不够。我也觉得这句话更是非常中肯又非常沉痛。现在中国人除了在通商口岸与都会的少数外,大概都未曾得着'人的生活'。筑山君自美来信,他说美国农夫比中

国中等人家还要好得多，可见得中国人大多数都未经历过人的生活之滋味。我们苟不把大多数人使他得着人的生活而空谈主义，必定是无结果。或则我们也可以说有一个主义，就是使中国人从来未过过人的生活的都得着人的生活，而不是欧美现成的什么社会主义、什么国家主义、什么无政府主义、什么多数派主义等等，所以我们的努力当在另一个地方。

这个教训我以为是很切实的，好高骛远的人不可不三思之。❶

若以引起的争论而言，这篇不到 600 字的时评可能是五四时期最具争议性的文章——以此为导火索，社会主义论战持续数年，讨论不下百万字，不仅对五四后思想与政治分野有极大的影响，也是张东荪个人思想与活动的一个转折点。

值得注意的是，对这一时评激起与其体量完全不相应的巨大反响，张东荪最初的反应是十分惊讶。以后见之明来看，该时评提出的问题暗含在当时人的意识中，出现的方式与语境则触到了当时思想界最敏感的神经，让潜藏的分歧找到了合适的表达点。问题在于，张东荪本人就是政论家，每日最关心的就是思想界的问题和语境，与新文化运动各派人士也有不少交往，但却完全没有料到自己的主张会引起如此反应；而这一错位则为我们理解时代语境以及张东荪个人提供了最好的入口。

虽然论争的过程与含义十分复杂，但关键词却几乎都已可在这篇时评中找到。因此本章将以该时评为焦点，以类似关键词检索的方式追索它的前后语境与效果史，可以看作张东荪与社会主义论战的外篇；至于内篇——论战本身——则留待下一章展开。

---

❶ 张东荪：《由内地旅行而得之又一教训》，《时事新报》，1920 年 11 月 6 日，第 2 张第 1 版。

第一节 "大转弯之过门"？

最初对张东荪加以批评的，是《民国日报》群体。陈望道、李达与邵力子相继反驳该时评，焦点是质疑张东荪放弃社会主义是因为看到内地贫困。邵力子便认为，张东荪"虽然'住在通商口岸'，而对于'内地的状态'，总不应全无审察。我在东荪君这个时评里面，细心寻觅他叙述旅行内地所得的状态，只有两句话：一、'中国人真穷到极点了'；二、'中国人大多数都未经历过人的生活的滋味'。单讲这两句话，真是'谁也不知哪个不晓'，东荪君从前竟全没知道么？难道住在通商口岸的时候，眼光只注射到高大的洋房、宏敞的商店；而对于民穷财尽的景象，一定要旅行内地以后方才明白么？其次：我再在东荪君的时评里面，细心寻觅他旅行内地所得教训的本体，也只有两句话：一、救中国只有一条路就是增加富力，二、增加富力就是开发实业。这两句话实在只是一句，是一般小学生作文时摇笔即来的陈言，更是一般通商口岸的富商大贾人人常说的门面话，东荪竟非到了内地旅行以后全不觉得么？……我不相信东荪君如此，所以我也不能相信东荪君现在是真感触到内地的贫乏，才有这样一个时评"。他因此询问："这个时评的真正动机究在哪里呢？"❶ 陈望道在稍前将这一担忧表达得更简洁，那就是"东荪君！你现在排斥一切社会主义……却想'开发实业'，你所谓

---

❶ 邵力子：《再评东荪君的〈又一教训〉》（1920年11月8日），傅学文编：《邵力子文集》上册，中华书局，1985年，第435—437页。陈独秀稍后也提出类似怀疑，他说："中国底贫困在先生办《解放与改造》以前就是如此，何以先生到了湖南听了罗素观察未久几句主观的说话，才知道呢？"（《关于社会主义的讨论——独秀复东荪先生底信》，《新青年》第8卷第4号〔1920年12月1日〕，第22页）

'开发实业'难道想用'资本主义'吗?你以为'救中国只有一条路',难道你居然认定'资本主义'作唯一的路吗?"他最后点明自己的担心,那就是"怕东荪君这时评就是转向的宣言"!❶

陈望道与邵力子的批评透着同志式的惊愕与忧急,李达的批评则不同,更多的是自认为看穿对方面目的得意。他说:"张东荪本来是一个无主义无定见的人……他作文章,有一种人所不能的特长,就是前言不顾后语,自己反对自己。这是因为他善变,所以前一瞬间的东荪与后一瞬间的东荪是完全相反的。总之,张东荪是文坛中一个'迎新送旧者'",他不主张社会主义而主张发展实业是"自己把假面具揭破了!现出'迎新送旧'的故态来了",是"张东荪现原形!"。❷

以上几人或多或少都参与了1920年4月后中国共产党最初的组党活动,他们对该时评的第一感觉也十分一致,都认为这绝非随手写就,而是有意转向。与以上几人相比,同样参与了早期组党的茅盾与张东荪私交更为密切,他在二十年后道出了怀疑张东荪的理由,说:"张到湖南走了一趟,归沪即发表《旅行内地之教训》一文,则议论大变,判若两人。当时人们颇怪内地旅行一次,何以对于张之思想竟发生影响如此之巨,似不可解;但据与张接近者言,则在旅行内地以前,张已得随梁任公游欧之某某函告,彼等一系之政治立场及文化工作方策,经已决定如何如何,张不能不改变论调,内地旅行而得教训云者,不过大转弯之过门而已。"❸ 简言之,

---

❶ 陈望道:《评东荪君底〈又一教训〉》(1920年11月7日),钟离蒙、杨凤麟主编:《社会主义论战》(《中国现代哲学史资料汇编续集》第1册),辽宁大学哲学系,1984年,第17页。
❷ 江春(李达):《张东荪现原形》(1920年11月7日),《社会主义论战》(《中国现代哲学史资料汇编续集》第1册),第15—16页。
❸ 茅盾:《客座杂忆——〈新青年〉谈政治之前后》(1941年),《茅盾全集》第12卷,人民文学出版社,1986年,第96页。感谢罗志田老师告知我这条十分关键的史料。

他认为张东荪之所以主张变化，并非受内地旅行触动，而是要听梁启超一派的"将令"。❶

该怎么理解该时评的产生语境与张东荪的写作意图，又该怎么理解这一系列的怀疑与指责？首先，需要说明的是，若张东荪确实想以此作为"大转弯之过门"，则可说这一"过门"相当失败——"过门"不应引来太多关注，否则就不能在别人尚未觉察前完成改变；可是他却引来如此大的反响，甚至直接暴露了"大转弯"后的正题，如此则还有什么"过门"可言？

以下我们先从他与梁启超等人的交往与活动入手，考察他是否听研究系"将令"这一问题。为此，须回头考察梁启超等人归国（1920年3月）前后——这一段对理解张东荪特别重要，须谨慎估计的是，在梁启超等人留欧期间以及归国后，张东荪的言行在多大程度上是自主的，又在多大程度上是他们整体计划的反映。

找到反映张东荪独立性的证据并不困难。事实上，在研究系的核心成员中，他可能是与梁启超结识最晚、私交最淡的一位。❷ 另外，虽然梁启超后来回忆说，"一战"刚结束，自己与张君劢等人就已相约放弃政治、投身文化运动，❸ 但他们赴欧本就与巴黎和会

---

❶ 他晚年时将张东荪说得更处心积虑，认为他到内地旅行就是为反社会主义找借口（《五四时期老同志座谈会记录》，中国社会科学院近代史研究所编：《五四运动回忆录》〔续〕，中国社会科学出版社，1979年，第9页）。

❷ 有一点制约了两人私交的加深——从1915年年底结识到1929年年初梁启超过世，两人绝大部分时间居于不同的城市。较长的两次同在一城，分别是1917年在北京与1920年在上海，但也都不超过半年（1916年8月，张东荪随国会北上，梁启超则回乡守丧；1917年年初，梁启超到京，张东荪则在4月辞职南下。长居上海；1920年3月，梁启超归国，除最初数月在上海外，始终居住于京、津两地）。这虽并不影响张东荪对梁启超终生的敬意，但毕竟制约了两人友情的加深。

❸ 见梁启超：《欧游心影录节录》，《饮冰室合集》第7册（专集之二十三），中华书局，1989年，第38—39页。

有密切关系,抵欧后也仍在不断从事折冲樽俎的外交活动,毫无投身文化运动的迹象。张东荪在此前后提醒他们"此行不可仅注视于和会,宜广考察战后之精神上物质上一切变态,对于目前之国事不可太热心,对于较远之计画〔划〕不可不熟虑,否则专注目于和会,和会了便无所得",❶ 便多少是感到他们此时太注重政治。大致说来,在梁启超等人归国前,他们在参与新文化运动问题上对张东荪影响不大,倒是后者对促使他们关注文化问题有更大的影响。

或者可以说,情况毕竟随梁启超等人归国而发生了根本改变——随着主将回归,即使独立如张东荪,也多少仍是要"听将令"的。但如前所述,梁启超一方的联系相当松散且私人化,成员多自行其是,即使梁启超本人对他们的约束力也很有限——在北伐前后,面对组织严密的国共两党,梁启超痛感自己一方的致命伤就是"没有团体的严整组织,朋友们总是自由活动,各行其是,亦没有法子去部勒他们",结果"不惟不能发挥其势力,而且往往因不一致之故,取消势力"。❷ 他此处针对的是丁文江与蒋百里等人协助孙传芳引发的争议,但若与他关系密切的这两人都如此不听招呼,❸ 则本就习惯自立的张东荪能在多大程度上"听将令"也就更令人存疑了。❹

或仍可说张东荪的相对独立性不过是 1920 年上半年党派对立尚

---

❶ 张东荪:《与君劢、子楷、百里、振飞诸兄书》,丁文江、赵丰田编:《梁启超年谱长编》,第 893 页。

❷ 梁启超:《给孩子们书》(1927 年 1 月 18、25 日),《梁启超年谱长编》,第 1111 页。

❸ 梁启超多少夸大了这两人与他的分歧,如对蒋百里联络孙传芳与唐生智等人,他虽以自己长期与军阀合作的经验,担忧其前景,但也做好了万一活动成功自己就重新出山的准备(梁启超:《与顺儿书》〔1925 年 9 月 3 日〕,《梁启超年谱长编》,第 1055 页)。

❹ 当然,这并非说张东荪的思想与行动没有"听将令"的成分。或可以说,他在改变己意而响应梁启超等人时,更多的是出于朋友情谊,是觉得应当如此而非必须如此。另外,梁启超兴趣与能力广泛,性格又流质易变,有时不免会朝令夕改,别人即使想要"遵令",也会无所适从。

不明显的表现，下半年的情况则完全不同——在党派对立日益加剧的情况下，面对论敌的排斥与朋友的期待，张东荪大概也会"听将令"吧？但是，仔细推敲前文茅盾的回忆，可发现矛盾之处——他说张东荪突然转变主张是"在旅行内地以前，张已得随梁任公游欧之某某函告，彼等一系之政治立场及文化工作方策，经已决定如何如何"，此处"游欧之某某"，很可能是指张君劢，他与梁启超关系最为密切，此时正在德国随倭伊铿学习哲学。张君劢函告国内确有其事，但却不是在梁启超归国后，尤其不在张东荪赴湖南（1920年11月）前，而是在梁启超启程回国时（1920年1月12日，参见《梁启超年谱长编》）。这是合乎常理的——既然梁启超已经回国，他们若要以"函告"的方式统一思想，就应是梁启超来"函告"（就资格与便利他都是不二之选），如何会需要远在万里之外的张君劢再次越俎代庖？

事实上，茅盾的误记是受到了同一时期中国共产党布尔什维克化的影响。看似巧合的是，在张东荪发表那篇时评后一天（1920年11月7日），共产党以纪念十月革命三周年的名义发行党刊《共产党》，并在该月秘密起草党的宣言（即使不论其他，"共产党"一词便显示了对社会主义其他派别的区分与排斥之意）。在此背景下，他们很容易从张东荪的时评中读出有计划反对俄国道路的意味。换言之，茅盾认为他看到了"大转弯之过门"，这或多或少是因为他们此时正在"大转弯"，自然也容易觉得别人在"大转弯"。

不过，最直接的证据依然存在。胡绳就认为，张东荪这则时评与梁启超的《欧游心影录》在观点上很一致，"实际上也不过是把梁启超说过的主张，直截了当地说出来罢了"。❶ 而梁启超在

---

❶ "从五四运动到人民共和国成立"课题组著：《胡绳论"从五四运动到人民共和国成立"》，社会科学文献出版社，2001年，第129页。

《复张东荪书论社会主义运动》对该时评作了全面发挥,更是让批评者将二人的主张直接等同起来。❶ 鲁迅说参加"文化运动"多少总要"听将令",因为成了游勇"布不成阵",虽然思想较无拘束,"战斗的意气却冷得不少",❷ 而随着张东荪与梁启超先后表态,在陈独秀等人眼中,他们确实已布出了阵——这激起了对张东荪"战斗的意气",且压倒了之前共同主张社会改造的"战友"之情。

不过,与其追问张东荪在这件事上到底有多大独立性,倒不如关注另一问题——为何当时人会不约而同地从该时评中嗅出大转变,这"不约而同"又提示了怎样的思想与政治变化。这是远比张东荪的个人动机与意图更为宏大的整体语境问题。

首先,邵力子等人怀疑张东荪突然主张发展实业的动机,多少跟国民党人与梁启超的旧怨有关。梁启超在清末即与他们激辩中国不可实行社会主义(彼时称为民生主义),张东荪的主张很容易勾起他们的回忆,使他们倾向于认为这是受梁启超指使——而这也多少显示出清末以来的政治与思想对立仍在一定程度上影响着这时的论争。

当然,是陈独秀与张东荪主导着社会主义论战的走向。比起国民党人,作为新文化运动正统的《新青年》群体对梁启超等人的"立异"压力更大。1920 年 5 月,梁启超等人邀请罗素来华讲学,胡适就认为这是他们要与自己一方对阵❸——他因杜威来华而加强

---

❶ 这是个过分简单化的观察。其他不论,张东荪时评的第一句就是"有一部分人住在通商口岸,眼所见都是西洋物质文明的工业状态,于是觉得西方人所攻击西方物质文明的话都可移到东方来,而忘了内地的状态和欧洲大不相同";而"攻击西方物质文明"正是《欧游心影录》的一大主题。

❷ 鲁迅:《〈自选集〉自序》(1932 年 12 月 14 日),《鲁迅全集》第 5 卷,人民文学出版社,1973 年,第 51 页。

❸ 胡适:《致陈独秀》,《胡适书信集》上册,第 262 页。

了在中国思想界的地位与权威，深知"西方导师"对宣传自身主义与争取支持者的巨大作用，也自然对梁启超等人邀请罗素心生戒备（罗素在上海的首个讲演就被安排在中国公学，显然只会加强他的判断）。

不能说他的警惕全无道理。梁启超在北京代表讲学社欢迎罗素时，强调"我们对于中国的文化运动，向来主张'绝对的无限制尽量输入'"，❶ 就明显有针对胡适一方的意思——胡适等人已成新文化运动的正统，处于"保江山"的位置，多少要限制与己不同的"新思潮"的输入；而梁启超要挑战他们的正统地位，又不希望立刻发生直接冲突，自然只能以"绝对的无限制尽量输入"为理由。因此，胡适认定梁启超等人的"共学社丛书"就是针对他们的"世界丛书"的，而在《解放与改造》易名《改造》且宗旨大变后，他开始明确将《新青年》与《改造》区分为"我们"与"他们"，并为他自认为同属"我们"的陈独秀竟会怀疑自己与研究系合流而备感愤怒。❷

以下讨论当时人对张东荪"善变"的指责。这一指责在趋新人士中颇具普遍性——李达这样的共产党人指责他"无主张无定见"，不肯与任何党派有牵连的王光祈，也认为他之前"由贤人政治而变为社会主义"，而此时"只往湖南一行又翩然而变更主张"，是不能"死守学者范围"。❸

---

❶《讲学社欢迎罗素之盛会》，《晨报》，1920年11月10日，第3版。
❷ 如罗志田老师所说，此时胡适与陈独秀已有些互相疏离——强调同属"我们"，表明心中已多少将对方当作"他们"了（见罗志田：《五四到北伐间胡适与中共的关系》，《激变时代的文化与政治》，北京大学出版社，2006年，第152页）。
❸ 王光祈：《政治活动与社会活动》，《少年中国》第3卷第8号（1922年3月1日），第11页。

对一直自我定位为学者的张东荪，这是个挑战他自我认同的指责。有意思的是，就在此时，与王光祈相熟的胡适，也从主张"不谈政治"逐渐变为公开谈政治；陈独秀则变化更大——1920年年初主张组织最小范围（甚至不包括工会）自治，年中组织共产党，年末公开宣称要实行布尔什维克式的"开明专制"，可谓180度大转向。但王光祈却不觉得他们多变，或可以说，正是由于相互亲近，他了解他们思想演变的前后脉络（尤其是"不得不如是之苦心孤诣"），以及变化下的不变之处，具此"了解之同情"，自然不认为其多变；而他对张东荪却要陌生许多，与其说他觉得张东荪多变，毋宁说是觉得张氏的变化难以理解——熟悉而可以理解的大变也要比陌生而不能理解的小变更容易接受。

事实上，这本就是个变化非常快的时期，为了不落伍，恰恰是要有主张而不可有定见——见解一定，便不能应变。因此，与其说张东荪多变，不如说他这种不肯承认大变的态度让人觉其多变；反过来，真正发生大变的陈独秀却因公开承认而令人不觉其多变。在这个主义的年代，犹疑比转向更难接受——也许陈独秀主张以平等为取向的"德先生"曾一度阻碍他接受以精英革命为特征的布尔什维主义，❶但他一旦完成了这一转变，就如当年强硬主张前者一样，态度坚决地主张后者。或许今日支持的正是昨日反对的，但这并不重要；关键在于，不管是支持还是反对，他的态度都无可置疑的坚决！

而真正引起不满的，也正是张东荪这种不愿轻易投身某一主义的态度——此时的思想气氛，已是对待主义问题"每一个人都应明

---

❶ 史华慈：《中国的共产主义与毛泽东的崛起》，陈玮译，中国人民大学出版社，2006年，第8、13—14页。

白表示态度"。❶ "明白表示态度"需要的是布道者而非学者（后者无法用坚定的信仰与明确的主张驱除追随者的怀疑与焦虑）；反过来，张东荪对任何事物都抱研究态度，即使现实的思想论辩或政治氛围逼迫他必须选择立场，他的选择也总是勉强而不坚定。在他看来，若明显存在多种合理性，就不应坚守某种立场，否则就不是坚定，而是偏执；但问题是，这并不是革命者与社会改造者所应有的性格。

第二节　湖南之行

张东荪时评中另有一点激起强烈回应：他说自己到了内地才知道住在通商口岸的人并不了解中国的实际情形。这自然可能是真的——他之前始终活动于北京、上海与苏州三地（都是中国较为西化的地方），这次随罗素去湖南，是第一次真正到内地。如张灏所说，由于西潮东来，近代中国已变成以沿海与通商口岸为一方、以内地与乡村为另一方的"两个世界"，就此而言，张东荪可算是第一次从一个世界进入了另一个。

不过，虽然张东荪自己就住在上海，但他这番感言却不是自责而是指责"住在通商口岸"的"有一部分人"——那些谈论"主义"

---

❶ 赵世枢：《回忆留法勤工俭学中的赵世炎》，《五四运动回忆录》（续），第508—509页。这种压力不仅存在于趋新人士中，也存在于那些中立的预流者。1920年年初，商务印书馆改版《小说月报》，以响应新文化运动，最初销量却节节下降。茅盾认为，问题在于其宗旨含糊，总想兼容新旧，但"冶新旧于一炉，势必两面不讨好。当时新旧思想斗争之剧烈，不容许有两面派"，结果是"得罪了'礼拜六派'，然而亦未能取悦于思想觉悟的青年"（茅盾：《茅盾全集》34卷，人民文学出版社，1997年，第179页）。

的人。因此，他这种带着"我终于明白了"的语气的评论，被敏感地理解为以对内地的了解质疑对方的论辩资格。陈望道就直接质问说："你东荪是不是这一部分里的一个人？"❶ 对他将自己豁免于批评之外感到不满。

更进一步的是，张东荪生于杭州，他的论辩对手却有不少生于内地（甚至湖南）——较著名的就有李达、周佛海、蔡和森与李季；另外，陈独秀来自安徽，李汉俊来自湖北，相比杭州更属"内地"，而且正是张东荪从上海到长沙的必经之地。在他们听来，张东荪不啻是说他比自己要更了解家乡，这如何能不令他们深感不快！

事实也是如此。攻击张东荪最激烈的，除了陈独秀，就是李达与李季这两位湖南人。李达在通篇嬉笑怒骂的《张东荪现原形》中特地强调自己是"一个由内地初到上海的人"，❷ 李季则以"我们湖南人"自命，说："我是湖南平江人，我住在乡下十四年，我的亲戚朋友半是乡下人，所以我对于农民的状况，颇知道一点"，接着反戈一击，说他是看了张东荪的时评，才知道"这位先生是一个市民，是不常到乡下去的"，❸ 言下之意自然是张东荪对内地与乡村的了解无法与自己相比。❹

但反过来，李达与李季在多大程度上了解内地也依然是个问题。毕竟，不管生于何处，他们此时都在上海活动；作为受新学教

---

❶ 陈望道：《评东荪君底〈又一教训〉》（1920年11月7日），《社会主义论战》（《中国现代哲学史资料汇编续集》第1册），第16页。
❷ 江春（李达）：《张东荪现原形》（1920年11月7日），《社会主义论战》（《中国现代哲学史资料汇编续集》第1册），第15页。
❸ 李季：《社会主义与中国》，《新青年》第8卷第6号（1921年4月1日），第6—7页。
❹ 张东荪也承认，他此次旅行"未深入腹地"。事实上，其目的地——长沙当时已开埠为通商口岸，就此而言，他不是从沿海到乡村，而是从一个通商口岸到另一个。

育的边缘知识分子，他们思想与认同已疏离于乡村，习惯用西式概念来思考中国问题。更具象征意义的是，此次论战发生在上海——中国最为西化之处，也始终局限于几个大城市的知识分子群体中，争论的是谁更有资格代表对立于通商口岸的另一世界，论战对象（内地与乡村）的声音却十分微弱。❶

当然，这个问题始终有另外一面。知识分子视心智为生命中最重要的事物，思想与情感寄托总是在别处——衣食住行、婚丧嫁娶的日常世界往往离他们更远，反倒是看似遥不可及的理想世界更为切身。也因此，张东荪说这些居住于上海的知识分子不了解内地，实是触动了他们心中最切近的思想与情感世界——他们可以承认不了解上海（甚至是带着骄傲故意承认），但却绝不能承认不了解内地，因为前者是他们自视不得不寄身其中的世界，后者才是他们每日萦怀（但绝少前去）的世界。

事实上，乡村此时的一大变化就是李达、李季这样的离乡知识分子带来的——他们不再回乡后，乡村文化逐渐劣化。身为浙江会稽人的杜亚泉，此前离开上海回乡，已经看到："农民生计甚为稳固，惟世家多中落"，而他认为"殊可慨"的则是："现时吾国青年子弟之求学或实习工商业者，其生活费与生活能往往同时并进。学问知识稍稍呈露头角，则服用之品已悉尚时髦，甚则生活能之增进仅以寸计，生活费之增进乃以尺计。"❷ 会稽在通商口岸附近，此处的乡村或与内地不同；但来自内地的新青年的生活方式，其实也

---

❶ 除新民学会曾部分参与这一论战，湖南当地对该论战几乎毫无反应；且新民学会在1920年年末讨论俄国道路问题，与其说是受湖南当地情形促动，不如说是由万里之外旅法学生的争论所激发。

❷ 伧父（杜亚泉）：《新旧思想之折衷》，《东方杂志》第16卷第9号（1919年9月15日），第6—7页。

与此处杜亚泉的观察差别不大。同样，张东荪认为内地贫乏到了极点，此时内地兵连祸结，贫乏或在所难免；但必须考虑的是，这也是新式知识分子以自身西式生活标准衡量的结果。

如高慕轲（Michael Gasster）所说，现代知识分子"发现自己与城市商人、华侨和外国人的共同点多于与中国农民或游民的共同点。传统和近代、农村和城市之间的界限正在变得比绅士精英和群众之间的界限更加分明"。他因此认为清末时，"在日本、香港、河内和上海的革命者与他们在中国（内地）的潜在的盟友和支持者之间，不只存在着距离、高山、敌军和警察的障碍，还存在着非常大的社会距离"。❶ 清末革命者尚多少受过传统教育，对内地与乡村已颇为疏离；五四新青年几乎完全受城市新教育，自然不可能比上一辈更了解内地民众。

那么，湖南的实际情形如何？该地虽自晚清以来就以新学闻名，但新知识分子在当时仍相对边缘——作为湘籍青年代表人物的毛泽东，在北京因语言等问题被北大中人所轻视，就是个很明显的例子。

不过，也不能说湖南有多"内地"。作为沿江省份，它居于中国最发达的长江经济带，省城长沙此时也已开埠。仅就交通而论，由于新式轮船的出现与粤汉铁路的通车，从该地到上海或北京均只需四五日，因此可算是内地信息较为流通、各方面较为开放的地区。货物、人员与信息传递的加快也增强了沿线的一体——长沙新青年离京、沪的心理与文化距离并不太远。进而言之，湖南自晚清以来素得新学之先，湘人又有勇于任事的传统，❷ 因此该地在趋新

---

❶ 费正清、刘广京编：《剑桥中国晚清史》下卷（1800—1911），中国社会科学院历史研究所编译室译，中国社会科学出版社，1993年，第576、579页。

❷ 唯一真正试行戊戌变法的就是湖南，它也是晚清革命运动的大本营之一——吴稚晖甚至认为，兵与革命党本就是湖南对中国的两大贡献（见吴稚晖：《勤工俭学》，李永春编：《湖南新文化运动史料》上册，湖南人民出版社，2011年，第221页）。

方面有时还会超前于京沪等处。❶

事实上,相较江南与湖南之别,新式城市与传统乡村差异更大。如戴季陶从上海走到不过100多公里外的湖州,便感觉如同走回了18世纪中叶(后者的生活方式、节奏与价值观念都与上海有约一个世纪的距离)。❷ 二者同属沿海地区,可见内地与非内地之分绝非仅是地理距离问题。更进一步,与今天行车几十公里尚看不到多少泥土的超大城市不同,民国时期的大部分所谓城市不过略似改革开放前后的县城,一般仅有一两条街,为数不多的大城市(如上海、天津、汉口与广州),规模也远较今日为小(如上海被当作摩登的象征,但仍可在高楼大厦上直接看到附近的水稻田或菜园)。大致说来,新式交通拉近了内地城市与沿海的距离,却隔远了它们与周边乡村的距离——就社会、文化与认同而言,上海或长沙与其各自乡村的距离,要比上海与长沙间的距离远得多。❸

那么,这次集体讲演的背景又是如何?湖南是1917年后南北战争的主战场,也是受破坏最严重之处。因此,这里倡导南北息兵与联省自治的潮流也最为强大。此时,谭延闿(湖南省督军、省长兼湘军总司令)与赵恒惕(湘军第一师师长,后任湖南省督军)都

---

❶ 如湖南学会(位于长沙)在1920年4月便要研究罗素思想(《湖南学会之学术研究》,《湖南新文化运动史料》下册,第1339页),时间上甚至早于陈独秀等人对罗素学说的关注与介绍。

❷ 戴季陶:《到湖州后的感想》(1920年7月1日),唐文权、桑兵编:《戴季陶集》,华中师范大学出版社,1990年,第1275页。

❸ 当时有新学生认为,一离开通商口岸或主要城市几十里,便是苗瑶的世界,甚至视到乡村如西方探险者到非洲。出城如到异民族,正可见城、乡地理上接近,文化与认同上已断裂(本段主体内容出自梁心未刊博士论文。见梁心:《都市眼中的乡村——农业中国的农村怎样成了国家问题〔1908—1937〕》,北京大学历史学系,2012年,第36、120—121页)。

希望延请国内各派名流前来，以造成政治与思想声势，牵制北洋势力。❶ 这客观上促成了国民党与研究系的重新接近，❷ 使得湖南的联省自治同时具有南北调和与政党调和的意味——谭、赵二人的合作，❸ 再加上湖南特殊的地理、文化位置，使得抱有不同期待的各方可以在此表面相安。

不过，推动上海诸人（尤其是罗素）赴湖南讲演的，并非研究系中人（包括张东荪），而是没有什么派系色彩的李石岑。❹ 他是湖南醴陵人，也因此被湖南方面当作第一接洽对象。张东荪本人即是受他邀请，值得注意的是，张东荪又邀请陈独秀同行（后者最初也答应前往）。❺ 这显示了茅盾"大转弯之过门"说的问题——若张东荪欲以此行作为"大转弯之过门"，邀请"大转弯"后大敌一同赴湘，就显得有些难解了。

当然，对理解这一问题来说更加重要的，仍是在整个旅程中张东荪到底有多少机会真正看到"贫乏"的内地。在历时一周的讲演

---

❶ 有意思的是，演讲行将结束时，湖北督军王占元（直系）特地派人来请杜威等人到鄂，而除与中国政治完全无涉的杜威以盛情难却而答应外，其他"蔡吴李杨张诸氏均因京沪尚有要务，急须料理，不愿在鄂勾留，一律谢却"（《杜威博士尚须赴鄂演讲》，《大公报》〔长沙〕，1920年11月1日，第6版）。

❷ 谭延闿是国民党人，又与晚清立宪派有很深的联系；赵恒惕早年曾参加同盟会，之后追随蔡锷有年，对梁启超也以师礼待之（梁氏以四川为基地的计划因蔡锷早逝而失败，他只能寄望借赵恒惕重获军事实力）。或可以说，在国民党中，谭延闿与进步党关系最密切；而赵恒惕则是研究系一脉中最可为国民党接受的人物。如果湖南此时不是由他二人共同控制，这一国民党与研究系精英共同参与的讲演活动基本上就不可能。

❸ 不过，谭赵二人从1916年开始的合作已行将结束。1920年12月，赵恒惕驱逐谭延闿，独揽湖南大权。可以说，此次湖南讲演恰当其时——若再晚一个月，国民党方面（蔡元培、吴稚晖、张继等）就绝不会出席，章太炎恐怕也是如此。另外，与张东荪一样，赵恒惕驱逐谭延闿，也会被国民党看作所谓"研究系阴谋"的一部分。

❹ 《英美两大哲学家定期来湘详志》，《大公报》（长沙），1920年10月15日，第6版。

❺ 《李石岑致熊知白函》，《大公报》（长沙），1920年10月15日，第6版。

期间，除最后两天曾与杜威、蔡元培以及章太炎等人游历岳麓山，❶他一直待在长沙；若以沿途而论，长江两岸与粤汉铁路沿线或许有些内地乡村的影子，但也不过是行船、乘车时的一瞥而已。

讲这些并非要否定张东荪确实可能看到内地的凋敝，毕竟三年前，梁漱溟由北京回乡（广西桂林）途经湖南，便深为南北战争、生灵涂炭而震惊，并受此刺激写成《吾曹不出如苍生何》。在文中，他认为内地贫乏关键在于军阀混战，因此提出政治性解决方案——息兵；张东荪到湘时，战争又已持续了三年，但他提出的解决办法却只是"增加富力"，全然不涉及军阀问题，这多少令人费解——毕竟，正如论敌所说，内地贫乏在很大程度上就是内战的产物，回避了这一点，问题就不可能得到解决。

或仍可以合理地想象一下张东荪溯江西上时可能看到的情景。在半个多世纪前，胡林翼曾在同一水域看到西洋轮船风驰电掣而过，心痛呕血，❷而此时长江两岸多处已辟为通商口岸，西洋轮船自然只会更多。张东荪久居上海，对此自然司空见惯；但在内地看到轮船这种西洋经济与军事力量的象征，感受仍会大不相同。若说这会刺激他主张发展实业，但另一方面，晚清以来，在长江及其支流发展现代轮船业以及在各省市间修建铁路，都遭到不少官员与士人的反对，理由是新式轮船与铁路会造成传统商贩、河工与船夫失业，换言之，"求富强之具"可能攘夺民生，造成更多的贫乏。❸面对这一富强与民生的矛盾，张东荪却一味主张增加富力，也难怪会遭到质疑了。

---

❶《昨日名人游山盛况》，《大公报》（长沙），1920年11月1日，第6版。

❷ 薛福成：《庸盦笔记》，商务印书馆，1937年，第15页。

❸ 见杨国强：《晚清的清流与名士》，《晚清的士人与世相》，生活·读书·新知三联书店，2008年，第176—183页。

第三节 对罗素的期望与失望

以下讨论另一关键问题——张东荪（以及研究系中人）与罗素的关系。回到那篇时评，张东荪在其中说："罗素先生考察各地情形以后，他也说中国除了开发实业以外无以自立。我觉得这句话非常中肯又非常沉痛。"❶ 罗素是湖南之行的主角，张氏如此表达罗素的态度，被视为是借他所象征的西方思想权势阐发自己的"主义"——张东荪随后回应李达、陈望道与邵力子诘问的文章，题目就是《大家须切记罗素先生给我们的忠告》，更加强了别人对他借力于罗素的印象。为此，陈独秀甚至写了一封致罗素的公开信，要求他对"还仍旧用资本主义发达教育及工业，或是用社会主义"的问题表明态度，以免被"中国有些资本家的政党的机关报"（指《时事新报》）所利用，使得"进步的中国人对你失望"。❷

那么，张东荪与罗素的关系到底如何？首先，张氏对英国思想与政治一贯抱有好感，罗素本人又试图打通自由主义与社会主义，在张东荪心目中，已取代白芝浩，成为英国道路的最新代表，因此，张氏说对他的"佩服到百二十分"❸ 倒也并非虚言。但与思想上的接近相伴的，却是日常生活中的疏离。这是典型的张东荪式的行事风格——他在文字中对罗素十分赞赏，但在日常交往中，反不会当面有所表示（他表示对罗素敬服的文字是以后者看不懂的中文

---

❶ 张东荪：《由内地旅行而得之又一教训》，《时事新报》，1920 年 11 月 6 日，第 2 张第 1 版。

❷ 《关于社会主义的讨论——独秀致罗素先生底信》，《新青年》第 8 卷第 4 号（1920 年 12 月 1 日），第 8 页。

❸ 张东荪：《大家须切记罗素先生给我们的忠告》，《时事新报》，1920 年 11 月 14 日，第 1 张第 2 版。

发表的）；且为了自己的独立性，也不愿与后者过分接近。具体到这次湖南之行，他就曾向李石岑表示希望与李氏而非罗素同行，否则就会"觉有许多拘束之处"，❶刻意保持距离的态度清晰可见。

李石岑是罗素湖南之行的联络人，必须陪伴后者，结果，张东荪也不得不与罗素同行。不过，以他自负清高的个性，在几天的船程与车程（从武汉至长沙）中，要像同行的杨端六那样向罗素反复请教显然不太可能。❷事实上，张氏对罗素的理解部分就来自杨端六——后者以《和罗素先生的谈话》为题在湖南公开讲演并整理发表，❸公开说罗素认为中国经济太不发达，难以实行社会主义，应先发展实业与教育。由于罗素只在长沙停留一天就转而北上（杨端六演讲时他已不在长沙），且杨端六又是他的翻译，杨氏便在无形中被当作他的代言人，其转述也部分影响了张东荪对罗素的理解。

不过，罗素对张东荪更直接的影响，仍是他在湖南所做的唯一一次政治讲演，题目是十分切合当时思想界焦点的"布尔什维克与世界政治"。此时，在中国新知识分子中，尚无一人能亲自赴俄国见证革命（瞿秋白等人虽已出发，但尚未进入俄国），结果罗素以之前游历新俄的经历，不期然成为向国人解释俄国道路的关键人选。他否定俄国道路，强调发展实业与教育，引发当时人的激烈争论——社会主义论战迅速变成对是否实行俄国道路的争论，很大程

---

❶ 《关于罗素来湘之商榷》，《大公报》（长沙），1920年10月20日，第6版。

❷ 见杨端六：《和罗素先生的谈话》，首发《大公报》（长沙），1920年10月31日，第10版；转载于《东方杂志》第17卷第22号（1920年11月）。杨端六向罗素请教中国社会改造的道路问题，罗素不太肯定地表示，中国可能必须要经过一个资本主义阶段，以发展实业。

❸ 该演讲的记录者是毛泽东，他对罗素主张的回应则是："理论上说得通，事实上做不到。"（《毛泽东给萧旭东蔡林彬并在法诸会友》〔1920年12月1日〕，收入《蔡和森文集》，人民出版社，1980年，第57—58页）

度上就是受罗素的影响。

吊诡的是，这一影响大大有赖于当时人对罗素之前形象的误解——在来华前，他一直被认为是位基尔特社会主义者，是要来中国鼓吹社会主义；❶ 但结果却是如周佛海所说："自从罗素到中国来后，我预想谈社会主义的，一定会要大加勇气、大吹大擂地来谈了。哪晓得结果适得其反。因为罗素有'中国须发展实业，振兴教育'的两句话，反引出反对社会主义的讨论来了。"❷ 而如果确如张东荪的反对者所说，他借力罗素是蓄谋已久，是放弃社会主义的"大转弯之过门"，则他们怎么会请罗素这样一位被认为来中国主张社会主义的人？梁启超又如何会在欢迎罗素时，明确说他的学说最能满足他们的理想？

罗素的想法与此不同。他来华主要是想研究与教授数理哲学，关怀更偏向于"赛先生"一面；但不管是运作他来华的中国知识分子，还是他的各种听众（从青年学生到政府官员），都将他当作"德先生"的象征——他是《独立精神宣言》（1919年6月，谴责第一次世界大战与巴黎和会）的主要签字人，❸ 由此被当作"威尔逊背叛"后世界主义的新代表，甚至是"世界改造的指导者"。❹

张东荪对罗素的希望则更为具体——他建议后者考察中国的同

---

❶ 张东荪自己就看到："杜威先生来华，一时的空气为实验主义所充满；罗素先生来华，一时的空气便是罗素式的社会主义。"（张东荪：《非革去两种毛病不可》，《时事新报》，1920年10月18日，第1张第1版）

❷ 周佛海：《实行社会主义与发展实业》，《新青年》第8卷第5号（1921年1月1日），第2页。相较罗素，杜威鲜明得多地主张以教育变革中国，却很少引来马克思主义者的指责。这或许是因为，他们从一开始就不认为杜威是位社会主义者，因此不会对他的主张感到失望；而对罗素却抱有巨大的期待。

❸ 见冯崇义：《罗素与中国——西方思想在中国的一次经历》，生活·读书·新知三联书店，1994年，第95页。

❹ 张申府：《罗素》，《张申府文集》第2卷，河北人民出版社，2005年，第34页。

业公会，看是否能作为基尔特社会主义的基础。❶ 不过，这是关乎中国自身的问题，作为中国人的一员，张东荪却对此不敢判定，反要罗素来裁决。这是希望外国导师确认自己对国情的判断，清晰地显示了西方思想权势的内化程度。如前文所述，邵力子等人质疑张东荪何以非要亲自旅行一次才能想到内地贫乏，事实上，张东荪的主张本就不单来自自己的观察，而是受到了罗素同期思想的强烈影响——纵然他之前已了解中国内地贫乏，但仍要借助（或至少是显得借助）罗素的眼睛重新发现它。这是要借"睛蓝髯赤"❷的西方人以"奉天子而令不臣"。

因此，可以说是罗素（而非湖南）真正改变了张东荪对中国内地的看法，也是罗素（而非湖南）让他竟要放弃社会主义而主张发展实业。他追随罗素多少已到了拘泥的程度，竟连国内思想界群趋于社会主义的倾向也置之不顾。在某种意义上，邵力子等人的质疑是有道理的——如果没有罗素这样一位世界公认的社会主义者公开主张在中国不可实行该主义，仅靠在通商口岸也可以料到的内地贫乏，确实不足以让张东荪放弃它。

有意思的是，罗素其实并未做好当"世界改造的指导者"❸的准备。他来自经历了惨痛的"一战"的欧洲，游历东方不是为了布

---

❶ 张东荪：《对于罗素先生之一希望》，《时事新报》，1920年10月20日，第1张第1版。
❷ 梁启超：《异哉所谓国体问题者》，《饮冰室合集》第8册（专集之三十三），第87—88页。
❸ 张申府：《罗素》，《张申府文集》第2卷，第34页。如冯崇义所说："像包括马克思在内的欧洲许多思想家一样，罗素在访华之前并没有机会考虑过中国应如何改变其落后面貌的问题。他以前在社会哲学方面倡导和平主义、国际主义、社会主义等等，都是以西方国家为对象的。他也没有想到，当他对中国现实还完全陌生的时候，中国主顾便会将他视为改造中国的导师而向他索取改造方案。他更无从晓得，中国思想正处于波涛翻涌、浪花四溅的时刻。"（冯崇义：《罗素与中国——西方思想在中国的一次经历》，第172页）

道，而是要寻找解救欧洲精神危机的方案。因此，他从一开始（与中国受众的期待不同）就不愿将自己定位为文明传教士。这与杜威形成了鲜明的对比——后者来自西方列强中唯一未受战火摧残的美国，本就带着威尔逊"拯救旧世界"式的骄傲。因此，他在中国布道的姿态更浓，❶ 也更符合中国人对西方导师的定位。

罗素则不同。在给中国开"药方"时，他总是十分犹豫，强调要在中国待一段时间再发言，但听众显然不可能等待太久——甚至在欢迎他的宴会上，便有人向他请教中国与世界改造的道路问题了。对此，罗素颇想推己及人，根据中国的具体情况提出改造方案，而非仅仅靠理论与主义一般性的"说法"，用与罗素最相熟的傅铜的话说来就是，他"之所以劝欧美人与其所以劝中国人者其相反之处甚多"，是因为不肯将"为欧美各国说法"直接挪用到国情、民性完全不同的中国。❷ 罗素考虑到中国经济社会落后，故不谈自己支持的基尔特社会主义，主张先发展实业与教育，自认为这样最适合中国当下情形；但这却让陈独秀等趋向社会主义的"进步的中国人"失望了——杜威与罗素来华，让他们在心理上如同从世界边缘跃入中心，他们不能不对罗素将中国与西方区别对待感到愤怒，因为这是阻止他们"进入世界"。

---

❶ 罗素对中国传统（特别是道家）多有称赞；而杜威虽被梁启超一厢情愿地比附为是美国颜李学派的代表，但对中国传统的兴趣远不如罗素（类似罗素对英国帝国主义行为的"自我批评"，杜威也几乎没有）。对此，罗志田老师认为："自本世纪以来，我们中国人常喜欢将英美二字连在一起，从政治到文学艺术，似乎都有英美派。英美之间有许多共同之处是无疑的，但两国间亦有许多不同。同样，英美的自由主义虽是同源，也有相当的区别。尤其重要的是，在20世纪20年代的中国，美国的杜威和英国的罗素曾被中国思想界对立的两派分别请来助阵。故说到自由主义在中国的影响时，将英美并提要格外小心。"（罗志田：《再造文明的尝试——胡适传〔1891—1929〕》，中华书局，2006年，第244页）

❷ 傅铜：《致张东荪》，《时事新报》，1921年8月26日，第4张第1、2版。

不过，虽然罗素的著作在20世纪20年代初翻译得比马克思还快，虽然他一度被视为社会主义思潮的最新代表，但在某种意义上，希望罗素不要让"进步的中国人"失望的陈独秀依然高估了后者的影响力。既然罗素一旦不讲社会主义，"进步的中国人"就要对他失望，则他如何能说动这些人去发展实业与教育？事实上，"进步的中国人"虽然承认罗素的思想权势，但却自有其限度——他们绝非被动的追随者，而是要借助他来确证自己的主张。因为最初的讲演与谈话引起巨大争议，罗素在之后很长一段时间都避免再谈中国改造问题，❶ 这种自我克制也与"进步的中国人"的期待大相径庭，有人甚至认为他说话如同"巫者的卜辞"！而在罗素看来，这是因为他"总是拒绝对中国人当前的政治难题给他们提出建议"，如同巫师一样"只是劝向他求卜的人去做自己想做的事情"。❷ 吊诡的是，罗素是试图用科学精神来对待中国，因此才不肯轻易"占卜"，他若是登岸后一直以"口吐真言"的形象出现，反倒能摆脱这种"巫者"的指责！

说这么多罗素来华的情形，是为了说明他在离开中国前转向国家社会主义的背景。英式社会主义端赖稳定的政治体系与文化认同，尤其是要有能承担政教的政治与文化阶级；而在观察中国半年多后，罗素认为其政治与文化权威正在解体，绝无可能实行该主

---

❶ 罗素于1920年11月开始在北京大学讲演，题目本来是"社会改造原理"，他改为"哲学问题"；次年2月，他正式开讲"社会哲学"，但不涉及中国改造的具体问题，名称也是学术化的"社会结构学"（而非会引起更多期待的"社会改造原理"）。冯崇义认为："罗素在'社会结构学'中避而不谈中国问题，直接的原因或许是为了避嫌。当时中国新知识界正在为中国的发展道路问题展开激烈的争论。罗素认为中国新知识阶层是中国的全部希望所在，他实在不愿意看到他们因为他的言论而进一步分裂。"（冯崇义：《罗素与中国——西方思想在中国的一次经历》，第140页）

❷ 罗素：《罗素自传》第2卷，陈启伟译，商务印书馆，2003年，第191页。

义。1921年7月,在离开中国前,他以《中国到自由之路》(发表于《东方杂志》第18卷第13号)为题发表演讲,转而主张现阶段应实行俄国式的国家社会主义,并希望中国能有一万好人团结一致共担国事。此时张东荪正与陈独秀争辩中国绝不可实行布尔什维主义,罗素的这一临别赠言将他置于十分尴尬的境地。

不知是因为不愿罗素一走就发难,还是一时被罗素的"背叛"弄得不知该如何回应,直到他离开中国二十天后,张东荪才第一次明白表示反对意见。他说:"我们对于罗素先生行后,本不应有'后言',不过我们对于他最末次的讲演《中国到自由之路》却不能不说几句不满意的话。罗素先生的这一篇《中国到自由之路》上有许多地方和他向来的主张相矛盾——如他在北京大学讲演社会主义,末段说中国最好采用基尔特社会主义,而在《中国到自由之路》上却说非采用劳农专政不可;他在《未开化国之工业问题》一篇文章说大工业是由帝国主义强迫而出,不是自然的,苟能自足,亦无启发工业的必要,而《中国到自由之路》上却说中国非开发工业不可;他在饯别席上说中国只须有一打好人就行了,而在《中国到自由之路》上却说非有一万好人不行;他在日本的《改造》杂志说爱国心不是本能而是后起的,而在《中国到自由之路》上却说中国非提倡爱国心不可。"如此种种,让他感慨罗素"对于中国的情形太不明了了","自己的思想还未确定,如何能指导我们呢"?❶

要理解张东荪对罗素的不满,必须考虑到他对罗素的期望与失望。如前文所述,张氏与罗素本就接触不多,后者北上后又刻意不再公开表达政治观点,因此,张东荪并不知道他观点已变,仍认为

---

❶ 张东荪:《后言》,《时事新报》,1921年7月31日,第1张第2版。

其持反布尔什维主义立场。❶ 他视罗素如导师兼同志，却陡然发现后者竟站在反对者一边，这种如被"背叛"般的失望感，无疑加大了他的情感落差。

不满罗素的并不只有他。一直对罗素心怀芥蒂的胡适，在他离华时，特地写了一首讽刺性的小诗（《一个哲学家》）送别，说："他自己不要国家，但他劝我们须要爱国；他自己不信政府，但他要我们行国家社会主义。他看中了一条到自由之路，但他另给我们找一条路；这条路他自己并不赞成，但他说我们还不配到他的路上去。他说救中国只须一万个好人，但一两'打'也可以将就了，——我们要敬告他：这种迷梦，我们早已做够了！"❷ 有意思的是，胡适虽对罗素主张"一万好人"表示不满，但在后者离去后不到一个月，他就做主张"好政府主义"的讲演，其思想几乎与罗素如出一辙。杜威与罗素同时离去，在临别赠言中，他认为好政府与好教育如同鸡生蛋、蛋生鸡，非理论探讨所能解决，中国知识阶层要以"活动的能力"和"实行的精神"下手去做。胡适很受触动，认为"杜威先生注意实行的精神"让他想到了"惠施'连环可解也'一句"，而"这种永永无法解决的问题只有一个实际的解决法"，却是"用槌打碎玉连环"！❸ 在之前的各种讲演中，杜威已多次提出解中国"连环"的下手点——地方自治与平民教育，但胡适

---

❶ 针对张东荪的指责，傅铜反驳道："评论人之学说者，若但知其结论而不知其所以达此结论之种种经过、种种理由，则易发生误会"，"罗素之所言者其所见之中国也。其初来时所见之中国与其临去时所见之中国不同，则其前后之言即不同，似亦难遽断为自相矛盾。"他进而反戈一击，质问张东荪，他对罗素"前誉之而后毁之，吾人焉可因毁与誉相反而遽谓先生自相矛盾乎？"（傅铜：《致张东荪》，《时事新报》，1921年8月26日，第4张第1、2版）

❷ 曹伯言整理：《胡适日记全编》第3卷，1921年7月16日条，安徽教育出版社，2001年，第374页。

❸ 曹伯言整理：《胡适日记全编》第3卷，1921年6月30日条，第346—347页。

却仅仅收下了他"活动的能力"和"实行的精神",而以其"好政府主义"疏远了这位在他看来"自从中国与西洋文化接触以来"影响中国思想界最大的西方学者,❶ 转而靠近他一直当作半个敌人的罗素。虽然他始终不肯承认后者的影响,但这已足以与史华慈的观点形成有趣的对照,那就是:"罗素的影响被证明是有限的和短暂的,但是杜威教授则如果不是在中国社会哲学领域,那么就是在中国科学哲学领域的思想史上留下了持久的影响。"❷

事实上,罗素、杜威与胡适、张东荪这样的中国追随者的关系,倒颇类似于这些中国的"青年导师"和学生追随者的关系——更多的是追随者而不是导师在决定讨论话题。罗素根本不了解中国就被迫给它开"药方",正如张东荪根本不觉得自由恋爱重要,却仍要对青年表态。当然,有一点区别很关键,张东荪与罗素的关系,与胡适和杜威很不同。后两人虽有明确的师生关系,但却从来不是老师单向教导学生——学生也会间接地教导老师。❸ 而张东荪清高自负,不愿在日常交往中与罗素过分接近,结果对后者的了解几乎全部来自书本;另一方面,他也从没有试图"教导"罗素什么——吊诡的是,寻求对欧洲的可能"教导"倒正是罗素东游的最大目的。师生间期望错位,张东荪最后如何能不失望!

反过来,这也反映出罗素与梁启超一方的真实关系。虽然在胡

---

❶ 胡适:《杜威先生与中国》(1921年7月10日),欧阳哲生编:《胡适文集》第2卷,北京大学出版社,1998年,第279页。
❷ 史华慈:《中国的共产主义与毛泽东的崛起》,第14页。
❸ 如有论者认为,胡适对中国问题的观点早已形成,是他影响杜威,而不是相反。例如杜威说:"我自到中国以来,常有人同我说,中国十年前革命虽把表面上形式上的制度改变了,至于精神心理,实是因仍故我,不见动摇。正如演戏一样,舞台上的布景器具,都已一色翻新,然而脚色曲本却依旧不变。"(杜威:《教育哲学〔南京〕》,袁刚等编:《民治主义与现代社会——杜威在华讲演集》,北京大学出版社,2004年,第535页)这显然是胡适等人的主张。

适眼中，罗素就是他们请来与自己一方作对的，但梁启超等人与罗素，却完全缺乏胡适与杜威这样频繁的交流与密切的合作。他们最初本想让罗素主要在中国公学讲演，以配合另造"新文化运动"的计划，但最后却毫无下文。罗素在华一年间，与他交往最密切的中国人，是与研究系关系不大的傅铜、赵元任与张申府，以致他说自己在北大开的一门课上"除了一人（他是满清皇帝的侄子）例外，他们全都是布尔什维克派"。❶

这是怎么一回事？或可说，不管是梁启超还是张东荪，都只看到了罗素反对苏俄的一面，却忽视了他激进的一面——他本就属于费边社与工党中相对偏左的一翼，对新俄颇有同情（在1917年年底甚至一度主张英国工人也要建立苏维埃❷）。就此而言，即使确如胡适所说，罗素是梁启超一方请来助战的，他也是一位与他们的主张不那么合拍的"助战者"。

事实上，罗素所说的环绕他的"布尔什维克派"，并非特指共产主义者，更多的仍是指那些"进步的中国人"。可以合理地设想，如果环绕罗素的不是这些主张用激烈手段变革中国的人，而是类似张东荪这样要走稍温和道路的人，他是否会在临别赠言中主张中国必须走俄国道路是很可打一个问号的。

很自然，对这一赠言，与张东荪激辩大半年的陈独秀十分高兴，他颇有些得意地将罗素"一万好人"的主张径直当作自己"卑之无甚高论"的"少数人专政"，并认为罗素支持组织俄式政党，因为"政党是政治底母亲，政治是政党底产儿；我们与其大声疾

---

❶ 《罗素自传》第2卷，第188页。尤其是张申府，他可算是早期共产党的三号人物，大概就是罗素眼中围绕着自己的布尔什维克的典型；但他又是罗素的终生崇拜者与宣传者——甚至罗素本人都为他对自己著作的详尽掌握感到惊讶。

❷ 见冯崇义：《罗素与中国——西方思想在中国的一次经历》，第134页。

呼：'改造政治'，不如大声疾呼：'改造政党'"！❶ 多少巧合的是，共产党也正是在这个月召开了第一次全国代表大会，对这位新任党的总书记来说，罗素的表态不啻是锦上添花。

不过，两者仍是有距离的。罗素虽强调改造中国需要"一万好人"精诚合作，却不肯谈这"一万好人"是否应该组织政党，而陈独秀则完全忽视了他的这一保留。显然，陈氏也仅是将罗素作为阐发自己主张的话头。邵力子曾说，张东荪借用罗素"必须开发实业"的主张，却忽略后者同时说"开发实业必不可再蹈欧美资本主义的覆辙"，是"只采用他半截话"，❷ 此时的陈独秀何尝不是如此。但是，这在很大程度上又恰是因为罗素的临别赠言本就是"半截话"——只谈需要"一万好人"，却不谈如何才能组织起这"一万好人"。

虽然罗素的"背叛"让张东荪深感挫败，但罗素对他的影响却是终生的——他之后仍反复提到后者的政治社会主张，也仍视其为自己心向往之的英国道路的代表。事实上，罗素的"一万好人"本就相当接近张东荪贤人政治的主张，而更具意味的是，在张氏的最后一本著作《民主主义与社会主义》中，也如罗素的临别赠言一般，他颇有保留地接受了国家社会主义。令罗素深感为难的国家力量与社会自由的关系问题，也一直困扰着他，而作为一个中国人，要给祖国开出一服苦药，自然要比罗素有着多得多的情感与认同纠结。结果，罗素不到一年就得出的结论，他则整整花费了三十年。

---

❶ 陈独秀：《随感录》(1921年7月1日)，任建树编：《陈独秀著作选编》第2卷，上海人民出版社，2009年，第387、389页。

❷ 邵力子：《再评东荪君的〈又一教训〉》(1920年11月8日)，傅学文编：《邵力子文集》上册，第437页。

第9章

社会主义大论战

　　如果让旁观者将张东荪一生行事就重要性而言只留一件,那么恐怕大多数人都会选择社会主义论战。该论战是"五四运动过后政治思想论坛上一场参加人数最多、历时最长的大辩论",❶ 且被视为中国共产党在思想与组织两方面"从自发走向自觉"的关键一环;而对更为广义的中国社会主义运动来说,它也是各派别确立自身认同的关键事件。正如张君劢所说:"其时,国人言社会主义,激烈者师法苏俄;温和者步趋英费边主义、德社会民主。五四前后,东荪与陈独秀之对立,俨如清末孙、康之相冰炭,其最著者也。"❷

　　但在张东荪自己看来,这次争论却不该叫"关于社会主义的讨论",而应称作"关于 Bolshevism 的讨论",❸ 因为该论战的核心问题始终是中国能否走俄国道路——虽然布尔什维主义不过是张东荪反对的四种主义(其他三种是社会主义、国家主义与无政府主义)

---

❶ "从五四运动到人民共和国成立"课题组著:《胡绳论"从五四运动到人民共和国成立"》,社会科学文献出版社,2001年,第124—125页。

❷ 张君劢:《张东荪先生八十寿序》,程文熙编:《中西印哲学文集》下册,台湾:学生书局,1981年,第1403页。

❸ 张东荪:《答复兼反问》,《时事新报》,1920年12月8日,第4张第1版。

之一,却几乎成了争论的唯一焦点。

虽然焦点十分明确,但这一论战涉及问题颇多。换言之,这虽是一场"壕堑战"而非"混战",但双方却是在互相交错的多条战线上对峙。在论战中,各方的主张都有复杂的"形成"过程,且多少都受到论敌的影响与塑造——努力将自己模糊而多元的立场予以清晰且做单一的表述,与其说是在表达主张,不如说是在面对论敌反复抉择立场。本章将分主题论述双方在各主要"战线"上的论战,尤其注意考察各主张的"形成"过程——自然,作为主战场,俄国道路之争将居于最中心位置。

尽管参加论战的人很多,但张东荪的主要论辩对手,始终是陈独秀——也正是这次论战使得两人在中国社会主义运动中分道扬镳。有意思的是,北伐之后,陈独秀支持的俄国道路终于在中国实现了一部分,他反而重新认为自由在中国仍具有意义,并在与张东荪最后一次会面(1938年夏在汉口)时对他说:"自由主义尚有大提倡之必要",而张东荪虽然认为这话"语重心长",❶ 但不同于陈独秀,他的最后选择却是与共产党合作,接受一直反对的国家社会主义!陈氏的选择非本文重点;但张东荪长期视社会为政治的基础,且主张中国的最大问题就是如何"造社会",最后却转向了彻底的政治社会主义,实在令人深思。而这一系列问题,大致都可以追溯到社会主义论战。

第一节 对"资本主义阶段"的争论

张东荪的反对者对他最直接的批评,是他借主张发展实业实行

---

❶ 张东荪:《理性与民主》,商务印书馆,1946年,第148页。

资本主义。陈望道在张氏发表《由内地旅行而得之又一教训》的第二天，便质问他说："你现在排斥一切社会主义……却想'开发实业'，你所谓'开发实业'难道想用'资本主义'吗？你以为'救中国只有一条路'，难道你居然认定'资本主义'作唯一的路吗？"❶ 但张东荪在文中主张的是不谈一切主义，却为何被理解为借此暗中主张资本主义？

暂且搁置这一问题。至少有一点是明确的，这种指责让张东荪在论战一开始就处于十分不利的位置。此时的情形是社会主义（如清末的"立宪—革命"以及民初的"法政"）已成了"很时髦的一种'口头禅'"，"报章杂志底上面，东也是研究马克思主义，西也是讨论鲍尔希维主义；这里是阐明社会主义底理论，那里是叙述劳动运动底历史：蓬蓬勃勃，一唱百和。社会主义在今日的中国，仿佛有'雄鸡一鸣天下晓'的情景"。❷ 而如果说五四后的社会改造运动有什么共识的话，那么第一条就是对资本主义的否定，用张君劢的话说就是："生计政策上之个人主义与自由竞争说已成陈说，不复能维持昔日信仰，"❸"中国今后之生计组织，万不可将欧洲之资本主义失败史重钞一过"。❹ 简言之，资本主义已成落伍与罪恶

---

❶ 陈望道：《评东荪君底〈又一教训〉》（1920年11月7日），钟离蒙、杨凤麟主编：《社会主义论战》（《中国现代哲学史资料汇编续集》第1册），辽宁大学哲学系，1984年，第17页。

❷ 潘公展：《近代社会主义及其批评》，《东方杂志》第18卷第4号（1921年2月25日），第41页。

❸ 张君劢：《社会所有之意义及德国煤矿社会所有法草案》，《改造》第3卷第11号，第23页。

❹ 张君劢：《中国之前途——俄国乎？德国乎？》，《解放与改造》第2卷第14号（1920年7月15日），第10页。梁漱溟十几年后说得更清楚："近代资本主义的路，今已过时；人类历史到现在已走入反资本主义的阶段，所以不能再走此路。"（梁漱溟：《乡村建设理论》，《梁漱溟全集》第2卷，山东人民出版社，2005年，第157页）

的象征，既不合于进化又不合于道德，故只要称某人主张该主义，就几乎可以让他丧失在新派中的发言资格。

被指责为主张资本主义对张东荪触动很大，他一直不肯选定某一社会主义作为"信仰"，此时却下定决心，公开声明主张基尔特社会主义——以实际行动表明自己主张发展实业绝非是要主张资本主义。

这一表态效果并不佳。他的论敌多表示怀疑，盖因指责对方主张资本主义是最有效的攻击手段，绝难轻易放弃。而一度与张东荪颇为接近的施存统说得更为尖锐，他直言："主张基尔特社会主义，就是主张资本主义底别名。因为主张基尔特社会主义底结果，势必要去赞助资本主义，延长资本主义底寿命。不然，不但无可食的东西，而且无食东西的'蚕'。因此，我认为在中国主张基尔特社会主义的人，就是存心要想主张资本主义而不敢明目张胆主张资本主义的懦人；不然，就是自欺欺人的伪善者。"❶

在此必须考虑整体思想语境的变化。清末以来，不断有人提倡发展实业，它既代表着先进的西方文明，又是国族自强的象征，在世界主义与民族主义两方面都有着天然的正当性；而此时，它却被视为资本主义与压迫的象征，正当性十分可疑。❷ 另一方面，虽然当时"一战"的惨祸多被归咎于德国式的军国主义，但另有观察者（如辜鸿铭、梁漱溟与章士钊）认为，这不过是表面现象——以世界范围内的自由竞争为基础的资本主义工商业才是罪魁祸首。简

---

❶ 施存统：《读新凯先生底〈共产主义与基尔特社会主义〉》，《新青年》第9卷第6号（1922年7月1日），第29—30页。
❷ 张东荪发现，在当时，甚至乱兵抢劫的理由也是："今日社会主义盛行，我们对于有产阶级和资本家，有仇视的必要"，他认为这是"拿一句最无意识最无聊的话来做根据"（张东荪：《军人与社会职业联合的问题》，《时事新报》，1921年3月27日，第1张第1版）。不过，此种借用至少表现出资本主义在当时人心目中的负面程度。

言之，主题虽然没有改变，但思想世界（尤其是道义观）却已发生了巨大的变化——十多年前尚具有天然正当性的发展实业，现在则要先说明其正当性了。更重要的是，由于社会主义与俄国道路的出现，即使要发展实业，也似乎不再需要商人与资本家。而正如列文森所言，答案的改变也就意味着问题本身的改变。❶

在此背景下，我们就易于理解张东荪的讨论方式——不纠缠于资本主义的正当性问题，而是集中阐述该主义的必然性。在他看来，问题并不在于资本主义是否正当，而在于中国没有"拒绝资本主义的能力"，资本主义"不可逃避"。❷ 因为"中国只有几个交通的商埠有工人，纵使在这几个商埠有什么举动，也决不能影响全国。结果至多也不过做到一个半生不熟的变化，好像辛亥一样"。❸ 因此，他虽然不欢迎资本主义，但却准备对它"长期的忍耐"。❹

有意思的是，虽然在后来的历史叙述中，张东荪被视为反对马克思主义，但他这种对待资本主义的态度，却颇合乎强调经济基础的主导作用的马克思主义观点。马克思视工业无产阶级为历史动力，虽对资本主义剥削农业与乡村予以严厉攻击，但只是道义上的，他同时承认，资本主义的这一罪行是世界历史的工具，有其合理性——乡村与农民代表着落后的封建制度，资本主义则是跨出这

---

❶ 问题与答案的辩证关系，见列文森：《梁启超与近代中国思想》，刘伟等译，四川人民出版社，1986年，第13—14页。另有一点，此一争论（中国应否实行社会主义）与十多年前的另一争论（中国应否建立共和）论辩结构颇为相似。彼时各方都承认共和是进化的方向，此时也都默认资本主义在道德上劣于社会主义，且资本主义向社会主义进化是必然的——争议只在于中国目前是否可行。事实上，没有共同赞同的，也就不可能有真正的对抗——社会主义论战之所以如此激烈，首先就是因为各方一致否定资本主义。

❷ 张东荪：《答复兼反问》，《时事新报》，1920年12月8日，第4张第1版。

❸ 张东荪：《奉劝热心劳动运动者》，《时事新报》，1920年5月7日，第2张第1版。

❹ 张东荪：《长期的忍耐》，《时事新报》，1920年11月20日，第2张第1版。

一落后阶段的"必要的恶"(因此,他讥讽民粹主义者与无政府主义者,认为他们试图通过乡村变革现有资本主义制度,只是些空想家)。事实上,在当时,唯物主义已有取代实用主义、成为"赛先生"最新象征之势,而也只有以"科学"为名才能要求人违背其情感而"长期的忍耐"。

但是,作为"赛先生"的象征,马克思主义还有着另一面。即使不谈该主义对道义的强烈承诺,新文化运动中的"科学",本就不是指旁观者对现状不动感情的观察,而被当作一种破坏现有秩序的解放性力量。实用主义尚会被胡适用来破坏传统,更何况马克思主义!——它即使是一门科学,也绝不是冷冰冰的科学,而是包含着强烈的道德判断与正义感的"科学"。

由此,张东荪"长期忍耐"资本主义的主张陷入了伦理困境。张东荪视资本主义为"必要的恶",直接冒犯了社会主义视平等为道义基础的伦理激情。更直接的是,如果对资本主义只能"长期的忍耐",则读书人便要不情愿地承认他们只是资本家与商人(罪恶但又是必不可少)的配角,且要帮助后者成为"制服已与皮肤相连,无法蜕除"的"当权的费加罗"。❶——这种自我否定在情感上令人难以接受。事实上,问题并不在于资本主义阶段是否不可避免,而在于趋新知识分子希望做出否定的回答;问题也不在于中国是否可以直接进入社会主义,而在于出于道义激情,他们希望答案是肯定的。而张东荪也越来越明白,他真正的对手就是这宗教式的道德激情——马克思主义者"愈是口口声声讲客观,我们却愈看见在其内心具有宗教式的热烈情绪"。❷ 这是科学理性与道德化拯救承

---

❶ 以赛亚·伯林:《俄国思想家》,彭淮栋译,译林出版社,2006年,第133页。
❷ 张东荪:《思想与社会》,辽宁教育出版社,1998年,第186页。

诺的奇特结合。

同样要害的是帝国主义问题。在瞿秋白看来,"中国社会思想虽确有进步,还没有免掉模糊影响的弊病。经济上虽已和西欧物质文明接触了五六十年,实际上已遵殖民地化的经济原则成了一变态的经济现象,却还想抄欧洲工业革命的老文章,提倡'振兴实业利用外资'。——这是中了美国资本家新式侵略政策的骗,及听了罗塞尔(即罗素——引者注)偶然的一句'中国应当振兴实业'的话,所起的一种很奇怪的'社会主义'的反动"。他认为这种主张的问题在于"于中国经济上最痛切的外国帝国主义,或者是忘记了,或者是简直不能解决而置之不谈,却还尽在经济问题上打磨旋"。❶ 此处"抄欧洲工业革命的老文章"自然就是主张资本主义的别名,而指责张东荪"尽在经济问题上打磨旋",则自己支持的已不是"经济问题的解决,是根本解决",❷ 而是必须寻求政治解决。

也正是在这里,张东荪与中国社会主义传统的曲折关系显现了出来:正是他与梁启超半正式地提出了中国马克思主义的一个核心问题——民族资本家问题。如梁启超所说,四万万中国人都是西方的"劳工阶级","这劳工问题,在欧美各国,不过是国内一部分人的苦乐问题;在我们中国,却是全个民族的存亡问题"。❸ 他因此提出,要对"吾国之资本家"与"全世界之资本家"采取不同态度,此时当允许国内资本主义发展,因为"资本阶级发生,则劳动阶级亦成立,然后社会主义运动乃有所凭借","吾国劳动阶级将来

---

❶ 瞿秋白:《饿乡纪程》,《瞿秋白文集》第1卷,人民文学出版社,1985年,第30页。
❷ 李大钊:《再论问题与主义》(1919年8月17日),《李大钊全集》第3卷,人民出版社,2006年,第6页。
❸ 梁启超:《欧游心影录节录》,《饮冰室合集》第7册(专集之二十三),中华书局,1989年,第162页。

之敌手非中国之资本家也。……吾确信在稍远之将来,必有全世界资本家以中国为逋逃薮之一日。而中国劳动阶级最后之战胜,即为全世界资本主义根株断灭、全世界互助社会根本确立之时"。❶

此番言论见于著名的《复张东荪书论社会主义运动》。这封带着梁启超式感情的信一经发表,立刻就被当作对张东荪最初时评的真正阐释。❷ 而反倒是陈独秀等人在此时还不能真正面对帝国主义问题。针对梁启超区分本国与外国资本家,李达说这不过是"爱国主义和资本主义结合","劳动者没有祖国。社会党划分人类,以阶级不以国","就社会主义者的立场而论,不论本国外国,凡见有资本主义,就认为仇敌,总要尽力扑灭他;也不论在本国或外国,凡见有掠夺压迫的资本阶级,就认为仇敌,总要出死力战胜他"。并且他说:"要扫灭全世界所有的资本主义。这是马克思的教训,要谈论社会主义或资本主义的人,至少要了解这一点;不然,就要说门外汉的话了。"❸ 在中共早期党员中,李达可算是最熟悉马克思主义的人,他以资本主义的世界性与"工人阶级无祖国"来反对区别对待本国资本家,在理论上或可自圆其说,但说主张区别对待就是对马克思主义尚是"门外汉",则列宁也是"门外汉"之一了。更重要的是,鉴于民族主义在现代的影响力,要完全否定它必然是

---

❶ 梁启超:《复张东荪书论社会主义运动》,《改造》第3卷第6号(1921年2月15日),第24—25页。

❷ 张东荪已声明主张基尔特社会主义,却仍被认为主张资本主义,多少也是受梁启超所累——后者比他更倾向于劳资合作,且文字力超强,被李达当作"虽然明明主张资本主义反对社会主义,而立论似多近理,评议又复周到,凡是对于社会主义无甚研究的人,看了这篇文字,就不免被其感动,望洋兴叹,裹足不前。我为忠实主义起见,认定梁任公这篇文字是最有力的论敌"(李达:《讨论社会主义并质梁任公》〔1921年5月〕,《李达文集》第1卷,人民出版社,1980年,第57—58页)。

❸ 李达:《讨论社会主义并质梁任公》(1921年5月),《李达文集》第1卷,第59、70—71页。

困难的。正如本尼迪克特·安德森所说,虽然马克思在《共产党宣言》中曾强调:"每个国家的无产阶级都必须先处理和它自己的资产阶级之间的关系。"但这个含混的"先处理"却根本不足以使马克思主义者在面对民族主义的挑战时能够应付自如。❶ 李达自然也不例外。

倒是对马克思主义并不熟悉的陈独秀,对这一问题的反驳更切合中国的问题。他提出,中国资本家的存在本就是"中国对欧美比较一般的贫乏"的原因之一,而"我们所谓资本主义不应该分别内外。若果资本主义能使中国人都得着人的生活,大家既然不以抬轿为苦,反以不得抬轿为忧,便是外国的资本主义也应该欢迎的;若果资本主义不能使中国人都得着人的生活,就是排除了外国资本家,造成一班中国资本家,也不过使中国人中之少数人免了贫乏,多数人仍然是一般的贫乏。所以先生所主张的使中国人'都'得着人的生活,非废除资本主义生产制采用社会主义生产制不可。因资本主义生产制下,无论资本家是外国人,或是本国人,决不能够使多数人'都'得着人的生活"。❷ 陈独秀一贯言辞激烈,在这里却显得颇有分寸,显然是看到了资本主义与爱国主义关系的复杂性,因此只是指责资本主义不能"富民",而并未一般性地否定它不能"强国"。

由此也略可见晚清以来"寻求富强"格局下"求富"与"求强"的矛盾——这相当程度上又是先救民还是先救国的问题。对此,张东荪显得颇为犹豫:他认为"一班贫民但求得自前之生活,

---

❶ 本尼迪克特·安德森:《想象的共同体——民族主义的起源与散布》,吴叡人译,上海人民出版社,2003年,第1—4页。

❷ 陈独秀:《关于社会主义的讨论——独秀复东荪先生底信》,《新青年》第8卷第4号(1920年12月1日),第19页。

遑论将来之利害。故吾知中国资本家倒后外国资本立即侵入,则一班贫民必欢迎之不暇也"。但在承认贫民对本国与外国资本主义并无所择的前提下,他仍主张必须先发展本国实业;随后却立刻又转向另一边,说自己"非欲造成强厚之资本主义与国家主义以与外国对抗","资本主义与国家主义绝对不能造成"。❶

不过,有一点仍至关重要,张东荪主张对本国资本主义要"长期的忍耐",是要以此抵抗世界资本主义对中国的威胁,国族意识比他的论辩对手清楚得多。事实上,虽然"反帝"是之后的"国民大革命"的两大口号之一,但大多数共产党人与新文化运动联系紧密,更熟悉的仍是"反传统"——将中国的困境归咎于帝国主义,多少便会减轻传统的罪责。因此,他们对帝国主义的谴责总是有些半心半意(至少不像谴责传统时那样有着充分的确信与道德愤怒)。❷

共产党人怎么看待这一诡论式的局面? 1923 年,瞿秋白发表一篇著名的长文,指出"中国宗法社会的皇帝制度破败之后十二年,方才露出一些民权主义的可能性,然而已经处于世界社会革命的时代;中国'四海之内莫非王土'的国家观念受枪炮、飞机、潜艇、新银行团的恐吓,方才烟消云散,想建立'民族国家',然而欧美各大民族国家却已显然表露他们是'阶级国家'。中国民权主

---

❶ 张东荪:《答高践四先生书》,《时事新报》,1920 年 11 月 13 日,第 1 张第 1 版。
❷ 或许正因如此,"研究系"并不否认帝国主义问题,共产党人却视其为马克思列宁主义"最凶恶的敌人"(转引自吕芳上:《革命之再起——中国国民党改组前对新思潮的回应》,"中央研究院"近代史研究所,1989 年,第 281 页);胡适等自由主义知识分子不太承认帝国主义问题,共产党人却愿意在一定条件下与之联合。当然,民族资本家(或更广而言之,民族主义与社会主义的关系)问题在论战中并没有被明确讨论,除了这种心态上的抗拒,恐怕更多要归咎于中国马克思主义者尚并不能熟练地将阶级分析与中国现实关联起来——资本主义阶段是否可以避免,这也是曾困扰一代俄国马克思主义者的问题。

义和民族主义的开始,恰好在世界的民权主义和民族主义崩坏的时期。于是中国的社会思想和社会运动的倾向便有些'徘徊不定'不能自信的状况。实际生活要求民权主义,而思想的先驱却揭橥着社会主义。民权主义和社会主义究竟哪一个要实现,资产阶级和无产阶级究竟哪一个能取得革命运动的领袖"?对此,张东荪与梁启超提出了他们的解答——先发展资本主义。瞿秋白认为这属于"绅士资产阶级的民族主义",❶ 而如胡绳所说,他们是"提出了一个很重要的问题。怎样跨越资本主义呢?陈独秀等当时当然回答不了……甚至到今天我们还在解决、回答如何跨越资本主义阶段建设社会主义的问题"。❷ 由此也可见,中国早期社会主义的发展史,并不是共产主义不断克服各种非共产主义的辉格史,而是不同派别间的相互塑造史——所有支持者与反对者共同的历史。

以下转向阐述张东荪主张的思想意涵与形成语境。有一点是肯定的,他并非在主张经济自由主义——毕竟,主张对自由资本主义"长期的忍耐"是一回事,将其视为值得追求的正面价值是另一回事。张东荪确实曾承认资本主义在发展之初促进了个人主义社会的诞生,但他同时认为,资本主义的进一步发展会阻碍更高阶段个人主义的实现。在他看来,个人平等发展与最低限度的生活保障也是个人主义的核心要素,而资本主义自由竞争虽形式平等,却会造成实质不平等,损害整体"社会"。他甚至有一次用十分接近马克思主义者的语气说:"劳力变为商品却不是单纯卖方与买方的关系,乃是基于社会全体组织上有逼迫穷人不能不出售其体力之殊特情

---

❶ 瞿秋白:《自民权主义至社会主义》(1923 年 12 月 20 日),《瞿秋白选集》,人民出版社,1985 年,第 55—56、78 页。
❷ "从五四运动到人民共和国成立"课题组著:《胡绳论"从五四运动到人民共和国成立"》,第 5 页。

势。所以是社会组织上的问题，而不仅是经济上的问题。在经济上买卖是一种契约，无所谓不公道；而在社会上则有使穷人不得不卖其劳作之情势。……劳作之商品化绝不是经济学上的'必然'。"❶

另一方面，张东荪身处中国最大的通商口岸，对资本主义对道德的破坏性作用始终心生疑虑。他认为北京与上海此时"所有的政治活动和所有的其他活动"，都不外乎"个人发财主义"六个字，而"中国人除了穷乡僻壤没有沾染新风气的以外，大声呼吸在这个人发财主义的空气当中"。❷ 因此，他视社会主义为"逆现社会的""新文明运动"，❸ 换言之，"社会"应成为"公"的表现，而达到这一理想社会的途径则是社会主义。因此，他不可能接受无限制的自由竞争——无数个人之私能在"看不见的手"的推动下自然形成"社会之公"，这不属于他愿意并能够相信的真理。

那么，张东荪的主张与国族主义是什么关系？首先，他十分看重"理想"，而国族主义（正如同资本主义）不过是与现实妥协的产物。他看到，法国与俄国革命最初都极具世界主义理想，最后却都退回国族主义，他因此认为："从理想方面掀起一个大波澜都不是由于国族主义，毋宁说是出于与国族主义相反的一种思想。至于最后的着落如此则纯为事实所迫。资本主义亦何尝不然。历史告诉我们：民族单位的国家主义与个人单位的资本主义都不是理论上的

---

❶ 张东荪：《理性与民主》，第31页。他甚至不承认资本主义是个"主义"，认为："本来是没有资本主义的思想。按英文 Capitalism 译为资本主义以与社会主义相对立，这是错误的。资本主义只是一个制度，一个社会状态，而不是一个理想，不是理论上的主张……所以社会主义确是个主义；而所谓资本主义却是个误译。决不可称之为主义，只宜译为资本制度或资本社会。"（张东荪：《思想与社会》，第176页）

❷ 张东荪：《占有的冲动》，《时事新报》，1919年7月14日，第2张第1版。

❸ 张东荪：《我们为甚么要讲社会主义》，《解放与改造》第1卷第7号（1919年12月1日），第11页。

理想，但都是实际上所无法立刻废弃的。并且我们可以寻出许多证据证明理想自始即在反抗这样的现实情况。"❶

这是国族主义与社会主义的两难，集中体现于中国资本主义阶段问题。虽然当时人均服膺历史目的论，且马克思在1867年已说过："工业较发达的国家向工业较不发达的国家所显示的，只是后者未来的景象。"❷ 但此时，甚至在梁启超这样对资本主义颇有"了解之同情"的人眼中，西方每一国也均已"分为两国"——"资本国"与"劳动国"，"早晚总有一回短兵相接拼个你死我活"。❸ 而这显然不是当时人所想看到的"未来的景象"。

由此，对中国资本主义阶段是否可以跨越的追问出现了。对此，张东荪表现得如同一位正统的马克思主义者，主张"无论何种社会，假使新社会存在必要不可缺的物质条件，没有在旧社会（现社会）的母胎中孕育成熟，新生产条件无由产生，□新社会不会产生，旧社会不会消灭"。因此，他以马克思的话告诫道："社会的过程，是一个最苦痛的过程"，坚决反对"觉得英美先进的国家还是不彻底、不自然，我们不说改革则已，一说改革，则欧美诸国都不足法，倒不如一不做二不休，作一度彻底的改革，求将来永久的安宁"，认为这不过是"希望侥幸成功"，没有"注全力打一场死仗"的精神。❹ 对比是有趣的：张东荪的主张反而更切合唯物史观对具

---

❶ 张东荪：《民主主义与社会主义》，观察社，1948年，第37页。不过，须注意一点区别，他对资本主义最多只愿"消极的忍耐"；对国族主义，则仍在一定程度上肯定其价值。毕竟，没有资本主义，或许仍能实现富强；但若没有国族，富强就成了无主体的游魂。因此，国族主义虽不是理想，但至少是他愿意主动去促成的事实；而资本主义，则只是他被动忍耐的事实。

❷ 马克思：《〈资本论〉第一版序言》，中共中央马克思恩格斯列宁斯大林著作编译局编译：《马克思恩格斯全集》第23卷，人民出版社，1972年，第8页。

❸ 梁启超：《欧游心影录节录》，《饮冰室合集》第7册（专集之二十三），第8—9页。

❹ 张东荪：《思想上之一进步》，《时事新报》，1920年12月14日，第2张第1版。

体历史条件（尤其是经济条件）的强调——资本主义的每一点发展都进一步创造了其灭亡的条件，在决定性时刻来临之前，无产阶级要充分促成此类条件的形成；而在革命时期，则要善于利用旧社会提供的每一种灭亡它的手段。反而是陈独秀等共产主义者强调精神对社会变革的重要性，并认为自己主张的就是唯物史观！

这一矛盾背后，是清末以来中国知识分子试图以"毕其功于一役"的方式解决中国问题的心态。不过，与辛亥革命时试图模仿西式共和政治不同，此时主张社会主义却带有强烈的后来居上的心态——该主义被视为对当下西方政教的批判与超越，即"在资本制度还未发达的时候，正好用社会主义来发展教育及工业，免得走欧美日本底错路"。❶ 更具体地说来，则是中国"资本主义正在萌芽时代，人民因产业革命所蒙的苦痛尚浅，若能急于此时实行社会主义，还可以根本的救治；若果要制造了资本主义再行社会政策，无论其道迂不可言，即故意把巧言饰词来陷四百兆无知同胞于水火之中而再提倡不彻底的温情主义，使延长其痛苦之期间，又岂是富同情者所忍为？资本主义是社会的病，社会主义是社会健康的标准，社会主义运动是治病而复于健康的药。……一定要把中国现在的病症移做资本主义的病症而后照西洋的原方用药，这种医生是不是庸医"？❷

这里"病"与"药"的譬喻都含义微妙。将资本主义视为"病"是一回事，视为可以加以事先预防的"病"则是另一回事——只有西方既有历史发展阶段可以超越，后者才是可能的；而这，多少已违背了此时正被视为最新科学代表的历史唯物论。马克

---

❶ 陈独秀：《关于社会主义的讨论——独秀致罗素先生底信》，《新青年》第8卷第4号（1920年12月1日），第8页。

❷ 李达：《讨论社会主义并质梁任公》（1921年5月），《李达文集》第1卷，第69页。

思从不脱离具体的生产力水平比较生产关系的好坏——资本主义愈发达，会愈为实现社会主义创造条件；只有相对于较高的生产力水平，资本主义才是障碍。在早期共产党人中，李达可算是十分精通共产主义，但他却仍要忽视马克思的这一主张，多少也可见论辩对手施加的压力之大，已到让他必须放弃马克思主义中对辩护他立场不那么有力的一部分的地步。

不过，在李季看来，张东荪强调社会发展阶段不可跨越，不过表明他是"懂得西文的新顽固"——虽然懂得西文，却并不真懂西方。为驳倒张东荪，李季必须在中国找到资本主义，办法则是认定出租土地或雇工的农民就是"无数的小资本家"。❶ 李季后来被瞿秋白半开玩笑地称为共产党内"马克思主义的汉学家"，❷ 以他的理论素养，不可能看不到该解释的严重问题。而他的解决办法，则是强调马克思与恩格斯都只是"圆颅方趾的人类，并不是什么'神'。当他们著书立说的时候，为当时的环境所限，他们依照这种环境的趋势，推测将来的情形，后来时过境迁，自然是有些不大中肯的地方"（如他们认为革命将在最发达资本主义国家爆发就被证明是错误的），因此，对该主义不可"孔趋亦趋，孔步亦步"。❸ 作为共产主义者，他却反复强调不可墨守马克思主义，显然是意识到中国革命无法在该主义中获得简单说明，因而不免显得进退两难。

李达提出的另一点则更显示了此时共产党人对社会阶段论的矛

---

❶ 李季：《社会主义与中国》，《新青年》第8卷第6号（1921年4月1日），第2、8页。

❷ 郑超麟：《郑超麟回忆录》，《史事与回忆——郑超麟晚年文选》第1卷，香港：天地图书有限公司，1998年，第287页。

❸ 李季：《社会主义与中国》，《新青年》第8卷第6号（1921年4月1日），第8—9页。李达也认为，在西方列强中，俄国资本主义最不发达，社会主义革命却首先成功，这证明："在中国运动社会革命的人，不必专受理论上的拘束，要努力在实行上去做"（李达：《社会革命底商榷》〔1920年12月7日〕，《李达文集》第1卷，第56页）。

盾态度。他担心发展资本主义会为转向社会主义制造障碍，具体说来就是"就中国现状而论，国内新式生产机关绝少，在今日而言开发实业，最好莫如采用社会主义。譬如我们要建造新建筑物，只好按着我们的理想去造，不必仿照他人旧式不合理想的式样暂时造出不合理想的建筑物，准备将来改造。欧美各国的经济组织，正如旧式不合理想的大建筑物一样，规模太大，转换不易，要想根本改造，实在是最难之事。请看欧美社会改造运动家，那样的努力那样的牺牲，犹然达不到改造的目的，这就是最好的实例"。❶ 他担心人民在增加"富力"后会失去革命动力——不同于张东荪视内地"贫乏"为悲剧，在李达这样的布尔什维克眼中，这正是宝贵万分的革命机会！

为调和革命与社会阶段论的矛盾，共产党人转而强调经济的世界性。李大钊认为："要问中国今日是否已具实行社会主义的经济条件，须先问世界今日是否已具实现社会主义的倾向的经济条件，因为中国的经济情形，实不能超出于世界经济势力之外。现在世界的经济组织，既已经资本主义以至社会主义，中国虽未经自行如欧、美、日本等国的资本主义的发展实业，而一般平民间接受资本主义经济组织的压迫，较各国直接受资本主义压迫的劳动阶级尤其苦痛。中国国内的劳资阶级间虽未发生重大问题，中国人民在世界经济上的地位，已立在这劳工运动日盛一日的风潮中，想行保护资本家的制度，无论理所不可，抑且势所不能。"❷ 简言之，中国与世界不可分离，必须一体解决。

这种倾向是颇具提示性的。在社会主义论战爆发时，除《共产

---

❶ 李达：《讨论社会主义并质梁任公》（1921年5月），《李达文集》第1卷，第65页。
❷ 李大钊：《中国的社会主义与世界的资本主义》（1921年3月20日），《李大钊全集》第3卷，第277页。

党宣言》外，马克思的重要著作均尚无中译本（不用说《资本论》这样的鸿篇巨制，即使是被当作俄国道路的理论基础的《哥达纲领批判》也是如此）。❶《共产党宣言》极强调经济与革命的世界性，这大大加强了早期共产党人的世界主义倾向。而李大钊对"一般平民间接受资本主义经济组织的压迫"语焉不详，也清晰地反映了当时马克思主义者的理论状况——他们尚无力以较为精密的阶级分析将中国各阶级关联到其世界革命话语中。

事实上，也正是张东荪与马克思主义的符合，最大限度地激起了这些马克思主义者的反对。他们指责他的主张"似是而非""最易淆惑人心""是社会主义的障碍，是我们的敌人"。❷显然，他们感到了巨大的压力——张东荪不仅在挑战他们对中国现实的理解，更在挑战他们对马克思主义的理解。❸而这，也恰恰显示出张东荪与中国早期社会主义传统的复杂关联。

---

❶ 据德里克研究，在五四前后不短的一段时间，对无政府主义者（如巴枯宁与克鲁泡特金）著作的翻译与介绍要远远多过马克思；甚至对基尔特社会主义者（如罗素与柯尔）著作的翻译与介绍也要超过马克思。事实上，在1927年之前，共产主义者在组织与工运方面获得极大成功，在翻译马克思主义理论方面却相对滞后（五四前译作只有《共产党宣言》，还只是清末节译本；而在五四前后，也多是社会民主主义者——如考茨基——的作品）。大规模翻译反而是在大革命失败后才全面开始——到此时，如《政治经济学批判》与《资本论》这样真正的鸿篇巨制才被译为中文。另外，虽然中国共产党视俄国为榜样，但对俄国革命具指导意义的《国家与革命》一书，也直到1929年才有译本。因此，在社会主义论战时期，双方所能了解到的马克思主义都很有限；反过来，对社会民主主义、基尔特社会主义与无政府主义，他们反而更容易有较深入的了解——因为有更多且更可靠的书籍与资料。

❷ 李达：《社会革命底商榷》（1920年12月7日），《李达文集》第1卷，第46页。

❸ 对此，胡绳在几十年后说得直言不讳，在他看来，陈独秀等人"把资本主义看成是人类误入的一条'错路'"，"这种对资本主义的看法，是空想社会主义的，而不是马克思主义的"（"从五四运动到人民共和国成立"课题组著：《胡绳论"从五四运动到人民共和国成立"》，第133页）。

第二节 "俄国道路"诸问题

以下讨论俄国道路之争。该争论首先爆发于欧洲而非国内——1920年7月，旅法勤工俭学生已因这一问题分裂为对立的两派。背景显而易见——此时，欧洲几乎所有国家的社会党都面临俄国革命的挑战，需要对布尔什维克的新道路"明白表示态度"（法国社会党更因此大分裂）。而这一点，则相当明显地提示了我们社会主义论战的国际背景——必须联系此时西方的整体思想与政治语境，才能理解该论战的主题、方式甚至是强度。

这也是论战参与者自身的思考方式。不管具体观点如何歧异，他们有一点是共通的——均认为必须在世界社会主义运动的视野下考虑中国的社会主义问题。用张东荪的话说："资本主义正和社会主义相同，也不是一国要实行就能单独实行的；设使世界全球的资本主义皆倒了，中国虽是工业幼稚，然而也不能单独维持资本主义。"❶ 由此，中国能否实行社会主义的问题，被等同于世界社会革命的前景问题。❷

大体说来，这仍不过是尾随者的世界主义。他们并不认为中国对世界社会主义革命有任何重要意义——二者的联系是单向的，仅意味着中国社会主义的前途，由世界（尤其是欧洲列强）社会主义的命运所决定。用陈独秀的话来说就是："现代人类底经济关系乃国际的而非国别的了。如果他断定欧美资本制度要崩溃，能

---

❶ 张东荪：《一个申说》，《改造》第3卷第6号（1921年2月15日），第54页。
❷ 事实上，列宁虽然在资本主义不发达的俄国发动革命，但也认为俄国革命若不能变为世界革命，则终将被资本主义扼杀，因此寄望欧洲主要资本主义国家爆发社会主义革命。之后各国共产党的合作，也有赖于这种世界革命意识。

讲社会主义,他便不应该说中国不能讲社会主义,仍要采用资本制度。因为交通便利、需要复杂底缘故,有许多事都渐渐逃不了国际化,经济制度更是显著。各国资本制度都要崩溃,中国哪能够拿国民性和特别国情等理由来单独保存他。"❶ 而张东荪说得更简捷:"中国的问题虽即是世界的问题,然不能即以中国为匙而解决世界问题之钥。必定世界有变化,中国方能同时变化。"❷ 简言之,中国的未来,将在莫斯科、柏林或伦敦决定——只有"世界革命",才能解救这一"世界的劳工阶级"。这显示了中国社会主义革命的内在矛盾——要使中国摆脱"世界的劳工阶级"的地位,却以放弃自我、绝对依赖西方为前提。这也显示了中国社会主义运动的思想限度——虽然"一战"后中国似乎要否定西方权势,但这种否定本身,仍受西方思想与实践格局的塑造与限制。

　　斯考切波强调:"对所有现代社会革命而言,其原因与成就都与世界范围内的资本主义经济发展和民族国家形成的不均衡状况有着紧密的关系",而在分析民族国家内部的社会革命时,必须考虑"两种不同类型的跨国性背景","一方面是世界资本主义经济和国际性国家体系的结构,各个国家在这一结构中处于不同的地位。另一方面是'世界时间'的变化和传播,既会影响到革命得以发生的整个世界背景,也会影响到革命领袖能够从国外借用的特定模式与选择"。❸ 具体到中国,必须考虑的"结构"与"世界时间",首先是欧洲与苏俄。并非毫无象征意义的是,在社会主义

---

❶ 陈独秀:《社会主义批评》,《新青年》第9卷第3号(1921年7月1日),第7页。
❷ 张东荪:《一个申说》,《改造》第3卷第6号(1921年2月15日),第57页。
❸ 西达·斯考切波:《国家与社会革命——对法国、俄国和中国的比较分析》,何俊志、王学东译,上海人民出版社,2007年,第20、23页。

论战爆发时，欧洲社会革命也到了关键时刻。❶ 1920 年年底，布尔什维克已在俄国站稳脚跟，不过，欧洲的激进社会主义革命（尤其是在德国与匈牙利）却接近失败。这促使列宁转而关注亚洲各殖民地、半殖民地的民族解放运动，❷ 认为后者（而非资本主义发达的欧洲）才是世界革命的关键环节——"到欧洲之路是经过亚洲，北京是去巴黎的大门"。❸ 这是俄国革命思路的进一步延伸——如果说俄国是资本主义世界体系的外围与薄弱环节，那么显然，这些亚洲民族与国家在帝国主义世界体系中也处于相同位置。而也只有到了这个时候，中国社会主义革命才开始具有世界历史意义，不再是可有可无的附属物。

这显示出当时的中国与经典马克思主义的距离。正如史华慈所说，对中国知识分子而言，前列宁时代的马克思主义与中国命运关联极小。该主义的历史剧将在资本主义发达国家上演，而俄国与中

---

❶ 邓中夏后来回忆道："这样一个革命怒潮，以其锐利的形式表现出了资本主义制度崩溃的过程。1920 和 1921 年世界革命发展到最高度，到 1923 年年底才受挫折而低落，因为 1923 年的秋天，保加利亚的暴动和德国无产阶级革命，都遭受了极大的失败。"（邓中夏：《中国职工运动简史》，人民出版社，1979 年，第 13 页）

❷ 虽然列宁在十月革命前已意识到，各殖民地、半殖民地正在兴起的民族主义运动可能成为无产阶级世界革命的促进因素，并曾关注过中国与印度，但直到 1920 年年底，由于社会主义革命在欧洲（尤其是德国与匈牙利）失败，他才真正将亚洲（世界资本主义体系的外围附庸）置于社会主义革命的关键位置。但是，虽然列宁在 1920 年 6 月已提出在各殖民地、半殖民地发动民族民主革命，且中国共产党之前一个月已在苏俄代表的直接指导下开始建党，但直到社会主义论战爆发（1920 年年底），他的主张尚未在苏共党内最后确立，自然无法真正影响中国共产党的理论与实践——事实上，直到 1922 年 1 月，远东各国共产党及民族革命团体代表大会再次确认列宁的民族民主革命路线，它才开始对中国共产党产生影响。所以，毫不奇怪，反而是张东荪等人在论战中更接近列宁的这一主张。

❸ 列宁：《巴库宣言》（1920 年 9 月），转引自李超宗：《新马克思主义思潮》，台北：桂冠图书股份有限公司，1989 年，第 315 页。

国要做的只是被动地等待。❶ 结果,"尽管传统的马克思主义表面上是'成功的',它在东进的过程中——进入它最初假设所没有预料的环境——仍然经历了一个缓慢但持续的瓦解过程。……在最初的学说中,有机联系的不可分离的内容伴随着列宁已经被分离并且被彼此孤立。当然,这个过程伴随着斯大林走得更远"。❷

此处需略述五四运动后中国知识分子接受俄式马克思主义的思想与心态语境。如罗志田老师所说,这与马克思主义在西学中的特殊地位有关——它一方面是西学的一部分(由此分有其思想权势);另一方面,它对西方当下政治与社会持否定态度,相当符合中国人不得不学西方却对其深怀不满的心态。❸ 而余英时先生则指明了另一关键点——俄国位于西方边缘,其马克思主义本就扮演着"反西方的西学"的角色。❹ 而这种相似性无疑加强了俄国道路对中国的吸引力。

分歧在于如何看待这一列宁版的马克思主义。共产党人认为该

---

❶ 史华慈:《中国的共产主义与毛泽东的崛起》,陈玮译,中国人民大学出版社,2006年,第2页。这或许也部分解释了为何在五四之前,中国社会主义思潮的主流是无政府主义而非马克思主义。毕竟,将平民视作世界改造的中坚力量,就可能赋予农民阶级(在落后国家中占最大多数)更重要的位置,也会提高国人对自己未来的期待——比起马克思主义,无政府主义视野下的中国要重要得多。

❷ 史华慈:《导言》,《中国的共产主义与毛泽东的崛起》,第64—65页。不过,这一点是有争议的——列宁的解释并不比考茨基更多地歪曲了马克思的"原意"。虽然马克思对暴力革命与无产阶级专政说得很少,但他对议会社会主义同样语焉不详。可以说,列宁只是将马克思著作中已存在的一种倾向加以激进解释,考茨基则对另一种做了加强解释。此时,各方为争夺马克思主义正统,均主张是自己而非对手领悟了马克思的原意;但作为复杂的思想家以及必须对政治与革命做出即时反应的社会主义者,马克思的学说本身就存在多种(甚至是相反)诠释的可能性。

❸ 见罗志田:《西方的分裂——国际风云与五四前后中国思想的演变》,《二十世纪的中国思想与学术掠影》,广东教育出版社,2001年,第143页。

❹ 余英时:《中国现代的文化危机与民族认同》,《现代危机与思想人物》,生活·读书·新知三联书店,2005年,第47—54页。

主义内含拯救中国的新福音,自然不能接受它在东传中已被改变,因此竭力强调列宁与马克思的一致性。而非马克思主义者则不接受这种正统论,认为是"孔丘、朱熹的奴隶减少了,却添上了一班马克思、克洛泡特金的奴隶";❶ "德国的考茨基(Karl Kautsky)一派社会民主党,和俄国的布尔塞维克,都自命为马克斯嫡派真传,而这两派的主张,根本上就大相反对",因此不必"把旧偶像一脚踢倒,随着奉一个新偶像出来"。❷

以下讨论张东荪等人对俄国道路的具体主张。❸ 他认为,在产业不发达、阶级对立未形成的中国,俄式革命将变成破坏性的游民暴乱——不会带来任何意义上的社会与政治建设。用他的话说,"'布尔塞维克'的金字招牌"❹ 只会变得如同民初"共和的招牌",任冒牌者横行,结果将只是一场"伪劳农革命",而他"不愿负引

---

❶ 胡适:《我的歧路》(1922 年 6 月 18 日),欧阳哲生编:《胡适文集》第 3 卷,北京大学出版社,1998 年,第 366 页。

❷ 张东荪:《思想上之一进步》,《时事新报》,1920 年 12 月 14 日,第 2 张第 1 版。有另一个因素加强了社会主义论战时期双方的对抗性。第三国际成立后,即试图在欧洲各国以布尔什维克模式组织共产党,造成多国社会党左右两翼大分裂。1920 年 7 月,第三国际第二次代表大会通过决议,要求"所有希望参加第三国际的党,应当把所有的改良主义分子从负责的岗位上撤掉,而且应当清除所有那些可能被第三国际认为是革命事业的公开的或暗藏的敌人的人",且"必须进行'顽强的斗争来反对黄色工会的阿姆斯特丹国际'和国际联盟的国际劳工组织"(柯尔:《社会主义思想史》第 4 卷〔上〕,宋宁、周叶谦译,商务印书馆,1990 年,第 320 页)。虽不能确定这一指示何时传到中国,又在何种程度上被早期共产党员所接受,但 1920 年下半年,中国共产党确实开始对其他社会主义派别表现出越来越强的战斗性。

❸ 此时俄国道路的含义仍在中国不断变化。十月革命胜利后,俄国内政与外交变动激烈;另外,由于地理、政治与文化阻隔,中国对俄了解途径高度受限,且信息往往滞后——当社会主义论战爆发时,中国尚无一人真正实地观察过俄国革命(瞿秋白刚刚启程——他于 1920 年 12 月 16 日进入俄国远东,次年 1 月 25 日到达莫斯科),他们对俄国的了解,主要是通过日本人的翻译、介绍以及西方人的游记与观察。简言之,必须将论战习语——"俄国道路"也视为变量而非常量。

❹ 张东荪:《再答一苇君》,《时事新报》,1920 年 4 月 16 日,第 2 张第 1 版。

诱伪劳农革命的责任"。❶

值得注意的不是他对俄国道路的反对态度,而是他反对的理由——在论战中,他从未用俄国革命的暴力性来否定它;❷ 也从未质疑过俄国革命是否合乎马克思主义(以及是否是真革命)。正统社会民主主义者会认为在落后资本主义国家发动社会主义革命,是对马克思经典理论的悖离;而张东荪则以沉默表达了对这种正统主张的保留,在他看来,俄国革命毋庸置疑是"真的",它流的那些血就是最好的证明。

关键是,中国内忧外患的处境让人很难相信渐进变革的有效性。如陈独秀所说:"由资本主义渐渐发展国民的经济及改良劳动者的境遇以达到社会主义,这种方法在英法德美文化已经开发、政治经济独立的国家或者可以这样办;像中国这样知识幼稚、没有组织的民族,外面政治的及经济的侵略又一天紧迫似一天,若不取急进的 Revolution,时间上是否容我们渐进的 Evolution 呢?"❸ 而李达的回答则是"百年河清难待"。❹ 答案是激进的,原因则如史华慈所说,陈独秀向西方寻找的是"包罗万象的解决方法","民主方案的实现相反需要长时期的平淡而单调的工作",它"需要知识分子完全的自我奉献精神,在没有希望立刻得到引人注目的结果的情况下甘愿尽到一种适当的职责。它是一种陈独秀和他的学生们都没

---

❶ 张东荪:《答复兼反问》,《时事新报》,1920 年 12 月 8 日,第 4 张第 1 版。
❷ 这一沉默是意味深长的,毕竟,连李大钊之前都在赞扬英国式的"无血的社会革命",认为这种"由上起的革命""沉默的革命""调和的革命",表明"世界上有政治天才的国民,真算英人为第一"(李大钊:《战后之世界潮流——有血的社会革命与无血的社会革命》〔1919 年 2 月 7—9 日〕,《李大钊全集》第 2 卷,第 289—290 页)。毛泽东在 1920 年也倡导"无血革命"。
❸ 陈独秀:《关于社会主义的讨论——独秀复东荪先生底信》,《新青年》第 8 卷第 4 号(1920 年 12 月 1 日),第 20 页。
❹ 李达:《社会革命底商榷》,(1920 年 12 月 7 日),《李达文集》第 1 卷,第 54 页。

有准备承担的职责,也是一种中国传统文化中没多少先例的职责"。而列宁主义则使得俄国知识分子"在充满即将如愿以偿的希望氛围中承担引人注目的领导者的职责","这里是一幅激烈的纷争的对抗与完全如愿以偿的希望交织在一起的生活图景。更重要的是,它所面对的戏剧情景是一幕全球的戏剧情景,最终将中国带入世界历史的舞台"。❶

这是陈独秀等人的选择,却不是张东荪的。他以"学者"自命,心性与革命者大不相同。在他看来,屈服于未加深究的"完全如愿以偿的希望"一点也不值得赞赏——不过是不能抵挡非理性诱惑、丧失知识分子独立性与责任的表现。不同于共产党人视俄国道路为真理,他认为:"共产主义在世界并没有完全试验过,即偶有实验而成绩却不甚好。例如苏维埃俄罗斯,与其说他实行成功,不如说他试验失败。所以有学问上良心的人对于全世界上尚没有成功榜样的东西,苟不去充分的试验,绝不敢贸然主张与率然轻信"。❷

而他最"不敢贸然主张与率然轻信"的,则是无产阶级专政。针对陈独秀的质疑,他反问道:"难道先生主张自己努力造成底克推多么?"并说"若因公开讨论有所未便",则不妨私下讨论。❸虽然陈独秀未必会认为公开讨论"有所未便",但张东荪的这种说法,仍显示了当时公开主张无产阶级专政的敏感性——毕竟,专政令人联想起专制,与趋新青年信奉的"德先生"似乎截然对立。

多少也是论战的形式迫使陈独秀加强了立场,他以一贯的斩截公开宣布自己主张的就是布尔什维主义,甚至带着挑衅意味说,这

---

❶ 史华慈:《中国的共产主义与毛泽东的崛起》,第16—17页。
❷ 张东荪:《对于中国共产派及其反对者的忠告》,《时事新报》,1922年4月10日,第1张第1版。
❸ 张东荪:《答复兼反问》,《时事新报》,1920年12月8日,第4张第1版。

就是自己曾反对过很久的"开明专制",为此他"宁肯让全国人骂我,攻击我,压迫我",❶ 显然已预料到这种大转变会引来攻击。❷

在这里,俄国革命所暗藏的精英主义被陈独秀以近乎负气的方式表达了出来——毕竟,无产阶级专政是人民主权说的激进延伸,而非对少数人统治正当性的说明。多少有些讽刺性的是,"开明专制"与"贤人政治"本是他认为属于北洋派或研究系的反动主张,而从争论多数人暴政迅速变为争论少数人统治的正当性,则清晰显示出俄国道路对中国马克思主义者的影响——不是无产阶级而是它的领导者才是革命的关键。

不过,张东荪批评无产阶级专政的要害却不在这里。不错,他在论战一开始就指责该专政名不副实,不过是精英统治的别名,但他在1917年已主张政治必然是少数人统治;更实质的问题在于,在他看来:"一切社会思想无论是保守的,抑或革命的,都不能不以社会一体之原则为其背境〔景〕",❸ 否则就无所谓"政治"可言。而以单一阶级(即使是在社会中居于多数的阶级)专政,明显违反了"社会一体"原则。

当然,对张东荪来说,无产阶级专政问题无关乎马克思主义正统——该问题马克思阐述不多,且十分含混,为激进与温和解释都留下了足够的空间。他真正不相信的,是该"专政"能如马克思所

---

❶ 陈独秀:《随感录——中国式的无政府主义》,《新青年》第9卷第1号(1921年5月1日),第6页。

❷ 果然,朱谦之指责陈独秀"已没有再向青年们说话的余地了",他则回应道:"我们说理持论只应该指出是非真伪,为什么要顾忌到有没有向青年们说话的余地?难道你是以有无向青年们说话的余地做真理之标准吗?"(陈独秀:《通信——开明专制》,《新青年》第9卷第3号〔1921年7月1日〕,第4页)虽以一贯的执拗表示不顾忌"向青年们说话的余地",但也默认主张无产阶级专政就必须冒丧失"向青年们说话的余地"的危险。

❸ 张东荪:《思想与社会》,第177页。

暗示、列宁所保证的那样"暂时"，因为"在历史上从没有看见有一个专政者而自甘于放弃其专政的。……一旦专政而成，势必久假而不归。至于说这是暂时，这是过渡，纯属有意欺人。……老实说，人类的历史本来一大半是罪恶。罪恶而是事实，自是无可奈何。但却不可从理论上去证明其为合理。专政若果是出于一个专制魔王的所为，在那一时的人民亦只有自认晦气，叹我生不辰罢了，决不能以为这就是理想上的所求。而共产主义不然……我真不能不大呼：理论！理论！天下多少罪恶假汝之名以行"！❶

如果说张东荪对阶级专政的否定态度十分明确，那么他对俄国式国家专政的态度，则要复杂得多。就表面来看，他似乎对国家社会主义持完全否定态度，认为："政治与经济未十分合一以前（如现状），吾人既已深恶政治之黑暗；若国有论实行，则黑暗必更加千倍"，并颇有些夸张地说自己"对于国有论虽举国皆曰杀而犹必公然反对也"。❷ 他部分承认共产主义者的指责——西方国家不过是资产阶级的工具；但他同时认为，由于自由市场与普选制的存在，政治权力与经济权力并不总是一致，为自由主义与社会主义都留下了空间。而俄国式国家社会主义却不同——通过将一切经济活动置于国家之下，经济权力与政治权力合二为一。在这种一元统制下，不仅自由主义，甚至社会主义也将失去存在的空间。

但是，不可简单地认为他反对国家主义。确实，他在"一战"后曾认为国家主义是"旧思想之余滓，而非新思想之曙光也"，❸

---

❶ 张东荪：《思想自由与立国常轨》，《再生》第4卷第1期（1937年3月1日），第14—15页。此时已是20世纪30年代，俄国无产阶级专政已"久假而不归"二十年，无任何"暂时"的迹象。

❷ 张东荪：《社会主义与中国》，《时事新报》，1921年1月20日，第1张第1版。

❸ 张东荪：《果有以政治支配经济之事实乎？》，《时事新报》，1921年6月26日，第1张第2版。

"国家主义与资本主义已到了末日,不可再维持下去"。❶ 但问题是,虽然"一战"确乎在某种程度上削弱了资本主义——战时各国已开始加强对经济生活的控制,战后国有化与劳工运动的双重夹击,更使得私人资本主义被显著削弱;但反过来,这也大大扩张了国家的活动范围,增强了其力量。即使再乐观,也很难看到国家消亡之兆。张东荪论政一直以中国现实为基点,不管他有何种激进理想,都必须面对这一最大的"现实"。

事实上,他虽强调发展实业的必要性,但对该主张并无信心。仅仅一年前,他尚在反对"提倡实业是正路,社会主义是空谈",认为"从个人的立脚地来讲振兴实业,我可以赞成。若是说振兴实业是救济中华民族全体的一个彻底办法,我便不相信了",理由是西方"拿政治方面的国家主义与经济方面的资本主义合并来征服我们",且"振兴实业的前提有两个:一个是没有内乱,一个关税保护。关税的保护既然绝对没有希望了,那没有内乱一层也是无把握的"。❷ 换言之,在他看来,发展实业首先不是经济问题,而是政治问题,必须要有相对强大、能保护自身经济的国家。因此,在论战中,他一面反对俄国道路,另一面却说:"欧美之资本主义不倒,则中国永无翻身之日",❸ 前途只有两种,"就是'共管'与'赤化'。……所谓绅商阶级之勃兴乃是共管之一方面——或可说有密切关系。……至于赤化则无论总是假的。能否把赤化弄假成真,能否使绅商阶级成立,这个关键与其说在中国自身,不如说在国际

---

❶ 张东荪:《第三种文明》,《解放与改造》第 1 卷第 1、2 号合刊(1919 年 9 月 1 日),第 3 页。
❷ 张东荪:《我们为甚么要讲社会主义》,《解放与改造》第 1 卷第 7 号(1919 年 12 月 1 日),第 8—9 页。
❸ 张东荪:《答高践四先生书》,《时事新报》,1920 年 11 月 13 日,第 1 张第 1 版。

变化。苟英美的资本主义尚有四十年之命寿，同时俄国因通商而反失其向外发展的力量，则赤化必不成而共管必实现"。❶纵然对"赤化"可能造成游民革命感到恐惧，但他显然更不愿意支持"共管"——即使这会带来自己所在的绅商阶级的勃兴。他处在矛盾之中，发现自己并不能在资本主义与社会主义间选择，而只能在资本主义与国家间选择，要么是丧失主权的自由资本主义，要么是统制一切的国家社会主义——两者他同样不喜欢。而这，清晰地显现了这个以"社会"为主题的论战的政治性。

但是，张东荪对俄国体制的一个指责仍然有力，那就是这种国家社会主义将造成政治吞没社会。他说自己"不信有国家其物，所谓国家者即'治者'之别称，所谓国有即为治者所有。故国家资本主义一名亦仍不切，直可易为'治者资本主义'。国家社会主义一词既绝对为欺人之谈，而国家资本主义亦不及治者资本主义之切。……况中国者官国也，平素既重官权，人人唯官是趋；一旦实行国有主义，则官之势力必更顿增。夫本来官吏已成为一特别阶级，若再由国有主义，以政权而取得等于资本家之地位，则阶级必更分明。吾敢断言以私人资本主义而造成资本、劳动两阶级，必不及以国家社会主义而造成资本（即官吏）、劳动两阶级之速，其结果仍必须有社会革命也"。❷简言之，由于政治与经济的一体化，新的统治将更严厉，也更难以摆脱。而在这一否定的背后，则是他对人性中权力欲的洞察，甚至在他一度承认国家社会主义是伟大的理想时，也不忘说它"给我们一个完美社会之体制，可惜我们的精神却尚不足以配合他"，人的自利动机与权力欲，将使得"官吏必

---

❶ 张东荪：《一个申说》，《改造》第3卷第6号（1921年2月15日），第56—57页。
❷ 张东荪：《关于社会主义之又一讨论》，《时事新报》，1921年7月28日，第1张第2版。

死守法律以自保障，对于公众利益较资本家之最坏者尚少同情"。因此，该主义不过是"见之于小说家的乌托邦"。❶

有另一条理由使他不愿意支持俄式国家社会主义，那就是他认为中国国民性倾向于无政府主义，即"中国人是绝对爱自由的"，其所爱的自由"不是法律上的自由，乃是习惯上的自由"；"中国人欢喜过政治以外的生活，若把社会生活件件都与政治发生关系，则没有一个人不头痛的"。在此种前提下，"想以纯粹集权的劳农制推行于中国，实可谓太不知国情了"。❷

问题并不在于对国情的判断，而在于解决方案。胡适认为，俄国革命最令人钦佩之处是"在短时期中居然改变了一国的趋向，的确成了一个新民族"，❸ 但张东荪虽主张国人的非政治性是民初共和失败的主因，却并不愿意也用这种激进手段来矫正国民性。在他看来，"人性只可渐变，而不可顿时突变，一切弊病皆出于想顿时突改人性"，❹ 而且，布尔什维主义所承诺的，是超出他承受能力的政治自由——竟然必须以废除现有的法律自由（因为被当作资产阶级自由）为前提。

对这一问题，陈独秀怎么看？他认为，劳农专政与传统的专制

---

❶ 张东荪：《心理学家之社会主义评判》，《时事新报》，1921 年 8 月 1 日，第 4 张第 1、2 版。

❷ 张东荪：《米照问题之教训》，《时事新报》，1921 年 6 月 27 日，第 1 张第 2 版。这是受梁启超的影响。梁在清末就主张传统中国富于"习惯上的自由"而缺乏"法律上的自由"，并带有明显评价色彩地将二者称为"野蛮之自由"与"文明之自由"。他更进一步指出，对习惯自由的偏爱反而使造就法律自由（比完全没有自由传统的国家）更加困难（见梁启超：《新民说》第 9 节——"论自由"，《饮冰室合集》第 6 册〔专集之四〕）。

❸ 转引自罗志田：《再造文明的尝试——胡适传（1891—1929）》，中华书局，2006 年，第 268 页。

❹ 张东荪：《民主主义与社会主义》，第 61 页。

大不相同，后者与国人懒惰、自私、冷漠等缺陷互为因果，劳农专政却正是要疗救这一痼疾，因为它需要严复倡导的具有德智体诸般能力的"新民"，更需要激起徐志摩惊叹不已的苏俄式"几乎超到了炙手可热的度数"的"人类的活力"。❶ 问题在于，在与无政府主义辩论时，陈独秀指责对方将人性想得太乐观，竟然认为没有强制也能实现人与人间的自由和谐；但另一方面，无政府主义者敏感于权力对人性的败坏，而陈独秀对此则完全沉默——他攻击资本主义败坏人性，却违反"德先生"的一切原则，准备信任不受任何制约的集权政府的良善性。

但是，又能在多大程度上指责他？毕竟，中国近代的处境，始终是"国不威则教不循，国不盛则种不尊"。作为民初将领，朱德转而追求共产主义，直接动因就是看到俄国以革命成功攘除外患，"最后得出结论：中国的革命一定是在某个根本性的问题上出了毛病"。❷ 这个简单的判断蕴含的力量是巨大的——国家社会主义直接违反新文化运动以社会刷新政治的精神，最后竟日渐得势，就有赖于这一潜伏的国族主义思潮。❸

20年代之后西方政治的发展也呼应了这种国族主义的复兴。虽然社会主义论战加剧了中国各社会主义派别的情感与认同对立，第二国际与第三国际的意识形态与组织对立也在加强，但就国家层面而论，俄国由激进的战时共产主义退向新经济政策，西方诸国却在不断推进产业社会化与国家化（英国工党甚至在1923年上台执

---

❶ 转引自罗志田：《再造文明的尝试——胡适传（1891—1929）》，第265页。
❷ 史沫特莱：《伟大的道路——朱德的生平和时代》，梅念译，新华出版社，1985年，第151—152页。
❸ 甚至张东荪自己，不管对俄国道路有何保留，也认为至少有一点须向它学习，那就是"对外贸易完全由国家办理"（张东荪：《民主主义与社会主义》，第61页）。

政)。两方的政治体制仍存在巨大差异,但经济制度(尤其是国家在经济中的作用)却在日益趋同——用胡适的话说,这叫作"这两种理想原来是一条路,苏俄走的正是美国的路"!❶

而到了 30 年代,在国难日益加剧的大背景下,与大多数同时代人一样,张东荪放弃了世界主义理想,最终转向了国族主义。他试图将俄国革命放入 19 世纪以来各后进国追求现代化的谱系,认为正实行"一国建设社会主义"的苏联,其"计划经济的思想并不是出于马克斯,反而可说是出于德国李斯特(F.List)一派,号称为国族主义的经济学"。❷ 由此,他有保留地承认了俄国革命的正当性,并转而主张"把国家社会主义的要素加入中国的经济中"。❸

但是,张东荪在此忽视了一个重要的不同,19 世纪的德国只是在法律、经济政策与教育方面给予国内企业适当保护,20 世纪的俄国则是国家实际掌握企业,并对整个经济体做总体工程式的计算、协调与控制。后者非李斯特所能梦见——经济的总体化与工程化本就是 20 世纪的新事物。而张东荪虽然认为"一个革命往往于其过程即自己制造了、孕育了一些内在的困难,迨至成功,反而大爆发起来。这些可以变为将来困难的因素必须在事前都得顾到"。❹ 但这些他在 20 年代就已料到的俄式国家社会主义的内在"困难",并没有阻止他最终有保留地接受这一体制。毕竟,对他而言,资本主义还是社会主义终究是第二位的,最终目的仍是实现"造产"。

---

❶ 曹伯言整理:《胡适日记全编》第 5 卷,1930 年 3 月 5 日条,安徽教育出版社,2001 年,第 681 页。详细讨论见罗志田:《再造文明的尝试——胡适传(1891—1929)》,第 263—270 页。
❷ 张东荪:《民主主义与社会主义》,第 47 页。
❸ 记者:《我们所要说的话》,《再生》第 1 卷第 1 期(1932 年 5 月 20 日),第 24 页。
❹ 张东荪:《〈民主主义与社会主义〉补义》(下),《观察》第 5 卷第 3 期(1948 年 9 月 11 日),第 8 页。

那么，俄国革命所伴随的严重的政治暴力呢？如前所述，张东荪本就认为"理性所不能决者，决之以剑"，俄国革命虽不合于他作为改良主义者的道德标准，但毕竟以实践中的成功证明了自身存在的相对合理性。他曾说北洋军阀真能以武力统一全国，他愿抱"退一步之承认"，对缺乏正当性的北洋军阀尚肯如此，对在他看来有甚深道理的俄国革命，他也自然更愿意抱"退一步之承认"。

有一个主题引人注目地未成为社会主义论战的焦点，那就是列宁主义政党的性质与组织原则；❶ 但这并不妨碍张东荪持续批评俄式一党专政。他认为："一党专政，并无理论根据。马氏只谓现行民主政治因选举以财产为限制乃不是真正民主而只是有产阶级专政。如果推翻这个有产阶级专政，必须于过渡期间建立一个无产阶级专政。他只主张一个阶级专政而从未主张一个党派专政。至于把一阶级专政歪曲为一党派专政，以为是由于一个阶级之利益只许一个党来代表之，则显然与事实不符。"❷ 换言之，即使赞成马克思主义，也不必赞成一党专政——它已违反了这一主义。但在这里，矛盾也出现了——张东荪自己就承认多数人（不管是人民还是无产阶级）统治是不可能的，并以此为基础主张"贤人政治"。那么，贤人政治与列宁式的精英主义，距离到底有多远？

---

❶ 这恐怕更多要归咎于此时的共产党人——他们也尚对这种新式政党不甚了了。如史华慈所说："陈独秀和他的弟子们都不是过着俄国式的职业革命者的生活，让他们意识到他们应该起到的作用还需要一些时间。""这些年轻人中许多人信奉共产主义仍然是非常暂时的和表面的事情。他们仍然是五四时期的年轻人，试验各种学说但没有笃信一个。他们以先前接受基尔特社会主义、托洛茨基主义或博爱理论的同样的态度接受共产主义。列宁主义的帝国主义理论，加拉罕提议以及由十月革命而在世界范围内激起的救世主的希望，只是营造了一种有利于接受共产主义学说的情感氛围。只有通过艰苦实践，他们才会明白在思想和行动上全部信奉的含义以及铁的纪律的含义。"（史华慈：《中国的共产主义与毛泽东的崛起》，第 25、29 页）

❷ 张东荪：《思想与社会》，第 217—218 页。

巧合的是，当张东荪在1917年11月发表"贤人政治"主张时，十月革命正好爆发——组织强固的精英政党通过发动下层群众夺取了政权。在张东荪看来，这表明列宁与托洛茨基善于操纵群众心理，从而能够结合上层寡头与下层大众，共同反对各中间阶层。❶ 换言之，大众的彻底民主化反而加强而不是减弱了寡头统治。❷ 由此，张东荪甚至认为议会制下的党派与列宁式政党并无本质差异，在他看来，"国会既是群众，群众是非有首领操纵不可，所以免不了政党。既免不了政党，则政治便是政党的政治，而与人民无涉"。❸ 大致可以说，虽然在激烈反对一党专政，但他离俄国道路的距离，却并不像在论战文字中表现得那么遥远。

但是，这种与俄国道路的表面接近，又何尝不是基于误解——若不是他始终认为列宁在政治层面并无发明，俄国革命只是重复法国革命由大众民主走向寡头专制的历程，他对俄式政党的批评本会更加猛烈。而这，倒也清晰显示出根深蒂固的"贤人"眼光对他的制约——使他总倾向于强调列宁与托洛茨基的个人作用，而忽视关键在于列宁式政党的新组织原则，使它在社会政治动员时完全不同于相对松散的议会政党。这是俄国革命与法国革命的重大不同，也是俄国革命对20世纪所有社会主义革命的真正启示所在。

---

❶ 张东荪：《宪法上的议会问题》，《东方杂志》第19卷第21号（1922年11月10日），第10页。

❷ 这一观察清晰体现了勒庞与米歇尔斯对他的影响。如李普塞特（Lipset）所说，"米歇尔斯有关'无能的大众'的假定在很大程度上与列宁的观点一致。列宁指出，大众都是些'麻木、冷漠、墨守成规、懒散、缺乏活力'的一群，所以，需要一个由职业革命家组成的精英政党领导他们迈向社会主义目标"（出自李普塞特为《寡头政治铁律》写的导言，见米歇尔斯：《寡头政治铁律——现代民主制度中的政党社会学》，任军锋等译，天津人民出版社，2003年，第4页）。

❸ 张东荪：《宪法上的议会问题》，《东方杂志》第19卷第21号（1922年11月10日），第11页。

第三节　基尔特社会主义

以下我们转向张东荪在论战中的正面主张。为避免被指责为鼓吹资本主义，他开始主张基尔特社会主义——正式提出英国道路问题。既存研究相当重视十月革命对中国社会主义运动的影响，却相对忽视社会民主党与工党在德、英两大强国先后执政对国人的冲击——中国知识分子本多从"社会化"的角度来理解社会主义运动，因此，当共产主义者视社会民主主义为修正主义时，他们看到的却是西方列强已成一片赤旗的世界（唯色彩不都像俄国那样血红罢了）。❶

相较 30 年代后因为纳粹兴起而衰落的德国社会民主党，英国工党稳定成为两大党之一，并多次上台执政。在当时多数中间派知识分子看来，这提示了自由主义与社会主义携手的现实可能性。也因此，在很长一段时间内，中国的费边社会主义都与布尔什维主义存在着真正意义上的竞争关系——拉斯基 30 年代后对中国思想界的巨大影响力就是明证。而比起从俄国革命到中国共产党这一社会主义运动的辉格史，各种社会主义间复杂的竞争与合作才更接近 20 世纪中国社会主义运动的实相。

以下具体阐述当时对基尔特社会主义的争论。有一点需事先说明，在社会主义论战爆发时，工党尚未获得英国政权。这对张东荪多少不利——他只能反面驳论，而无法正面立论。他说当时人"惑于俄国的先例，总以为这个方法易行，中国现在要行社会主义只有

---

❶ 德、英两国不仅实现社会主义的路径与俄国不同，而且它们正是马克思预言将首先爆发革命的"发达资本主义国家"，因此看起来更合乎马克思主义原理。

这一个办法",❶ 就反映了这一点。

那么,基尔特社会主义对张东荪的正面吸引力在哪里?首先,若以时间而论,20世纪前十年才兴起的该主义显然比产生于19世纪中叶的马克思主义更"新",而以线性进化论,"大凡最晚出的比较上必是最圆满的——如基尔特社会主义是最晚出的,所以他在比较上是最圆满的"。❷ 换言之,就代表"最新最好"的西方而言,基尔特社会主义似乎比马克思主义更有资格。

其次,该主义颇合张东荪的思想底色——它强调多元分权,可以应和詹姆士的学说;它又是"哲学家气味的",❸ 令出身哲学的张东荪颇感亲切;更不用说它英国式的调和精神,被认为暗合孔子的中庸之道,显示了"沿着西洋轨辙而走出来的社会主义已经调换方向到东方的轨辙上去",❹ 对颇敬重传统思想的张东荪而言,这自然是个好选择。

更重要的是,不管共产党人如何将无产阶级专政描述为真正的民主,比起精英革命家组成的布尔什维主义政党,显然是以产业与行业自治为基础的工人运动更符合五四后"直接行动"与"自我治理"的民主原则,且更直接地回应了李大钊著名的断言:"经济问题的解决,是根本解决。经济问题一旦解决,什么政治问题、法律问题、家族制度问题、女子解放问题、工人解放问题,都可以解决。"❺ 因此,张东荪颇有把握地认为,是基尔特社会主义而非布尔什维主义更有资格被当作"德先生"的继承者。

---

❶ 张东荪:《我们所能做的》,《时事新报·社会主义研究》,1921年9月16日,第4版。
❷ 张东荪:《一个申说》,《改造》第3卷第6号(1921年2月15日),第55页。
❸ 梁漱溟认为,圣西门的空想社会主义是"宗教气味的",马克思的科学社会主义则是"科学气味的"(见氏著:《东西文化及其哲学》,商务印书馆,1999年,第168页)。
❹ 梁漱溟:《东西文化及其哲学》,第187—188页。
❺ 李大钊:《再论问题与主义》(1919年8月17日),《李大钊全集》第3卷,第6页。

这也说明了为何争论的焦点会是政治与社会的关系问题。张东荪将争议表达得很清楚，他说："基尔特派的论据有两点：第一点是经济的革命若不从经济自身而专从政治来'外打进'总是不行的；第二点是专政家所梦想的好政府事实上是不会完全实现的"，更简单说来便是"基尔特派不认政权为解决一切的总枢纽，不像多数派与修正派把政权认为'魔术棍'，以为一旦这根棍子拿到手便能使男变女"。❶

反对者批评的则是英国政治与中国的距离。许新凯认为，在政治败坏的中国，主张基尔特社会主义不啻"以为现在督军、巡阅使的政府可以为实现社会主义的援助者"。这指责是严厉的；但他主张"政治的权力是现在社会中最有势力的一个"，"实现社会主义要先解决政治问题"，❷ 竟以白话文运动因为北洋政府（革命者眼中的反动政府）的支持而获得胜利为例，则就有些自相矛盾了。

张东荪对白话文运动的理解与此不同。他认为："白话文先由社会自动，后来政府去迎合，所以有效力。可见得凡是社会自己在那里活动而政府从旁拨助，没有不是事半功倍的；可是社会丝毫不动，仅想用政治的力量来挟着他绝尘而奔，必定不可能。"因此"基尔特派对于政治革命也认为有相当的用处，但不能为第一手段，

---

❶ 张东荪：《社会改造与政治的势力》，《时事新报·社会主义研究》，1922年1月6日，第1、2版。这是基尔特社会主义对费边社会主义的批评——英国议会有"解决一切的总枢纽"与"魔术棍"的意味（"使男变女"的典故也出于此），基尔特社会主义则强调，"'经济权力先于政治权力'。它的意思是：工人们只有获得经济上的自治权，才能得到真正的自由和民主"（柯尔：《社会主义思想史》第4卷〔上〕，第434页）。陈独秀主张"底克推多"，胡适主张"好人政府"，观点虽异，但大致都承认"政权为解决一切的总枢纽"。

❷ 新凯：《再论共产主义与基尔特社会主义》，《新青年》第9卷第6号（1922年7月1日），第40页。

只可认为改造过程中的较后一个过程,而不可认为开始第一步"。❶换言之,社会改造是政治变革的前提。

关键仍在于不同方案的现实可能性。许新凯认为:"'从经济的势力到政治势力',这话在中国也是要研究的。中国与英国不同,英国的国家中已经充满了大工场,社会上的阶级已经分成简单的资本家与劳动者二种,所以在英国,如若使劳动者先有了经济的势力,或者还可以再得着政治的势力。在中国则不然,中国大部分是手工业及农业,他们不和工场劳动者一样,他们怎样能得到经济上的势力呢?"且"中国的病是布遍全身的。中国的急待解决的问题不只是劳动者得管理权的问题,一切政治、经济、内部、外部、上层、下层、生产、分配……无一不需改革"。因此"需要政治为势力的改造",必须先创造"政治势力","有了政治势力再创造经济的势力"。❷ 简言之,在他看来,中、英两国工人阶级以及整体政治、社会状况完全不同,不仅不可模仿,甚至根本不可比。

这一批评直指张东荪主张的内在弱点——他早在民初就认为英国制是"法律与惯例之巧合,形式与精神之奇遇",甚至不可被其他西方列强所模仿,显然更难应用于中国。事实上,他对基尔特社会主义也始终深感犹豫:在这一时期,他大量阅读英国基尔特社会主义者(柯尔、潘梯等人)的著作,并翻译了柯尔的《社会论》(1922年,作为"今人会丛书"的一种,由商务印书馆出版),可谓对该主义有深入了解,自然明白其前提是发达的工业、强大的产业工人阶级以及相对完善的教育(尤其是工人教育)——而以上条

---

❶ 张东荪:《社会改造与政治的势力》,《时事新报·社会主义研究》,1922年1月6日,第2版。
❷ 新凯:《再论共产主义与基尔特社会主义》,《新青年》第9卷第6号(1922年7月1日),第39、41页。

件中国全不具备。也因此,只有在之前主张社会主义是西方最新的"精神文明"时,他才对基尔特社会主义颇具信心;此时争论已集中于社会主义的政治与经济层面,从"精神"下落到具体实践,让他对基尔特社会主义在中国的可能性产生疑虑——但吊诡的是,也是到了这个时候,他开始不得不主张该主义,因为此时的思想语境是,面对社会主义的问题,"每一个人都应明白表示态度"。

把握了这一点,我们就可以理解他对基尔特社会主义的辩护为何显得如同消极防御。当有人指责他不提该主义只有发达国家才能实行,是"欺世盗名"时,他分辩说:"那么我就要问究竟有何种社会主义在今天中国能实行呢?恐怕稍有知识而无强词夺理的脾气的人没有一个能举出来罢。"他再次诉诸社会阶段论,强调"照马克思的学说,中国今天不但不能□社会主义,并且须奖励资本主义;不但要奖励资本主义的好方面,还要奖励资本主义的坏方面。因为集中资本、开发实业、增加生产以外,还须有资本家压迫劳动者的种种苛法以唤□阶级斗争"。❶他否定一切社会主义在中国的现实可能性,恰表明对基尔特社会主义的怀疑。简言之,他本就是个勉强的基尔特社会主义者,因此,奇怪的不是对该主义信心不足,而是他竟主张了它这么久。

在这里,罗素对他的影响以反向的方式显现了出来。如前文所述,1921 年 7 月,在离开中国前,罗素以《中国到自由之路》为题发表演讲,认为:"无政府社会主义、工团主义、行会社会主义,只适用于产业已发达的国家",国家社会主义"比较等到教育上和实业上达到和英美一样的程度,然后再来祛除资本的流毒,总要好点","求国民的智识快点普及、发达,实业不染资本主义的色

---

❶ 张东荪:《我们所能做的》,《时事新报·社会主义研究》,1921 年 9 月 16 日,第 4 版。

彩，俄国式的方法，是惟一的道路了"。❶ 这番对基尔特社会主义的否定，使张东荪更加坚定地主张该主义——约两个月后，他与徐六几、郭梦良等人组织"今人会"，发刊《社会主义研究》(1921年9月16日)，正式亮出基尔特社会主义的主张。在罗素"背叛"后，出于自我认同，他反而不愿意放弃该主义，毕竟，此时主张它已不仅是向论敌示威，也是向师长证明。简言之，论战的思想与心态语境改变了他——他随对手的位置逐渐移动自己的立脚点，开始捍卫一个在论战前已准备放弃的阵地。

相较基尔特社会主义，他有信心的，是更具社会改良意味的协社。他说："我们明知我们所做是远水不救近火，我们对于资本主义只好听之，因为在今天这样穷苦的中国，资本主义尚是未失时效的药剂。"对此，只能"极力提倡消费协社以为救济"。❷ 在此，社会阶段论的影响再次显现了出来——"协社"正是工业革命时期第一批社会主义者挽救资本主义弊病的办法。❸

这显示出张东荪主张的困境所在——严格的社会阶段论不可能许给中国一个理想的未来，因此必须被证明为错。为此，费觉天便批评说："第一流的政治家是这时代；第二流的政治家是跟着时代跑；第三流的政治家是追也追不上。我劝世人不做则已，要做便做第一流，造时代。"在这个激进时代，要不落伍，就要以"造时

---

❶ 罗素：《中国到自由之路》，《东方杂志》第18卷第13号（1921年7月10日），第125页。
❷ 张东荪：《我们所能做的》，《时事新报·社会主义研究》，1921年9月16日，第4版。
❸ 即使这种相对温和的主张，也似已超前于中国现状。在梁启超看来："消费协社必在工业发达之都会始能存在，质言之，则劳动阶级之产物也。劳动阶级未发生之国家消费协社能否有发展之余地，吾殊不敢言"，比喻言之，这不过是"东海之水"，而"我四万万同胞受外国资本家之压迫而失业者，什九已相索于枯鱼之肆"（梁启超：《复张东荪书论社会主义运动》，《改造》第3卷第6号〔1921年2月15日〕，第20页）。

代"的方式"是这时代"。而也正是这个造出的时代,让梁启超等人"追也追不上","连第三流底资格也不够"。❶

当然,如前文所述,对困扰张东荪的社会阶段论,反而是共产党人抱有更灵活的态度——革命被当作进化的反面,以自身的意志与力量打破按部就班的演化历程,实现真正的"创造"。因此,他们以"进化离不得革命"为名,指责张东荪"妄图以进化代替革命,其结果只不过是和资产阶级妥协"。❷ 但问题是,张东荪越过中间阶段、选择西方最新出的基尔特社会主义,明显就近于"突变"而非"渐变",却仍被视为要"取消革命"。由此也可见此时革命观念的激进性——不仅要"突变",而且要以暴力流血的方式来"突变"。

归根结底仍是现实可能性的问题。当时人认为基尔特社会主义更难推行(且"远水不救近火"),布尔什维主义则更易实现,❸ 张东荪的反驳也颇为软弱,不过是"布尔雪维克似易而实难,基尔特似难而实易。所谓似易而实难,就是看去明明是一条大路,但这条路是画在墙上的,若要去走必定碰着了墙,碰伤了鼻子眼睛;所谓似难而实易,就是明明看去无路,然只要慢慢地一步一步向前走,却不致碰着墙壁,只要不急功近利,总可以得到柳暗花明又一村的景〔境〕地。若说目前中国不能实行,则所有各种社会主义都是如

---

❶ 费觉天:《答蒋百里君》,《评论之评论》第 1 卷第 4 号(1921 年 12 月 15 日),第 16 页。费觉天此文作于 1921 年 8 月 15 日,此时《社会主义研究》尚未发刊,张东荪一方也尚未正式宣布主张基尔特社会主义。

❷ 转引自蔡国裕:《1920 年代初期中国社会主义论战》,台北:台湾商务印书馆,1988 年,第 245 页。

❸ 布尔什维主义与议会社会主义均在现实政治中有所实现;而基尔特社会主义不仅从未获得政权,甚至未能成为英国社会主义运动的主流(在 1923 年后逐渐式微)。这种对比自然也不利于张东荪。

此，正不止这一个呢"。❶ 问题在于，以主义相号召就必须显示出对其能解决中国问题的绝对信心（不管实际上是否有），才可能吸引追随者；张东荪承认布尔什维主义看起来是"一条大路"，而基尔特社会主义则"看去无路"，近似自我批评，虽然合于他所心仪的学者精神，却是宣传主义的致命伤。

这是试图接近革命的学者的困境——他在论战开始后几天便说该主义"在中国则不知须俟何年何月始能实行"，❷ 后来却必须去主张这种"不知须俟何年何月始能实行"的主义。论战要求对社会主义"每一个人都应明白表示态度"，为了避免被指责为主张资本主义，他必须拿出自己的社会主义，这直接违反了充分研究才确定主张的"学者态度"。简言之，对张东荪来说，他对基尔特社会主义的坚持已到了违反自己理性的程度了，但这依然远远不够！

关于基尔特社会主义的争论很快就落幕了，但是国家与社会的关系问题再次存留了下来。颇具象征意义的是，一年之后，1922年9月，广州"新青年社"编辑出版了《社会主义讨论集》，同月，《改造》发行最后一期。共产党一方认为争论已结束——编辑讨论集本身就是宣示胜利的一种方式；但这并不是结束，而仅是社会民主主义与布尔什维主义在中国的争斗的"第一波"。

第四节　儒家传统与知识分子

以下探讨张东荪的社会主义主张与中国传统的关系。乍看起

---

❶ 张东荪:《我们所能做的》,《时事新报·社会主义研究》,1921年9月16日,第4版。
❷ 张东荪:《答高践四先生书》,《时事新报》,1920年11月13日,第1张第1版。

来，直接联系似乎不多——与梁启超不同，他从不肯将社会主义与中国传统联系起来。原因或许是，在输入的各种西方"主义"中，社会主义似乎最能与中国政治、社会传统生出应和，正是意识到这一点，他反而不愿立刻就谈论二者的相似或融合。在他看来，要真正输入西学就必须首先认识到它与中国的异质性，太急于点出社会主义与中国传统的相似，只会阻碍而不是促进对它的真正理解。

但是，言论一旦提出，便成为受众的共享物，对其的解读便有超出作者最初意图的可能。如前所述，张东荪最具争议性的主张就是"增加富力"；而这，则把中国传统思想中的一个经典命题——"不患寡而患不均"带入了论战中心。具体说来，他提出要对资本主义"长期的忍耐"，理由是"社会革命必起于富之分配不均，而不能起于富之一班〔般〕的缺乏。盖若贫乏太甚，则一切举动皆不能实行"。因此，他一反"不患寡而患不均"的古训，认为"贫乏之可患甚于不均，不均可由重新分配之法于短时间内救正之，而贫乏则非短期所能救济"。❶

首先，这提出的是社会主义与富强的关系问题。虽然有"经济问题的解决，是根本解决"的新共识，但社会主义不单是寻求富强的新手段，同时也具有反富强的一面。具体言之，社会革命要建立"新群"以"决胜于外竞"（梁启超语）；但又被当作对不计后果地"寻求富强"的反思与超越。而这，甚至在社会主义刚进入中国时便显示了出来——19世纪末，孙中山在欧洲了解到资本主义的弊

---

❶ 张东荪：《长期的忍耐》，《时事新报》，1920年11月20日，第2张第1版。梁启超也持类似观点。有趣的是，他在欧洲期间，听闻西方人说"不患寡而患不均"是中国思想可以贡献于世界的"宝贝"之一，因此说，社会主义"这种精神不是外来，原是我所固有。孔子讲的'均无贫和无寡'，孟子讲的'恒产恒心'，就是这主义最精要的论据"（梁启超：《欧游心影录节录》，《饮冰室合集》第7册〔专集之二十三〕，第32页）。

病,开始主张民生主义,理由就是"徒致国家富强、民权发达如欧洲列强,犹未能登斯民于极乐之乡也",只有"采取民生主义,以与民族、民权问题同时解决",才是"一劳永逸之计"。❶

社会主义的这种两面性又与晚清以来物质与文质关系的变化紧密相连。或可说,五四后社会主义思潮的兴起本就代表着"文质"相对于"物质"的上升(这也是为何梁启超会将新文化运动视为中国学习西方的新阶段——从"制度"到"精神");不过,社会主义论战则象征着新的转折,该主义开始更多被当作政治与经济解决而非精神解决,换言之,它"物质"的一面转而上升。事实上,与视工业文明为罪恶的无政府主义或民粹主义不同,马克思主义毫不含糊地视其为历史的推动力,并且承诺通过解放无产阶级来解放生产力。简言之,这是要物质与文质两全,既要实现富强,又要克服它的负面后果,也正是这一点,构成了张东荪在30年代重新接受社会主义的基础。在他看来:"一班落后国家的问题并不是如孔子所说,不患寡而患不均,实在同时亦患寡。所以这样的国家要走上社会主义必须把寡与不均同时解决。……倘以为不患寡、不患贫,而只求平、求均,必定使其社会改革站不住。所以落后国家不可忽略这一点,否则其结果决站不住。这是历史给人类的一个宝贵教训。"而多少是因为看到了苏联的计划经济实践,他开始相信社会主义作为西方的新"教",可以同时解决"寡"与"不均"问题,甚至认为"落后的国家反而急于要采取社会主义",因为"社会主义对于人类生产过程有一种看法:就是以为患不均与患寡乃是同一病症……即以为只有用社会主义方能增高生产。可见生产原是社会主义本有的涵义。以前各种社

---

❶ 孙中山:《建国方略》,《孙中山全集》第6卷,中华书局,1985年,第232页。

会主义者不注眼于此点，迄至马克斯出，此义乃大明"。❶ 即苏式社会主义可同时造就精神文明与物质文明（用他的话说，这是把该主义从天上接到了人间❷），也因此，他甚至不顾该体制权力集中，会威胁到他所珍爱的"社会"的独立性，仍有保留地表示支持——毕竟，它在满足自己公理战胜强权理想的同时，又可以造成一个强权！

在略述张东荪与"不患寡而患不均"的关系后，让我们更一般地探讨一下儒家传统与社会主义的关系。确实，在"不患寡而患不均"外，儒家尚有"富而后教"的主张。不过，它虽并不反对有节制的物质满足，但这不是目的，而只是达成"教"的可能性条件——最好自然是均富，如果做不到这一点，则与其贫富悬殊，不如均贫。❸ 换言之，儒家思想的核心在于教化须臾不可离（若用新术语，就是绝对不可能有没有"精神"的物质文明），而非求"富而后教"之"富"。更重要的是，如杜亚泉所说："孔孟之书，凡关于经济者，无不从社会全体着想"，❹ 而"社会化"（而非"均贫

---

❶ 张东荪：《经济平等与废除剥削》，《观察》第4卷第2期（1948年3月6日），第3页。
❷ 张东荪：《民主主义与社会主义》，第48页。
❸ 这一看法颇有代表性。例如，在中国古代政治是否专制的问题上，钱穆与张君劢争论激烈；但在社会层面，他们都认为儒家的理想就是"不患寡而患不均"。钱穆说："《论语》云：'不患寡而患不均，不患贫而患不安。'此两语，在中国经济史上，两千年来，乃为国人最所服膺之一番理论。即使我们把来用诸今日，仍觉切中时弊。"（钱穆：《中国历史研究法》，生活·读书·新知三联书店，2001年，第62页）张君劢则说："抑理道之论，发之于孔孟，实大盛于宋明儒者。彼等不特于理学方面有极精确之定义，极广大之宇宙论，即于实际行政方面，有所谓乡约，有所谓庠序之教，有所谓兵农不分，有所谓常平仓，有对于井田之追忆，何一不本于民贵君轻，不患贫而患不均之公平至正之大道而后有此主张乎。然则谓儒家之精神，同于民主政治，同于社会主义可也。"（《〈思想与社会〉序》，见张东荪：《思想与社会》）
❹ 杜亚泉：《战后东西文明之调和》，《东方杂志》第14卷第4号（1917年4月15日），第5页。

富"）正是各派社会主义的共同特征。就此而言，儒家思想明显更倾向于社会主义而非资本主义。

当然，区别仍然存在——儒家与阶级斗争的不可调和绝不下于与资本主义。根本则在于两者社会观的差异。梁启超认为儒家与社会主义并不矛盾，理由是"欧美目前最迫切之问题，在如何而能使多数之劳动者地位得以改善；中国目前最迫切之问题，在如何而能使多数之人民得以变为劳动者……故在欧美倡此主义，其旗帜极简单明了，亦曰无产阶级与有产抗争而已。中国则有业无业乃第一问题，而有产无产，转成第二问题"。❶ 在他看来，社会是有业者的集合，"造业"就是要"造社会"。因此，他不认同"产业后备军"之类概念的必要性——无业者的首要问题并非经济压迫，而是被摒弃在社会之外。但在马克思主义者看来，"劳动"（而非"业"）才是生活正当性与社会成员资格的标志，"业"的好坏必须视符合劳动原则与否而定，以"业"为基础的整体"社会"只是虚假的欺骗。因此，在他们看来，梁启超等人主张儒家与社会主义的一致性，就是要"大伪乱真"。

那么，儒家与更一般的社会主义传统的关系又是如何？史华慈认为，中国近代以来只有文化保守主义者，而无政治保守主义者，❷ 但杜亚泉、梁启超等均被视为保守主义者，却试图将儒家政教与社会主义沟通，显示了保守主义与社会主义联合的可能性。事实上，虽然不同社会主义对待传统态度歧异（从激烈否认到无条件赞扬，不一而足），但该主义与保守主义相似，均倾向于某种形式的共同

---

❶ 梁启超：《复张东苏书论社会主义运动》，《改造》第3卷第6号（1921年2月15日），第17页。

❷ 史华慈：《论五四前后的文化保守主义》，许纪霖、宋宏编：《史华慈论中国》，新星出版社，2006年，第80、83页。

体，又均反感资本主义，建立联合并非不可想象。❶

当然，这种联合又注定是脆弱的。毕竟，"不患寡而患不均"的前提，恰是已"不寡"了。如史华慈雄辩地论证的，儒家政教传统虽并不绝对排斥一般性的富裕，但却从未将"富强"列为目标❷——近代以来它所受到的根本挑战，就是无法求得"保国"所必需的富强（严复"教也者，保人而非保于人"的议论，正是针对这一点）。

正是这一时代气氛的压力，让张东荪、梁启超与儒家传统拉开了距离。既然中国现在的根本问题是"国民经济全般的不足"，❸连最低限度的物质生活也无法达到，那自然就谈不到物质生活适度的问题。因此，张东荪用儒家所没有的重音强调贫乏问题，虽然同样反复强调必须用社会政策保证基本的均平，但是重音的改变却表明了问题的改变——增加富力与"富而后教"不是同一个层面问题。

而将这种"寡"与"不均"的两难展现得更为切身的，则是论战参与者对中国阶级状况的分析。在论战一开始，为了说明中国此时需"增加富力"，张东荪做了个注定会引起很大争议的类比，说："吴稚晖先生言，人类止〔只〕有两种：一种坐轿的，一种抬轿的。吾以为中国阶级果能如此，则社会主义宜可兴矣。顾中国现状犹未到此，乃尚有多数人求为抬轿的而不得者在焉。弟以为第一

---

❶ 英国是典型。如雷蒙德·威廉斯所说："把伯克与科贝特的名字摆在一起，是很重要的，这不仅是为了对比，更因为我们要了解新工业社会的这个批判传统，就必须认识到这一传统是由差异很大、有时甚至是自相矛盾的成分混合而成的。"（雷蒙德·威廉斯：《文化与社会》，吴文江、张文定译，北京大学出版社，1991年，第44页）

❷ 史华慈：《寻求富强——严复与西方》，叶凤美译，江苏人民出版社，2005年，第7—13页。

❸ 《关于社会主义的讨论——东荪先生致独秀底信》，《新青年》第8卷第4号（1920年12月1日），第17页。

步当使社会上无此种求生不得之人,则始有抵抗能力,他日尽归类于资本、劳动之两阶级,而有阶级战争,则进一步矣。须知使求生不得之贫民为劳工,乃进步之现象也。"❶ 不用太了解当时的时代背景就可以感觉到,这是个大胆到有些挑衅的类比——"劳工神圣"已成为各方共通观念,"坐轿"意味着压迫,这让张东荪一开始就在道德上处于非常不利的位置。

另有一点更加剧了他的道德困境。提出抬轿、坐轿说的吴稚晖,立誓一生不坐人力车,可以算是自觉退出了"坐轿"一方;而张东荪却在现实中经常"坐轿"——他有一次谈到"青年之烦闷"这个当时的热门话题,为说明"烦闷不在条件而在生活自身",便举例说自己坐轿外出时,发现"其中一个轿夫因为生手,处处受其同事的责备。我看去觉得他精神上苦痛万状,登时我便发了一个奇想。我想他必定想我坐在轿子里精神上毫无苦痛,真是天上人间,其实大谬不然,我的精神上烦闷却不下于他"。❷ 这是以抬轿与坐轿对比来阐明"烦闷"不视经济社会地位而定,但以"坐轿者"身份说抬轿者未必更痛苦,很容易被攻击为是要变相说明"坐轿"的合理性。这显示了张东荪在社会主义论战中的尴尬位置——不止一个批评者指责他的主张不过是绅士资产阶级的反映。而这种"政治正确"层面的质疑,即使不会威胁到他的自我认同,也会大大削弱他向趋新青年发言的资格。

不过,受到质疑的并不仅仅是他。论战的参与者大多是中国的精英读书人,如果按照阶级分析,不仅无法被归入承担革命历史使命的阶级,甚至很难不沦为革命对象。事实上,由于中国此时缺乏

---

❶ 张东荪:《答高践四先生书》,《时事新报》,1920年11月13日,第1张第1版。
❷ 张东荪:《奈何》,《时事新报·学灯副刊》,1922年3月24日,第1版。

真正意义上的资产阶级,作为社会上层,知识分子本就更容易成为革命目标——他们甚至无法通过批判现成的资产阶级来显示自己的正当性。

陈独秀便看到了这一点。多少是暗示张东荪作为报馆主笔,本身就是革命对象,他在说明中国存在无产阶级时,就以报馆的排字工为例。张东荪的反应则是直接以其人之道还治其人之身,他讽刺说:"先生谓报馆排字即工人,然则先生家应门之婢亦工人。先生若欲集合此辈以组织劳动者的国家,当嘱其趋应,俾先生得牛刀一试也。"❶ 这种反戈一击是有力的——早期中国共产党几乎由清一色的知识分子组成,使其工人阶级政党的属性显得十分可疑,也使得知识分子的阶级属性很快就成为党内外反复讨论的问题。❷

不过,"抬轿"是落后的交通方式,与工业文明格格不入,用它来象征中国实业不兴,多少是误导性的。梁启超在稍后写给张东荪的那封著名的信中,便试图澄清当时被广泛使用的"劳动阶级"的含义,他说:"今通行'劳动阶级'一语,本含广、狭二义。广义的解释自然凡农民及散工悉含在内;狭义的解释则专指在新式企业组织之下傭〔佣〕工为活的人。而社会运动之主体,必恃此狭义的劳动阶级。中国则此狭义的劳动者未能成为阶级,故谓之无阶级也。"❸ 而张东荪的态度则更为明确——他始终拒绝在思想与阶级间建立简单联

---

❶ 张东荪:《他们与我们——致陈独秀》,《时事新报》,1920 年 12 月 7 日,第 2 张第 1 版。不过,应门之婢是家内奴仆,与报馆工人这种公共领域中的工作者明显不同——前者并非新兴工人阶级的一部分。

❷ 见周思源:《五卅前共产党人对知识分子社会角色的探索》,《历史研究》2005 年第 1 期。这并不是中国特有的问题,欧洲革命者之前已遇到类似困难。若按严格的马克思主义定义,知识分子中一大部分将被划入资产阶级;但这部分人,即使在当时工业最为发达的英国与德国,也是社会主义运动的主要领导者。

❸ 梁启超:《复张东荪书论社会主义运动》,《改造》第 3 卷第 6 号(1921 年 2 月 15 日),第 22 页。

系（更不用说将思想问题转化为阶级问题），他认为："不限定哲学上唯心派必在经济学上主张资本主义，而唯物派必赞成共产理论。因为二者之间没有真理上的'包含'（implication）。所以我们看来，一个唯物论者可以是主张私产的，一个唯心论者可以热心革命，这都是可能的。而他们不明此理，总是以为必须打倒了柏拉图、康德的思想而后方能有社会改造。而在我们看来，不但无此必要，并且乃属徒劳。不过表示其头脑不清，做一些无聊的隔靴搔痒而已。"❶

大致说来，张东荪虽对马克思主义颇有好感，却一直拒绝接受后者的关键福音——阶级斗争。他认为："马派对于阶级一名词有时指有产与无产之分而言，有时又指治者与被治者之对立，其意义游移不定含糊不明。这实是一个缺点。"❷ 正统马克思主义者会说这正表明马克思的睿见——资本主义的政治统治就是建立在经济统治之上，治者与有产者就是一回事。但是，作为中国精英读书人的一员，张东荪不会接受这种学说——他自己所在的群体就提供了活生生的例外：士人是个政治阶级，却并不是经济阶级。

这提示我们，该如何理解他对"不患寡而患不均"的态度。他从不认为孔子所患的是"均贫富"意义上的"不均"，关键是分配是否合乎社会公道，而非不顾天赋与能力的"均平"（这恰恰违反了公道原则）。事实上，即使在政治立场最激进时，他也仍认为由天赋与能力造成的经济与社会差异具有天然正当性。这也多少解释了他对知识分子阶级属性问题的相对平静感。毕竟，当他自信地说基尔特社会主义与贤人政治并不矛盾时，新式的社会理想与士大夫情怀已不言明地融为一体了。

---

❶ 张东荪：《唯物辩证法之总检讨》，张东荪编著：《唯物辩证法论战》上卷，民友书局，1934年，第208页。

❷ 张东荪：《思想与社会》，第191页。

第10章

走向"政治解决"

第一节 对"赛先生"的重估

如果说社会主义论战是五四之后趋新知识分子对"德先生"的重估,那么两年多以后的科学与人生观论战就是对"赛先生"的重估了。对张东荪自己,两次论战有一重要不同——前者他是绝对主角,后者他只是相对不那么重要的参加者。不过,反过来,就理解他个人而论,后一次论战反而提供了更好的机会——作为半个旁观者,他不必太多根据听众所欲闻而调整其所言。在这种情况下,他自然更可能"做自己"。

另有一点也有利于张东荪展现自己,那就是比起社会主义论战,科学与人生观论战的战线相当不分明。论战的发起者是张君劢与丁文江,两人都是梁启超的密友,一开始辩论也如同亲密朋友间互相问难。❶ 论战的主题更是不断变动,虽然从梁启超到胡适、吴

---

❶ 丁文江与张君劢的争论,最开始具有研究系圈子内部讨论的性质,胡适在某种意义上都是外来者。

稚晖与陈独秀，都曾试图对其加以界定，但论战直到最后也没有变成互相对峙的"壕堑战"，用张东荪的话说就是："这次论战在总体上并无阵线分明的两造。若分析为许多小问题，每一问题自然都有正负的解答，但却不能综合起来以形成对垒的两军。其实自是各人说各人的话而已。"❶ 更具内部讨论性质的气氛，以及"混战"的局面，无疑也有利于他表达自己的想法。

论战过程不赘述，仅需指明，在参与论战的《劳而无功》一文中，张东荪就直接提出，张君劢与丁文江的对立仅是表面上的——丁文江虽反对玄学，但他"不是真正拿科学来攻玄学，而只是采取与自己性质相近的一种哲学学说而攻击与自己性质相远的那种哲学学说"，结果，他虽要"以科学为符箓而拘拿那个名叫'玄学'的鬼了。可是玄学这个鬼却亦非常调皮，他一躲便躲在名叫'哲学'的人身上，丁先生投鼠忌器起来，于是枪法就乱了"。❷ 他甚至半带嘲讽地反用胡适的比喻，❸ 说："哲学就好譬如来佛的掌心，丁先生一个筋斗翻了十万八千里，以为出了哲学的范围，其实还在如来佛掌心里。"❹

但张东荪并非要批评丁文江。虽然既存研究多认为论战中他支持张君劢而非丁文江，但仅就科学观而论，他其实更接近后者而非前者。他虽不认为科学可以主宰人生观，但作为实用主义者，他更倾向于丁文江"存疑的唯心论"，❺ 而对张君劢视科学为

---

❶ 张东荪：《科学与哲学》，商务印书馆，1999年，第41页。
❷ 张东荪：《劳而无功》，《时事新报·学灯副刊》，1923年6月9日，第1版。
❸ 胡适将"赛先生"当作是张君劢跳不出去的"如来的手掌"（见胡适：《孙行者与张君劢》〔1923年5月11日〕，《科学与人生观》，山东人民出版社，1997年，第123—124页）。
❹ 张东荪：《劳而无功》，《时事新报·学灯副刊》，1923年6月9日，第1版。
❺ 一年后，在《科学与哲学》一书中，张东荪公开声明自己的主张"亦可以名为存疑的唯心论"（张东荪：《科学与哲学》，第103页）。

机械唯物主义不以为然——张君劢虽认为丁文江对他的批评不过是"吾国思想幼稚迷信科学万能之表现",❶ 但当他听后者说"科学的通例是一种事实因果关系的缩写,并不是一成不变的。有了新事实,就可以推翻"后,第一反应竟然是"真正出乎意料之外"!❷ 显然,他心目中"科学"的地位近于陈独秀等人所讲的唯物史观,是放之四海而皆准、俟诸百世而不惑的普遍真理。更了解西方自然科学与科学哲学进展的张东荪,显然很难接受这种科学观。

另外,丁文江本人"科学派主将"的身份在当时便颇有争议。胡适就惋惜他不肯正面提出自己的"科学的人生观",导致论战直到吴稚晖发布《一个新信仰的宇宙观及人生观》才走上正轨(他甚至视吴稚晖为科学派一方的"押〔压〕阵大将")。❸ 对此,张东荪辩护道:"责备他(丁文江)不肯积极主张唯物的人生观,不肯冒着玄学鬼的恶名冲进那不可知的区域里去打一阵,不如吴稚晖先生的态度为彻底"是"没有看出丁在君先生所以采取实证论的苦心","乃是大错,不能算丁在君先生的知己",因为"实证论的立命点即在不入不可知域去混战。设硬要人不可知域去乱说则实证论早不成其为实证论了"。而"唯物论不是科学的良伴","幼稚的科学始与唯物论的哲学有关系;而进步的科学早抛弃唯物论而与实证论的哲学生关系了。从这一点而言,由唯物论而到实证论是进步而不是'不彻底',不是'怯懦不敢',不是'不明显

---

❶ 张君劢:《我之哲学思想》(1953年6月),程文熙编:《中西印哲学文集》上册,台北:学生书局,1981年,第38页。
❷ 转引自罗志田:《从科学与人生观之争看后五四时期对五四基本理念的反思》,《历史研究》1999年第3期,第15页。
❸ 胡适:《〈科学与人生观〉序》,《科学与人生观》,第16页。

坚决'，不是'弱点'"。❶ 进而言之，在他看来，吴稚晖的机械一元论同样奠基于无法证明的本体论假设，不过是一种远离实证科学的"新玄学"。

这清晰地显示出张东荪与胡适的分歧——事实上，吴稚晖将自己的人生观称为"新信仰"而非"科学"，本有着明确的分寸感；但在胡适看来，这不过是"他老先生很谦逊地避去'科学的'尊号，只叫他做'柴积上、日黄中的老头儿'的新信仰"，而他自己，则拿出当仁不让的气魄，要求："反对科学的先生们！你们以后的作战，请向吴稚晖的'新信仰的宇宙观及人生观'作战。拥护科学的先生们！你们以后的作战，请先研究吴稚晖的'新信仰的宇宙观及人生观'。完全赞成他的，请准备替他辩护，像赫胥黎替达尔文辩护一样。不能完全赞成他的，请提出修正案，像后来的生物学者修正达尔文主义一样。"❷

对胡适的这一主张，张东荪有着犀利的批评。在他看来，胡适"科学的人生观"存在内在矛盾——强调自然世界的因果必然性，又不肯放弃人的创造性智慧，这是"先设立一个铁锁似的一个自然世界，然后再设立一个创造的智慧，好像灵魂钻入死尸一样，到了其中居然把自然的铁锁解开了"，这"分明是两元论"，"亦犹张君劢先生以唯心论为基本而表面上却是心物对立的两元论"。❸ 进而言之，在张东荪看来，这种心物两元论还不如张君劢的主张，因为

---

❶ 张东荪：《科学与哲学》，第64、66—67页。胡适虽认为丁文江支持科学不够彻底，却又把他当作"是一个欧化最深的中国人，是一个科学化最深的中国人"，真正实现了日常生活科学化（或者说将"科学的人生观"真正日常生活化。胡适等：《丁文江这个人》，台北：传记文学出版社，1979年，第2—3页）。倒是胡适自己，自认为在安身立命处仍是传统的中国人。

❷ 胡适：《〈科学与人生观〉序》，《科学与人生观》，第20页。

❸ 张东荪：《科学与哲学》，第88—90页。

它无法与胡适等人的人生观真正一致。具体言之，胡适认为机械唯物论是指明了"那'有好生之德'的主宰的假设是不能成立的"以及"人不过是动物的一种，他和别种动物只有程度的差异，并无种类的区别"，这如何能"叫人知道个人——'小我'——是要死灭的，而人类——'大我'——是不死的，不朽的；叫人知道'为全种万世而生活'就是宗教，就是最高的宗教"？❶ 换言之，一个"漆黑一团"的宇宙与"人欲横流"的人生如何能有团结与道德存在？因此，张东荪认为，若要保留社会不朽论，胡适就必须放弃对自然与人的物质主义理解，回到张君劢式的心物二元论。❷

那么，胡适等人难道看不到这种内在矛盾吗？在此，我们必须回到这场争论"论战"的一面。如前所述，科学与人生观论战本是"混战"，胡适等人主张彻底的物质主义，多少便是为了论战能够真正形成对垒的两造，因此故意将立场讲得极端些——以"科学"与"非科学"划线，借"赛先生"的无上思想权势，很容易让自己一方仅凭阵线划分就不战而胜。❸ 简言之，胡适不惜采取与他的实用主义思想不符的极端唯物主义立场，是为了让自己一方能从"混战"中区分出来，从而逼迫其他人在他划定的战线上作战。❹

但是，正如张东荪看到的，胡适将自己的主张极端化，最终威

---

❶ 胡适：《〈科学与人生观〉序》，《科学与人生观》，第 23—24 页。
❷ 胡适提出社会不朽论，是要"与一般之人生出交涉"，让贩夫走卒与帝王将相一样，因对社会的影响而在"大我"中不朽。这改变了"不朽"的含义——不再是德性卓越的结果，而是所有人无法逃避的命运（因为没有人能脱出社会之外）。张东荪不接受这一对"不朽"的新理解，因此，他虽部分赞同胡适以社会代宗教的主张，但却一直坚持自由意志的重要性。
❸ 承认科学重要与承认科学统御一切是两回事。事实上，所谓反科学派并不否认前者，也不否认须输入西方物质文明，只是不赞同"科学万能"。
❹ 反过来，那些出于不同考虑对科学的作用持保留态度的人（不管是梁漱溟、梁启超还是吴宓），都拒绝这种强制性的阵线划分。

胁到了他思想的内在一致性。除了杜威,胡适本最服膺赫胥黎,认为是他教给自己科学的考据方法,但此时,他则认为赫胥黎使用"拿证据来"这件武器反对有神论"究竟还只是消极的防御居多",对"玄学"的不可知领域:"我们信仰科学的人,正不妨也做一番大规模的假设。"❶ 问题在于,这其实已违背了赫胥黎的原则——以"大规模的假设"建立起来的"科学的人生观",是根本无法"小心求证"的,因为无从按照"拿证据来"的标准证明或证伪!因此,张东荪说,胡适准备如同赫胥黎捍卫达尔文般捍卫吴稚晖,令自己"拗舌不能下",因为"达尔文与吴稚晖无丝毫的相类,并且是极端的相反。科学家若拥护达尔文便不能拥护吴稚晖。因为吴稚晖先生的论法先不合赫胥黎的条件"。❷ 简言之,主张实用主义的胡适与主张机械唯物论的胡适是互相矛盾的——后者已违反了赫胥黎存疑与实证的原则。而这也多少显示出,为维护"科学万能"的立场,胡适在何种程度上不惜自己反对自己。

当然,并非只有胡适试图界定论战主题,张东荪也是如此。他认为,论战的关键在于自由意志的有无问题❸(张君劢也持此看法❹)。由此,他得出一个令人吃惊的结论——张君劢与丁文江进行的是一场假的争论,丁文江"存疑的唯心论"既不支持因果必然性,也不否定自由意志,他其实与张君劢站在同一条战线上,共同面对的正是主张机械一元论的吴稚晖。

科学与人生观论战最后参战的一方——共产党人对此的看法则

---

❶ 胡适:《〈科学与人生观〉序》,《科学与人生观》,第17页。

❷ 张东荪:《科学与哲学》,第46页。

❸ 张东荪认为,自由意志概念是"实为中国人所未梦见"的"西方之特产",也是西方优胜于东方的关键之一(张东荪:《运命思想亡国论》下,《时事新报》,1918年5月9日,第3张第1版)。

❹ 张君劢:《〈人生观之论战〉序》,《中西印哲学文集》下册,第995页。

不同。瞿秋白虽同样认为论战"'所论的问题，在于承认社会现象有因果律与否，承认意志自由与否'，别的都是枝节"，❶但结论与张东荪或丁文江都截然相反——极端强调物质的决定作用与完全否定自由意志的存在。原因则是："尊崇科学"便不可"对心与物平等看待"，"离开了物质一元论，科学便濒于破产"。❷ 也因此，在他们看来，胡适一方"实验主义终是不彻底，终是没有胆子否认心身二元论，终多少脱不掉抽象的哲学家的头巾气"，❸结果是"卸甲丢盔的大败战"。❹

很明显，焦点在于自由意志与科学的关系。两方主张针锋相对，明确体现了五四后"赛先生"含义的内在紧张——科学一方面被视为以存疑求解放，是对既有社会与政治秩序的直接冲击（甚至就是世界革命的工具）；另一方面又被视为公理，意味着贯通"修齐治平"诸领域的总体秩序。吊诡在于，此时中共党员大多是知识分子而非无产阶级，且按俄式先锋队理念组织，却不顾经济决定论与先锋队政党可能的矛盾，一味否定自由意志的存在。这也正体现了"赛先生"的巨大权威——甚至互相冲突之处也必须借助它才能得到挽救。

"赛先生"的内在紧张，又与对德、赛两先生关系的不同理解有关。事实上，虽然当时人大都承认，陈独秀将德、赛两先生单独

---

❶ 瞿秋白：《自由世界与必然世界——驳张君劢》（1923年11月24日），《瞿秋白选集》，人民出版社，1985年，第113页。

❷ 陈独秀：《答适之》（1923年12月9日），《科学与人生观》，第32页。

❸ 邓中夏：《思想界的联合战线问题》，《中国青年》第1卷第15期（1924年1月26日），人民出版社影印本，1966年，第7页。

❹ 陈独秀：《〈科学与人生观〉序》，《科学与人生观》，第2页。这种坚决的态度，让梁启超一年后仍不忘说："去年人生观的论战，陈独秀赤裸裸的以极大胆的态度提出机械的人生观，在那一面算是最彻底的，非丁在君、胡适之所及。"（梁启超：《非"唯"》，《饮冰室合集》第5册〔文集之四十一〕，中华书局，1989年，第83页）

拎出,是把西学"看通窍,领会到那一贯的精神","才算主张西方化主张到家",但同时也认为对德、赛两先生"讲不出那相属的关系,不能算作一种精神。但我们说话时候非双举两种不可,很象没考究到家的样子"。❶ 科学与人生观论战正延续了这种对德、赛两先生一致性的思考。

这种思考的最著名结果,是胡适以"重估一切价值"诠释新文化运动精神——"把一切学说理想都看作待证的假设"的"新态度"就是德、赛两先生的共同基础。问题是,若将"重估一切价值"推到极致,"重估"本身又何尝不是要重估的?简言之,这一共同基础并不自足。

也正是在这里,张东荪的洞察体现了出来——真正令所有人无法跳出的"如来的手掌",不是科学,而是玄学。也因此,在他看来,德、赛两先生仍是西学的表面,"费先生"(philosophy)才是根本;而论战本身,实为不同的"玄学"在争夺对"科学"的解释权。

第二节 唯物史观与社会改造

相较吴稚晖,陈独秀等共产党人加入论战对张东荪触动更大——论战的政治性直接显现了出来。在陈独秀看来,他们这"一班攻击张君劢、梁启超的人们,表面上好像是得了胜利,其实并未攻破敌人的大本营,不过打散了几个支队,有的还是表面上在那里开战,暗中却已投降了。就是主将丁文江大攻击张君劢唯心的见

---

❶ 梁漱溟:《东西文化及其哲学》,商务印书馆,1999年,第30—31页。

解,其实他自己也是以五十步笑百步,这是因为有一种可以攻破敌人大本营的武器,他们素来不相信,因此不肯用"。❶ 这件武器自然就是唯物史观:"离开了物质一元论,科学便濒于破产。"❷

张东荪的看法针锋相对。他认为,陈独秀主张的并非物质一元论,而是经济一元论,因为"讲到经济,便不能离开欲望,至少必须承认生存欲。但欲望无论如何不能说是纯物质的"。他更不满于陈独秀将唯物史观视作真正的"科学",认为"这样好像是说社会科学的严正性,换言之,即科学性远在自然科学之上。学了自然科学的如丁在君先生等反而难保他日不要对科学起不信,而学了社会科学的却永远不会如此。设我无误解,这句话真可使我们大惊不止了"。❸ 他认为唯物论只是"极幼稚的哲学思想",并非马克思本人的系统学说,不过是后来社会主义者的构建。❹

唯物论与马克思的关系非本文所要探讨,问题在于该学说与科玄论战的关联。论战的导火索是张君劢为清华留美生所做的"人生观"讲演,在其中,他谈及因"东西古今,意见极不一致,决不如数学或物理化学问题之有一定公式"而须归入人生观的,有家族主义、婚姻制度、财产制度以及社会主义❺——都是时人热心讨论的社会改造问题。这些都变成没有公例可循、必须依靠个人的自由意志来决断,无疑直接威胁到了社会改造的正当性。因此,丁文

---

❶ 陈独秀:《〈科学与人生观〉序》,《科学与人生观》,第 1 页。
❷ 陈独秀:《答适之》(1923 年 12 月 9 日),《科学与人生观》,第 32 页。
❸ 张东荪:《科学与哲学》,第 102 页。他甚至认为:"陈独秀先生所提出的唯物史观是本来与科玄论战上的宇宙观与人生观没有多大关系。我们只可认为是共产党的广告。"(同页)
❹ 张东荪:《科学与哲学》,第 61、100 页。
❺ 张君劢:《人生观》,《科学与人生观》,第 33—34 页。梁启超就不赞同张君劢将如此广泛的社会生活都放入自由意志的范围(梁启超:《人生观与科学》,《科学与人生观》,第 139—140 页)。

江要反驳说:"要是人生观真正是主观者,单一的、直觉的,而甚么'专制婚姻,自由婚姻,社会主义,国家主义,男女平等,尊男轻女……'都是人生观,然则世界上还有甚么讨论,还有甚么是非?"❶ 另外,张君劢的演讲对象,恰是被各方视为是"有力量有用处的新成分"的趋新青年,具有相当的政治意味。也正是意识到威胁,陈独秀等人才加入了论战。❷

那么,张东荪的态度如何?事实上,他很清楚人生观与社会改造的一致性,认为"希求得着美满的人生同时必须有极好的社会,因为差不多是一种东西的样子了"。❸ 基于此,他对唯物史观的批评,如同在30年代对唯物辩证法的批评,都是试图否定共产党人以"科学社会主义"的名义同时占据德、赛两先生。也正是在这个意义上,科学与人生观论战实是社会主义论战的继续——不过,表面上,此时所要争的已不是如何理解"德先生",而是如何理解"赛先生"。

有一点必须明确,唯物史观虽未对"科学是什么"提供满意回答,却为回答论战的另一主题"科学破产"提供了新的视角——从具体政治、经济条件来分析科学的后果。张君劢认为科学造就了国家主义,国家主义则引发了"一战",陈独秀对此批评极烈。他认为:"争夺残杀之根原,共总都由于社会经济制度之不良,换句话说,就是由于财产制度乃个人私有而非社会公有,完全不是科学及

---

❶ 丁文江:《致胡适》(1923年3月26日),中国社会科学院近代史研究所中华民国组编:《胡适来往书信选》上册,中华书局,1979年,第190页。

❷ 郭颖颐:《中国现代思想中的唯科学主义(1900—1950)》,雷颐译,江苏人民出版社,1998年,第115页。

❸ 张东荪:《宇宙观与人生观》,《东方杂志》第25卷第8号(1928年4月25日),第65页。

物质文明本身的罪恶。"❶ 简言之，问题在于私有制而非科学——后者是中性的，作用需视所处的具体政治、经济条件而定。

这一论断背后，是一种独断的信仰，但多少又有论辩策略成分。有一点颇可对照——在社会主义论战中，由于中国经济状况与资本主义无一相合，在论述中国必须实行社会主义时，陈独秀绝口不提经济决定论；而在科学与人生观论战中，他却大谈唯物史观，视其为"可以攻破敌人大本营的武器"，并在面对胡适时明确说，后者认为"白话文的局面，若没有'胡适之、陈独秀一班人'，至少也得迟出现二三十年"❷ 是"不虞之誉"，"中国近来产业发达人口集中，白话文完全是应这个需要而发生而存在的"。❸ 以此勉励胡适"百尺竿头，更进一步"，从实用主义进到唯物主义。❹

这正式提出了科学与社会改造的关系问题。❺ 那么，张东荪的看法如何？首先，他虽排斥唯物史观背后独断的物质一元论，却不排斥用经济因素来解释近代中国的巨变——在他看来，旧道德的消亡就"可用经济史观以解释之"。❻ 大致可以说，他认为用经济观点解释社会、政治与文化具有高度启发性，但只用或只许用经济观点

---

❶ 陈独秀：《评太戈尔在杭州、上海的演说》（1924年4月25日），任建树编：《陈独秀著作选编》第3卷，上海人民出版社，2009年，第259页。

❷ 胡适：《〈中国新文学大系〉〈建设理论集〉导言》，《胡适文集》第3卷，人民文学出版社，1998年，第279页。

❸ 陈独秀：《答适之》（1923年12月9日），《科学与人生观》，第31页。

❹ 他认为，胡适已到了相当接近唯物史观的"百尺竿头"，丁文江对张君劢却不过是"以五十步笑百步"（陈独秀：《〈科学与人生观〉序》，《科学与人生观》，第1—2页），态度明显不同。

❺ 科学与人生观论战与社会、政治问题关系密切。如丁文江提倡科学万能论，是因为他留学英国时，眼见科学与神学之争（见胡适：《丁文江传》，海南出版社，1994年，第69—71页），认识到科学若不能成为社会的主导精神，改革就不能展开（他在民初提倡优生学、人口统计学，关怀也类似）；陈独秀等人更是视科学为社会革命工具。

❻ 张东荪：《通讯——复福谦》，《时事新报·学灯副刊》，1923年9月22日，第4版。

则是武断而愚蠢的。事实上,他视科学为试图改变世界的"一个大理想",❶ 与马克思"哲学的任务在于改变世界"相当接近。

他对以科学进行社会改造的支持尚不止于此。他虽对吴稚晖的机械唯物论评价很低,却将后者那篇主张以机器致大同的《箴洋八股化之理学》放在《时事新报》第一版,并特地说:"'唯物质文明进步到不可思议……世界方能至于无战争',这种主张是极有见地的",文中的意思"大体却是我们所同意的"。❷ 不妨看看吴稚晖主张的具体内容,以明了张东荪这一"同意"的激进性——吴稚晖以支持"摩托车文明"著称,含义是"东西洋文明的界线只是人力车文明与摩托车文明的界线"(胡适语)。❸ 他此时更认为,对国学"非再把他丢在毛〔茅〕厕里三十年,现今鼓吹成一个干燥无味的物质文明,人家用机关枪打来,我也用机关枪对打,把中国站住,再整理什么国故,毫不嫌迟"。❹

不到两年前,张东荪曾主张中国要先"增加富力",然后再谈其他。赞同吴稚晖以科学造产的主张倒也有脉络可循。不过,他又始终视科学为解放力量。在他看来,有两种科学——"当作技术知识的科学"与"当作解放精神与批评态度的科学","科学知识本身是解放的与自由的,而其所造出来的社会却是没有自由、不容解放";反过来,他又认为"当作技术知识的科学"可以加强社会团结,而"当作解放精神与批评态度的科学"却"可能破坏社会之团

---

❶ 张东荪:《劳而无功》(1923年6月9日),《科学与人生观》,第238页。
❷ 张东荪:《物质文明的讨论》,《时事新报》,1923年7月26日,第1张第1版。
❸ 胡适:《漫游的感想》,欧阳哲生编:《胡适文集》第4卷,北京大学出版社,1998年,第29页。
❹ 吴稚晖:《箴洋八股化之理学》,《科学与人生观》,第310页。吴稚晖认为,张君劢主张"新宋学",必须排斥,但在中国传统思想中,理学恐怕是与唯物论最亲和的学说(例如张载、程颐等人强调"气",否定灵魂),即使说它是唯心论,也更接近丁文江所主张的"存疑的唯心论"。

结"。他念念以"造社会"为职志，由此陷入了两难，只能"留给真爱自由的科学家去想法子"。❶

问题还不止于此。如果说"赛先生"的问题尚可以留给别人解决，那么对科学与人生观论战的另一个直接后果——新文化运动的政治化，则就不是这样了。面对国共两党越来越强的组织化趋势，张君劢等人商议创办一份"以唯心史观为中心概念"的杂志，"欲为吾国思想界，成一种新分野"，最终目的则是重新组党。❷ 而胡适则更明确地看到，中国"侧重个人的解放"的"维多利亚思想时代"已于1923年结束，此时则是"集团主义（Collectivism）时代，一九二三年以后，无论为民族主义运动，或共产革命运动，皆属于这个反个人主义的倾向"。❸

考察这一时期的文化论争，必须注意这一日益政治化的趋势。毛泽东在1923年尚愿意将研究系纳入"大的民主派"，认为"以后中国政治的形势将成为下式：一方最急进的共产派和缓进的研究系、知识派、商人派都为了推倒共同敌人和国民党合作，成功一个大的民主派；一方就是反动的军阀派"；❹ 而陈独秀则已将研究系排除出了联合的范围，认为"真正了解近代资产阶级思想文化的人，

---

❶ 张东荪：《思想与社会》，辽宁教育出版社，1998年，第213—214页。
❷ 程文熙：《君劢先生之言行》，《张君劢先生七十寿庆纪念论文集》，文海出版社，1983年，第19—20页。虽然张君劢等人的这一组党企图没有下文，但科学与人生观论战却催生出组党企图，显示出五四后思想性分野的政治化。
❸ 曹伯言整理：《胡适日记全编》第6卷，1933年12月22日条，安徽教育出版社，2001年，第257页。
❹ 毛泽东：《外力、军阀与革命》（1923年4月15日），《毛泽东文集》，第1卷，人民出版社，1993年，第10页。毛泽东后来修正了他的看法。40年代，他将新文化运动解释为反帝、反封建的新民主主义革命的开端，认为"中国无产阶级的科学思想能够和中国还有进步性的资产阶级的唯物论者和自然科学家，建立反帝反封建反迷信的统一战线；但是决不能和任何反动的唯心论建立统一战线"（毛泽东：《新民主主义论》〔1940年1月〕，《毛泽东选集》第2卷，人民出版社，1993年，第707页）。

只有胡适之"，因此，实用主义与唯物史观"实有联合之必要"。❶ 到 1923 年年底，邓中夏进一步说，代表新文化运动的是"科学方法派"与"唯物史观派"，对立面则是"东方文化派"，"前年上海开发实业应采何种主义的战争，上年北京科学与玄学的战争，现在上海农国与工国的战争，便是他们和新文化运动最显著最起劲的恶战"。而"在现在中国新式产业尚未充分发达的时候，劳资两阶级尚有携手联合向封建阶级进攻的必要。换过来说，就是代表劳资两阶级思想的科学方法派和唯物史观派尚有携手联合向代表封建思想的东方文化派进攻的必要"。因此"科学方法派"与"唯物史观派"应该"结成联合战线"，共同反对"新兴的反动派"——"东方文化派"。❷ 这俨然已是视科学与人生观论战为政治论战。

除了共产党人，没有谁会对这种强硬的阶级分析感到舒服——即使被认为尚具革命性的胡适，也对这种动辄称人"小资产阶级"的做法深感不满。不过，他仍对共产党方面联合战线的主张表示谨慎欢迎。事实上，虽然此时国共已开始合作，但邓中夏并没有将联合的标准定为接受民族民主革命的原则，而是定为是否接受以《新青年》为主导的新文化运动——这是以新的政治分野维护新文化运动正统，因此胡适愿意考虑与"我们的朋友陈独秀先生们"❸ 联

---

❶ 陈独秀：《思想革命上的联合战线》（1923 年 7 月 1 日），《陈独秀著作选编》第 3 卷，第 102 页。

❷ 邓中夏：《中国现在的思想界》，《中国青年》第 1 卷第 6 期（1923 年 11 月 24 日），人民出版社影印本，1966 年，第 3—6 页。

❸ 胡适：《国际的中国》，《努力周报》第 22 期（1922 年 10 月 1 日），第 2 版。陈独秀与胡适虽都不同程度地赞同联合，但他们对联合战线的理解并不相同。胡适视其为平等的联盟，陈独秀则强调共产党的领导地位——瞿秋白将这一态度表达得很清晰：实用主义"只能承认一些实用的科学知识及方法，而不能承认科学的真理"，它在五四时期得势，不过是"一种历史的误会"（瞿秋白：《实验主义与革命哲学》〔1924 年 8 月 1 日〕，《瞿秋白选集》，第 145 页）。"科学的真理"自然指马克思主义。

合。但随着五卅运动与国民大革命相继到来，一度被共产党人视为"真正了解近代资产阶级思想文化"的胡适也已被排斥出"联合战线"。概而言之，"'五卅'体现出的划时代转变把'五四'推入已逝的往昔"。❶ 在这个新时代，张东荪又将如何自处？

第三节 面对国民大革命

在五卅运动爆发时，张东荪大致已脱离了舆论界——该运动震动全国，他却没有一字评论；❷1926 年，北伐声浪渐高，他也态度平淡，不置一评。❸

这沉默是意味深长的。首先，需要说明的是，退出政论界虽是他的自觉选择，但也是出于外在政治压迫——他虽然一直抱怨担任主笔让自己没有时间与心情做学问，但却毕竟一边抱怨一边任职，前后将近十年之久。1925 年，《时事新报》所有者黄群看到国民党在南方势力日益强大，后悔之前攻击该党太过，准备改变宗旨，为自己保留余地。这种曲就时势的"洗心革面"，让颇为自尊的张东荪十分不满，他随后辞职；❹ 但并未就此遁入书斋。之后是"比洪

---

❶ 罗志田老师语。见《北伐前数年胡适与中共的关系》，《近代史研究》2003 年第 4 期，第 32 页。

❷ 1925 年 5 月 4 日，张东荪在《时事新报》上发表最后一篇社论——《劳动节与社会改造》，之后再无文字。

❸ 张东荪这一时期发表的寥寥几篇文章，讨论的多是与革命距离无法再远的哲学与逻辑问题。

❹ 何思诚：《上海〈时事新报〉从研究系落入国民党手中的演变概要》，中国人民政治协商会议全国委员会文史资料委员会《文史资料选辑》编辑部编：《文史资料选辑》第 136 辑，中国文史出版社，1999 年，第 146 页。

宪更重大万倍"的国民大革命，❶纵使在1926年上半年，张东荪有些忽视这场空前革命的来临，但到1926年下半年，对他所究心的"贫民专制"局面，他不可能不全力关注。

沉默意味着存在多种解释（同时也可能是多种误读）——本书在此提供的，也只是立足整体时代语境与张东荪立身行事的可能解释。首先，不管这一沉默的含义是什么，一个直观的事实是，张东荪并未如梁启超或张君劢一般攻击国民革命。这多少也是可以理解的——他承认革命在原因层面的正当性，认为法国大革命："国民本来没有极苛的要求，一切苛求与一切变动都是政府反激出来的"，❷而此时的国民革命，自我期许颇高，如郑超麟所说，"世界各国革命史上配得上称为'大革命'的，只有一七八九年的法国革命，一九一七年的俄国革命，以及现在的中国革命"。❸张东荪喜爱卢梭，这种全民革命对他有深刻的吸引力；但另一方面，他视俄国革命为新式专制，国民革命与之的相似性又令他忧虑。他虽在1920年曾称赞俄国以流血革命刷新中上阶级的做法，却同时认为，中国即使发生类似革命，也只能在五十年后；❹而仅仅五年后，革命竟然就爆发了，对此，他的感情无疑是复杂的。

国民大革命带来的另一巨变恐怕更令他感情复杂。革命在两湖地区激进化，变成一场要彻底拔除士绅阶级的农民革命。用毛泽东极为兴奋的话来说，就是："孙中山先生致力国民革命凡四十年，

---

❶ 梁启超：《给孩子们书》（1927年5月5日），丁文江、赵丰田编：《梁启超年谱长编》，上海人民出版社，1983年，第1130页。

❷ 张东荪：《能告一段落否》，《时事新报》，1919年6月11日，第1张第1版。

❸ 郑超麟：《郑超麟回忆录》，《史事与回忆——郑超麟晚年文选》第1卷，香港：天地图书有限公司，1998年，第307页。

❹ 见张君劢、张东荪：《中国之前途——德国乎？俄国乎？》，《解放与改造》第2卷第14号（1920年7月15日），第15—16页。

所要做而没有做到的事，农民在几个月内做到了。"❶ 但这种被陈独秀当作"将来或者是中国民主运动最后的最高的形式"的"农民推翻乡绅的政权的暴动"，❷ 尤其是"打倒智识阶级"的口号与行动，不仅深深刺激了王国维与梁启超这样的士大夫，确曾认为"中国今后之农民问题实为社会问题之中心"❸ 的张东荪，也深感震撼与不适——接受这场空前的革命并不是件容易的事。

不过，面对巨潮一般的民气，他在恐惧之外，也感到兴奋。毕竟，此时不少人的观感是："诧为旷古奇闻，以为国家将兴之兆"。❹ 1926年，胡适参观苏俄后，发出"这样子才算是真革命"的感慨，因为"'俄国最大的成绩是在短时期中居然改变了一国的趋向，的确成了一个新民族。'……而这正是胡适毕生想在中国实现的最高目标"。❺ 国民大革命也显示出类似的改变一国、一民族的趋向的可能性，而张东荪等人本以觇国为己任，多少会有一丝叶圣陶用更文学化的笔触表达的感觉，那就是对这场革命，"也不是惊恐，也不是怅惘，而是面对着不可抗拒的伟大力量的战栗"。❻

后来，在一般性地谈及现代革命问题时，张东荪曾说："平心论之，革命本是理智的事。无如专靠理智，不能把革命煽起。故掀

---

❶ 毛泽东：《湖南农民运动考察报告》，《毛泽东选集》第1卷，人民出版社，1993年，第15页。

❷ 陈独秀：《孙传芳败后之东南》（1926年12月5日），《向导》第5卷第180期，人民出版社影印本，1954年，第1881页。

❸ 张东荪：《中国之唯一优点》，《时事新报》，1921年5月16日，第1张第1版。

❹ 周作人：《代快邮》，《谈虎集》，河北教育出版社，2002年，第109页。甚至顾颉刚这样的学院中人也认为："这一次的革命确比辛亥革命不同，辛亥革命是上级社会的革命，这一次是民众的革命。""我对于他们深表同情，如果学问的嗜好不使我却绝他种事务，我真要加入国民党了。"（《顾颉刚致胡适》〔1927年2月2日〕，《胡适来往书信选》上册，第426页）

❺ 见罗志田：《再造文明的尝试——胡适传（1891—1929）》，中华书局，2006年，第268页。

❻ 叶圣陶：《倪焕之》，人民文学出版社，2000年，第217页。

起革命要诉诸感情,但感情一起即不易控制。这是一件最艰难的工作,不可以轻浮的态度对付之。所以历史上的革命几乎无一不是牺牲太大而代价不足偿其十分之一。换言之,即成就太少而浪费太多。法国大革命死了多少人,其成就对于人类实在抵不上。俄国大革命死的人数更可吃惊。当时如以现在的局势为蓝图而从事制造,恐怕这些死亡都是不必要的。"❶ 不过,他又认为革命有"过"与"不及"之分,"辛亥革命是不及之例。虽改成民国之名,而未举共和之实"。❷ 他亲身经历了辛亥革命以来的历次政治失败,此时的意见,大概近于"中国十几年来,时局太沉闷了,军阀们罪恶太贯盈了,人人都痛苦到极,厌倦到极,想一个新局面发生,以为无论如何总比旧日好,虽以年辈很老的人尚多半如此,何况青年们"!❸ 简言之,面对近代中国第一场"过的革命",虽然理智告诉他危险,但之前"不及的革命"的痛苦,使他至少愿意暂时违反理性,用沉默来表达对这场革命的某种期望。

在这里,作为革命遗产,辛亥革命记忆的政治性显现了出来——它开启了中国的共和传统,被类比为中国版的法国大革命。此时,在国共两方看来,国民大革命就是要成为辛亥革命"本应该"是的革命,代替它实现这一理想。然而,国共两方对该革命的理解,却又有着内在冲突。中国现代历史叙述中的两元——辛亥革命与五四运动间,始终存在着难以克服的紧张,在国民党人看来,五四运动不过是一场发生在"民国八年"的运动,但对共产党人来说却非如此。在正统革命史学中,同为"modern"的对应语,"近

---

❶ 张东荪:《〈民主主义与社会主义〉补义》(中),《观察》第 5 卷第 2 期(1948 年 9 月 4 日),第 8 页。
❷ 张东荪:《经济平等与废除剥削》,《观察》第 4 卷第 2 期(1948 年 3 月 6 日),第 4 页。
❸ 梁启超:《给孩子们书》(1927 年 5 月 5 日),《梁启超年谱长编》,第 1125 页。

代"与"现代"却被当作两个截然不同的阶段,分界点则是五四运动;而作为民国起点的辛亥革命,却只是"三次革命高潮"中的最后一次——不过是五四运动这一真正起点的预备阶段。而这,也恰恰表达了国民大革命断裂的一面。❶

简言之,国民大革命与从五四到"五卅"的思想政治语境裂变直接相关。在五四时期,甚至李大钊这样的共产党人也强调劳工运动与民主的一致性,认为:"Democracy 就是现代惟一的权威,现在的时代就是 Democracy 的时代。战后世界上新起的那劳工问题,也是 Democracy 的表现";❷ 但随后,潮流却转向了,用瞿秋白的话说就是"五四时代,大家争着谈社会主义,五卅之后,大家争着辟阶级斗争"。❸ 而任鸿隽更直接认为:"迷信'底克推多'是由不信'德谟克拉西'来的,而现时俄国式的劳农专制,正与美国式'德谟克拉西'决胜于世界的政治舞台。我们若要排除'底克推多'的迷信,恐怕还要从提倡'德谟克拉西'入手。"❹ 直接认为俄国道

---

❶ 李达在1922年承认,他不理解国民革命观念(李达:《中国共产党的发起和第一次、第二次代表大会经过的回忆〔节录〕》〔1955年8月2日〕,《"二大"和"三大"——中国共产党第二、三次代表大会资料选编》,中国社会科学出版社,1985年,第587页);而作为俄国人,葛萨廖夫看到,反帝、反军阀"这两个国内和国际性质的口号,概括了中国社会结构中一切活跃的东西和当前的严重问题。对广大群众来说,这两大口号好比中世纪所发现的新大陆一样,甚至被称为'中国社会结构最上层'的知识分子对这两个口号也不知道"(葛萨廖夫著、张诚译:《中国共产党的初期革命活动〔节录〕》〔1926年〕,《"二大"和"三大"——中国共产党第二、三次代表大会资料选编》,第471页)。

❷ 李大钊:《劳工教育问题》(1919年2月14、15日),《李大钊全集》第2卷,人民出版社,2006年,第291页。

❸ 瞿秋白:《国民革命运动中之阶级分化》,《新青年》第3号(1926年3月25日),第23页。事实上,提出国民革命这一口号,便是因为"民主革命这个口号,未免偏于纯资产阶级的"(陈独秀:《本报三年来革命政策之概观》,《向导》第3卷第128期〔1925年9月7日〕,第1173页)。

❹ 任鸿隽:《致胡适》(1926年12月8日),《胡适来往书信选》上册,第411—412页。

路与"德先生"互相冲突,也间接将国民大革命与民主置于对立位置。

张东荪对民主与革命关系的理解却不是如此。在民初,他谈及法国大革命以降的现代革命,认为其本具有两面性,一方面,"法兰西革命即宗教革命,而非发源于政治也";另一方面它又"全为经济上之原因",❶ 是平民要反对贵族不平等的财产占有。也因此,他不同意李大钊与傅斯年等人对法国与俄国革命的比较——前者是政治革命,后者则是社会革命,前者已随着"漫长的19世纪"成为过去,后者则正随20世纪新潮流而来。他认为"把法国革命当作民主革命,把俄国革命当作社会革命,截然分出界限,是割裂了历史的整个性与民主革命的继续性,实际上他们所谓社会革命只是民主革命更扩大更深入的运动。欧文(Owen)、勃朗(Blanc)、马克思与韦伯(Webb,指 Sidney Webb 与 Beatrice Webb 夫妇——引者注)的努力并不与卢骚、服尔德(Voltaire)、孟德斯鸠与哲斐孙(Jefferson)相反。倒是在进一步做前人未做到的工作,他们是同一民主长流中的前浪与后浪。"

根本而言,他视法国大革命为"混合性的大革命",之后所有革命都仍在它所开启的现代民主运动范围内,"因此某些历史家咬定法国革命单是政治革命或资产阶级的民主革命,实忽视了革命的复杂成分。……从法国革命,美国独立与英国改革,民主只成功了初步范围仅及政治,因产业革命后新的生产工具归资产主掌握,真正享到民主权利的只有他们,劳工们反受他们压迫。于是很多人竟把民主制度拨给资本家,把民主制度与资本主义在历史上的偶合当作正常联系,而把替劳工阶级争政权争生活的社会主义,反当作与

---

❶ 张东荪:《余之民权观》,《庸言》第1卷第12号(1913年5月16日),第4页。

民主不同甚至相反的运动。事情之悖谬真理无有过于此者"。❶ 他坚信民主与社会主义的一致性,认定"马克思是从卢梭而出","不有卢梭便没有马克思",因此,二者"不能分家","一切弊病都由于二者的分开,即有民主主义而无社会主义,或有社会主义而无民主主义",❷ 更直接说,"并不是民主主义是社会主义之前期,亦绝不是社会主义乃系民主主义之另一方式。两者在实质上在本性上应该只是一个东西"。❸

当然,理想中的革命是一回事,现实是另一回事。张东荪始终注意区分"理论上的应当"与"事实上的能够",严格将正在发生的国民大革命与他理想中真正意义上民主革命区隔开来。早在1922年,他便不客气地认为,列宁与托洛茨基善于操纵群众心理,他们结合上层精英与下层大众,共同反对各中间阶层。❹ 因此,俄国革命仍是少数人的革命,大众的彻底民主化也不是减弱而是加强了寡头统治(这一观察清晰体现了勒庞与米歇尔斯对他的持久影响)。五卅运动与国民大革命带给他类似的观感。毕竟,如俞平伯所说,此时的群众运动"多数人背后有少数人牵着线",❺ 而甚至为国民大革命深感兴奋的顾颉刚,也不忘劝说胡适,若要继续做政治运动,"最好加入国民党",以取悦"伐异党同"的民众,因为"在政治上,不能不先顺从了民众而后操纵民众"。❻

---

❶ 本段及上段引文,出自夏炎德为《民主主义与社会主义》所写的书评,张东荪转抄于此,并表示完全同意(张东荪:《〈民主主义与社会主义〉补义》〔下〕,《观察》第5卷第3期〔1948年9月11日〕,第9页)。
❷ 张东荪:《思想与社会》,第218—219页。
❸ 张东荪:《理性与民主》,商务印书馆,1946年,第130页。
❹ 张东荪:《宪法上的议会问题》,《东方杂志》第19卷第21号(1922年11月10日),第10页。
❺ 俞平伯:《答西谛君》,《语丝》第39期(1925年8月10日),第6版。
❻ 顾颉刚:《致胡适》(1927年2月2日),《胡适来往书信选》上册,第426—427页。

对张东荪来说，更切身的现实是，他被当作革命的敌人。1927年春，国民革命军占领上海，随后开始肃清思想界，张东荪一度成了通缉名单上的"学阀"。❶ 中国公学与《时事新报》也被强行接管。❷ 虽然租界的存在让上海并未完全变成党治的世界，在随后两年多里，张东荪也仍能在光华大学继续教书，❸ 但他"是向来反对国民党的一个人"，❹ 此时整体的思想与政治气氛不免令他感到压抑。

在这种情势下，他虽对理想中的民主革命怀抱热情，仍决定反对现实中的革命，第一次同意并参与组党——他热爱自由与独立性，这不啻是个人生活与政治主张的一次重大牺牲。❺ 在社会主义论战中，针对陈独秀主张中国必须以政党改造社会，他曾说："中国目前的情形却不需要代表一种特定主张的政党，因为中国简直不是一个国家，没有政治。政治上对立主张的存在必须这个国家的政治在水平线以上。若是这个国家尚未成一个国家，没有政治可言，则只有最基本最初步的'造国运动'。这个造国运动必须大家都来干，绝不是一部分人所能独任的。"❻ 在他眼中，1927年的中国恐怕更不像个国家，可他已被国民党当作反革命分子排除出"造国运

---

❶《上海五四纪念》，《世界日报》，1927年5月6日，第2版。

❷ 后来，他回忆，自己脱离报界，是因为"民国十六年以后报纸完全变为他人的喉舌不能说自己的话了。只在民元到民国五、六年之间短短时期中真有言论自由，这是我所亲历的"（张东荪：《思想与社会》，第4页）。

❸ 他拒绝在教务会上听总理遗训，以示对党化的不满（见戴晴：《在如来佛掌中——张东荪和他的时代》，香港中文大学出版社，2009年，第171页）。

❹ 张东荪：《党的问题》，《再生》第1卷第3期（1932年7月20日），第6页。

❺ 俞颂华与张东荪交好，他认为，张氏"是彻头彻尾的一个自由主义者，他有独特的见解与主张，他喜欢独往独来，特立独行，而不愿受任何约束的。对于什么政党的所谓铁的纪律，他是感到头痛的"（俞颂华：《论张东荪》，葛思恩、俞湘文编：《俞颂华文集》，商务印书馆，1991年，第319—320页）。

❻ 张东荪：《联省自治与国家社会主义》，《时事新报·学灯副刊》，1922年9月17日，第2版。

动",若仍想为其政治理想努力,除了同样组织政党与国民党对抗,也确实没有其他选择。

此时梁启超尚在世,组党计划也自然围绕他展开。有意思的是,虽然梁启超将他出面组党归结于受"车夫要和主人同桌吃饭,结果闹到中产阶级不能自存"❶的刺激,但又明确表示,自己要捍卫的中产阶级绝非资产阶级,因为"中国本无资产阶级",❷并说"你们别要以为我反对共产,便是赞成资本主义。我反对资本主义比共产党还厉害。我所论断现代的经济病态和共产同一的'脉论',但我确信这个病非共产那剂药所能医的"。❸他持这一立场却要同时与资本主义划清界限,这再次显示了社会主义在知识分子中的思想权势。

组党的目的自然是与国共竞争。梁启超认为"共产党受第三国际训练,组织力太强了,现在真是无敌于天下,我们常说'他们有组织,我们没有组织'",❹因此"颇感觉没有团体组织之苦痛"。❺张君劢则强调,未来的党必须集权,❻并以此反对与章太炎联合,因为后者"头脑太旧,交友太滥",而"今后造新党之机,非深通欧战后严守纪律接近民众之心理不可,而太炎非其选也"。❼但问题是,国内除国共两党外的政治势力因为"怕红"而寻求联合,是"许多部分人太息痛恨于共党,而对于国党又绝望,觉得非有别的

---

❶ 梁启超:《给孩子们书》(1927年1月2日),《梁启超年谱长编》,第1107页。
❷ 梁启超:《给孩子们书》(1927年1月18、25日),《梁启超年谱长编》,第1112页。
❸ 梁启超:《给孩子们书》(1927年5月5日),《梁启超年谱长编》,第1130—1131页。
❹ 梁启超:《给孩子们书》(1927年1月27日),《梁启超年谱长编》,第1114页。
❺ 梁启超:《给孩子们书》(1927年1月18、25日),《梁启超年谱长编》,第1111页。
❻ 梁启超:《给孩子们书》(1927年10月29日),伍庄:《与任兄书》(1927年冬至日),《梁启超年谱长编》,第1158—1159页。
❼ 张君劢:《致任公先生书》(1928年9月18日),《梁启超年谱长编》,第1192页。

团体出来收拾不可",这些群体社会基础与理念都很不同,组织松散的联盟都有困难,更不用说纪律严明的党。

更大的问题是人员基础。当时的趋新青年普遍"左倾"——甚至梁启超自己的两个儿子(梁思永与梁思忠)也倾向于共产主义,这对他不啻是家内革命。而对此,他的反应则是"看了不禁一惊,并非是怕我们家里有共产党,实在看见象我们思永这样洁白的青年,也会中了这种迷药,即全国青年之类此者何限,真不能不替中国前途担惊受怕。……思永不是经济学专门家,当然会误认毒药为良方;但国内青年象思永这样的百分中居九十九,所以可怕"❶。问题在于,此时趋新青年是最关键的政治力量,若真是"国内青年象思永这样的百分中居九十九",他们组党的基础也就很成问题了。

即使不考虑这些困难,1928年后,梁启超的健康急剧恶化,已足够使这一组党尝试无疾而终了。❷张东荪此时身在上海,没有资料表明他对梁启超与张君劢的组党计划参与得有多深,但在许多年后,他留下了一条十分耐人寻味的回忆。他说:"国民党北伐以前的二三年,我曾来北京访梁任公先生于协和医院。彼时他正要施行手术,我向之进言谓文化运动未有不含政治改革者,故仅文化运动是不够的。他告诉我,他之所以不愿再谈政治就是对于民主完全提不起信仰来了。我听了只好唯唯而退。到了今天回想起来,实在不能不引为中国之一大损失。中国之始终未能走上民主轨道可以说就是为没有人肯做民主主义之殉道者。必须有人和迷信财神与送子观

---

❶ 本段及上段引文,见梁启超:《给孩子们书》(1927年5月5日),《梁启超年谱长编》,第1129、1130—1131页。

❷ 另一个原因是,1927年,蒋介石发动清共,多少消除了对国民党要进行赤色革命的担心;1928年,济南事件爆发,蒋介石被迫放弃直接进占北京,转而将北方交给阎锡山与冯玉祥(原北洋系军人),实际上是变相维持了民国以来南北并立的格局,也减弱了对国民党一家独大的担心。这样,各团体联合的需要就没有之前迫切了。

音那样，不恤徒步登山，数夜不睡，以迷信于民主主义，则民主方会发生力量。环顾海内，这个天赋的天命应该降在梁先生身上，他竟未曾担起，岂不可惜。"❶ 这是在惋惜梁启超，但又有自况的成分。如前所述，张东荪试图"迷信"的民主主义，本就开启于法国大革命。作为中国版的"法国大革命"，不管国民大革命如何偏离了他心目中理想的民主革命，但仍不愿完全否定它——不是终结革命，而是纠正它，让它回到民主革命的"正轨"上来。作为国民大革命的"敌人"，他以参与组党作为回应，以此承担起自己"天赋的天命"，并投身于心目中的民主主义革命。

---

❶ 张东荪：《理性与民主》，第152页。张氏此处回忆不太精确。梁启超入协和医院动手术，事在1926年3月，仅在国共北伐（1926年7月9日）前不到半年；且他更早在五卅运动后已有"不能不管政治"的感觉，认为"看来早晚是不能袖手的。现在打起精神做些预备工夫"，甚至觉得"这几年来抛空了许久，有点吃亏"（梁启超：《给孩子们书》〔1925年7月10日〕，《梁启超年谱长编》，第1048页），似已对之前转向文化运动有悔意。在此背景下，他似不可能在国共势力进一步增强的1926年年初，表示"不愿再谈政治"。恐怕此时他与张东荪的异议，并不是"谈政治"甚至"干政治"，而是用什么方式来"谈"与"干"。北洋军阀的失败在某程度上会解脱研究系成员的政治原罪，使他们不用再担心被指责为依附军阀；在国民党尚未取得对北洋的压倒性胜利前，出于避嫌，梁启超等人不愿意公开"干政治"，因为"现在军阀游魂尚在，我们殊不应对党人宣战，待彼辈统一后，终不能不为多数人自由与彼辈一拼耳"（梁启超：《给孩子们书》〔1927年1月2日〕，《梁启超年谱长编》，第1107页）。张东荪与北洋关系较为疏远，或也因此不太能体会梁氏的避嫌心理。

第 11 章

30 年代后的抉择

第一节 《再生》与"再生"

1930 年秋,在从国会辞职南下十三年后,张东荪再次回到了北京(此时已更名北平)。重新北上的,并不止他一个人。两年多前因为向往国民大革命而南下的学人,此时多已回流,原因则在于国民党日益失去士心。如胡适所说:"民十五六年之间,全国多数人心的倾向中国国民党,真是六七十年来所没有的新气象",但"不幸这个新重心因为缺乏活的领袖,缺乏远大的政治眼光与计划,能唱高调而不能做实事,能破坏而不能建设,能钳制人民而不能收拾人心,这四五年来,又渐渐失去做社会重心的资格了"。❶而张东荪说得更简捷:"国民党之取北洋军阀而代之,完全是换汤不换药。"❷

此时北京情形又是如何?如周作人所说,除了从五色旗变为青

---

❶ 胡适:《惨痛的回忆与反省》,《独立评论》第 18 号(1932 年 9 月 18 日),第 11 页。

❷ 张东荪:《"国民无罪"——评国民党内的宪政论》,《再生》第 1 卷第 8 期(1932 年 12 月 20 日),第 4 页。

天白日旗,"拥护五色旗者改成拥护青天白日的要人",❶ "一切还都是从前的样子"。❷ 张氏一贯期待根本性大变,并不喜欢这样一种处处令人联想到北洋的保守氛围;不过,远离国民党统治中心,至少让他能脱离党治的思想、言论控制,重新开始发言与写作。

他任教于燕京大学,直到1952年被迫隐退。当时,这所经费充裕的教会大学是与清华大学(有庚款支持)齐名的西化精英学校,在离北京城十几公里的西北郊区,附近都是农田与民居,也部分符合张东荪以耕读立身的希望——这所"乡村"间的西化学校,与他恪守传统却一生以输入西学为志业倒也有些暗合。

更一般言之,这是个象征。他一生都在中西接触的边界地带——不管是上海还是燕大,都是最典型的不中不西的地方。他也刻意保持着这种两边不靠的状态:身在燕大二十多年,且以输入西学为己任,却从未出国;研究最远离政治的数理哲学与认识论,不肯担任任何政治职务,却又不断地"谈政治"甚至"干政治"——凶险的政治与高蹈的哲学构成了看似不可能的共存。对这种颇显矛盾的生活,他解释说,自己不想把"哲学来作象牙塔",❸ 其含义,则如周作人所说:"别人离了象牙的塔走往十字街头,我却在十字街头造起塔来住","大众看见塔,便说这是智识阶级(就有罪),绅士商贾见塔在路边,便说这是党人(应取缔)"。❹ 在某种意义上,张东荪就是这种"在十字街头造起塔来住"的人,他被社会主义者视为"反动",又被王国维等保守主义者视作"党人",便与此若合符节。

---

❶ 周作人:《北京通信》,《语丝》第4卷第29期,第37页。
❷ 周作人:《北京通信》,《语丝》第4卷第28期,第39页。
❸ 张东荪:《知识与文化》,商务印书馆,1946年,第65页。
❹ 周作人:《十字街头的塔》(1925年2月),《雨天的书》,河北教育出版社,2002年,第70、72页。

相较之前的报人生活，张东荪一面更深地沉入学院，另一面却直接组党，更深地投入政治。1932年，他与张君劢等人组织国家社会党，并出版影响甚大的党刊《再生》。刊物的英文名是 *The National Renaissance*，令人直接想到新文化运动时期以文艺复兴为号召的刊物《新潮》（英文名为 *The Renaissance*）。而"再生"这个刊名，也呼应了胡适对文艺复兴的理解，那就是对 Renaissance 一词，旧译"文艺复兴不足以尽之，不如直译原意也"，即"再生时代"。❶ 简言之，刊物的中英文名都颇意味深长，已足够提示与新文化运动的潜在勾连。

相较新文化运动，国民大革命与之关系就要隐晦得多了。让我们离他远一些，回到文艺复兴观念的发源地略加考察。首先，不可忽视的是，该观念是19世纪的产物。布克哈特等人认为，当时的民主运动与资本主义会威胁到文化与个人自由，而"文艺复兴时期的意大利就像他青年时代世界的一个理想版本，也是逃离他所憎恶的现代集权化工业社会的一个避难所。……从这个意义上说，他对文艺复兴的解释助长了所谓19世纪的'文艺复兴神话'"。❷ 简言之，布克哈特的文艺复兴观念是反民主与反资本主义的，与张东荪试图引入中国的19世纪西方有冲突。

但是，文艺复兴观念有另一个思想源头，恰恰来自布克哈特最厌恶的法国大革命，来自这一革命的忠诚赞颂者——米什莱。他是激进民主主义者，将"人民"（大革命中正式作为政治主体出现）看作历史的唯一主角，视文艺复兴为法国大革命及其所开启的"现代"的真正源头，在他看来："法国在为自己赢得了自由之后，它

---

❶ 曹伯言整理：《胡适日记全编》第2卷，安徽教育出版社，2001年，第600、605页。
❷ 彼得·伯克：《意大利文艺复兴时期的文化与社会》，刘君译，东方出版社，2007年，第32页。

的引以自豪的命运就是，开创一个民主时代，而民主就是自由的化身。"❶ 布克哈特畏惧19世纪民主对个人自由的威胁，他却对此毫不在意。❷

　　文艺复兴观念这两个几乎互相对立的源头严肃地质询我们，到底该如何理解它与19世纪西方的关系（这个"西方"恰是中国进入"现代"直接遭遇的"西方"，也是理解中国自身的关键）。在对五四运动的反思中，余英时明确将文艺复兴与启蒙运动区分开来，认为"不能轻率地把'文艺复兴'与'启蒙运动'仅仅看作两个不同的比附性的概念，由人任意借用以刻画五四运动的特性。相反地，它们必须严肃地看作两种互不相容的规划（projects），各自引导出特殊的行动路线。简言之，文艺复兴原本被视为一种文化与思想的规划，反之，启蒙运动本质上是一种经过伪装的政治规划。学术自主性的概念是文艺复兴的核心"。在这里，他明显更接近布克哈特对文艺复兴的理解，它是19世纪（民主兴起的世纪）的对立面。

---

❶ 见乔治·皮博迪·古奇：《十九世纪历史学与历史学家》上册，耿淡如译，商务印书馆，1989年，第321—322、328页。当然，文艺复兴的人民性，正如文艺复兴这一概念本身，都是19世纪政治意识的产物。如彼得·伯克所论："在1860年，雅各布·布克哈特认为文艺复兴本质上是近代的（modern），一个近代社会创造的一种近代文化"，但其实，"1860年以降……乡村社会演变为城市—工业社会，其规模令文艺复兴时期的城市及其手工业相形见绌。在15和16世纪，大多数意大利人以耕种为生，许多人目不识丁，而且一切均仰仗畜力，这使意大利成了一个'落后'社会，而不是当代术语所界定的'近代'社会。"（彼得·伯克：《初版序言》，《意大利文艺复兴时期的文化与社会》，第2页）换言之，文艺复兴实际上仅发生于一小群城市精英之中。

❷ 两种文艺复兴观代表着两种不同的政治理想。米什莱集中阐述文艺复兴的《法国史》第7卷，写作于路易·波拿巴篡夺法兰西第二共和国后，他要以文艺复兴观念明确颂扬作为现代民族民主国家典范的法兰西共和国；反过来，布克哈特厌恶现代民族民主国，他心目中的理想国度，是威尼斯这样的城邦共和国——它与文艺复兴互为前提。最后，一个历史事实象征性地凸显了此种思想冲突的政治后果——1797年，法兰西共和国吞并威尼斯共和国，结束了后者历时一千余年的独立史。

但是，余英时又以一贯的敏锐看到，虽然胡适将新文化运动当作"中国的文艺复兴"，在西方也一度享有"中国的文艺复兴之父"的殊荣，但"相较于意大利人文主义，胡适更直接是法国启蒙思潮的继承者。对于他同时代的西方人而言，胡适往往使他们联想到伏尔泰"，"可能正是因为他强调启蒙运动上承文艺复兴而来……有时未能在两者之间划分出界线"。❶ 换言之，甚至胡适自己，也将文艺复兴与启蒙运动及其开启的 19 世纪当作连续的过程。

这意味着什么？绝不能仅将文艺复兴当作与政治对立的文化运动，也不应如胡适般把新文化运动的失败归因于"政治干扰"——这种文化与政治的二分只会让我们错过"中国的文艺复兴"的真正含义：它本具有政治性，也只有坐落于政治背景中才能得到恰当理解。❷ 事实上，虽然将新文化运动（或 30 年代后张东荪等人的努力）视作"中国的文艺复兴"颇有比附之嫌，但两个时期的外部政治环境其实颇有相似之处。布克哈特也承认，16 世纪初，"文艺复兴时期的文化已经达到了最高峰"，同时，"这个民族的政治上的衰败看来已经不可避免"；❸ 而民国中央权威式微，各地陷入"五代"般的割据，倒恰与文艺复兴时期意大利的政治混乱颇有相似之处。

行文至此，一个问题自然涌现了出来——张东荪所期待的"国族的文艺复兴"，更接近米什莱还是布克哈特？答案是明确的——

---

❶ 本段及上段引文，见余英时：《文艺复兴乎？启蒙运动乎？——一个史学家对五四运动的反思》，《现代危机与思想人物》，生活·读书·新知三联书店，2005 年，第 78、84—85 页。

❷ 文艺复兴有自身的政治理想，即罗马式的古典共和国——实行混合政治，以权力平衡保证公民的个人自由（见昆廷·斯金纳：《现代政治思想的基础》，段胜武等译，求实出版社，1989 年，第 82—84 页；彼得·伯克：《意大利文艺复兴时期的文化与社会》，第 28—33、39—40 页）。

❸ 布克哈特：《意大利文艺复兴时期的文化》，何新译，商务印书馆，2002 年，第 422 页。

他比胡适更加"左倾",几乎完全倾向于米什莱对文艺复兴的理解。他强调文艺复兴与19世纪变革的连续性,认为"个人主义必须经过产业革命发展为资本主义方能以民主政治的形式从理想变为现实。我们因此可说个人主义与资本主义以及产业革命本是三位一体的一件事"。❶ 换言之,文艺复兴必须经过工业革命与法国大革命才能真正站立,这种将三者视为一体的思想,实为对国民大革命的肯定——如美国传教士费吴生(George A. Fitch)在1927年所说,该革命是"集法国大革命、工业革命及文艺复兴于一身"。❷

当然,不可忽略"国族的文艺复兴"中national这一限定语。有一点颇具提示性,当时处于半自治状态的北京,与中世纪意大利的半独立小邦颇为相似。正如意大利城邦林立、内外战不断的局面,让其时的文化巨人们痛感国家统一与强大的必要,此时中国风雨飘摇的处境,使得以地方分权为基础的文艺复兴图景失去了吸引力。具体言之,"九一八"事变令张东荪深感震惊,身处邻近事变前沿的北京,更加强了这种"国破山河在"的痛苦感受,用傅斯年的话来说就是:"'九一八'是我们有生以来最严重的国难,也正是近百年中东亚史上最大的一个转关,也正是二十世纪世界史上三件最大事件之一,其他两件自然一个是世界大战,一个是俄国革命。"❸ 考虑到"一战"与俄国革命的世界历史意义以及对新文化运动后中国知识分子的巨大影响,"九一八"事变生死般的重要性也就可以想见了。由此,《再生》英文名中"national"一词的含义也得以显现——这场文艺复兴只能是国族主义而非世界主义的。

---

❶ 张东荪:《民主主义与社会主义》,观察社,1948年,第35—36页。
❷ 转引自罗志田:《乱世潜流——民族主义与民国政治》,上海古籍出版社,2001年,第226页。
❸ 傅斯年:《"九一八"一年了》,《独立评论》第18号(1932年9月18日),第2页。

在这一新的国族主义自觉下，我们才可以恰当把握张氏这一时期对民主制的重新肯定。出于险恶的国际竞争与"九一八"事变所昭示的亡国危机，民主与国家力量的关系再次成为他思考的中心问题。在发表于《再生》创刊号的《我们所要说的话》一文中，他提出两点核心主张："国家社会主义"与"修正的民主政治"，强调民主与国家力量的一致性，即"没有国族主义的国家，就没有民主主义的政治；无民主主义的制度，亦不足造成国族主义的国家"。❶

要理解张东荪的这些主张，必须将其置于当时世界的思想与政治情势中（尤其是那些直接作用于中国的）。彼时最明显的政治问题是普遍的代议制危机。议会这一机关混合了民主制与贵族制原则，代表的是古典城邦国的混合政治理念以及现代国民法治国的权力制衡理想。如果说"一战"前英国上议院权力削弱（1911年），或美国进步运动中总统权力扩张，以及参议院直接民选（1913年），尚更多表现的是民主制原则对贵族制成分的清除，那么随着"一战"后普选制在西方各国次第建立，以民主之名实行一元统治——不管是借助自由还是专制的形式——正式出现，危机政府（英美等国，犹以罗斯福新政为典型）的诞生，恺撒制的复兴（意、德、西等国）以及"无产阶级民主"（苏俄）的实践，都表现了这一点。

民主集权政府次第出现，倒让之前困扰张东荪的国家社会主义与个人资本主义的二难选择暂时得以解决。他部分赞同胡适"苏俄

---

❶ 张东荪：《思想与社会》，辽宁教育出版社，1998年，第200页。张东荪始终着力观察法、俄两大革命，他看到："就国族主义来讲，在法国革命之初与俄国革命之初，几乎可以说没有人以此为出发点的。但其归趣却落到爱国主义，岂非怪事！……凡此都是表明在社会主义的革命运动的根底里潜伏有国家主义与国际主义之斗争。这个争斗实影响社会主义的本质。"（张东荪：《民主主义与社会主义》，第33—35页）

走的正是美国的路"❶ 的观察,认为英国工党的社会化政策以及美国新政扩大政府对经济的干预,都表明计划经济纵使不是资本主义与社会主义共通的基础,也是二者可以共有的部分。由此,他开始主张"以前立在个人主义与放任状态上的经济学已早不切于当今的世界了","国家社会主义与国家资本主义之区别"只是"名辞的争论","假如真正无所容心,则这个区别便可不立"。❷

当然,就政治选择而论,比起苏俄,他仍更倾向于英、美两国。英国工党在30年代稳定执政(1929年大选获胜),且进行了大量社会立法,让他有理由相信议会社会主义的现实可能性;而罗斯福新政所实行的社会政策,对愿意接受经济统制而不愿接受政治独裁的他而言,更是一条实现民主强政府的新路——苏俄"一国建设社会主义"的成功让他很难再说俄式社会主义行不通,但英美的社会主义实践让他在承认这一点时,仍不必去支持实行它。几年前,对西方人认为"此时中国需要一个英美式的鲍洛庭",胡适只能回答说"可惜英美国家就产不出一个鲍洛庭";❸ 此时,随着罗斯福新政的出现,张东荪就不必这样自我否定了——罗斯福不就是中国所急需的"英美式的鲍洛庭"吗?

但是,退一步的选择依然存在——如果"英美式的鲍洛庭"终究难产,他并非不能接受一位苏俄式的鲍洛庭。他部分肯定计划经济,赞赏俄共"向着一个理想而趋"与"真舍的去干"的精神;更重要的是,他本就将"增加富力"作为落后国家衡量一切的标准,苏俄利用计划经济实现国家化造产,令他深感震动,他开始认

---

❶ 曹伯言整理:《胡适日记全编》第5卷,1930年3月5日条,第681页。
❷ 记者:《我们所要说的话》,《再生》第1卷第1期(1932年5月20日),第23页。
❸ 曹伯言整理:《胡适日记全编》第5卷,1928年3月24日条,第5页。

为"俄国变成了一个有计划的造产的榜样",❶"这个有计划的经济之实施在经验上与方法上是人类最可宝贵的一件事,至于他们那些理论,阶级斗争啊,唯物史观啊,完全不相干。这个在某一种意义之下就是所谓集产主义(Collectivism),亦就是所谓国家社会主义(State socialism)"。❷

或可说,张东荪为"造产"而准备接受苏俄式的鲍洛庭,不过是近代中国知识分子为"寻求富强"而不断提高物质相对于文质的地位的表现,不过,也不能忽视计划体制在精神层面的吸引力。在30年代世界性经济危机的背景下,计划体制已被多数中国知识分子视为科学与理性的象征(与非理性的资本主义对立),俄国计划经济的成功则被当作"赛先生"的胜利——它也开始取代"德先生",成为社会与政治改造的根本原则。而虽然在五四时期,"赛先生"与"德先生"多被认为是互相一致的,但30年代计划体制与民主政治的争论则表明,在后五四时代,两位"先生"矛盾日显——俄国的试验似乎表明"赛先生"的胜利要以牺牲"德先生"为代价;而中国主张反民主的专家政治最坚决的人,就是科学与人生观论战中科学一方的主将丁文江,也多少呼应了这一点。

不管如何,张东荪终于退向了自己在20年代明确拒绝的国家社会主义,准备让他深爱的自由为"造产"做出牺牲。他说:"无论如何讲自由,讲平等,若与生产发生冲突,换言之,即使生产反

---

❶ 张东荪:《生产计划与生产动员》,《再生》第1卷第2期(1932年6月20日),第2、7页。

❷ 记者:《我们所要说的话》,《再生》第1卷第1期(1932年5月20日),第23页。张汝伦甚至认为,在当时倾向于社会主义的知识分子中,张东荪是将"造产"看得最重的一个(张汝伦:《现代中国思想研究》,上海人民出版社,2001年,第323页)。

而降低，则决不能成功"，"百余年来欧洲社会主义的排演是一部悲惨的历史。这个悲惨经验所给人们的教训是：凡社会改革（或革命）而能使生产增长的就能站得住；反之，使生产降低则必会被反革命所推翻"。❶ 由此，他放弃了资本主义阶段无法跨越的观点，转而认为："为了迫切的生产增高的要求，如果仍用个人主义从容不迫地做去，不但造成资本主义又演为另一个形式的不公道，并且在资本主义的国际形势包围中（资本主义发展到后期一定向外求发展，以经济力压倒其他后进民族），亦一定不许落后的国家仍用资本主义的方式赶上前去。"因此，"落后国家从封建脱出，要想生产，反而不能全用资本主义"。❷ 而这，几乎就是陈独秀等人在20年代的主张。

那么，谁来担当起这一任务？在张东荪看来，不可能是国民党。他承认在"九一八"后国家危亡的局面中，"无论政权是何种形式来构成，而国民党或其中的若干部分总是其中的一个不可缺的因素。要想把他除外，则政治必不能运行"。❸ 但他不改对国民党的轻蔑，并用哲学家对理论的一贯爱好说，共产党至少是按照自己的理论去诚心诚意地实干，而国民党则根本没有理论，只有私利。具体言之，"以训政为理由的一党专政是根本不通的"，"俄国的理由虽不合人性，然其自身尚可说能以自圆；中国的国民党则并自圆其说都不能办到"，❹ 因此，不过是"在行动上是杀共产党，在理论上

---

❶ 张东荪：《政治上的自由主义与文化上的自由主义》，《观察》第4卷第1期（1948年2月28日），第4页。

❷ 张东荪：《经济平等与废除剥削》，《观察》第4卷第2期（1948年3月6日），第4—5页。

❸ 张东荪：《党的问题》，《再生》第1卷第3期（1932年7月20日），第12页。

❹ 张东荪：《生产计划与生产动员》，《再生》第1卷第2期（1932年6月20日），第14页。

是抄共产党"❶的残忍加无能罢了。

反过来,他虽被认为深具英式自由主义气质,却对批判英式改良道路的共产党人,始终表现出有距离的尊敬。张家后人回忆他在晚年"从不谈跟孙中山的关系,倒常爱说他的旧交陈独秀",❷他曾参与中共最初的组党活动,不管对其具体主张有何不满,对这一"有理想"的组织,则始终怀有钦佩,并在某种程度上为与他们交往感到自豪。另外,他从不小看共产党人的意识形态,认为其力量正如《社会契约论》的第一句——"人是生下来即自由的",不能证实,却引起了空前的革命,❸也因此一直将他们视为最需重视的竞争对手。大体说来,他虽未必会赞同丁文江"假如我今年是二十岁,我也要做共产党",❹或周作人"在吸着现代空气的人们里,除了凭借武力财力占有特权,想维持现状的少数以外,大抵都是赞成共产主义者",❺但他几乎肯定会赞同丁文江的另一观点,那就是"共产党是中国今天最重要的问题"。❻

---

❶ 张东荪:《书评——国风月刊》,《再生》第1卷第2期(1932年6月20日),第7页。对此时国民党的理论困境,张君劢有一颇具洞见的观察,他说:"近年中国标榜三民主义,欲以三民主义统一人心,然此愿恐难实现。以三民主义之中包含冲突,若以民权主义为本位,应走上陆克、穆勒之路,立宪法,许人民以言论结社之自由,然此非现政府之所欲焉;若以民生主义为本位,应走上马克思列宁主义之路,实行无产专政与一党独裁,此着中共产主义彩色过重,又非现政府之所欲。国民党自身既因此而分裂,尚何能以之统一人民思想乎!"(张君劢:《当代政治思想之混沌》,《再生》第2卷第11、12期合刊〔1934年8月1日〕,第6—7页)换言之,民权主义是"侧重个人的解放"的维多利亚时代的表现,国民党却是借助试图推翻这一"落后"时代的国民革命才获得政权的,想要两面兼顾,不免陷于自相矛盾。

❷ 来自张东荪之孙张诒慈的回忆。转引自戴晴:《在如来佛掌中——张东荪和他的时代》,香港中文大学出版社,2009年,第184页。

❸ 张东荪:《思想言语与文化》,《知识与文化》,第193页。

❹ 丁文江:《中国政治的出路》,《独立评论》第11号(1932年7月31日),第5页。

❺ 周作人:《外行的按语》,《谈虎集》,河北教育出版社,2002年,第170页。

❻ 丁文江:《评论共产主义并忠告中国共产党》,《独立评论》第51号(1933年5月21日),第5页。

在这一国共对比的视野下，我们就较容易理解 30 年代后张东荪思想的日益"左倾"。1935 年，当共产党表示愿意放弃无产阶级专政、谋求与其他阶级与政党联合时，他专门写了一篇《从教育的意义上欢迎共产党的转向》，颇兴奋地说："以一个向来主张废除私产的党现在居然说保护财产和营业的自由了，以一个向来主张无产阶级专政的党现在居然说实行民主自由了，以一个向来主张完成世界革命使命的党现在居然说为国家独立与祖国生命而战了，以一个向来受命于第三国际的党现在居然说中国人的事应由中国人自己解决了，以一个向来主张用阶级斗争为推动力对于一切不妥协的党现在居然说愿意与各党派不问已〔以〕往仇怨都合作起来"，他自认这十年来"就是为了国家主义与民主主义而呼吁"，因此认为"民族主义已征服国际主义，民主主义已征服了共产主义"。❶ 也正是在这种认识下，当抗战这一比"九一八"事变更严重的民族危机到来时，滞留北京的他更进一步，成了共产党人的积极合作者。

问题是，就思想与认同而言，这到底是一种怎样的合作？他立身行事近于英国自由主义者，承认："在西方历史上学术自由之开始是起于所谓文艺复兴（The Renaissance）。文艺复兴的最大贡献，是把希腊文化上之'自由'概念重新提出"，❷ 而"自由主义的根底本在于文化。文化上没有自由主义，在政治上决无法建立自由主义。中国今后在文化上依然要抱着这个自由精神的大统。文化上的自由存在一天，即是种子未断，将来总可发芽。所以使这二者（即计划的社会与文化的自由）相配合，便不患将来没有更进步的制度

---

❶ 张东荪:《从教育的意义上欢迎共产党的转向》,《再生》第 3 卷第 10、11 期合刊，第 6 页。

❷ 张东荪:《理性与民主》，商务印书馆，1946 年，第 135 页。

出现"。❶ 胡适将社会主义运动视为对"中国的文艺复兴"的政治干扰,而张东荪则转而想在这一运动内部保留文艺复兴的种子。因此一方面认为"政治自由主义在今天廿世纪已是过去了",❷ 另一方面又将文化自由视为孕育"更进步的制度"的种子,潜意识中仍是将政治自由主义的复活寄托于此。❸ 事实上,他真正看重的是精神性因素,物质主义式的造产与他距离遥远,但在为求取国家富强而牺牲个人自由的信念下,这一距离反而成了他坚持的动力——牺牲越宝贵,自我道德完形就越圆满。

这绝不仅仅是一项政论,也是他为所源出阶级的命运下的历史诊断书。他日益将现代中国的知识分子问题与传统的士人问题联系起来。与通常多将"士"与"大夫"连用为"士大夫"不同,他强调传统中国士人非"大夫"的一面,认为士人得具有两重使命,一为协理政治,二为施行教化、代表舆论,并认为正是孔子创设了士人的后一重使命,这一改造是中国"文化上政治上一个极大的转变"。❹ 士人

---

❶ 张东荪:《政治上的自由主义与文化上的自由主义》,《观察》第4卷第1期(1948年2月28日),第5页。他设想组织以知识分子为成员的教育基尔特,作为文化自由的基础。因为"政治所以左右思想大半是由于教育","教育没有不是受政治支配的。经济只能支配政治,故其影响于思想必是借政治的力量,而教育为政治的工具"(张东荪:《知识与文化》,第83、85页)。这是以费边社为榜样——独立开展工人教育,系统调查社会,将文化与社会改造结合在一起;同时,又是工党的政治咨询者与文化指导者。张东荪所设想的知识分子与共产党的关系,大致也类似于此。

❷ 张东荪:《政治上的自由主义与文化上的自由主义》,《观察》第4卷第1期(1948年2月28日),第3页。

❸ 确实,他对自由主义态度微妙,一面说自己"从未自居为自由主义者"(张东荪:《政治上的自由主义与文化上的自由主义》,《观察》第4卷第1期〔1948年2月28日〕,第3页),一面却说:"著者今年六十岁,自问一生是专为思想自由而争。"(张东荪:《理性与民主》,第135页)

❹ 张东荪:《不同的逻辑与文化并论中国理学》,张汝伦编:《理性与良知——张东荪文选》,上海远东出版社,1995年,第409页。因此他认为:"孔子在中国历史上确是唯一的特别人物"(张东荪:《中国之过去与将来》,克柔编:《张东荪学术文化随笔》,中国青年出版社,2000年,第202页)。

成了"一个社会内的清明之气",是人民"透气的所在",更成了中国文明的"防毒素",❶ 其独一无二的长期延续便因为此。❷

他关注的是士人独立于政治功能外的文化功能,或者说,是将士人与政治的关联视为应摆脱的缺陷。因此,他对科举制态度复杂。他说:"中国情形之可怕处不在阶级分界的严明,而反在阶级之可以混易。于是治者与被治者不成为两阶级,乃只是两个界域,人们可以自由出入于这两个界域间。凡治者享尽人间幸福;被治者受尽人间苦痛。除了不交通的乡村为政府权力所不及者以外,被治者总是不断地想摇身一变为治者。所以'治权热'在中国人心中比任何国人都厉害。"❸ 在他看来,科举制所带来的士农工商"四民"间的流动,使得中国的治者与被治者间保留着基本的政治认同,反而阻碍了被治者对治者的革命要求。换言之,科举制带来的政治开放性恰好成了谴责它的理由,它缓解了痛苦的烈度,却增长了痛苦的时间。

他明了自身的处境。科举制及其所象征的传统文明,已在民国时期决定性地崩溃了,而士阶级也随之腐烂。❹ 如此则他们将与传统中国同尽吗?他并不这样认为。而是说:"如果以为只须把国家建立于农工之上,而不要士,则我愿把太平天国之实例来作一个反证。"❺ 他一一否定了农民、工人或军人担当政治的可能,认为"士

---

❶ 张东荪:《不同的逻辑与文化并论中国理学》,《理性与良知——张东荪文选》,第409页。

❷ 他认为:"中国文化本身仍由'士'的阶级在千辛万苦中维持其一线的生命。中国所以能有二三千年的历史,比外国任何民族的生命都长,据我看,就是由于此。"(张东荪:《士的使命与理学》〔1939年8月12日〕,克柔编:《张东荪学术文化随笔》,中国青年出版社,2000年,第390页)

❸ 张东荪:《中国之过去与将来》,《张东荪学术文化随笔》,第199页。

❹ 张东荪:《思想与社会》,辽宁教育出版社,1998年,第228页。

❺ 张东荪:《中国之过去与将来》,《张东荪学术文化随笔》,第213页。

阶级以外只有农民，而工人太少。至于军人，若论军官依然属于中流阶级，兵士则其无能力比农民更甚。农民要来作国家的栋梁无论在知识上不够，即在地位亦有特别的困难……以无知识的农民使其离开土地而从政，恐怕更要比中流阶级坏得厉害糟得厉害。因此我们又不得在中流阶级以外另想主意"。❶ 问题在于是否可能，又如何创造性地转换它。

并不是只有张东荪在思考这一问题。稍后，费孝通就发问道："为什么中国的历史里不曾发生中层阶级执政的政治结构？""他们怎么不去和皇帝争取政权？中国怎么不发生有如英国大宪章一类的运动？这种在经济上是地主、社会上是绅士的阶层怎么会在政治上这样消极？"❷ 费孝通谴责士绅阶级在政治上的被动性，并就此认为，他们不可能与民主时代兼容。

张东荪则给出了相反的答案。他更多将民主制看作社会与文化的精神，而非政治制度。因此，士人的政治消极性最多是个无伤大雅的缺点，只要他们在社会与文化上足够积极即可。具体说来，他认为，政治是"一个'力'"，"一个'必然的恶'"。❸ 而"一切社会关系如完全基于'力'，必致没有任何团结。凡是社会必须建立于'同意'上，这就是所谓'道德的'"。❹ 士人的希望即在于脱离政治，居于社会。

---

❶ 张东荪：《思想与社会》，第228页。
❷ 费孝通：《皇权与绅权》(1948年)，《费孝通文集》第5卷，群言出版社，1999年，第485页。
❸ 张东荪：《知识与文化》，商务印书馆，1946年，第82页。
❹ 张东荪：《不同的逻辑与文化并论中国理学》，《理性与良知——张东荪文选》，第410页。不过他并不认为社会是纯道德性的，他在另一处说："社会的存在是靠着一种混合的秩序，这个秩序是有宗教性的，因为非如此不会有神秘性令人觉着神圣不可侵犯；又是有理性的，因为必须如此使人方觉得对，觉得说得通，觉得十分妥当；又是有政治性的，换言之，即借'力量'来维持的，凡反对的都得受法律的制裁。"（张东荪：《思想与社会》，第86页）

如此，则革命意味的就不是士人阶级的毁灭，而是它的创造性转化。所以，他一方面认为"士的使命在历史上算已结束了"，"到了今天，士的阶级已完全不存在"。❶ 另一方面又希望"以后士阶级完全改换了性质"，❷ 变成"民主的托命者"，"全社会之造新血的机关"。❸ 具体说来，他主张知识分子当维持"社会一致的公论"，从政治的辅治阶级变为社会的辅治阶级，而"所辅者不是君主，不是政府，乃是全社会与整个儿的文化"。❹

但是，用马克思主义的话说，这一阶级在以经济关系为基础的新社会中真能有其位置吗？张东荪清楚，士人并非西式的"第三阶级"或者"中产阶级"，甚至"并不是一个严格的阶级。因为没有经济的背境〔景〕。不但没有经济的根据，并且因为士是'不治产'的，其社会的地位至不巩固。这乃是一个大缺点。所以由于经济的压迫只得流入于官僚"。❺ 因此，士人虽然可以"加入大众中，在大众中除了担任技术知识的需要以外，依然可以行使其提高道德的任务"，"不过其中仍有个生活问题，似十分复杂。"❻

---

❶ 张东荪：《不同的逻辑与文化并论中国理学》，《理性与良知——张东荪文选》，第418—419页。

❷ 张东荪：《知识与文化》，第144页。

❸ 张东荪：《思想与社会》，第236页。

❹ 同上书，第237页。

❺ 张东荪：《士的使命与理学》，钟离蒙、杨凤麟：《中国现代哲学史资料汇编》第4集第1册（解放战争时期哲学思想战线上的斗争），辽宁人民出版社，1982年，第158页。在另外一处他说："孟子说：无恒产而有恒心，惟士为能。可见士虽为社会掌司礼教，但却并不能以此而得报酬，有固定的收入，以维持生活。这却和耶教的牧师，佛教的和尚不同：因为他们的教会与寺庙自有产业，得以生活。士既不是一种有收入的职业，于是为了生活计，只有遁入于官之一途。此即所以士与官总是常相混合之故。"（张东荪：《中国之过去与将来》，《张东荪学术文化随笔》，第203页）

❻ 张东荪：《士的使命与理学》，《中国现代哲学史资料汇编》第4集第1册（解放战争时期哲学思想战线上的斗争），第162页。

他的解决办法一如往昔——将知识分子与农民而非工人联系起来。他回顾儒学历史,强调:"有些理学家都是出身于农","凡出身于农的都能有充分活力。这一点足偿前一点(即流入官僚)之失。"❶ 他希望以新式"乡约"实行乡村自治,"用乡约的精神把教化与自治合为一件事,则农人与士类便能打成一片",同时也就是"把教育与政治打成一片"。❷ 他甚至已经为这种新的乡约组织想好了形式,那就是一个由士人主导的农民基尔特。其目的也很明显——使得近代以来由于城乡分离而日益疏远的知识分子与农民重新接近,并解决知识分子"不能成为一个组织"❸ 的问题。

这就是他所设想的创造性转化。死亡意味着新生,从历史的角度,这不是循环,而是一种黑格尔式的进化——新式的"螺旋式上升"。"中国今后所应走的道路"❹ 也就此显现,"再生"后的士人阶级将作为"民主的托命者","把中国从历史的旧轨道中搬出而另外摆在一个新的轨道上"。❺ 危险与机遇皆在于此。40年代末,它以非此即彼的政治选择的形式呈现在了张东荪面前。

---

❶ 张东荪:《士的使命与理学》,《中国现代哲学史资料汇编》第4集第1册(解放战争时期哲学思想战线上的斗争),第158页。张东荪自己的经济状况就与此类似。他家虽然世代为官,且他与乃兄都是民国时代的大知识分子,但此时张家并没有地产与股票,也没有投资实业,仅依靠教书与稿费为生。

❷ 张东荪:《中国之过去与将来》,《张东荪学术文化随笔》,第221—222页。在这方面,他承认是受到了梁漱溟的影响,简言之,即是要"重振古人讲学风气而与近世的社会运动并合为一"(梁漱溟:《忆往谈旧录》,金城出版社,2006年,第11页)。

❸ 张东荪:《知识与文化》,第110页。张东荪想要士人与农民接近的时候,正是他们由于科举废除以及城乡分离而与农民最疏远的时候。换言之,这也就是士人阶级的道德与社会力量最为衰弱的时候。

❹ 张东荪:《思想与社会》,辽宁教育出版社,1998年,第107页。

❺ 张东荪:《理性与民主》,第186页。

第二节　走向社会主义

　　1947年，张东荪拒绝张君劢依附国民党以求得宪政实现的主张，相信共产党的"新民主"能为实现社会民主主义提供可能，并于两年后选择留在大陆。20世纪90年代后，在两岸对他的研究中，一个经久的主题就是这位中国自由主义的代表人物为何未能像张君劢一样远离共产党。这一"未能"又因张东荪的最后一份"公共"文字——他1952年的检讨而显得更加难以理解，在这份他耗尽心力写出的自罪书中，他将自己的思想归结于自由主义与儒家，并说自己从20年代以来一贯反对社会主义。❶

　　先不谈他是否是社会主义的反对者——彼时的他已被取消了主张社会主义的资格。事实上，这份长达26页的文字已是第四次检讨，前三次之所以不能过关，关键一点就是他说自己"在日本留学时代即接触马列主义"，"从辛亥以来，就站在革命这边，但并非百分之百"，"过去是'左倾'的，跟着共产党走的"，❷ 这被称作"自居老马列"，要做"燕京唯一'左倾'者"。❸ 显然，在批判者眼中，他没有资格被归入中国社会主义传统；因此，他只能自居另册。以他对社会主义几十年的倾慕，这种自我禁抑的痛苦，恐怕不下于公开唾弃自由主义与儒家。而虽然90年代后的张东荪研究试图去除1949年后加于他的各种批判之词，但在这个关键地方，他们却多与当年对张东荪的定位不谋而合——将他视为社会主义传统外的自由主义者；而不考虑另一种理解的可能性——社会主义传统内的自由

---

❶ 张东荪：《第四次检讨》，燕京大学档案：YJ-52044-3，北京大学档案馆藏，第2—3页。
❷ 《张东荪检讨情况通报》，燕京大学档案：YJ-52044-1，第1页。
❸ 《燕大师生对张东荪的揭批材料》，燕京大学档案：YJ-52054-5，第8页。

主义者，甚或自由主义传统内的社会主义者。

问题的症结在于，双方对社会主义的理解，都窄化到俄式共产主义一支，而忽视不管在西方还是中国，社会主义都有广阔得多的含义——民主社会主义、共产主义与无政府主义有着十分复杂的竞争与合作史，必须放入同一个尽管存在激烈内部冲突但仍有基本共性的思想传统中才能恰当把握（自由社会主义或民主社会主义这样的词汇，不过是从最表层反映了这一点）；反过来，这种对社会主义的窄化理解，还导致了对自由主义理解的狭隘化——在将所有社会主义因素排除出自由主义脉络后，斯密或哈耶克成了该主义的代表，柯尔与拉斯基则被忽略了。这种双向窄化，十分不利于真正理解20世纪中国社会主义与自由主义的含义，以及二者剪不断理还乱的关系，同时，也是把握张东荪与中国社会主义传统的最大障碍。❶

最直接的影响在于历史叙述。在共产党人眼中，中国的社会主义运动就是党不断战胜外部敌人与内部异端、最终走向胜利的辉格史；而在自由主义者（或部分程度上，国民党）那里，这却是自身的正确道路不断受到共产主义的干扰并最终失败的反向辉格史——两方均忽视中国社会主义运动拥有远比共产主义更丰富的内容。

因此，要理解张东荪，就要将他放入20世纪上半叶中国社会主义与自由主义的共通语境中，❷ 以对他在1949年的选择真正生出"了解之同情"——虽然就其自身与家庭而言，这一选择不啻是一

---

❶ 这是就一般情形而言。亦有研究者能注意到社会主义传统对理解张东荪的重要性，如许纪霖与张汝伦。见许纪霖：《在自由与公正之间——现代中国的自由主义思潮（1915—1949）》，杨国荣主编：《思想与文化》第1辑，华东师范大学出版社，2001年，第149—177页；以及张汝伦：《现代中国思想研究》，上海人民出版社，2001年，第312—329页。
❷ 即使不考虑张东荪本人对社会主义的追求，在20世纪上半叶的中国，社会主义具有压倒性的思想权势，自由主义则颇为弱势，这一局面已足够支持如此设定的合理性——毕竟，在时代主潮而非支流中更能够把握张东荪这种以觇国为己任的思想家的所思所行。

场悲剧，但也有"不得不如是之苦心孤诣"在内。以下探讨张东荪在40年代后对民主主义与社会主义关系的看法，尤其是他的最后一本著作——《民主主义与社会主义》。

该书在当时影响颇大（不到一年就重印了三次），且充满争议。与之前的著作不同，该书明显是要回应时代问题——张东荪在书首就强调，自己不是要写藏之名山的作品，而是要主张"常识"，因为"在今天的中国，常识反为稀见之物了。一班学者苟不呆守公式，便专事饾饤考据；或预存偏见，再寻材料以证实之；或避重就轻，永在问题的中心以外。所以反而使常识为可贵了。我们今天乃有提倡常识之必要。一个民族之能否竞存于世，亦就看他能否充分利用人类所传下来的健全常识"。因此"倘使内行人有更好的著述，则此书作为覆瓿，我亦毫不可惜"。

虽然他承认写作时"思路往往为上课所打断，以致书中很多不接气的地方"，并说自己的书中最不满意的就是这一本，但同时又说："本书是不取系统的体裁，全书实是一整套"，❶ 就是"把民主主义与社会主义合并为一件事……将其理论方面与其历史前后相贯联"。❷ 1948年前后，国共相争已到最激烈之时，此时写作该主题，又想求从理论到历史的一贯，恐怕打断他思路的不是上课，甚至也不是此时"忽值山河改"的紧张局势，而是他在辛亥后三十多年所见所闻的诸次大变。或可说，在面临一生最重大政治抉择前写作这样一本书，对他而言，比起提醒公众"常识"，更重要的倒是说服自己接受或放弃哪些"常识"。

大致可以说，《民主主义与社会主义》几乎就是对20年代以来革

---

❶ 本段及上段引文，见张东荪：《民主主义与社会主义》自序，第1页。
❷ 同上。

命与俄国道路的综合评述。在五四前后，社会主义思潮是作为"德先生"一系的思想传入中国的，但在20年代初，瞿秋白就认为"'德谟克拉西'和'社会主义'有时相攻击，有时相调和"。❶ 而到40年代，共产党人又转而强调俄国道路才是"真民主"（因为它用无产阶级民主取代了"虚伪的"资产阶级民主），而这，则与张东荪对社会主义与民主主义关系的理解产生了应和——他视民主主义与社会主义为西方道统，认为："把真正的民主主义与真正的社会主义合而为一。因为民主主义这个概念在其本质上根本就含有社会主义之概念在内。"❷

当然，很快，他就痛苦地意识到这种形式上的相似不过是种误解。在检讨中，他用自辱的方式将自己对民主的理解分为三期，说："我在抗日以前几十年一直是抱着旧民主的梦想，自以为为自由、平等、公正而奋斗，为了旧民主，既反对国民党，又反对共产党。照旧民主的本质来说，必然会亲美，而必然会反苏，这是第一期；抗日以后到一九四七年为止，我是想与共产党合作，而不是受共产党领导，依然是以旧民主为主，这是第二期；自此以后，我想在共产党领导的政权下，希望在新民主之内仍可以保留一些旧民主式的自由，这是第三期。"❸

---

❶ 瞿秋白：《饿乡纪程》，《瞿秋白文集》第1卷，人民文学出版社，1985年，第29页。
❷ 张东荪：《思想与社会》，第219页。张东荪同意，《民主主义与社会主义》"最可贵的地方在把民主主义与社会主义并为一论，而且指明它根本是异名同实的东西，这一点实看到了近代史的内层"（夏炎德语。见张东荪：《〈民主主义与社会主义〉补义》〔下〕，《观察》第5卷第3期〔1948年9月11日〕，第9页）。
❸ 相应地，他也划分了自己对共产党理解的不同阶段，他说："我对于共产党与苏联的认识也有几个不同的时期。最初是抱着旧民主的妄想，竟诬蔑共产党与法西斯相同，这是第一期；后来我知道共产党主张民主，乃恍然是与法西斯不同，然而□□以资产阶级的普通政党性质来看他，所以有希望他像第二次世界大战后的法国共产党一样的荒谬想法，这是第二期；自一九四七年底，因我误解了新民主，我对于共产党认为是革命的主力，是执政的党，这是第三期。"（张东荪：《第四次检讨》，燕京大学档案：YJ-52044-3，第24—25页）

此处，他将1947年作为自己从"旧民主"转向"新民主"的分界点，具体内涵是什么？关键在于对自由与平等关系的看法。张氏虽然一直认为二者都是民主的基础，但在之前，他明显更强调自由而非平等；此时，他转变了看法，认为："除关于思想方面以外，在西方古代，自由一观念反不如平等来得显著。因为平等即含于公正一观念中"，并进而主张，平等观念的历史更为久远，自由观念反为受其启发而来。❶ 而相应地，他之前认为"十八世纪的自由主义确有其万古不磨的价值"，"二十世纪思想中所包含的普遍要素与永久价值反不及十八世纪思想那样多"，❷ 此时则转而认为，18世纪自由主义不过是16世纪以来君权加强的矫枉，该主义"并不是一个真理，乃只是一个反动"，"大凡一个东西本偏于右，而解放出来必是反偏于左，不会立刻即得适居中间"。❸

不过，他并不是要以平等取代自由。他认为，作为落后国家，中国必须以"造产"为第一任务，自由与平等均须视"造产"决定分度。具体而言，他视计划经济为"问题的中心"，因为"社会主义与计划经济相结合乃得到新的生路"，而"中国今后必须采用计划经济"，"为了生产既须用计划经济……则势必连带到其他方面，如政治方面、教育方面等等。所以，就因为经济的计划性必须把全社会亦成为有计划性的"，更明言，则是"如果社会有计划性，则只能有计划以内的自由与计划以内的平等，而断不容有超计划的自由与超计划的平等。计划是以增加生产，使全体人民生活水准提高为目的的，则凡自由之足以妨害生产的提高，凡平等之足以使生产降低，则都应该在限制之列。论者以为自由平等本身有问题是错误

---

❶ 张东荪：《民主主义与社会主义》，第13—14页。
❷ 张东荪：《理性与民主》，第140页。
❸ 张东荪：《民主主义与社会主义》，第18页。

的;须知问题只在产业不发达的民族必须把生产加入于自由平等之中"。因此,他要"再向所谓自由主义者进一言":"应力争计划内的自由与平等,但不可仍留恋于未入计划以前的自由平等",即争取文化自由,而放弃政治自由。❶

这一主张引起了极大争议。论者多视之为未能认识到自由是不可为任何其他目的而牺牲的终极价值,并多以张君劢为例说明他的这一认识是何等错误。而1949年离开大陆的胡适等人,在摆脱了之前"'回转十九世纪欧美自由主义的路'就等于犯了主张资本主义的大罪恶"❷的思想语境后,为了反对海峡两岸对政治、经济的高度统制,开始远离自己在40年代尚寄予厚望的社会民主主义(并把这种期望当作一个错误),转向另一个极端,将极端质疑国家作用的哈耶克当作新的西方圣人,并从《通往奴役之路》这本新圣经中获得确信,认为"在中国的现在,政治民主重于经济平等。没有政治民主,一切都无从谈起"。❸由此,为捍卫政治自由,他们选择接受同哈耶克一样争议重重的经济自由绝对优先的主张。

以张东荪在1949年后的遭遇,他自然就是胡适所说受误信社会主义之害的人。他在检讨中也说自己"前三期的转变很自然没有痛苦,而现在却大大苦痛",❹但问题是,他也同样不接受哈耶克。他清楚,现代世界根本不存在所谓真正的"自由市场经济"国家,即使在反对共产主义时,他也不相信中国可以19世纪自由主义原

---

❶ 本段引文,见张东荪:《政治上的自由主义与文化上的自由主义》,《观察》第4卷第1期(1948年2月28日),第4—5页。

❷ 胡适:《今日思想界的一个大弊病》,《独立评论》第153号(1935年6月2日),第4页。

❸ 转引自章清:《"胡适派学人群"与现代中国自由主义》,上海古籍出版社,2004年,第426页。

❹ 张东荪:《第四次检讨》,燕京大学档案:YJ-52044-3,第24页。

则立国。在他有关经济的文章中,第一篇就主张中国必须实行贸易保护,❶ 在他准备舍弃的自由中,他最不感犹豫的就是经济自由。

这里不讨论二者的对错问题。理想间的冲突往往难以调解,我们在认为自己比当事人更明智时也必须十分小心——许多结果不佳的选择,在当时实有着完全明智的理由;最后结局良好的选择也并不一定意味着当事人最初是明智的。如上所述,真正需要说明的是张东荪此种选择背后的"确当理由",而非以今人的后见之明苛责当事人。

以下具体论述张东荪"不得不如是之苦心孤诣"。他并不喜欢计划经济,也没有忘记罗素对国家社会主义的批评,依然认为:"罗素说这种制度是有亏于自由,这确是不刊之言","既要实行有计划性的经济,必须要有集权的政治,这就十二分困难了"。❷ 但是,当有人指责计划经济为国家资本主义时,他又辩护道:"自由平等的理想纵然十二分好,无如不能落在地上,见于实施,亦只是徒然而已。如要使其接近于现实,就不能不大打折扣。……因此我们不能以理想来批评这样的国家资本主义,而只能就实际上发现其不得已的苦衷,从程度上检查其距离理想的远近而看其效果如何。"❸ 在《民主主义与社会主义》中,他并未提及"英国的温和性社会主义的实验",原因是虽然他认为"就人类而泛言之,英国的办法当然是最好的",但"因英国人有其特殊的民族性,而这个民族的性格却和中国比较上相远一些"。❹ 在这里,"是"与"应当"

---

❶ 见张东荪:《中国之社会问题》,《庸言》第 1 卷第 16 号(1913 年 7 月 16 日),第 7 页。
❷ 张东荪:《〈民主主义与社会主义〉补义》(下),《观察》第 5 卷第 3 期(1948 年 9 月 11 日),第 8 页。
❸ 张东荪:《民主主义与社会主义》,第 52 页。
❹ 张东荪:《〈民主主义与社会主义〉补义》(下),《观察》第 5 卷第 3 期(1948 年 9 月 11 日),第 10 页。

的区分再次显现——他被认为行为谈吐"给人的印象是老牌的英国式的自由主义者",[1]却拒绝考虑最令他如鱼得水的一套制度;而当他说英国"特殊的民族性"与中国相距很远时,他其实也是在承认自己与当下的中国距离遥远。

张东荪是谨慎的。在书中,他几乎没有正面谈及中国今后的制度选择问题,直到书末,他才说:"读者苟能细心阅看,必能自会领略其中旨趣。对于'中国往哪里去'的一问题不难求得解答。"他前所未有地强调"理论上的应当"与"事实上的能够"的距离——不管是社会主义还是民主主义,他反复考察的都不再是其原则与观念的思想文化基础,而是它们到底如何才能部分实现。他说自己想讨论的是:"古代的民主何以未生根,何以出现了而容易被推翻;迄至俄国革命止,何以社会主义的运动屡试皆未成功?在民主主义,是实现了而不巩固;在社会主义,是屡试而根本上未曾实现。我们要研究其关键究在何处。"

这一般性探讨的背后,是他最需面对的"事实"——共产党即将夺取政权。他虽仍自居改良主义者,但不忘说:"历史是无情的,这是现在中国青年们所最爱说的一句话。我亦深信历史对于软心肠的人们与硬心肠的人们是同样给予教训,并无偏私。对于软心肠的改良派人的教训,是愿望的空想不能变更冷苛的现实;对于硬心肠的革命派人的教训,是徒然碰钉子仍必回到老路,如硬不相信,偏要尝试,亦不过多碰一回钉子而已。"[2]而这一对"软心肠"与"硬心肠"两方的告诫,未尝不可以看作他的自勉以及对共产党的箴言。

---

[1] 张中行:《负暄续话》,黑龙江人民出版社,1990年,第25页。
[2] 本段及上段引文,见张东荪:《民主主义与社会主义》,第27、50—51、75页。

俄国道路的力量与阴影仍纠缠着他——他几乎通书都在讨论俄国道路的各个方面，却又在努力求证中国走非俄国道路的可能性和必要性。中共以其革命经验部分改造了俄国道路，这多少鼓舞了他，他虽然承认"假如一个国家由落后而正在向前猛进、赶上先进国的工业化的时候，则必须有一个举国共认（即全民同意）的建国方针"，并认为"两党轮替执政的制度（如英国），与多党临时联合的制度（如战前的法国）""不适宜于长期建国计划的执行"，这是不必多说的"极浅明的道理"；但是，他同时强调，为完成此种国家化造产，除了苏俄式的一党专政，还有另一种方式，就是"今天东欧及北欧各国所行的，由多党经过协商作长期的合作以共同执行一个建国计划"。❶

但他终究对中国能否走出一条不同于俄国的道路心存疑虑。如前所述，他清楚地看到，俄国革命并非与法国式的政治革命相对的社会革命，而是"系同时完成三种革命的任务。第一是政治性的革命，即推倒专制，及铲除封建根基；第二是经济性的革命，即实行产业革命，以机器来代替手工；第三是社会性的革命，即生活变为集体化，教育普及与医药卫生统归公办，使人人得以享受。这三件事同时开始，自然是最难的企图，这便和英美法各国的革命完全不同。法国革命只完成了第一种。至于产业革命是由社会的力量自然而演成，并非出于政府的计划，并且二者不是同时并进。所以苏联的办法是有其特殊性，在历史上无完全相像的前例"。❷ 这个观察几乎可以原封不动地套在中国这里，用他的话说就是"中国自辛亥以前起，由清末以迄

---

❶ 张东荪：《民主主义与社会主义》，第67页。当时冷战虽已开始，东欧各国在名义上仍维持着民族主义与社会主义联合的局面；北欧诸国更是"二战"后欧洲社会民主主义的大本营。

❷ 张东荪：《民主主义与社会主义》，第66页。

现在，乃只是一个革命"，❶虽然二十多年前的国民大革命便被认为包含有法国大革命、工业革命及文艺复兴三方面的意涵，❷但在张东荪看来，其中任何一个都没有能真正"革命"成功。俄国与中国的相似性，令他在看到希望的同时也深感忧虑，那就是"苏联的实验成功是马克斯主义的'变例'而绝不是'正例'（Normal case）。又恐怕是正例永不会成功或实现。实现的只有这样一类的变例。"❸

根本上，他承认近代中国革命的正当性，但又认为："一个革命往往于其过程即自己制造了、孕育了一些内在的困难，迨至成功，反而大爆发起来。这些可以变为将来困难的因素必须在事前都得顾到。"❹而"凡是一个革命，总包含两个阶段，一是破坏旧的，二是建立新的；但在破坏旧的之中却往往即孕育有对于建立新的之障碍。换言之，即问题可能已不在如何推翻旧的，而反在于如何克服孕育在新的之中的自己所造成的内部困难"。❺不管这种内部困难是什么，作为改良主义者，他已决定与革命派携手，并以颇有预言性的语调说："历史所垂教训于人类的却只是每一次革命之前必有改良派出而摇动其旧基础。改良派开其先河革命派方能应运而起。历史所昭示的乃是这两派实相辅助，而两派自身却是互相水火。中国在辛亥革命时，其情形尤为显明。不有当时的变法维新运动，不会有后来的革命。革命者不但在当时反对改良派，且有时革命以后

---

❶ 张东荪：《从社会学家、历史学家的话说起》，《北大半月刊》第4期（1948年5月1日），第4页。
❷ 转引自罗志田：《乱世潜流——民族主义与民国政治》，上海古籍出版社，2001年，第226页。
❸ 张东荪：《民主主义与社会主义》，第38页。
❹ 张东荪：《〈民主主义与社会主义〉补义》（下），《观察》第5卷第3期（1948年9月11日），第8页。
❺ 张东荪：《〈民主主义与社会主义〉补义》（中），《观察》第5卷第2期（1948年9月4日），第8页。

其政策或更比改良派来得稳重温和,这亦是历史上常见的。所以我说,假定历史是一个人,必定对着人类大笑,笑人类的心胸何其如此狭小,有时其行为又何其如此的反覆!"❶

最后略述张东荪在1949年后的思考与遭遇。虽然对共产党主导的这场大革命抱有不小的期待,但不久,他就对毛泽东对苏"一边倒"的方针深怀疑虑,对民盟日渐依赖共产党也十分不满——在他看来,两者不啻是放弃了实行中间路线的政治理想。在共产党成立三十周年纪念时,同侪纷纷写出官样祝贺文章,好友也善意劝告他必须表明态度,他仍坚决推却,表示至少要保持"沉默的自由"。❷

很快,这种"沉默的自由"就变成了"沉默的禁令"。1952年,他因一起扑朔迷离的"叛国案"而被迫从公共领域引退,十多年后(1968年)又被投入监狱,❸ 最终在监禁状态下去世。在他被迫退隐后不久,在一次与审查人员谈话时,他不顾自己已落入"与众弃之"的境地,仍倔强地认为自己的问题是"盖棺而论未定";❹ 而到

---

❶ 张东荪:《民主主义与社会主义》,第56页。在另一处,他得出同样令他"不禁感慨系之"的悲观结论:"The only thing man learns from history is that he learns nothing from history."(张东荪:《从社会学家、历史学家的话说起》,《北大半月刊》第4期〔1948年5月1日〕,第5页)

❷ 见左玉河:《张东荪传》,山东人民出版社,1998年,第431—432页。

❸ 此案内情由左玉河首先发覆,见氏著:《张东荪传》,第12章;更全面的考察见戴晴:《在如来佛掌中——张东荪和他的时代》,第4章,戴氏使用了包括张东荪家人口述在内的多种材料,对这一事件的原委进行了仔细考证;最新的推进见杨奎松:《忍不住的"关怀"——1949年前后的书生与政治》(广西师范大学出版社,2013年),第1章,杨氏对相关史料作了全面搜集与整理,更为语境化地展现出张东荪"叛国案"的内在脉络与多方面意涵。此事已发覆甚详,本书不再赘述。

❹ 《张东荪情况汇报》,燕京大学档案:YJ-52044-2,第1页。他在后来写的一首词中也说:"在世是非依势转,死后屡翻更亟。"(转引自戴晴:《在如来佛掌中——张东荪和他的时代》,第474页)

1973年，他在监禁中了解到中美初步建交的消息，此时他已到生命的最后阶段，反应仍是："还是我对。"❶

但这并不是谁对谁错的问题，中美在1949年应不应该对抗、能不能不对抗也本是另一个问题。1949年后，美国因为"失去中国"而引起一场内部大讨论，并不可避免地深刻影响了其中国研究。几十年后，费正清在写给非专业人士的《中国大革命》(The Great Chinese Revolution〔1800-1985〕) ❷ 一书中，仍念念不忘美国因素在近代中国的命运。在写完新文化运动中留美学生的巨大作用后，他立刻说，在该运动后期，随着革命浪潮的兴起，中国的思想权势已迅速由威尔逊转向列宁。他意味深长地指出，1921年7月11日，杜威由上海离开中国，而中国共产党正要在俄国代表的主持下于该地举行成立大会——以后见之明，这可算作是"失去中国"的前奏。❸ 事实上，中国为什么选择了苏俄而不是美国，这是每位美国的中国研究者都要面对的问题；而曾流行一时的解释竟是，比起党名中就含有"民族"（nation）一词的国民党，共产党要更加民族主义。

这一解释当然是成问题的。自清末以来，那些试图改变中国现

---

❶ 这是张东荪在监禁五年后第一次见到家人时说的，左玉河与戴晴获自张氏后人（见左玉河：《张东荪传》，第447—448页；以及戴晴：《在如来佛掌中——张东荪和他的时代》，第487页）。

❷ 此书出版于1986年。"二战"后，西方中国研究方兴未艾，由其顶尖人物分工合撰的《剑桥中国晚清史》《剑桥中华民国史》与《剑桥中华人民共和国史》，洋洋六大卷，而费氏此书在某种意义上也正是以上六卷的缩写本，颇能反映西方中国研究界对中国现代史的看法。在该书中，作者特别关注现代中国历史中的美国因素——从留美学人到教会学校，从庚子赔款到洛克菲勒基金会，再到中国新学术的建立与美式自由主义的命运，作者考察其演变，探究中美观念与制度冲突，并时时与俄国因素对比，发现怎样的西方因素能更有效地作用于中国。约略可见冷战的影响。

❸ Fairbank, John. *The Great Chinese Revolution (1800-1985)*, New York：Harper & Row, 1986, p.202.

状的人——从蔡元培到辜鸿铭,从胡适到熊十力——几乎无一不可以被归入某种形式的民族主义。而回到张东荪自己,他在30年代后逐渐靠近共产党,基本理由就是他认为后者开始抛弃其世界革命的"幻想",回向民族国家的"正道"。张饴慈(张东荪孙)回忆1966年张家被抄,说张东荪被抄家者骂为"反共""反革命",他都不加理会,"唯当那些人开口骂他'汉奸',八十一岁的老人,猛扑过去,用头撞他们,要和他们拼命"。❶ 这种对国族主义的最后坚守,如黄郛在《欧战之教训与中国之将来》(1918年11月初"一战"将终时写成)所做的自白:"吾之脑中,别无成见,仅一'国'字为吾终身不可拔之成见而已。"❷ 张东荪将民初共和失败归咎于未能造出新社会;而在五四之后,当社会主义运动真正兴起时,他又认为这种通过社会主义"造社会"的努力,最终目的仍是要造出新国族。近代以来内外战不休与政治统一始终无法达成的局面,使他对统一的渴望压倒了其他,他在1917年甚至愿意对北洋军阀武力统一全国抱持"退一步之承认",面对他一直认为不管有多少缺点但至少是"有理想"的共产党人,他自然至少愿意说,长期内战如同长期监禁,"如果在短期内,国民党把共产党剿平了,老百姓总可忍受;同样,共产党如能很快把国民党推翻,我们亦决不反对。可见解决总是好的,不拘出于哪一途"。❸

但他对1949年的期待尚不止于此。他虽一生身处书斋,却被认为是中间知识分子中的激进派(在40年代后更被当作"革命学

---

❶ 转引自戴晴:《在如来佛掌中——张东荪和他的时代》,第480页。
❷ 黄郛:《欧战之教训与中国之将来》,台北:文海出版社,1968年,第289页。
❸ 张东荪:《狱中生活简记》之三,《观察》第2卷第15期(1947年6月7日),第22页。该文以《囹狱生活简记》为名收入《民主主义与社会主义》一书,很可能是由于国民党的文字审查,这段话被删掉了。

者"),他早在1937年便写作了《中国之过去与将来》,试图通过反观中国历史寻找其不能进入现代国家的症结所在;而在共产党行将胜利的1948年,他又在多篇文章中反复强调真假革命的区别,认为必须要能以革命形成稳定的政治中心势力,以开始国家化"造产"。左玉河因此认为,他此时"显然是向中共陈述自己对于革命问题的见解,向中共提出自己的忠告:千万不要将'革命'变成'换朝代'"。❶

不管对1949年后做何评价,有一点都是明确的,这确实不是"换朝代",而是一场前所未有的革命。吊诡的倒是,若仅仅是"换朝代",则一直以士人自居的张东荪反而能有真正的活动空间;而倒是这场十分彻底的以政治刷新社会的革命,在造出新社会的同时,也彻底摧毁了士人存在的根基。张东荪在1948年曾说,中国自清末以来就是一个大革命,作为这场大革命的全程目击者与参与者,他以士人惯有的反求诸己的精神将几乎每一次挫折——从民初共和失败到1946年政治协商会议失败——都归咎于士人阶级的堕落。他曾一度说,在近代中国,只有两种生活是没有罪恶的,就是教书与种田。而他确实也终身实践着其中一种无罪恶的生活——教书,并以自己不置地、不购股票的生活方式,面对他的"左派朋友们"时也能说自己的生活基础并无问题,因为他"没有一亩田,一间屋,一张股票,所以常常对于论坛上的左派提出异议"。❷ 但是,这种个人的道德完形能否成立与士人作为一个阶级能否存在毕竟是两回事。

邹谠后来说:"在科举制度完全确立以后,中国的统治阶级就

---

❶ 左玉河:《张东荪传》,第406页。
❷ 张东荪:《告知识分子》,《观察》第4卷第14期(1948年5月29日),第19页。

不是一个单纯的经济阶级……它是经济阶级、官僚阶级和知识阶层联合而成的统治阶级。联合的机构是一个政治的机构，联合的机制则是科举制度"，"二十世纪中国所面临的全面危机，其中最重要的一个内部因素是，在外来的冲击下，这个统治阶级完全解体了"，而"要找到一个有同样巩固的社会基础、有同样的稳定性、延续性的统治阶级，并建立一套与之相适应的政治、经济、社会制度，是件非常困难、非常需要时间的事"。❶ 作为"西山会议派"元老邹鲁的儿子，邹谠以与历史和解的态度部分承认了中共在1949年的胜利的正当性，毕竟，不管对这场革命有多少不赞同，至少有一点是不容否定的——它确实给中国重新建立了政治与社会的重心。

此时，曾在抗战前后以"中国的费希特"自命的张君劢，与唐君毅等人一起，正式开始提倡"文化中国"。❷ 在中国全面反传统的背景下，他们将中国文化与其政治和地理实体分离，可看作一种新的保教努力；而这种"道不行，乘桴浮于海"的姿态，也恰印证了史华慈的判断，那就是在近代中国，富强与保教正日益相互对立。❸

另一位在1949年选择去国浮海的人——牟宗三则将之后"经济平等、无产大众"的新局面视为是人间"罔生的虚构"（他特意说明，这出自《论语·雍也》："人之生也直，罔之生也幸而免"），并认为"这个罔生的虚构形成了新时代"。他进而说："在这新纪元新时代中，张东荪先生说了话：'日月出矣，而爝火不息，其于光也，不亦难乎？'（庄子语）他引这话的涵义是：这确是一新时代，

---

❶ 邹谠：《二十世纪中国政治与中国文化》，《二十世纪中国政治》，香港：牛津大学出版社，1994年，第47、49、52页。

❷ 最具代表性的是，1958年元旦，他与牟宗三、唐君毅、徐复观三人联名发表《为中国文化敬告世界人士宣言》，正式提出新儒家的诸般理念。

❸ 史华慈：《寻求富强：严复与西方》，叶凤美译，江苏人民出版社，2005年，第12页。

第 11 章　30 年代后的抉择

你们或者完全相信，或者完全不信。一点一滴的赞成与不赞成完全是无用的。不但无用，也象征你完全不解。你不解这新纪元的全副来历与全副内蕴。"❶

牟宗三此时自居于对这新时代"完全不信"的一方，他出自北大，间接可算是张东荪的学生一辈，但对他老师的这种解读，却恰恰是错误的——后者正是他在此处批评的试图对这一革命持"一点一滴的赞成与不赞成"的人。意味深长的是，当张东荪最终废居后，除了诗词，他的另一自遣方式就是读《庄子》。若以庄子的眼光，他一生孜孜以求的"造产"，不过是以机械生机事，而以机事生机心；他在生命最后仍执着于自己主张的对错，也不过是未能了然于"彼亦一是非，此亦一是非"，因此不能"齐物"。而他自己也确实一面说："本来万物俱潜迁，烦恼只因道未坚"，另一面却说："忘机何日心徒壮，毁马今生愿恐虚。"❷

五十多年前，在甲午年中日大战将终时，王先谦就在为郭庆藩的《庄子集释》所作的序中说："子贡为挈水之槔，而汉阴丈人笑之。今之机械机事倍于槔者相万也，使庄子见之奈何？蛮触氏争地于蜗角，伏尸数万，逐北旬日。今之蛮触氏不知其几也，而庄子奈何？……庄子其有不得已于中乎！夫其遭世否塞，拯之末由。"❸十多年后，他为自著《庄子集解》作序，不仅否定了庄子可以救世变，甚至认为其不能保身，"余观庄生甘曳尾之辱，却为牺之聘，可谓尘埃富贵者也"，但却"遭惠施三日大索，其心迹不能见谅于

---

❶ 牟宗三：《道德的理想主义》，《牟宗三先生全集》第9册，台北：联经出版事业公司，2003年，第175页。
❷ 转引自戴晴：《在如来佛掌中——张东荪和他的时代》，第456、463页。两诗出自张东荪未刊诗集《草间人语》的残稿，戴晴得自张东荪后人。
❸ 王先谦：《〈庄子集释〉序》，郑振铎编：《晚清文选》，上海书店出版社影印本，1987年，第362—363页。该序作于1894年12月，此时甲午战争虽尚未结束，但中国败势已定。

同声之友，况余子乎"！❶此时已是辛亥革命前夕，已届暮年的王先谦一面尽力笺注《庄子》，另一面却又将该书视为不能救世复不能保身的无用之书，何尝不是陈寅恪式的"不为无益之事，何以遣有涯之生"。王先谦根本反对此时已隐隐可见的共和革命，在他做此感慨时，张东荪正从日本学成回国，投身这一革命；四十多年后，张东荪却同这位与自己政治观点大相径庭的前辈一样，以庄子的"无用之言"来"遣有涯之生"，而用张君劢沉痛的话说就是："余与东荪者，皆使命失败之人也！"❷

但是，这种历史当事人的悲情毕竟也只是历史的一面。与同时代人一样，张东荪身处海通以来中国的空前世变中——甚至到今日，这场大变动也仍在进行中，至少，共和与社会主义的问题就仍纠缠着我们这个国家。正如张东荪当年的努力仍以我们常常不能察觉的方式存在于当下，他的那些论敌（甚至是政敌）的努力也同样或隐或显地存在着，且仍在以新的面目互相竞争，虽然这些竞争者很多时候未必能意识到与先辈的联系。张东荪一生都十分欣赏英国政教，或许，引用一段19世纪末英国著名的自由社会主义者威廉·莫里斯（William Morris）的话是合适的，那就是："我……想知道人们如何参加战斗并又失败了，尽管失败了，但他们为之奋战的事业却来临了；可当它来临的时候，人们发现这并不是他们想要的，而另一些人又不得不在别的名义下为他们想要的东西战斗着。"❸

---

❶ 王先谦：《〈庄子集解〉序》，郑振铎编：《晚清文选》，第363页。
❷ 张君劢：《张东荪先生八十寿序》（1965年5月），程文熙编：《中西印哲学文集》下册，台湾：学生书局，1981年，第1403页。这是张君劢在海外遥寄的祝寿文。
❸ 转引自埃伦·凯·蒂姆博格：《E.P.汤普森——理解历史的进程》，收入西达·斯考切波编：《历史社会学的视野与方法》，封积文等译，上海人民出版社，2007年，第234页。

结语：在民主的"天命"下

让我们从最终令张东荪深感挫伤的晚年再次回到19世纪，回到他终身倾慕的英国榜样的历史命运问题。佐藤慎一观察到，在同光时期，比起以法兰西共和国为代表的民主制，中国知识分子更倾心英国包含着古典混合政体理想的君民共主体制，因为"不论是'君主之国'还是'民主之国'，单独的政体由于缺少控制权力的机制，就容易陷入不安定状态。他们认为只有建立在'君'与'民'相互制衡的关系上的'君民共主'才是贤明的，才能够实现安定的持续的统治"。而英国"君权与民权形成恰到好处的均衡与制约关系，从而有效地防止权力的任意行使"。❶ 在这一视野下，作为民主世纪的20世纪，尚未显出其外形。

但是，英国终究无法成为"民主的天命"下的例外。1933年，胡适意味深长地说，中国"侧重个人的解放"的"维多利亚思想时代"已于1923年结束，此时则是"集团主义（Collectivism）时代，一九二三年以后，无论为民族主义运动，或共产革命运动，皆属于

---

❶ 佐藤慎一：《近代中国的知识分子与文明》，刘岳兵译，江苏人民出版社，2006年，第182、239页。

这个反个人主义的倾向"。❶ "再也不会回到新民丛报时代那样无异议的歌颂维多利亚时代的西洋文明了。"❷ 充满象征性的是,也正是在1923年,英国自由党失去了大选,并就此衰落,工党则戏剧性地成了"女王陛下忠诚的反对党"。在某种意义上,英国已不再是那个体现着混合政体理想的有产者与士绅的共和国——"维多利亚思想时代"在它的故乡也开始走向结束。

在这里,托克维尔在19世纪的伟大洞察,以及梁启超在20世纪初的敏锐回应——民主专制问题,正式浮出了水面。那些19世纪的代议制国家(不管是君主国还是共和国),在"一战"后,随着普选制的推进,最终一个个变成了大众民主国(不少甚至开始尝试人民直接创制等超越代议制的民主实践)。但这一大众民主的尝试,却在"一战"后迅速走向各种形式的新式专制。用萧伯纳讽刺性的话说就是:"三亿多人从君主制到共和制的这样一个转变,其结局是在经过了一个短期的'边做边改'(Trial and Error)的试验以后,把大约两亿六千万人从立宪主义的国家统治之下转移到独裁者的专制统治之下。"❸ 而在中国又何尝不是如此——试图超越代议制、创立"真民主"的国民大革命,却以国民党的一党专制结束。在论及梁启超时,佐藤慎一曾说:"辛亥革命前,梁启超不断警告的民主专制,没有在民国时期发生。原因之一是还没有形成其影响力足以动员大量的民众的可以行使的政治权力。袁世凯的复活帝制,从反面证明了还不能产生民主专制。"❹ 而如前文所论,张东

---

❶ 曹伯言整理:《胡适日记全编》第6卷,1933年12月22日条,安徽教育出版社,2001年,第257页。
❷ 胡适:《建国问题引论》,《独立评论》第77号(1933年11月19日),第4页。
❸ 见萧伯纳主编:《费边论丛》,袁绩藩等译,生活·读书·新知三联书店,1958年,第9页。
❹ 佐藤慎一:《近代中国的知识分子与文明》,第261—262页。

荪对国民党一直心存轻蔑。问题在于，面对1927年后的党治时代，他的这种轻蔑，在何种程度上是对其试图民主专制的不满，又在何种程度上是对其竟不能民主专制的不屑？

稍微回溯一下仍是有益的。在1918年之前，张东荪一直坚守着维多利亚时代诸价值。他有一次有些轻率地说，在此时的中国谈社会主义，不过是"妄人"才会有的想法，他倾向于以贤能原则平衡民主制下多数人决定原则，以教育资格缓和普选制的弊病，也让人想起维多利亚时代的代表人物——密尔与白芝浩。在20世纪20年代后，中国知识分子开始攻击维多利亚时代诸要素（不管是自由竞争的市场经济，还是代议政治），他也仍保持着信心，认定自由主义绝非不容于20世纪。大体说来，他相信民主与自由的一致性，始终能如柯尔般将民主思想"和自由不可分地联系在一起"，"本能地把它们作为一种思想，而不是两种思想来考虑"，❶这使得他能够在为人行事"给人的印象是老牌的英国式的自由主义者"❷的前提下，越来越激进地主张大众民主与社会主义。

但是，在这个民主的时代，要坚持自由与民主的一致性，注定又是十分艰难的。终其一生，张东荪都相信一个类似传统士大夫的新政治领导阶层对民主制的重要性，他也始终顽强地不肯正视最关键的一点——按照现代民主原则，这一政治领导阶层毫无正当性基础。但也正是在这里，他倒以一种来自维多利亚时代的"成见"触及了现代民主制的内在困境：这一政治的担当者，既不可能是资产阶级，也不可能是无产阶级，而只能是一个政治化的群体——公民（或梁启超意义上的"新民"）；但症结在于，只有

---

❶ 柯尔：《费边社会主义》，夏遇南、夏澜译，商务印书馆，1984年，第23页。
❷ 张中行：《负暄续话》，黑龙江人民出版社，1990年，第25页。

托克维尔或密尔式的贵族才能是合格的公民,而他们的产生方式却违背了现代民主制的普遍平等原则。换言之,现代民主制无力产生它的合格"担当者"。

让我们看一看张东荪的西方同代人对这一民主的时代的观察吧。以对魏玛共和国的洞察,施米特认为,此时蔓延西方的政治危机的关键在于"自由个人主义意识与民主同质性之间无可逃避的矛盾","三权分立、对立法权和行政权的基本划分,以及拒绝在任何时候都应让国家掌握充分权力的思想——凡此其实都与民主同一性概念相对立"。❶ 而俄国革命与法西斯运动的出现,则使这一内在冲突尖锐地显现出来——在19世纪,密尔谈及托克维尔的民主专制论时,只是一般性地说:"必须指出,德·托克维尔先生所说的民主一般不是指任何特殊的政府形式。他认为在专制君主制下也存在民主",❷ 而此时,施米特在论及同一问题时,则说:"用'民主'方式组织起来的各个民族或社会和经济组织,都仅抽象地有同样的主体:'人民'。……一个民主国家既可以是好战的,也可以是和平的;既可以是绝对王权主义的,也可以是自由主义的;既可以是集权的,也可以是分权的;既可以是进步的,也可以是反动的。因时而异,但仍不失为民主制。"而他更为这种对民主含义的不祥宣告提供了确切的所指,即"比较而言,布尔什维克主义和法西斯主义,就像一切专政一样,肯定是反自由主义的,但未必是反民主的"。❸

不管是否意识到,20世纪日益激化的自由与民主的矛盾对张东

---

❶ 卡尔·施米特:《当今议会制的思想史状况》,《政治的浪漫派》,冯克利、刘锋译,上海人民出版社,2004年,第171、188页。
❷ 密尔:《密尔论民主与社会主义》,胡勇译,吉林出版集团有限责任公司,2008年,第86页。
❸ 卡尔·施米特:《当今议会制的思想史状况》,《政治的浪漫派》,第170、178页。

荪的一生都是关键性的。他谙熟英美哲学,严格区分"是"与"应当"——就心性而言,他更接近19世纪的自由主义者,但他认识到了自由主义与当下中国问题的异质性,如后来的史华慈一般,承认"鉴于其与资本主义伦理和多元主义理想相认同,西方自由主义或许是现代西方思想中最具异国色彩、最具颠覆性的产物",❶ 并转而追求平等与社会主义——因为认定这些是中国所急需。而最终,当他所"是"的自由主义与他视为"应当"的民主主义越来越难以调和,当自由主义被当作"十九世纪的遗迹"❷时,他放弃了所"是",转而接受1949年共产党的胜利——对他而言,后者不是自由的,但在民主专制的意义上,至少是民主的。

但是,他终究不是一个托克维尔式的"接受其失败的战败者"。"二战"后身陷囹圄的施米特以敬佩的口吻尊奉后者为"十九世纪最伟大的历史学家",理由是"他的目光透过革命与复辟的场面,洞察到在相互矛盾的阵线和口号背后进行着的一场发展之决定命运的内核,这场发展利用一切左翼和右翼政党,以便继续推进事态,达到更加深入的集中化和民主化"。❸但当张东荪最终接受共产党作为"民主专制"的新代表时,他却对其怀有远为正面的期待——不管是在托克维尔还是哈耶克的意义上,他都忽视了这种"新民主"的复杂性。

问题返回了出发点。让我们再次引用史华慈:"19世纪和20世纪的西方思想中未解决的问题,本身必须被带进讨论的场

---

❶ 史华慈:《"传统—现代模式"的局限——中国知识分子的情形》,王中江编:《思想的跨度与张力——中国思想史论集》,中州古籍出版社,2009年,第231页。
❷ 胡适:《致鲁迅、周作人、陈源》(1926年5月24日),中国社会科学院近代史研究所中华民国组编:《胡适来往书信选》上册,中华书局,1979年,第379页。
❸ 卡尔·施米特:《浅说托克维尔的历史编纂》,《论断与概念》,朱雁冰译,上海人民出版社,2006年,第337、339页。

所。"❶ 19世纪上半叶，资本主义与自由主义暂时结合，确曾使得资产阶级能够作为"市民社会的一部分解放自己，取得普遍统治"，因为"它被看作和被认为是社会的普遍代表；在这瞬间，这个阶级本身的要求和权利真正成了社会本身的权利和要求，它真正是社会理性和社会的心脏"。❷ 但是，资产阶级以财产权为基础，不过仍是现代民主制下的贵族制残余，与追求同质性的现代民主政治有着内在的冲突；而也正因如此，许多自由主义者虽对新兴资产阶级的气味深感不适，但仍竭力忍耐，他们多少意识到，近代自由最初植根于封建贵族——以自身特权抵抗国家干涉，反对任何形式的集权化与专制，而在他们消逝后，自由若想在新时代生存，很可能必须依靠这些资本主义的"新贵族"。

在这里，19世纪自由主义不得不亲和资本主义。毕竟，如果说资本主义只要表面的形式平等，它却热切得多地要求政治与经济自由——在这个民主的时代，如同封建贵族一般，他们对任何形式的国家权力集中心存警惕，因为他们毕竟不过是借用着人民主权的名义，而国家权力的增长"总可能包含着人民主权原则的应用，将导致危险的冲突，甚至更危险的社会再分配。国家是不易驾驭的危险武器，一旦开始启动，它会自行其是，而不理会企图独占这种权力的那些人的意图"。而在事实上，19世纪下半叶，随着普遍公民权原则的推进，民主开始指向资产阶级自身，威胁也现实地出现了，"财产资格的废除和普遍选举的实现"使得"民主可以直接依赖于国家，不再需要慎重的立宪主义作为中间站；因它认识到它所具有

---

❶ 史华慈：《寻求富强：严复与西方》，叶凤美译，江苏人民出版社，2005年，第165页。
❷ 马克思：《黑格尔法哲学批判导言》，中共中央马克思恩格斯列宁斯大林著作编译局编译：《马克思恩格斯全集》第1卷，人民出版社，1956年，第463—464页。

的强大力量，使它能够占有国家的权力，并用来击败占少数的资产阶级"。❶

由此也多少可以解释，为何"无产阶级民主"或"真民主"这样的名称，会正好出现于19世纪下半叶西方各国国家权力增强之时。在马克思眼中，"现代的国家政权只不过是管理整个资产者阶级共同事务的委员会"，❷但问题并不在于这个委员会是否由资产阶级组成，而在于它能在多大程度上代表正在不断扩大的"社会"。资产阶级对自由主义式的宪政国家颇感舒适，但19世纪下半叶，随着资本主义的寡头化，这一国家形态越来越难以与其人民主权的基底相一致——如果资产阶级民主不过意味着民主的寡头化，那么，对比之下，托克维尔对社会主义民主的警告（会形成民主专制）也就显得不那么可怕了。

对那个象征东西方维多利亚时代结束的年份——1923年，也必须用这种方式来理解。19世纪下半叶以来，资本主义经济、政治理想（市场经济与代议政治）出现世界性的衰落，这改变了20世纪中国精英知识分子的视野，让他们不再同意资产阶级能够"首先并不感到自己是个特殊阶级，而是整个社会需要的代表"，❸张东荪后来斩钉截铁地说，资本主义根本不是理想，而是一种不得不然的政治、经济制度，他实际上就是间接拒绝了"中国的维多利亚时代"的现实可能性。问题并不在于中国是否存在资产阶级或资本主义——这终归只是个"事实"问题，更关键的是，中国已被卷入

---

❶ 本段引文，见圭多·德·拉吉罗：《欧洲自由主义史》，杨军译，吉林人民出版社，2001年，第70—71页。

❷ 马克思、恩格斯：《共产党宣言》，中共中央马克思恩格斯列宁斯大林著作编译局编译：《马克思恩格斯全集》第4卷，人民出版社，1958年，第468页。

❸ 马克思：《黑格尔法哲学批判导言》，《马克思恩格斯全集》第1卷，第465页。

世界性的"民主的天命",因此,必须"用解决世界问题的方法来解决中国"。也正是在这个意义上,波兰尼透视19世纪自由市场兴起的著名观察"自由放任是有计划的,而计划(planning)却不是",❶在一定程度上也适合描述"中国的维多利亚时代"的结束——作为一场精英知识分子有意识发动的运动,新文化运动是有计划的,而它在1923年后走向各种集团主义式的"政治解决"却不是。

为什么?不能忽视的是,与那些19世纪以降的西方精英知识分子不同,张东荪是在一个处于世界资本主义体系外围的落后国家面对与思考这一"民主的天命"。在中国人看来,法国大革命所开启的"漫长的19世纪",尚因国际法的表象,具有秩序犹存的"春秋"之意;而随着空前的"一战"与30年代世界性的经济危机,重商主义复兴,各国竞相政治集权化与军国化,英国在19世纪以其世界性的经济与政治霸权所建立的类似周朝之于列国般的等级秩序已经瓦解,世界已由春秋迈向了战国。而这对中国的严峻意义,则已由梁启超在"一战"后点出——中国四万万人都是西方的"劳工阶级"。❷ 面对这一"世界的劳工阶级"的局面,30年代后,张东荪越来越倾向于认为,必须加强国家力量以遏制世界性的寡头资本主义的破坏性。由此,他对自由的态度改变了,开始接近孙中山,认为自由"万不可再用到个人上去,要用到国家上去。个人不可太过自由,国家要得完全自由。到了国家能够行动自由,中国便是强盛的国家"。❸

---

❶ 卡尔·波兰尼:《大转型——我们时代的政治与经济起源》,冯钢、刘阳译,浙江人民出版社,2007年,第121页。

❷ 梁启超:《欧游心影录节录》,《饮冰室合集》第7册(专集之二十三),中华书局,1989年,第162页。

❸ 孙中山:《三民主义》(1924年1—8月),《孙中山全集》第9卷,中华书局,1986年,第282页。

以托克维尔的视野，很容易设想这种国家形态会是怎样的。在法国大革命所开启的现代民族民主国家传统下，比起自由主义与民主主义在19世纪的偶然结合，国族主义与民主主义有着更一致的目标与更紧密的结合。大致而言，19世纪以来各种形式的国家权力加强几乎都不利于自由，却未必不切合于民主——既然"人民决定"是最高准则，要求更多事项以这一方式决断，不是很自然的吗？事实上，19世纪自由主义只愿意接受"守夜人"式的政府，而现代大众民主对政治的看法则要正面得多——近于柯尔所说："把政权潜在地看作与其说是使我们保持秩序的警察还不如说是促进美好生活的手段。"❶ 而对在世界资本主义体系边缘的中国，这种"民主"国家所要做的，是以"民主专制"保护这一"世界的劳工阶级"；虽然，这也就意味着，必须接纳被托克维尔视为可能带来"平等的奴役"的20世纪新潮流——社会主义。

正是在这里，张氏的个人命运与20世纪中国的革命与社会主义传统联系在了一起。终其一生，他都对法国大革命所开启的现代民主革命传统心存好感，并认为它将从一个领域自然地扩展向另一个领域。归根结底，作为进化主义者，他"相信人民"（即使并不了解他们），也相信这种民主的自然扩展最终会带来和谐，而非自我摧毁。但正如斯考切波所说："俄国革命的结果否定了'反对资本主义'就自动等同于'社会主义民主'的公式，中国革命的结果同样对公认的'民主'与'极权主义'截然相对的分类方法提出了挑战。"❷ 张东荪在1949年相信共产党人的"新民主"，被认为是未能坚持住自由主义立场，但这些张东荪的反对者，却与他一样，怀

---

❶ 柯尔：《费边社会主义》，第26页。
❷ 西达·斯考切波：《国家与社会革命——对法国、俄国和中国的比较分析》，何俊志、王学东译，上海人民出版社，2007年，第344页。

着对民主的明亮信仰。这信仰让他们忽视了民主理想的危险性与阴暗面。这种令19世纪之前的中西圣贤都深感畏惧的政治形式,其被畏惧而非热爱是有着深刻理由的——不管是鼎盛时期的雅典,还是晚期罗马共和国,民主的多数人暴政或恺撒制不是已很明显了吗?而即使被托克维尔视为民主专制的例外的美国,不是同样由于民主制造成民众风习与精神日益一律,自由主义的现实内涵不断被削弱吗?有什么理由认为现代会是例外?

诚然,20世纪的所有革命与改革运动,几乎没有不以民主为号召的——即使到了今天,各种版本的"真民主"也仍在激烈竞争着。但归根结底,我们与张东荪一样,只是偶然地生活在一个民主制成为主要政治形式的世纪。之前漫长的岁月不是如此,也没有理由认定之后仍会一直如此。在"二战"后,张东荪一度认为自由主义将要重兴,"十九世纪一类的思想反而会变为二十世纪后期思想的主潮",❶ 对此,作为20世纪收尾者的我们,以再容易不过的后见之明,可以有把握地说,他低估了"民主的天命"明暗交叠的复杂面容与对20世纪的深刻影响力;但是,这个发端于19世纪的"运会"最终将走向何方,我们知道的也并不比他更多。

---

❶ 张东荪:《理性与民主》,商务印书馆,1946年,第117页。

参考文献

说明：所列参考文献以文中有实际引用者为限，文集、史料集与论著依作者音序排列，同一作者依作品出版年代排列

一 报纸、期刊

《北大半月刊》
《晨报》
《大公报》（长沙）
《大共和日报》
《东方杂志》
《独立评论》
《独立周报》
《观察》
《甲寅》
《教育》（爱智会1906年出版）
《解放与改造》（第3卷第1号开始改名《改造》）
《孔教会杂志》
《民国日报》
《民立报》

《民权素》

《努力周报》

《评论之评论》

《少年中国》

《社会主义研究》

《神州日报》

《生命》

《世界日报》

《时事新报》

《向导》

《新潮》(上海书店影印本,1986年)

《星期评论》

《新青年》(第2卷第1号前名为《青年杂志》)

《新社会》

《新中华》

《燕京学报》

《庸言》

《语丝》

《再生》

《展望》

《哲学评论》

《正风》

《正谊》

《中国青年》(人民出版社影印本,1966年)

《中华新报》

《中华杂志》

《传记文学》

《自由评论》

《宗圣汇志》

二　档案

北京大学档案馆藏燕京大学档案：YJ-52044，52054

三　文集、史料集等

蔡和森：《蔡和森文集》，人民出版社，1980年

陈独秀：《陈独秀著作选编》第3卷，任建树编，上海人民出版社，2009年

陈焕章：《孔门理财学——孔子及其学派的经济思想》，翟玉忠译，中央编译出版社，2009年

陈炯明：《陈炯明集》上卷，段云章、倪俊明主编，中山大学出版社，2007年

陈寅恪：《陈寅恪集·诗集》，生活·读书·新知三联书店，2001年

程文熙等：《张君劢先生七十寿庆纪念论文集》，台北：文海出版社，1983年

戴鸿慈：《出使九国日记》，湖南人民出版社，1982年

戴季陶：《孙文主义之哲学的基础》，民智书局，1927年

戴季陶：《戴季陶集》，唐文权、桑兵编，华中师范大学出版社，1990年

邓中夏：《中国职工运动简史》，人民出版社，1979年

丁文江、赵丰田编：《梁启超年谱长编》，上海人民出版社，1983年

杜威（Dewey, John）：《杜威谈中国》，沈益洪编，浙江文艺出版社，2001年

杜威（Dewey, John）：《民治主义与现代社会——杜威在华讲演集》，袁刚、孙家祥、任丙强编，北京大学出版社，2004年

费孝通：《中国绅士》，惠海鸣译，中国社会科学出版社，2006年

傅斯年：《傅斯年全集》第1卷，欧阳哲生编，湖南教育出版社，2003年

葛思恩、俞湘文编：《俞颂华文集》，商务印书馆，1991年

顾敦鍒：《中国议会史》，上海书店出版社影印本，1991年

顾颉刚等：《古史辨》第1册，上海古籍出版社，1981年

郭嵩焘等：《郭嵩焘等使西记六种》，朱维铮编，生活·读书·新知三联书店，1998年

郭湛波：《近五十年中国思想史》，山东人民出版社，1997年

胡汉民：《胡汉民自传》，台北：传记文学出版社，1982年

胡平生编：《复辟运动史料》，台北：正中书局，1992年

胡适：《胡适来往书信选》上册，中国社会科学院近代史研究所中华民国组编，中华书局，1979年

胡适等：《丁文江这个人》，台北：传记文学出版社，1979年

胡适：《丁文江传》，海南出版社，1994年

胡适：《胡适书信集》上册，耿云志、欧阳哲生编：北京大学出版社，1996年

胡适：《胡适文集》第3卷，人民文学出版社，1998年

胡适：《胡适文集》第1—5卷，欧阳哲生编，北京大学出版社，1998年

胡适：《胡适日记全编》第2、3、5、6卷，曹伯言整理，安徽教育出版社，2001年

胡颂平编：《胡适之先生年谱长编初稿》第2册，台北：联经出版事业公司，1984年

黄郛：《欧战之教训与中国之将来》，台北：文海出版社，1968年

黄远庸：《黄远生遗著》，台北：文海出版社，1987年

蒋梦麟：《西潮·新潮》，岳麓书社，2000年

康有为：《康有为政论集》下册，汤志钧编，中华书局，1981年

康有为：《康有为全集》第10、11集，姜义华、张荣华编校，中国人民大学出版社，2007年

李达：《李达文集》第1卷，人民出版社，1980年

李大钊：《李大钊全集》第2、3卷，人民出版社，2006年

李剑农：《中国近百年政治史》，复旦大学出版社，2002年

梁济：《桂林梁先生遗书》，台北：文海出版社，1969年

梁启超：《饮冰室合集》，中华书局，1989年

梁实秋：《梁实秋怀人丛录》，刘天华、维辛选编，当代世界出版社，2007年

梁漱溟：《东西文化及其哲学》，商务印书馆，1999年

梁漱溟：《梁漱溟全集》第2卷，山东人民出版社，2005年

刘锡鸿：《英轺私记》，岳麓书社，1986年

鲁迅：《鲁迅全集》第1、2、5、6、7卷，人民文学出版社，1973年

罗家伦：《逝者如斯集》，台北：传记文学出版社，1992年

罗家伦：《科学与玄学》，商务印书馆，2000年

罗素：《罗素自传》，陈启伟译，商务印书馆，2003年

罗振玉、王国维：《罗振玉王国维往来书信》，长春市政协文史和学习委员会编，东方出版社，2000年

茅盾：《茅盾全集》第12、34卷，人民文学出版社，1986、1997年

毛泽东：《毛泽东选集》第1卷，人民出版社，1993年

毛泽东：《毛泽东选集》第2卷，人民出版社，1993年

牟宗三：《牟宗三先生全集》第9册，台北：联经出版事业公司，2003年

欧阳哲生：《新发现的一组关于〈新青年〉的同人来往书信》，《北京大学学报》（哲学社会科学版）第46卷第4期（2009年7月）

钱端升等：《民国政制史》，上海书店出版社影印本，1989年

钱穆：《八十忆双亲·师友杂忆》，岳麓书社，1980年

钱穆：《中国历史研究法》，生活·读书·新知三联书店，2001年

《清实录》第60册（《宣统政纪》），中华书局，1987年

瞿秋白：《瞿秋白文集》第1卷，人民文学出版社，1985年

史沫特莱（Smedley, Agnes）：《伟大的道路——朱德的生平和时代》，梅念译，新华出版社，1985年

宋教仁：《宋教仁集》，中华书局，1981年

孙中山：《孙中山全集》第1、2、5、6、9卷，中华书局，1981、1982、1985、1986年

谭人凤：《谭人凤集》，石芳勤编，湖南人民出版社，2008年

谭嗣同：《谭嗣同全集》上册，蔡尚思、方行编，中华书局，1981年

王枫编：《追忆王国维》，中国广播电视出版社，1997年

王国维：《观堂集林（外二种）》，河北教育出版社，2003年

王闿运：《湘绮楼日记》第2卷，岳麓书社，1997年

王韬:《弢园文新编》,生活·读书·新知三联书店,1998 年

汪康年:《汪康年文集》上卷,浙江古籍出版社,2011 年

温儒敏、丁晓萍编:《时代之波——战国策派文化论著辑要》,中国广播电视出版社,1995 年

夏承焘:《夏承焘集》第 5 册,浙江教育出版社、浙江古籍出版社,1998 年

夏新华等编:《近代中国宪政历程——史料荟萃》,中国政法大学出版社,2004 年

萧伯纳(Shaw, George Bernard)主编:《费边论丛》,袁绩藩等译,生活·读书·新知三联书店,1958 年

熊十力:《熊十力全集》第 4 卷,湖北教育出版社,2001 年

许纪霖编:《二十世纪中国知识分子史论》,新星出版社,2005 年

薛福成:《庸盦笔记》,商务印书馆,1937 年

薛福成:《出使英法义比四国日记》,岳麓书社,1985 年

薛福成:《薛福成选集》,丁凤麟、王欣之编,上海人民出版社,1987 年

严复:《严复集》第 1、3 册,中华书局,1986 年

杨度:《杨度集》,刘晴波主编,湖南人民出版社,1986 年

叶圣陶:《倪焕之》,人民文学出版社,2000 年

曾纪泽:《曾纪泽遗集》,岳麓书社,1983 年

章伯锋、李宗一主编:《北洋军阀(1912—1928)》第 2 卷(袁世凯的独裁统治),武汉出版社,1990 年

章士钊:《章士钊全集》第 4、5 卷,文汇出版社,2000 年

章太炎:《章太炎政论选集》上册,汤志钧编,中华书局,1977 年

章太炎:《章太炎全集》第 4 册,上海人民出版社,1985 年

章太炎:《革故鼎新的哲理——章太炎文选》,姜玢编选,上海远东出版社,1996 年

章太炎:《章太炎讲演集》,马勇编,河北人民出版社,2004 年

张东荪:《新哲学论丛》,商务印书馆,1928 年

张东荪编著:《唯物辩证法论战》,民友书局,1934 年

张东荪：《知识与文化》，商务印书馆，1946年

张东荪：《理性与民主》，商务印书馆，1946年

张东荪：《民主主义与社会主义》，观察社，1948年

张东荪：《思想与社会》，辽宁教育出版社，1998年

张东荪：《科学与哲学》，商务印书馆，1999年

张国淦编：《辛亥革命史料》，台北：文海出版社，1976年

张国焘：《我的回忆》，香港：明报月刊出版社，1971年

张慧剑：《辰子说林》，南京：新民报社，1946年

张謇：《张謇全集》第6卷（日记），江苏古籍出版社，1994年

张君劢：《中西印哲学文集》下册，程文熙编，学生书局，1981年

张君劢、丁文江等：《科学与人生观》，山东人民出版社，1997年

张申府：《张申府文集》第2卷，河北人民出版社，2005年

张荫麟：《素痴集》，百花文艺出版社，2005年

张枬、王忍之编：《辛亥革命前十年间时论选集》第2、3卷，生活·读书·新知三联书店，1963、1977年

张之洞：《张之洞全集》第12卷，苑书义等主编，河北人民出版社，1998年

张中行：《负暄续话》，黑龙江人民出版社，1990年

郑超麟：《史事与回忆——郑超麟晚年文选》第1卷，香港：天地图书有限公司，1998年

郑观应：《盛世危言》，华夏出版社，2002年

郑振铎编：《晚清文选》，上海书店出版社影印本，1987年

中共一大会址纪念馆编：《中共一大代表早期文稿选编》上册，上海人民出版社，2011年

中国革命博物馆、湖南省博物馆编：《新民学会资料》，人民出版社，1980年

中国人民政治协商会议全国委员会文史资料研究委员会编：《文史资料选辑》第61、136辑，中国文史出版社，1982、1999年

中国社会科学院近代史研究所编：《五四运动回忆录》，中国社会科学出版社，1979年

中国社会科学院近代史研究所编:《五四运动回忆录》(续),中国社会科学出版社,1979年

中国社会科学院近代史研究所现代史研究室编:《"二大"和"三大"——中国共产党第二、三次代表大会资料选编》,中国社会科学出版社,1985年

钟离蒙、杨凤麟主编:《社会主义论战》(《中国现代哲学史资料汇编续集》第1册),辽宁大学哲学系,1984年

周作人:《谈虎集》,河北教育出版社,2002年

周作人:《雨天的书》,河北教育出版社,2002年

四 论著

安德森(Anderson, Benedict):《想象的共同体——民族主义的起源与散布》,吴叡人译,上海人民出版社,2003年

白芝浩(Bagehot, Walter):《物理与政治》,金自宁译,上海三联书店,2008年

Biersack, Aletta.ed. *Clio in Oceania: Toward a Historical Anthropology*, Smithsonian Institution Press,1991.

伯克(Burke, Peter):《意大利文艺复兴时期的文化与社会》,刘君译,东方出版社,2007年

波兰尼(Polany, Karl):《大转型:我们时代的政治与经济起源》,冯钢、刘阳译,浙江人民出版社,2007年

伯林(Berlin, Isaiah):《俄国思想家》,彭淮栋译,译林出版社,2006年

布克哈特(Burckhardt, Jacob):《意大利文艺复兴时期的文化》,何新译,商务印书馆,2002年

布赖斯(Bryce, James):《现代民治政体》,张慰慈等译,吉林人民出版社,2001年

蔡国裕:《1920年代初期中国社会主义论战》,台北:台湾商务印书馆,1988年

陈永发:《中国共产革命七十年》,台北:联经出版事业公司,2001年

陈志让:《军绅政权——近代中国的军阀时期》,生活·读书·新知三联书店,1980年

"从五四运动到人民共和国成立"课题组著:《胡绳论"从五四运动到人民共和国成立"》,社会科学文献出版社,2001年

戴晴:《在如来佛掌中——张东荪和他的时代》,香港中文大学出版社,2009年

德里克(Dirlik, Arif):《中国革命中的无政府主义》,孙宜学译,广西师范大学出版社,2006年

邓正来编:《〈中国书评〉选集》,辽宁大学出版社,1999年

Erikson, Erik. *Young Man Luther: A Study in Psychoanalysis and History*, W.W.Norton & Company Inc., 1958.

冯崇义:《罗素与中国——西方思想在中国的一次经历》,生活·读书·新知三联书店,1994年

Fairbank, John. *The Great Chinese Revolution (1800-1985)*, New York: Harper & Row, 1986.

费正清、刘广京编:《剑桥中国晚清史》下卷(1800—1911),中国社会科学院历史研究所编译室译,中国社会科学出版社,1993年

古奇(Gooch, George):《十九世纪历史学与历史学家》上册,耿淡如译,商务印书馆,1989年

郭颖颐:《中国现代思想中的唯科学主义(1900—1950)》,雷颐译,江苏人民出版社,1998年

汉密尔顿(Hamilton, Alexander)等:《联邦党人文集》,程逢如等译,商务印书馆,2006年

侯旭东:《中国古代专制说的知识考古》,《近代史研究》,2008年第4期

黄敏兰:《质疑"中国古代专制说"依据何在?——与侯旭东先生商榷》,《近代史研究》,2009年第6期

柯尔(Cole, George):《社会主义思想史》第4卷(上),宋宁、周叶谦译,商务印书馆,1990年

柯尔：《费边社会主义》，夏遇南、吴澜译，商务印书馆，1984年

拉吉罗（de Ruggiero, Guido）：《欧洲自由主义史》，杨军译，吉林人民出版社，2001年

勒庞（Le Bon, Gustave）：《群众心理》，吴旭初、杜师业译，商务印书馆，1927年

勒庞：《革命心理学》，佟德志、刘训练译，吉林人民出版社，2004年

李超宗：《新马克思主义思潮》，台北：桂冠图书股份有限公司，1989年

李猛：《社会的"缺席"或者社会学的"危机"》，《二十一世纪》双月刊，2001年8月号

李猛编：《韦伯：法律与价值》（"思想与社会"第1辑），上海人民出版社，2001年

廖申白：《论公民伦理——兼谈梁启超的"公德""私德"问题》，《中国人民大学学报》，2005年第3期

Levension, Joseph R. *Revolution and Cosmopolitanism: The Western Stage and the Chinese Stages*, Berkeley: University of California Press, 1971.

列文森（Levension, Joseph R）：《梁启超与近代中国思想》，刘伟等译，四川人民出版社，1986年

列文森：《儒教中国及其现代命运》，郑大华、任菁译，广西师范大学出版社，2009年

林毓生：《中国意识危机——五四时期激烈的反传统主义》，穆善培译，贵州人民出版社，1986年

罗钢、刘象愚主编：《后殖民主义文化理论》，中国社会科学出版社，1999年

罗志田：《权势转移——近代中国的思想、社会与学术》，湖北人民出版社，1999年

罗志田：《二十世纪的中国思想与学术掠影》，广东教育出版社，2001年

罗志田：《乱世潜流——民族主义与民国政治》，上海古籍出版社，2001年

罗志田：《再造文明的尝试——胡适传（1891—1929）》，中华书局，2006年

罗志田：《激变时代的文化与政治》，北京大学出版社，2006年

罗志田：《"六个月乐观"的幻灭：五四前夕士人心态与政治》，《历史研究》，2006年第4期

罗志田：《昨天的与世界的：从文化到人物》，北京大学出版社，2007年

罗志田：《天下与世界：清末士人关于人类社会认知的转变——侧重梁启超的观念》，《中国社会科学》，2007年第5期

罗志田：《近代读书人的思想世界与治学取向》，北京大学出版社，2009年

吕芳上：《革命之再起——中国国民党改组前对新思潮的回应》，"中研院"近代史研究所，1989年

马克思（Marx, Karl）、恩格斯（Engels, Friedrich）:《马克思恩格斯全集》第1、3、4、23卷，中共中央马克思恩格斯列宁斯大林著作编译局编译，人民出版社，1956、1960、1958、1972年

密尔（Mill, John Stuart）:《代议制政府》，汪瑄译，商务印书馆，2007年

密尔：《密尔论民主与社会主义》，胡勇译，吉林出版集团有限责任公司，2008年

米歇尔斯（Michels, Robert）:《寡头统治铁律——现代民主制度中的政党社会学》，任军锋等译，天津人民出版社，2004年

普鲁塔克（Plutach）:《希腊罗马名人传》上册，陆永庭、吴寿鹏等译，商务印书馆，1990年

施米特（Schmitt, Carl）:《政治的浪漫派》，冯克利、刘锋译，上海人民出版社，2004年

施米特：《论断与概念》，朱雁冰译，上海人民出版社，2006年

石川祯浩：《中国共产党成立史》，袁广泉译，中国社会科学出版社，2006年

史华慈（Schwartz, Benjamin）:《寻求富强：严复与西方》，叶凤美译，江苏人民出版社，2005年

史华慈：《中国的共产主义与毛泽东的崛起》，陈玮译，中国人民大学出版社，2006年

史华慈：《史华慈论中国》，许纪霖、宋宏编，新星出版社，2006年

史华慈：《思想的跨度与张力——中国思想史论集》，王中江编，中州古籍

出版社，2009年

斯金纳（Skinner, Quentin）：《现代政治思想的基础》，段胜武等译，求实出版社，1989年

斯考切波（Skocpol, Theda）：《国家与社会革命——对法国、俄国和中国的比较分析》，何俊志、王学东译，上海人民出版社，2007年

斯考切波编：《历史社会学的视野与方法》，封积文等译，上海人民出版社，2007年

托克维尔（de Tocqueville, Alexis）：《论美国的民主》，董果良译，商务印书馆，1996年

托克维尔：《旧制度与大革命》，冯棠译，商务印书馆，1997年

王尔敏：《中国近代思想史论》，社会科学文献出版社，2003年

王尔敏：《中国近代思想史论续集》，社会科学出版社，2005年

王尔敏：《晚清政治思想史论》，广西师范大学出版社，2005年

王汎森等：《中国近代思想史的转型时代》，台北：联经出版事业公司，2007年

王汎森：《近代中国的线性历史观——以社会进化论为中心的讨论》，《新史学》第19卷第2期（2008年6月）

威廉斯（Williams, Raymond）：《文化与社会》，吴文江、张文定译，北京大学出版社，1991年

韦伯（Weber, Max）：《韦伯政治著作选》，阎克文译，东方出版社，2009年

希罗多德（Herodotus）：《历史》上卷，王以铸译，商务印书馆，2007年

杨国强：《晚清的士人与世相》，生活·读书·新知三联书店，2008年

杨国荣主编：《思想与文化》第1辑，华东师范大学出版社，2001年

杨奎松：《走近真实——中国革命的透视》，湖北教育出版社，2001年

余英时：《士与中国文化》，上海人民出版社，2003年

余英时：《现代儒学的回顾与展望》，生活·读书·新知三联书店，2004年

余英时：《现代危机与思想人物》，生活·读书·新知三联书店，2005年

张灏：《梁启超与中国思想的过渡（1890—1907）》，崔志海、葛夫平译，江

苏人民出版社，1995年

张朋园：《梁启超与民国政治》，吉林出版集团有限责任公司，2007年

张朋园：《中国民主政治的困境（1909—1949）》，吉林出版集团有限责任公司，2008年

张汝伦：《现代中国思想研究》，上海人民出版社，2001年

张耀南：《张东荪知识论研究》，台北：洪叶文化事业公司，1995年

张耀南：《张东荪》，台北：东大图书公司，1998年

张玉法：《辛亥革命史论》，台北：三民书局，1993年

张玉法：《民国初年的政党》，岳麓书社，2004年

章清：《"胡适派学人群"与现代中国自由主义》，上海古籍出版社，2004年

郑大华：《张君劢传》，中华书局，1997年

郑师渠：《在欧化与国粹之间——学衡派文化思想研究》，北京师范大学出版社，2001年

周锡瑞：《改良与革命——辛亥革命在两湖》，杨慎之译，江苏人民出版社，2007年

周思源：《五卅前共产党人对知识分子社会角色的探索》，《历史研究》，2005年第1期

邹谠：《二十世纪中国政治》，香港：牛津大学出版社，1994年

佐藤慎一：《近代中国的知识分子与文明》，刘岳兵译，江苏人民出版社，2006年

左玉河：《张东荪传》，山东人民出版社，1998年

左玉河：《张东荪文化思想研究》，中国社会科学出版社，1998年

左玉河：《张东荪学术思想评传》，北京图书馆出版社，1999年

后记与致谢

一

　　本书由我的博士论文修改而来，今日回味，感觉已有些不同。当时研究写作，自然是全力以赴，难免入戏过深，不能有所反省。离开博士论文阶段，开始新的学术生活，我才逐渐感到，彼时第一次从事长篇书稿写作，许多地方用力过猛，困顿劳苦，殊乏人文学本应有的优游涵泳。其间所得的经验，也大都出自不断地试错，今天回顾，颇有几分感慨。我想略微回顾本书的写作过程，以为读者了解它的可能力量与限度提供参考。当然，面对这个文本，作者相对于读者并不具有绝对优先性，这里所提供的，只是与它的形成相关的一些信息。

　　说到本书的缘起，其实有些偶然。2006年春夏之交，我研究生一年级行将结束，导师罗志田先生和我商量硕士论文选题的事。北大的整体培养体系比较宽松，当时的我，也还在本科后期形成的自由泛览状态中，对进入具体的研究工作有种抗拒。学术是制度更是教养，需要克制与驯服自己，这就是开始吧。

　　我当时有两个比较模糊的兴趣，前一个较根本，是所谓世界观问题，特别是近代世界观的诞生过程，丛林幽深，令人沉迷；后一个较直接，是"五四青年"的思想与实践，社会主义的兴起之类，直接而切身。前者指向更为结构化与内在化的世界观分析，后者则需要思想与社会、政治的互动分析。我当时有一种模糊的意识，不想迅速进入纯粹"思想的世界"内，一方面感到自己准备不足，另一方面也是今日犹存的"业余主义"气息在作祟，不想将兴趣变成工作。所以选择后者，探究五四后社会主义运动的观念与实践。

罗老师似乎了解我对思想史的偏好，建议我改做一个相关题目，研究张东荪早期的思想与活动。这是位自由主义知识分子，对社会主义高度同情，深度参与社会主义论战，后来则"弃政治而入哲学"，在民国时期颇自成一格。不过，颇具历史提示性的是，这也是我第一次听到这个名字。

这说明我当时知识之有限，不过，一个历史学系研究生对张东荪的孤陋寡闻，也可算是历史力量与其造成的人物命运的某种表征。比起张东荪在民国时期的声光，他在当代公共记忆中是相对暗淡的。这种对比提示了历史性与当代性的复杂关系，在之后几年里，它不断重新显现出来，要求我做出某种回应。

研究的开始意味着自由泛览岁月的结束。不过，事情总是两面，过于散漫的兴趣有时会成为向上的障碍，特别在自己了解不广的时候。张东荪卷入了民国早期关于共和政治的大多数争论，这些争论又直接指向晚清以来中国面临的深刻政治与文化困局。为理解张东荪，我必须离开五四，向前追索，这是研究加于我的规定性，对此，我在抗拒中慢慢接受，阅读方向开始调整，一系列政治性主题开始进入我的视野，宪法、代议制与共和，取代了社会与文化，成了接下来几年我的阅读关键词。

这为我打开了一个新世界，持续滋养着我的学术智性。它避免了我过早陷入五四时期，而让我投入对其历史渊源的探寻，自然地形成一种历史主义式的考察方式。罗先生经常引蒙文通一句话，叫作"观水有术，必观其澜"，重要的历史现象与事件至少提前三十年看，最好要提前六十年甚至一百年看，这样才能看到历史的纵深与层次。因此，博士论文就只是长期学术成长过程的一个环节，它必须要有足够的学术延展性，能引出对一系列相关问题的思考，以通向更丰富与广大的世界。

二

　　北大历史学系有着隐伏而强劲的傅斯年传统（古代史尤其明显），"史学就是史料学"，是人人不必提及的学科无意识。傅斯年的口头禅"上穷碧落下黄泉，动手动脚找东西"，大家都念得很熟。系里流传着许多老先生做学问的传说，我当时刚刚入行，也在摸索如何适应这一家法。

　　我所面临的第一个变化，是网络资源的大规模普及。在我入学时，做卡片仍然是老一辈学者做学问的基本方式，老师们也强调文科的学问都从此开始，我自己也一度剪裁了很多阅读与研究卡片备用，不过很快就发现不如用电脑，存储、分类与检索都更为方便。我想我们可能是第一批没有经过做卡片训练的历史学系学生。

　　不过这尚是表面区别，更为迫切的是电子史料的指数式增长。随着出版品的大规模电子化，许多数据库以及像国学数典这样的资料共享论坛的出现，大量分散藏于各处、以前难得一见的史料都在网上唾手可得。历史学者基本上都是史料控,我系学生与老师,多少都沾染了些寻找与存储史料的狂热。我也曾连续几天下载各种大部头网络资料,或去同学朋友处拷贝各种史料。漫无目的,在体会到某种兴奋的同时,更经常感到一种内在的焦虑。史料无穷无尽,而吾生有涯,面对一只只饱满的硬盘,痛切感到自己阅读太有限。

而且中国近现代史与古代史有一个根本不同,便是其史料数量巨大,不仅没有人敢如先秦史般说看遍所有史料(大量出土文献出来后似乎也变得不可能),甚至没有人敢说自己能把所研究题目相关的史料穷尽。面对海量的电子化资源,如何不迷失在一种占有性的快感与焦虑中,而是能建立一个有效的工作程序,区分主次轻重,发现某些必须细读的经典与史料,换言之,建立自己的智性秩序,这可能是这个学科对初学者最大的挑战,当然,也是它最令人兴奋的地方。这是一片仍有可能自由奔驰的广阔原野。

北大可能有全国大学图书馆中最全的民国报刊,且一度允许我们自由拍摄。2007年暑假,我整日待在图书馆四楼的旧报刊阅览室,把张东荪发表了很多文章的关键报纸《时事新报》几乎从头拍到尾,然后分别存储编目,又在国图、复旦等处补足了北大所缺的。这个工作当时是作为必需的任务完成的,看不出有多重要,其实这奠定了我博士论文的史料基础,所需大部分史料都可以在电脑中获得,后期写作就不会再被史料搜索而频繁打断。

另外,泛黄且经常覆盖着灰尘的民国时期纸张,尤其是那种特殊的土霉味,也提供了我对民国以及我系的口头禅"历史感"的某种体验,一些研究想法也在这日复一日的工作中慢慢形成。旧报刊室有一位很有经验的张姓老师,沉默寡言,从不多说一个字,寻找报纸快且准,想必不少历史学系和中文系的朋友都有印象,每日和他做伴,颇有一种沉静的感觉。2012 年毕业后,我和同门梁心回去找他合了个影,聊以留念。

搜集到了史料,接着是整理。我的体会是必须做史料长编。这个工作慢且枯燥,不过重要性怎么强调也不过分。时间是最基本的秩序,史料内部的各种脉络,经常就是在按时间顺序的排比过程中慢慢显现出来的,这可算史学基本功,绝对不可缺。我自己在研究张东荪时,对民国初年的细部史事不熟,感到很难找到切入点,于是综合既有的几种民国史料编年,花了不少时间,做了一个与自己研究相关的编年。除熟悉史事,这还带来另外一种好处,就是对历史的在场感。在做编年的过程中,历史不是由今天回溯而得,而是又像它发生时那样,一天天顺次展开,各种可能性不断呈现,这自然带来对当时语境的某种意识,让我必须将张东荪本人的各种思想活动和他的时代勾连起来。

这无形也影响了我研究的立意——既是人物研究,也是对人物所在时代的研究。历史学系经常谈历史感,以此作为历史学入门或未入门的标准,如同哲学系谈哲学性,文学系谈文学性,都颇有些学科暗语的味道,其实就是通过这样的日常活动建立起来的。

另外,我的体会是,在研究前期,一定要勤做笔记。在看书、读史料过程中,有什么想法要随时记下来,并且尽量电子化。据说民国时期的老先生,比如汤用彤,走到哪儿大口袋里都装着部《高僧传》,有想法随时记。这真是好的研究习惯。我不习惯带本子,就用手机将散步、等车、洗澡、睡觉等闲暇时间产生的想法记下来。前期这种工作做得越充分,后期写作难度就越小。我自己感觉写得比较充分的几个地方,基本上都是依靠前期笔记中的线索而写出来的。博士论文的笔记跨度有四五年,其中既有前后变化的地方,又有保持连续的地方,经常回看,也有利于对自己的研究保持一种反省。

中国近现代史还有一个特点——学术取向多元。这是好听的说法,不好听的自然就是缺乏智性秩序。标志是缺乏经典著作与核心史料——没有谁的书是所有人都必须读的,也没有什么史料是大家都必须看的。对比中国古代史即可看出不同——先秦部分有《左传》与《史记》,秦以下有各种正史,通贯则有《资治通鉴》,制度则有《文献通考》。且学术传统遗留较多,动辄追到宋元、乾嘉,如陈寅恪等大家,则是入行者必读的。这用我们的行话说,就是有家法,已是周公制礼作乐后的局面。中国近现代史则不同,仍在学术的春秋、战国时代。有老师用《中国近代史资料丛刊》或《中华民国史事日志》之类,更有老师鼓励学生直接进入题目,根据题目找史料。这种多元化也有好处,不像中国古代史那样家法森严,自由探索的可能性不免受到抑制;不好的地方则是令初学者感到无所适从。

这很切身,直接关涉学术阅读方向与数量,也即成体系的阅读量。我自己的研究兴趣在中国近现代思想史。该领域有一特殊困难,即其内容古今中西交叉,研究者要能进入中国传统(尤其是经史传统),且要对西方思想传统及流变有亲切了解。以我之见,至少在北大,对前者的训练多见于中文系古典文献方向或历史学系中国古代史方向,对后者的训练则多见于哲学系西方哲学方向或社会学、法学等现代性学科,历史学系的中国近现代史方向在这两方面均十分不足。

不过,北大的资源还算丰富,且我从本科后期就习惯了旁听与自己阅读,所以便借着研究、凭着兴趣逐步补课。有两个传统对我影响颇大，哲学系李猛老师的政治哲学架构，以及相应的文本解读理念与方法；以及历史学系乔秀岩老师那种接近古代经师的解经方式。这些在论文中并没有直接用到，不过有效地平衡了我自身所受训练的某些局限。

历史学系的规矩是史料优先，不讲理论。我承认考证确为史学的看家功夫，但个人更关注的是诠释意义。而一旦开始进入全文层面的构思，理论与解释框架的问题就反复出现，要求我给予回应。整个研究在2009年年末陷入了某种困境，在张东荪纷繁复杂的思想与活动中，我到底想要建立怎样的整体性？他与时代的有机联系到底是什么？用我当时向罗老师阐述困惑时的话说就是，如何"找到将张东荪的一生与他所处时代打成一片的一个点，让整个论文立起来"。这个问题不是光读史料能回答的，要靠史料与相关理论著作的对读，从中反复揣摩印证。直接的挑战在于如何理解民国时代。传统政治与文化秩序的次第解体，以及世界范围内的战争与革命，使得在承平之世于背后默默运转的巨大历史力量，突然而刺目地涌动于前台；行动中的个人与群体的主体性，也彰显到前所未有的程度。二者间的激烈对抗与多重协作，使得此段历史不断在海登·怀特所谓浪漫剧—喜剧—悲剧—讽刺剧的四连环间变换着面目，令人难以把握。

以某种模糊的直觉，我感到，民国时期的几乎所有主题，只是晚清以来中国卷入的现代世界整体变动以及中国自身漫长历史演变的阶段性表征，不管是张东荪个人还是他所处的时代，都需要更长程地回溯性考察，才能把握其意义。因此，问题一方面在如何理解19世纪，亦即"维多利亚"时代与托克维尔所论的"民主"世纪的关系；另一方面则在于如何把握同光时代与五四时期的关系。两者构成了理解张东荪式自由主义的内外背景。为此，我一面阅读托克维尔、韦伯、波兰尼、施米特等人对 19 世纪的论述,一面重读史华慈、王汎森、杨国强、沟口雄三、佐藤慎一等人对晚清民国转型的理解,渐渐感到论文的要害在于五四人所谈的"德先生"的问题,必须将其放在自 18 世纪以来的世界历史运动中予以把握。而中国对这一问题的最初回应,则可上溯到同光时代,其巨潮所及,更贯通 1949 年直到当下。如此则张东荪的个人生命史,特别是他晚年的不幸遭际,就与这一"德先生"的世界历史运动会合在了一起。

从当时来看,这是一个很自然的诠释框架,奠定了整个论文写作的基础;不过,今天我会觉得它黑格尔主义色彩过强了一点。论文本身对时代精神关注太多,不免淹没了张东荪个人的某些神采。张中行有一句评论张东荪的话给我留下深刻印象,他说后者"给人的印象是老牌的英国式的自由主义者",我这一论文框架,似乎未能完全抓住他这一发自灵魂的神采。我一直觉得,好的作品是一幅画,均衡而和谐,如果重新来一次的话,我会把张东荪个人画得更大一些。

三

接下来谈谈具体的写作过程。这真是整个研究中最痛苦也最快乐的部分。写作时心理经常起伏不定,有时写得十分顺畅,不免欣喜若狂;更多时困难似乎难以克服,让人无比沮丧。这真是种特殊的脆弱。我的一个办法是在书桌显要位置搁一两本和我的写作方式与目标比较接近的经典著作,写作中一旦遇到困难,就翻它们找灵感。我当时放的是史华慈的《寻求富强——严复与西方》。史华慈的写作有高度反思性，为我提供了很好的智性与表述的支撑。甚至某一段开不了头，我也要翻一翻它，看他怎么办，用哪个转折语，很多时候都会有新的想法出现。这种不断重翻有时变得像种仪式，心理作用大过智性作用。也可见写作确实是个复杂而微妙的事情，需要不断的自我确证与安慰。

还有日程规划。博士论文有明确的字数要求。中国近现代史史料较多，因此论文也普遍较长，没有二十万字无论如何拿不出手。随着字数的增加，需要投入的精力与难度以指数方式增长。对没有长篇著述经验的人，这是个极大的考验，从身体到心理都是如此。我在写作博士论文前，写过最长的一篇文章，是硕士最后一年提交的转博申请论文，不过三万字，当时写得就颇为困难，此时工作量扩展至少七倍，再加上自己对论文品质的要求，没法不感到畏惧。

畏难归畏难，该前进还是要前进。不断摸索，慢慢地也体会到一些经验性的东西。首先是要关爱自己，人更多时候是非理性的动物，有很多冲动与情感需要安抚。在博士论文写作中，计划经常赶不上变化，有时刚进入主题开始写，突然发现有大量史料需要看，或者发现某一部分的阅读积累不够，没法下笔，整日甚至整周没法有产出。再加上毕业在前，必须在某个时间点前写完，经常会弄得自己阵脚大乱。

我的体会是，写作如同打仗，要隔段时间都有一个小胜利，否则就不能保持士气。因此要尽量把计划做得有弹性，留足够的冗余，不订立以日为单位的目标，比如每天写 1000 字之类，以免偶然性太大而做不到；而是以周记，保证每周写出 5000 字，以避免日课带来的焦虑感。这样有半年时间，论文的大致样子也可以出来。

另外，要尽量保证自己每天都有一点产出，不能写出比较成熟的正文，就写一些探索性的笔记或札记，即抱一种尝试性写作的态度，暗示自己只是在制作半成品。切记不可要求自己一次就写定，以免压力太大而无法产出。这样的话，写作不是个全或无的问题，而是难度层级的累加，且通过保证字数意义上的产出，维持心理的平衡与工作连续性。

当然，学术活动本质上是理性的，需要在理性内部找到滋养。我的体会是，阅读与写作要两手并进，写作本身是消耗性的，特别是学术性写作，对精力与心智实在是巨大消耗，会让人生出某种异化之感，必须有更一般、更涵容性的阅读活动涵养与中和，也就是古人所说的"养气"。

这是我的切身遭遇。2010年年末到2011年春，博士论文写作到了最后阶段，那时感觉如同封闭在一个自造的城堡内，焦虑之火日日燃烧，似要将一切日常的东西熔化，从中倒产生出一种痛苦的纯粹感，让人沉迷。这种状态自然不能持久。我个人当时也有模糊的警惕，因此竭力维持着正常的阅读，让自己与更广泛的智性活动保持有机联系。当时和几位不同学术背景的朋友一起读韦伯，并周期性地去听乔秀岩老师的经学课，靠着这两个和当下研究对象有相当距离的思想与学术传统，让自己不致陷入论文写作中不可自拔。

这是智性活动内部的滋养，另有朋友坚持锻炼或旅游，也是一法。总之凡事过犹不及，节制非常重要。在这个意义上，研究真是修行。史料与理论，阅读与写作，最后，研究与生活，都需要平衡。囚首丧面读诗书是读不好的，但不经过某种痛苦的智性超克过程，要想取得某种切实的进展，也基本是不可能的。关键是两者间的度。

四

博士论文的主体部分完成于 2011 年 3 月,十分冗长,约 50 万字,当时颇有几分得意,觉得字数如此之多,算是一个不大不小的胜利。今天看来,实在是烦琐得过分,必须精减。我觉得我们这一代电脑写作者会有一个问题,因为可以快速码字,多不够"敬惜字纸",缺乏稿纸写作者所具有的节制意识,再加上中国近现代史史料丰富,文章不由自主就会越写越长,史料重叠,叙述冗繁,令人不忍卒读,可算是一种面目可憎的电脑体。因此写好后最好能放一段时间,待心情从研究工作中抽离后,再来删削。

论文初步完成,我感到更多的是困惑而非解脱,在写作的后期,20 世纪前的近代西方与传统中国,以巨大的身姿,出现在我思考的地平线上。这陌生而切近的巨大存在,如同当代的背面,要求被理解的权利。面对它们,思想单薄如我,无法不感到"软弱和轻",但也就此明确了进一步努力的方向。正好因为潘振平先生的推荐,论文得以列入三联·哈佛燕京学术丛书,因此稍做停顿,就开始进一步的修订工作。我进一步尝试深入 19 世纪以及之前的世界,重点重写了导论与结语,以目前有限的力量做了初步的思考。在此过程中,新的问题不断涌现,逐渐溢出了本书的范围。这也是学术研究的通常过程吧。

回顾整个研究与写作过程,感受最深的是现代学术对人的影响。现代学术是高度分工的,做一篇博士论文,就是体会一遍这种分工的所有利弊。李猛有一次上课时曾感慨专业化对阅读的限制,说大家到一定年龄,不知不觉就只去图书馆的某一区甚至某一架上找书、看书。这是专业分工时代学者的命运,与这种"异化"斗争,则是研究者的"日课"。我个人的体会是,主要研究方向最好定得较为宽泛,能涵容比较大的阅读范围,且一段时间最好有两三个兴趣点,让自己能够在两三批思想学术背景不同的书籍中不断转换,且要有一种比较的心态,至少要关注其他时段与领域中的好作品,与本专业联系越松散,越能扩展眼界。

最近一两年,因为举办一些学术活动的关系,我开始关注到中国古代史各时段新锐的作品,如仇鹿鸣的《魏晋之际的政治权力与家族网络》,李碧妍的《危机与重构——唐帝国及其地方诸侯》,虽然时段不同,研究方向也有别,但都对理解晚清、民国提供了某种比较意义上的启示。我感觉,与其为所谓专业研究需要读一些本领域内的二三流作品,不如多花精力去读其他领域中的一流作品。吾生有涯,经不起浪费。

另外,一定要留时间完全跳出自己的研究,读一些一般意义上的涵养心性的作品。去年我下定决心把一直想读的《战争与和平》读了一遍,那种19世纪式的浩瀚精神,以及大师写作者所能达到的境界,有效地消解了专业写作带给我的某种傲慢。而且读到最后竟然有意外发现,该作品与19世纪欧洲的"民族精神"思潮有着千丝万缕的联系,从另一个层面关照到了我的研究兴趣。可见只要是精神性活动,终有殊途同归的可能。

最后是一点对本书诞生地——北大的片段回忆。这也是张东荪先生曾长期生活的地方,我写作本书时的宿舍,离他晚年在朗润园与燕东园的两处居所,都不超过两公里。而北大校园的历史,正如中国的任何地方一样,就是一部微缩近代史,即使到今天,各种历史力量仍或隐或显地斗争着。我曾多次在未名湖畔流连,探寻古典与今典交错的踪迹,眼中可见那些命运多舛的历史风物,不断破缺,又不断重建。这不是层累的历史(没有那么清晰的地层线),

而是诸层交错、互相挤压变形的历史。他们都伸向当下，声张着自己的力量与权利。

与我更切身的是历史学系。待得久了，也慢慢感觉到它气质上的独特之处。在法学、政治学、社会学、哲学等相邻系所，有着对西方理论的强烈敏感，从福柯到列奥·施特劳斯，皆有热烈讨论。历史学系对此则唯有超然的淡漠。系内系外风气有别，外系的朋友提起本系，多用疏远的敬意表示，你们有家法，我们没有。然而这总让我感到一种认同紧张。我本非史学正宗，先学心理学，后又学经济学，对历史学系的考证传统总感有些疏离。今天回想，本书接近诠释学的呈现方式，既是对在北大古、今典交错的生活体验的回应，也是对自己所在的两种学术传统——实证主义与理念主义的勉强调和。

我们进系就被告知，历史学不是年轻人的学问，要沉潜多年，才能有所成。这倒不是问题，毕竟从其他系来此的，多是将这当作终身事业，不争一日短长。梁启超说西洋各种学问中国大都没有，唯一有的就是史学。这一学科自有它从漫长历史而来的骄傲。老师们也多有拙朴之风，不像文、哲两系笔走龙蛇，雄辩滔滔。系里的博士培养，导师与学生点对点，如同手工作坊，带着慢慢做，时间仿佛也变得重滞而缓慢。结果博士延期成风，我在校那几年，能按时毕业的每年不到一半，大多是史料看不完，论文做不出。我自己，虽努力奋斗，也仍延期一年才得以毕业。这样的好处是大家都以沉潜为美德，不好处是家法较强，有时会限制自己的眼界，且严重不适应高度数量化竞争的当下学术世界。

大势在变化。大学的高墙不过是道玻璃墙，内外透明，一切时代的因素都能折射进来。与其他地方一样，北大这些年人文学也在持续边缘化。学校要向世界一流大学的图腾狂奔，在国际化的驱动下，人文学也得随着鼓点起舞。史学是个很笨重的学科，可能是整个人文学中最传统的部分，要承受变革自然更加艰难。我们在校的时候，培养方式仍多少是散漫而宽纵的，我个人在博士毕业前一年从未感到任何发表的压力，但工作后开始教学生，发现他们面对的，是更早、更为沉重的竞争压力，有志于研究者从硕士甚至本科后期开始，就要规划以发表为导向的学术生涯。

不过，像我一位老师所说的，一代人做一代人的事。三十年前，做学问的难处是看不到书，即使有书看，可能也要你从北大骑车到国图去；现在是书多得看不完，却有各种文法管束着你。一代人有一代人的难处，也各有修行的途径，古人所言"各正性命"，说的也就是这个意思吧。

五

本书的写成，得益于太多的人。首先是我的导师罗志田老师。2005年秋，我从北大心理学系转入历史学系，师从罗老师。不用对他的学问文章有多少了解就可以看出，本书在何种程度上得益于他。从主题的选定到史料的收集与解读，再到整体的立意与结构，以至文字表达，处处都有罗老师的心血。没有他，就不会有这本书。当然，书中的种种不足与错讹都由我个人负责。

感念罗老师这些年对我的教养与关怀。自有幸受学，已越十载，我从对史学除一腔热情别无其他，到今日略识门径，若无罗老师的悉心指导与关照，无论如何是不可能的。老师有老派学人的风度，对我的某些缺陷每加涵容，导我于中道。求职、出版诸事，亦悉心关照，为我未来的学术、生活操心不已。我不善与师长相处，亦拙于表达，只能以尽力向学为报。

感谢我在北大师从的诸位先生，尤其是从博士生资格考试一直到论文答辩对我多加提点与鼓励的茅海建、王奇生、郭卫东、牛大勇、尚小明、黄兴涛、郭双林、张鸣诸位老师。本书现在呈现出的面貌，也得益于你们的指点与帮助。

感谢我的同门与朋友。赵妍杰是我在历史学系最早认识的朋友，这些年对我生活与学习的关心我始终感念；费晟是我的室友与学友，性格不同而颇相得，每有直言告我，开人心胸。周月峰所研究的题目时段与我接近，历次讨论对我多有启发，在史料方面助益尤其巨大；薛刚、王波、梁心、王果、李欣然、鲁萍、李欣荣诸位同门也对我多有帮助。李细珠老师提示我上海张东荪材料的收藏情况，岳林、周沐君、李坤睿、李夏代我查找与核对了相关史料，陈昊与左娅帮我订正了本书的英文章节名称，后记的大部分内容最初是为"学术与社会"微信公众号的"博士论文"栏目写的，王雨磊热心约稿，郑少雄、侯深、胡恒诸位居间联络，以上一并致谢。最后，感谢博士论文写作期间读书小组的朋友，特别是焦姣、岳林与张文杰。那时每个周末读韦伯的经历令我感到安慰与奋进。以学术为志业是艰难的事，需要意志与德性，也需要一些运气，幸好大家都仍在各自的路上，共勉。

潘振平先生惠允担任我博士学位论文答辩委员会主席，并在答辩现场垂询我是否愿在三联书店出版此书，对一个初入史门的年轻人来说，这是一个永志难忘的鼓励。许纪霖老师为本书撰写了推荐函，并对我毕业后的学术路程多有关心。我会尽力不辜负各位先生的期望。

最后感谢我的亲人们。以读书为业是非常奢侈的事，若没有父母这些年的默默付出，我不可能走到今天；也感谢泳君，你带给我心灵的平静与对未来的期待，如果早些遇到你，也许整个书稿的色彩会更明亮一些。

高　波

2016 年 12 月 30 日改定于京北清河寓所

出版后记

当前，在海内外华人学者当中，一个呼声正在兴起——它在诉说中华文明的光辉历程，它在争辩中国学术文化的独立地位，它在呼喊中国优秀知识传统的复兴与鼎盛，它在日益清晰而明确地向人类表明：我们不但要自立于世界民族之林，把中国建设成为经济大国和科技大国，我们还要群策群力，力争使中国在 21 世纪变成真正的文明大国、思想大国和学术大国。

在这种令人鼓舞的气氛中，三联书店荣幸地得到海内外关心中国学术文化的朋友们的帮助，编辑出版这套《三联·哈佛燕京学术丛书》，以为华人学者们上述强劲吁求的一种记录，一个回应。

北京大学和中国社会科学院的一些著名专家、教授应本店之邀，组成学术委员会。学术委员会完全独立地运作，负责审定书稿，并指导本店编辑部进行必要的工作。每一本专著书尾，均刊印推荐此书的专家评语。此种学术质量责任制度，将尽可能保证本丛书的学术品格。对于以季羡林教授为首的本丛书学术委员会的辛勤工作和高度责任心，我们深为钦佩并表谢意。

推动中国学术进步，促进国内学术自由，鼓励学界进取探索，是为三联书店之一贯宗旨。希望在中国日益开放、进步、繁盛的氛围中，在海内外学术机构、热心人士、学界先进的支持帮助下，更多地出版学术和文化精品！

生活·读书·新知三联书店

一九九七年五月

三联·哈佛燕京学术丛书

[一至十六辑书目]

第一辑

01 中国小说源流论 / 石昌渝著
02 工业组织与经济增长
   的理论研究 / 杨宏儒著
03 罗素与中国 / 冯崇义著
   ——西方思想在中国的一次经历
04 《因明正理门论》研究 / 巫寿康著
05 论可能生活 / 赵汀阳著
06 法律的文化解释 / 梁治平编
07 台湾的忧郁 / 黎湘萍著
08 再登巴比伦塔 / 董小英著
   ——巴赫金与对话理论

第二辑

09 现象学及其效应 / 倪梁康著
   ——胡塞尔与当代德国哲学
10 海德格尔哲学概论 / 陈嘉映著
11 清末新知识界的社团与活动 / 桑兵著
12 天朝的崩溃 / 茅海建著
   ——鸦片战争再研究
13 境生象外 / 韩林德著
   ——华夏审美与艺术特征考察
14 代价论 / 郑也夫著
   ——一个社会学的新视角

15 走出男权传统的樊篱 / 刘慧英著
   ——文学中男权意识的批判
16 金元全真道内丹心性学 / 张广保著

第三辑

17 古代宗教与伦理 / 陈　来著
   ——儒家思想的根源
18 世袭社会及其解体 / 何怀宏著
   ——中国历史上的春秋时代
19 语言与哲学　徐友渔　周国平
                陈嘉映　尚　杰　著
   ——当代英美与德法传统比较研究
20 爱默生和中国 / 钱满素著
   ——对个人主义的反思
21 门阀士族与永明文学 / 刘跃进著
22 明清徽商与淮扬社会变迁 / 王振忠著
23 海德格尔思想与中国天道 / 张祥龙著
   ——终极视域的开启与交融

第四辑

24 人文困惑与反思 / 盛　宁著
   ——西方后现代主义思潮批判
25 社会人类学与中国研究 / 王铭铭著
26 儒学地域化的近代形态 / 杨念群著
   ——三大知识群体互动的比较研究

27 中国史前考古学史研究 / 陈星灿著
 （1895—1949）

28 心学之思 / 杨国荣著
 ——王阳明哲学的阐释

29 绵延之维 / 丁 宁著
 ——走向艺术史哲学

30 历史哲学的重建 / 张西平著
 ——卢卡奇与当代西方社会思潮

第五辑

31 京剧·跷和中国的性别关系 / 黄育馥著
 （1902—1937）

32 奎因哲学研究 / 陈 波著
 ——从逻辑和语言的观点看

33 选举社会及其终结 / 何怀宏著
 ——秦汉至晚清历史的一种社会学阐释

34 稷下学研究 / 白 奚著
 ——中国古代的思想自由与百家争鸣

35 传统与变迁 / 周晓虹著
 ——江浙农民的社会心理及其近代以来的嬗变

36 神秘主义诗学 / 毛 峰著

第六辑

37 人类的四分之一：马尔萨斯的神话与中国的现实 / 李中清 王 丰著
 （1700—2000）

38 古道西风 / 林梅村著
 ——考古新发现所见中西文化交流

39 汉帝国的建立与刘邦集团 / 李开元著
 ——军功受益阶层研究

40 走进分析哲学 / 王 路著

41 选择·接受与疏离 / 王攸欣著
 ——王国维接受叔本华 朱光潜接受克罗齐 美学比较研究

42 为了忘却的集体记忆 / 许子东著
 ——解读50篇"文革"小说

43 中国文论与西方诗学 / 余 虹著

第七辑

44 正义的两面 / 慈继伟著

45 无调式的辩证想象 / 张一兵著
 ——阿多诺《否定的辩证法》的文本学解读

46 20世纪上半期中国文学的现代意识 / 张新颖著

47 中古中国与外来文明 / 荣新江著

48 中国清真女寺史 / 水镜君 玛利亚·雅绍克著

49 法国戏剧百年 / 宫宝荣著
 （1880—1980）

50 大河移民上访的故事 / 应 星著

第八辑

51 多视角看江南经济史 / 李伯重著
 （1250—1850）

52 推敲"自我"：小说在18世纪的英国 / 黄梅著

53 小说香港 / 赵稀方著

54 政治儒学 / 蒋 庆著
 ——当代儒学的转向、特质与发展

55 在上帝与恺撒之间 / 丛日云著
 ——基督教二元政治观与近代自由主义

56 从自由主义到后自由主义 / 应奇著

第九辑

57 君子儒与诗教 / 俞志慧著
　　——先秦儒家文学思想考论
58 良知学的展开 / 彭国翔著
　　——王龙溪与中晚明的阳明学
59 国家与学术的地方互动 / 王东杰著
　　——四川大学国立化进程（1925—1939）
60 都市里的村庄 / 蓝宇蕴著
　　——一个"新村社共同体"的实地研究
61 "诺斯"与拯救 / 张新樟著
　　——古代诺斯替主义的神话、哲学与精神修炼

第十辑

62 祖宗之法 / 邓小南著
　　——北宋前期政治述略
63 草原与田园 / 韩茂莉著
　　——辽金时期西辽河流域农牧业与环境
64 社会变革与婚姻家庭变动 / 王跃生著
　　——20世纪30—90年代的冀南农村
65 禅史钩沉 / 龚隽著
　　——以问题为中心的思想史论述
66 "国民作家"的立场 / 董炳月著
　　——中日现代文学关系研究
67 中产阶级的孩子们 / 程巍著
　　——60年代与文化领导权
68 心智、知识与道德 / 马永翔著
　　——哈耶克的道德哲学及其基础研究

第十一辑

69 批判与实践 / 童世骏著
　　——论哈贝马斯的批判理论
70 语言·身体·他者 / 杨大春著
　　——当代法国哲学的三大主题
71 日本后现代与知识左翼 / 赵京华著
72 中庸的思想 / 陈赟著
73 绝域与绝学 / 郭丽萍著
　　——清代中叶西北史地学研究

第十二辑

74 现代政治的正当性基础 / 周濂著
75 罗念庵的生命历程与思想世界 / 张卫红著
76 郊庙之外 / 雷闻著
　　——隋唐国家祭祀与宗教
77 德礼之间 / 郑开著
　　——前诸子时期的思想史
78 从"人文主义"到"保守主义" / 张源著
　　——《学衡》中的白璧德
79 传统社会末期华北的生态与社会 / 王建革著

第十三辑

80 自由人的平等政治 / 周保松著
81 救赎与自救 / 杨天宏著
　　——中华基督教会边疆服务研究
82 中国晚明与欧洲文学 / 李奭学著
　　——明末耶稣会古典型证道故事考诠
83 茶叶与鸦片：19世纪经济全球化中的中国 / 仲伟民著
84 现代国家与民族建构 / 昝涛著
　　——20世纪前期土耳其民族主义研究

第十四辑

85 自由与教育 / 渠敬东　王　楠著
　——洛克与卢梭的教育哲学
86 列维纳斯与"书"的问题 / 刘文瑾著
　——他人的面容与"歌中之歌"
87 治政与事君 / 解　扬著
　——吕坤《实政录》及其经世思想研究
88 清代世家与文学传承 / 徐雁平著
89 隐秘的颠覆 / 唐文明著
　——牟宗三、康德与原始儒家

第十五辑

90 中国"诗史"传统 / 张　晖著
91 民国北京城：历史与怀旧 / 董　玥著
92 柏拉图的本原学说 / 先　刚著
　——基于未成文学说和对话录的研究
93 心理学与社会学之间的
　诠释学进路 / 徐　冰著
94 公私辨：历史衍化与
　现代诠释 / 陈乔见著
95 秦汉国家祭祀史稿 / 田　天著

第十六辑

96 辩护的政治 / 陈肖生著
　——罗尔斯的公共辩护思想研究
97 慎独与诚意 / 高海波著
　——刘蕺山哲学思想研究
98 汉藏之间的康定土司 / 郑少雄著
　——清末民初末代明正土司人生史
99 中国近代外交官群体的
　形成（1861—1911） / 李文杰著
100 中国国家治理的制度逻辑 / 周雪光著
　——一个组织学研究